U0791614

21世纪新概念教材

高等学校金融学教材新系

NEW CONCEPT TEXTBOOK TOWARDS THE 21ST CENTURY

NEW TEXTBOOK SERIES IN FINANCE

王汀汀

中央财经大学金融学院教授，证券期货研究所副所长。

1999年毕业于中国人民大学财政金融学院投资系，获经济学学士学位；2004年毕业于北京大学光华管理学院金融系，获经济学博士学位。从2004年起在中央财经大学金融学院从事教学科研工作，研究和教学领域包括金融市场、公司金融和家庭金融。

主要著作和译作有：《多层次资本市场与企业创新》《中国科创板：理论与实践》《中国证券市场发展研究》《新三板市场规范发展研究》《大资管时代的中国信托：理论与实践》《新三板公司操作与案例》《二元结构下的流通权价值》《银行风险分析与管理：评估公司治理和金融风险的框架》《行为投资学手册》《鸡尾酒经济学》等；在《中国社会科学》《管理世界》《金融研究》等国内顶级学术刊物上发表论文多篇。

杜惠芬

经济学博士，中央财经大学金融学院教授、硕士生导师。

研究方向是公司理财和资本市场运行。主编高等教育本科教材——《投资经济学》《投资学》《金融风险管理》，参编教育部“十五”国家级规划教材——《公司理财》；翻译出版《美国中级财务管理》《增长的质量》；出版专著三部，并在国家核心期刊——《投资研究》《财贸经济》《生产力研究》《经济问题》《中央财经大学学报》，以及《经济日报》等发表文章多篇。

FINANCE

DUFEP 21世纪 新概念教材

高等学校金融学教材新系

省级优质本科教材

首批国家级一流本科课程教材

CORPORATE FINANCE

公司理财

（第四版）

王汀汀 杜惠芬 编著

东北财经大学出版社·大连
Dongbei University of Finance & Economics Press

图书在版编目（CIP）数据

公司理财 / 王汀汀，杜惠芬编著．—4版．—大连：东北财经大学出版社，2023.2（2025.6重印）
（21世纪新概念教材·高等学校金融学教材新系）
ISBN 978-7-5654-4764-8

Ⅰ．公… Ⅱ．①王… ②杜… Ⅲ．公司-财务管理-高等学校-教材 Ⅳ．F276.6

中国版本图书馆CIP数据核字（2022）第255452号

东北财经大学出版社出版
（大连市黑石礁尖山街217号 邮政编码 116025）
网 址：http://www.dufep.cn
读者信箱：dufep@dufe.edu.cn

大连天骄彩色印刷有限公司印刷　　东北财经大学出版社发行

幅面尺寸：185mm×260mm　字数：502千字　印张：23.5　插页：1
2023年2月第4版　　2025年6月第3次印刷

责任编辑：郭 洁 包利华 石建华 张晓鹏　　责任校对：喜多多
封面设计：张智波　　版式设计：原 皓

定价：62.00元

教学支持 售后服务 联系电话：（0411）84710309
版权所有 侵权必究 举报电话：（0411）84710523
如有印装质量问题，请联系营销部：（0411）84710711

第四版前言

企业是社会经济的基本细胞，公司是企业的基本形态，公司理财是企业微观金融活动的总和。从宏观角度看，公司资金运动与整个社会的金融运行相关联，是整个社会金融的细胞和组成要素。从微观角度看，公司理财从企业资金流的运动规律入手，对企业资金运动进行统筹规划和管理。

在市场经济条件下，公司理财在企业管理中的地位越来越重要。首先，从经济主体关系看，企业诸多利益主体关系都要通过企业财务关系得以体现。公司理财揭示了公司股东、债权人、管理层、员工和政府等利益关系人之间的对立与统一关系，以及在公司价值最大化目标下各利益主体关系的权衡与协调。其次，企业的生存和发展需要充分利用市场机会，包括利用各种财务工具低成本地筹集资金，把有限的资源投向收益最大的领域，在获取最大收益的同时控制企业的风险，创造出最大的企业价值。最后，公司的收益分配关系和制度反映了现代企业管理的思想、文化和价值观念，它不仅映射和影响着企业资金运动的结构关系和运用效率，也与整体金融系统资金运动融合在一起，成为提升企业效率、增强企业核心竞争力的重要激励机制。

当前，我国《公司法》在酝酿重大修订，新兴行业和新型企业形态不断出现。与此同时，企业的经营环境也在发生变化，企业面临日益复杂的商业环境、金融环境和政策环境，对快速决策和科学决策的要求也日益提高。对于企业而言，最为核心的公司理财问题，依然集中在投资决策、融资决策和分配决策方面。

本书以财务管理基础理论为出发点，围绕资金流及其总体规划、资金筹集、资金运用、收益分配、流动性管理和金融衍生工具的运用等内容构建知识框架和逻辑体系。全书涵盖五个部分的内容，以篇划分：第一部分“导论”，介绍公司理财的基础理论框架和价值管理中的两大要素——资金的时间价值和风险-收益关系；第二部分“公司投资决策”，介绍投资决策理论、方法以及投资项目的评价技术；第三部分“公司融资决策”，内容包括公司资金筹集方式和渠道、资本成本与资本结构，以及杠杆企业的估值；第四部分“公司股利政策”，主要介绍利润分配、股利类型、利益分配政策与企业价值的关系，以及现实中公司的股利政策选择；第五部分“公司理财专题”，主要阐述公司流动性管理和期权在公司金融中的应用。

改革开放以来，中国经济社会发生了翻天覆地的变化，我们目睹了经济的全球化、金融市场的变革和金融工具的创新及其对社会生产和生活的影响，并由此引出了新的研究课题。公司理财活动内容日益丰富，公司参与金融活动更加频繁，公司理财风险不断加剧，对此我们必须加以关注。党的十八大以来，我们认识到实体经济是一国经济的立身之本，党的二十大报告提出，“坚持把发展经济的着力点放在实体经济上”。因此，在公司金融的决策与操作中，企业还需要防范过度金融化所导致的“脱实向虚”问题。

把财务理论应用于公司金融的实践，将财务方法的研究与理财思想相融合，是本书的宗旨和落脚点。目前，高校教学方式发生了重大变化，对课堂教学资源提出了更高的要求；在教学内容方面我们则越来越认识到，教材建设要牢记“为党育人、为国育才”的初心，培养更多堪当民族复兴大任的高层次复合型财经人才。所以，在本版和后续的教材建设中，我们注重研究中国问题，讲好中国故事，我们扩充了本土案例的开发和使用，增加对与我国企业相关的法律、法规、政策与市场环境的介绍，同时力图在教学过程中加深学习者对中国历史与现实的理解。在体例的编排方面，为提高读者的学习兴趣，我们尽力使书的形式内容生动活泼。比如：各章正文之前都安排了引导案例，以便读者带着问题进入学习；文中穿插了相关资料和案例，以扩大读者的视野，便于大家了解相关知识与最新行业动态；在每章后面附有小结，提纲挈领地总结本章的重要内容和学习要点；章后的复习思考和分析计算，可以帮助读者学习理解公司理财中的基本理论和方法等。希望本书对所有学习公司理财的读者都有所帮助。

本版修订主要做了如下工作：

一是更新了教材涉及的法律条文。2018年我国《公司法》做了大幅修订，对我国的公司管理制度产生了根本性的影响，因此，本次修订对书中涉及《公司法》的相关内容进行了更深入的更新，包括公司的设立、注册登记和公司章程的重要性等。

二是对一些案例资料进行了更新，以便用最新的资料分析和说明问题，并反映中国特色社会主义新时代经济发展的最新成果。

三是整合压缩了原来的第五篇，删除了“公司兼并与收购”的内容，增加、丰富了“流动性风险及其管理”“期权及其在公司理财中的应用”等章节的内容。

四是对全书进行文字的梳理和部分内容的删节，以求实现更好的阅读性。

五是丰富了课后习题，校对了分析计算参考答案，以帮助大家强化训练，延展学习内容，促进思考。

开发一本面向本科生的公司理财教材是我们的夙愿，为此我们一直做着努力。在不断丰富、完善和修正的过程中，我们的教材和课程收获了一些好评：2020年，本书获评北京高校优质本科教材，我们主讲的这门课程也被认定为教育部首批国家级线下一流本科课程。本书还是教育部首批新文科研究与改革实践项目“新文科·中国金融类专业课程教材体系与资源平台建设——以党的创新理论为引领”（编号2021070018）的成果。

中央财经大学金融学院研究生高菲爽、郭奕君、缪宇、青楚涵、佟浩楠、向依婷、郁伟楠、赵宇涵等同学参加了本书的此次修订工作。我们也借此机会向关心本书出版和为本书修订再版付出辛勤工作的所有人表示感谢!

由于公司理财的内容庞杂，涉及面广泛，我们根据多年的教学经验和研究心得，从初版开始，对本书的结构和内容进行了反复规划调整，力求使其体系完整、结构简明、内容丰富，但错谬之处可能仍难避免，希望读者能提出宝贵意见，以利于我们进一步修改完善。

作　者

2023年12月修改

目录

第一篇　导　论

第三篇 公司融资决策

第四篇 公司股利政策

第五篇 公司理财专题

分析计算参考答案

相关系数表资料

第一篇

导　论

第一章　公司理财概述

◇教学目的与要求

- 了解企业的三种法定组织形态及其特点
- 理解公司理财目标的含义
- 掌握公司理财的基本内容和主要环节
- 理解公司治理的含义以及代理理论

【引导案例】

1989年8月，毕业（研究生）于当时的深圳大学软件科学系的史玉柱和三个伙伴，用借来的4 000元钱承包了天津大学深圳科技工贸发展公司电脑部，并用手头仅有的4 000元钱在《计算机世界》利用先打广告后付款的方式做了8 400元的广告，将其开发的M-6401桌面排版印刷系统推向市场。广告打出13天后，史玉柱的银行账户第一次收到三笔汇款，共15 820元，“巨人”事业由此起步。

1993年1月，巨人集团在北京、深圳、上海、成都、西安、武汉、沈阳和香港成立了八家全资子公司。同年，巨人实现销售额300亿元，税后利润4 600万元，成为当时中国极具实力的计算机企业。

国际电脑公司于20世纪90年代初进入中国，攻城略地，迅速占领了市场，巨人集团遭受重创。1993—1994年，国内兴起房地产和生物保健品热，为寻找新的产业突破口，巨人集团进军保健品行业。在尚未巩固好生物工程业务领域基础的情况下，巨人集团又向房地产领域发起进攻。欲在房地产业中大展宏图的巨人集团一改初衷，拟建的巨人科技大厦的设计一变再变，楼层节节拔高，从最初的18层一直涨到70层，投资也从2亿元增加到12亿元。对于当时仅有1亿资产规模的巨人集团来说，单凭自身实力，根本无法承受这项浩大的工程。对此，史玉柱的想法是：1/3靠卖楼花，1/3靠贷款，1/3靠自有资金。但令人惊奇的是，从1994年2月大厦破土动工到1996年7月，巨人集团未申请过一分钱的银行贷款，全凭自有资金和卖楼花支撑企业的运营。

1996年，巨人大厦资金链出现问题，史玉柱决定抽出生物工程的流动资金投入到大厦的建设中。同年7月，全国保健品市场普遍下滑，巨人保健品的销量也急剧下降。原合同规定，1996年底实现一期工程（20层）完工，但由于施工不顺利并未完工。大厦动工时为筹措资金，巨人集团在国内卖楼花拿到了4 000万元。当时签订的楼花买卖协议规定，大楼一期工程完工后履约，如未能按期完工，应退还定金并给予经济补偿。因此，当1996年底大楼一期工程未能完成时，卖出的4 000万楼花便成了巨人集团财务危机的导火索，此时的巨人集团已没有现金可用。企业没有现金就像人没有血液一样无法生存，巨人集团最终因财务状况不良陷入了破产危机。

——根据百度文库《史玉柱 巨人集团案例分析》资料整理.

这个案例发人深省，也带来启示：第一，企业的价值增值是从好的资本预算起步，而资本预算是公司最优的行动规划，它需要具备科学性、战略性和可行性，应避免朝令夕改。第二，在资源有限的情况下，企业的投资扩张和发展必须充分考虑财务资源的合理配置和有效利用，要合理使用财务杠杆，降低资金使用成本。第三，要加强企业的流动性管理，企业的流动性缺失是压垮企业并触发企业破产的最后一根稻草。

公司理财，广义上说是对企业资产实施配置、运营、管理并增值的过程。具体来讲，就是企业从金融市场筹集资金，用以购买资产，包括实体资产和金融资产，并用于经营以获得价值增值的过程。与一般的企业财务管理不同，公司理财是围绕资金运动展开的一项综合性管理，它涉及企业资金的筹集、投放、运用和分配，以及资产并购、出售和整合的全过程，还涉及国内外金融市场和金融工具等金融资源的有效配置和利用。

了解公司理财首先要从认识企业入手。

第一节　企业的组织形式

一、企业的定义

企业是指从事生产、流通、服务等经济活动，以生产或服务满足社会需要，实行自主经营、独立核算，依法设立的一种以营利为目的的经济组织。企业有四个基本特征：企业是一种经济组织，企业以营利为目的，企业需独立核算，企业是依法设立的。

从不同的角度可以将企业划分为不同的类型，也即不同的组织形态：

（1）按照投资人的出资方式和责任形式，可以将企业划分为独资企业、合伙制企业和公司制企业。

（2）按照投资者的不同，可以将企业划分为内资企业、外资企业和港、澳、台商投资企业。

（3）按照所有制结构，可以将企业划分为国有企业、集体所有制企业和私营企业。

（4）按照公司成立的基础，可以将企业划分为人合公司、资合公司和人合兼资合公司。

（5）按照企业规模的大小，可以将企业划分为大型企业、中型企业和小型企业。

企业是经济的基本单元。在市场经济条件下，企业有不同的组织形态。企业最常见的三种法定组织形态是独资企业、合伙制企业和公司制企业。下面介绍这三种企业形态及其特点。

二、独资企业

独资企业，也称个人业主制企业，是由业主个人出资兴办，完全归个人所有和控制的企业。从企业的发展历史看，独资企业是最早、最基本的企业形式。《中华人民共和国个人独资企业法》（简称《个人独资企业法》，全书同）规定，个人独资企业是“由一个自然人投资，财产为投资人个人所有，投资人以其个人财产对企业债务承担无限责任的经营实体”。

独资企业的主要优点是设立成本低，投资者可以获取全部利润，经营方式灵活多样，不需要支付公司所得税，受政府的管制较少。

独资企业也有明显的缺点，主要表现为以下几个方面：

（1）存续期受制于企业主本人的寿命。

（2）企业规模一般较小，结构简单，很难取得大规模融资以实现规模化投资和经营。

（3）企业需要承担无限责任，即当企业资不抵债时，企业必须以其个人资产来偿付企业债务。

（4）所有权转让困难。独资企业的转让意味着把企业出售给他人，现在的所有者完全放弃对企业的所有权。

在国际上，独资企业一般指单个自然人拥有的企业，即我国的“个人独资企业”。由于体制的特殊性，我国还存在国有独资企业。实质上，国有独资企业属于公司制企业，《中华人民共和国公司法》（简称《公司法》，全书同）第六十四条规定：“国有独资公司，是指国家单独出资、由国务院或者地方人民政府授权本级人民政府国有资产监督管理机构履行出资人职责的有限责任公司。”

三、合伙制企业

合伙制企业是指由两个或两个以上的出资人共同兴办、联合经营、共负盈亏的企业。它通常是依合同或协议组织起来的。合伙人对整个合伙企业所欠的债务负有无限责任，决策通常要合伙人集体做出，它具有一定的企业规模优势。依据我国2006年修订的《中华人民共和国合伙企业法》（简称《合伙企业法》，全书同），合伙制企业可以分为普通合伙企业与有限合伙企业两类。

（1）普通合伙企业。普通合伙企业的成员均为普通合伙人，所有合伙人对合伙事务享有同等的权利，共同分享企业的利润和承担企业的亏损，各合伙人对企业的债务都承担无限连带责任。

（2）有限合伙企业。有限合伙企业由普通合伙人和有限合伙人组成。其中，普通合伙人对企业的债务承担无限连带责任，而有限合伙人仅限于承担与其出资额相当的责任。有限合伙人承担的责任相对普通合伙人小，所以，有限合伙人相应地失去了执行合伙事务的权利。

与独资企业类似，合伙制企业的主要优点是创办方便，不必重复纳税，政府限制少，能够随市场状况做出适当、灵活、快速的调整等。

但合伙制企业的缺点也显而易见，主要表现在以下几个方面：

（1）资金来源相对独资企业虽有所增加，但仍然有限。

（2）普通合伙人对企业债务负无限责任，以其全部财产承担合伙企业的风险。

（3）普通合伙人的所有权转让比较困难。

（4）寿命往往较短。当合伙人之间发生重大分歧或合伙人生病、服刑、死亡时，合伙制企业往往会终止合伙。

【案例1-1】　　分久必合，合久必分——正星机械有限公司

郑州正星机械有限公司1998年初创时，三个合伙人许某、秦某和林某以自然人的身份分别占有34%、33%和33%的股份，彼此之间差别不大。2000年，该公司第一次增资扩股，注册资本由100万元扩张至1 000万元，股东由3人变为6人，许某等三位元老的股份均为22%。当年12月，公司向证监会提出上市申请，进入上市辅导期。随着企业规模越做越大，公司高层的几个合伙人之间就企业的经营到底该采取专业化还是多元化等问题产生了争执。一种意见认为，企业应当利用资金和技术研发优势，在鼎盛时期开辟新的产品市场领域和资本市场领域，更快地促进公司规模的扩大；另一种意见是，公司作为行业领跑者，具有较大的发展潜力和市场机遇，但现有的人才储备、管理经验和技术条件都不足以支持其向多元化、风险投资和资本经营等方面拓展。"战争"终于在2003年5月爆发。当时，几个合伙人为谁进谁退争执不休，闹得几败俱伤后，终于商定共同退出，将公司"易帜"于他人。此时的正星，元气大伤，上市计划长期搁浅，几个曾经的合伙人也从此形同陌路，再也不相往来。

——根据网络文章《合伙制：打破"分久必合，合久必分"的宿命》资料整理.

问题：

（1）合伙制企业存在的必要性在哪里？

（2）合伙制企业的治理矛盾表现在哪些方面？

（3）2006年修订的《合伙企业法》有哪些新内容？

合伙制企业一般适用于规模较小的企业，特别适用于那些业主的个人信誉和个人责任具有较大关联的企业，如会计师事务所、律师事务所和资产评估事务所等。

四、公司制企业

在众多的企业组织形式中，公司制企业是最重要的企业组织形式。公司制企业的所有权和管理权分离，出资者按出资额对公司承担有限责任。

（一）公司制企业的基本形式

公司制企业有两种基本形式：有限责任公司和股份有限公司。

（1）有限责任公司的资本不必分成等额股份。股东一般按照实缴的出资比例分取红利，并以其所认缴的出资额为限对公司债务承担有限责任。股东人数较少，不能以公募的方式募集资金，股东的出资不能随意转让且无须公开财务状况等信息。有限责任公司的法定股东人数为1~50人，其中，只有一个自然人股东的有限责任公司称为一人有限责任公司。

（2）股份有限公司的全部资本划分为等额的股份。每一股一个表决权，股东按其所持有的股份比例分取红利，同时以其所认购的股份为限对公司债务承担有限责任。股东人数只有下限而无上限，可以以公募的方式募集资金。股票可以在二级市场中自由转让且需要公开财务状况等信息。

创办一家公司比创办一家独资企业或合伙制企业要复杂得多。公司创办人必须备妥申请书和公司章程。

（二）公司制企业的优点

与独资企业和合伙制企业相比，公司制企业的优点主要体现在以下几个方面：

（1）责任有限。股东仅以其出资额为限对公司债务承担有限责任。这使股东的个人财产与对公司的投资相分离，一旦公司破产，债权人只能对公司的破产资产要求赔偿，而无权起诉股东或要求股东以股本以外的财产来抵债，这就大大降低了股东的风险。

（2）存续性好。公司的寿命与股东的寿命和股东股权的转让无关，除非公司破产倒闭，否则它可以永远存续下去。这就保障了公司的“长寿”，使得公司更有机会做大做强。

（3）风险分散。股份有限公司向社会发行股票，有利于分散投资的风险，特别是对于规模较大、风险也较大的机构投资者而言，可以使每个投资者承担相对较小的风险。

（4）融资能力强。对股份有限公司来说，股东人数没有限制，这极大地扩展了公司的资金来源渠道，使公司能够从事规模巨大的投资活动。

（5）流动性强。股票二级市场的存在与发展极大地提高了上市公司股票的流动性，使得股东所有权的转让更加方便。

（三）公司制企业的缺点

虽然公司制企业有很多优点，但其缺点也是很明显的，主要体现在以下几个方面：

（1）作为公众公司，发起和终止的法定程序比较复杂。

（2）股东需要双重纳税。公司作为一个法人，需要缴纳公司所得税。当公司把利润分配给股东时，股东要缴纳个人所得税。

（3）对于股份有限公司而言，法律规定公司的经营情况必须定期向社会公众披露，这就可能造成商业机密的泄露。

（4）股份有限公司的所有权和经营权是高度分离的。公司的所有者往往不是公司的经营者，两者的目标往往并不一致，这就造成股东和经营管理者之间较复杂的委托代理关系，从而导致较高的代理成本。

公司制企业特别是股份有限公司的出现使企业规模突破了个人资产的限制而迅速扩大，从而适应了现代技术发展对企业规模扩大的要求，推动了经济发展和社会进步。跨国公司的出现更是加快了劳动力、生产技术和资金等生产要素在国与国之间的流动，对于促进全球贸易的发展和经济一体化产生了重要影响。

五、我国的现代企业制度

我国国有企业改革的一项重要措施是建立现代企业制度。现代企业制度的特点是产权明晰、权责明确、政企分开、管理科学。其主要内容包括：企业法人制度、自负盈亏制度、出资者有限责任制度、科学的领导体制与组织管理制度。企业法人制度是指依照法律建立起来的使企业人格化并获得独立法人地位的企业制度。在这种制度下，企业是人格化的法人，具有法人地位，是独立的民事主体，自主地对外开展活动。企业法人制度是现代企业制度的核心。我国的现代企业制度形式有两种：有限责任公司和股份有限公司。《中华人民共和国公司法》第二条规定："本法所称公司是指依照本法在中国境内设立的有限责任公司和股份有限公司。"

（一）有限责任公司

有限责任公司是指根据我国《公司法》规定，由50个以下股东出资设立，每个股东以其所认缴的出资额对公司承担有限责任，公司以其全部资产对其债务承担责任的经济组织。《公司法》还规定，一人有限责任公司，是指只有一个自然人股东或者一个法人股东的有限责任公司。《中华人民共和国公司登记管理条例》规定，一人有限责任公司应当在公司登记中注明自然人独资或者法人独资，并在公司营业执照中载明。

有限责任公司包括国有独资公司和其他有限责任公司。公司的出资人或投资者称为股东，在向公司出资后，获得公司签发的出资证明。公司股东依法享有资产收益、参与公司重大决策和选择公司管理者等权利。

【资料1-1】　有限责任公司的设立条件

2018年修订的《公司法》第二十三条规定，设立有限责任公司，应当具备五个条件：

第一，股东符合法定人数。有限责任公司由50个以下股东出资设立。

第二，有符合公司章程规定的全体股东认缴的出资额。也就是说，公司股东（发起人）自主约定认缴出资额、出资方式和出资期限等，并在公司章程中明确规定，公司实收资本不再作为登记事项，即国家降低了注册登记公司的门槛。有限责任公司的股东需要通过公司的章程认缴出资，通过股东的认缴出资额来对公司承担有限责任。除法律、法规、国务院决定对公司注册资本有最低限额规定的以外，这里主要是指证券公司、商业银行、保险公司和国际货运代理公司等相关立法和行业规定了最低注册资本的要求。

第三，股东共同制定公司章程。《公司法》第十一条规定，设立公司必须依法制定公司章程。公司章程对公司、股东、董事、监事、高级管理人员具有约束力。设立公司的必备文件之一是章程，章程的制定体现了股东的自由意志，是公司重要的法律文件。

第四，有公司名称，建立符合有限责任公司要求的组织机构。

第五，有公司住所。

2018年修订的《公司法》还对一人有限责任公司有以下特别规定：

第一，一个自然人只能投资设立一个一人有限责任公司。该一人有限责任公司不能投资设立新的一人有限责任公司。

第二，一人有限责任公司应当在公司登记中注明自然人独资或者法人独资，并在公司营业执照中载明。

第三，一人有限责任公司章程由股东制定。

第四，一人有限责任公司不设股东会。

第五，一人有限责任公司的股东不能证明公司财产独立于股东自己的财产的，应当对公司债务承担连带责任。

修订后的《公司法》取消了一人有限公司10万元的最低注册资本的要求，只需要符合公司章程规定的股东认缴出资额即可；取消了“一人有限责任公司应当一次足额缴纳出资”的规定。为鼓励创业、解决就业问题提供了基础保障。

我国还有一种特殊类型的有限责任公司，即前文提到的国有独资公司。国有独资公司是指国家单独出资、由国务院或者地方人民政府授权本级人民政府国有资产监督管理机构履行出资人职责的有限责任公司。有一些特殊产品的生产部门和特定的行业，如军工、高精尖科技产品和一些稀缺性资源的开发企业，对国家利益十分重要，保密性强，需要由国家垄断经营。

（二）股份有限公司

1.股份有限公司设立的条件

依据2018年修订的《公司法》第七十六条，设立股份有限公司应当具备下列条件：

（1）发起人符合法定人数。设立股份有限公司，应当有2人以上200人以下为发起人，其中须有半数以上的发起人在中国境内有住所。

（2）有符合公司章程规定的全体发起人认购的股本总额或者募集的实收股本总额。股份有限公司采取发起设立方式设立的，注册资本为在公司登记机关登记的全体发起人认购的股本总额。在发起人认购的股份缴足前，不得向他人募集股份。股份有限公司采取募集方式设立的，注册资本为在公司登记机关登记的实收股本总额。法律、行政法规以及国务院决定对股份有限公司注册资本实缴、注册资本最低限额另有规定的，从其规定。修订后的《公司法》取消了股份有限公司500万元最低注册资本的限制；不再限制公司设立时股东（发起人）的首次出资比例以及货币出资比例。

（3）股份发行、筹办事项符合法律规定。以募集设立方式设立股份有限公司的，发起人认购的股份不得少于公司股份总数的35%。

（4）由发起人制定公司章程，采用募集方式设立的经创立大会通过。

（5）有公司名称，建立符合股份有限公司要求的组织机构。

（6）有公司住所。

2.股份有限公司的特征

股份有限公司的基本特征如下：

（1）公司信用的资合性。股份有限公司是典型的资合公司，公司的信用完全建立在资本的基础上。

（2）资本划分的等额性。股份有限公司的全部资本划分为等额的股份，通过向社会公开发行的方式募集资金。

（3）公司股权的分散性。股份公司的资本来源除了由发起人投资外，还通过公开募集的方式吸纳社会公众的资金。公司的股东既包括发起人，也包括不特定多数的社会公众。

（4）公司股份的流通性。公司股份以股票形式存在，可以在二级市场上自由转让。

（5）公司设立的复杂性。股份公司是公众公司，涉及众多股东的利益，各国对股份公司从设立到运营都实施严格的审核和监管。

第二节　公司理财的目标

目标是人类行为的导引，公司理财的目标具有导向性。从根本上说，公司理财的目标取决于企业的目标。企业的目标会随着企业经营环境和经营方针的变化而做出调整，这时，公司理财的目标也会随之相应调整。

从本质上讲，公司理财的目标是经济效益和效率的最大化。在公司理财的理论和实践中，由于企业制度形态的演进、经济金融发展的深化和不同阶段人们对公司理财认识的差异，理论界提出了不同的公司理财目标，其中最具代表性的观点有四种：企业利润最大化、每股收益最大化、股东财富最大化和企业价值最大化。每种观点在经济发展的不同阶段都有合理的一面，但也都存在一定的局限。

一、企业利润最大化

利润是衡量企业经营和财务管理水平的标志，利润越多，表明企业的经营状况越好，财务管理水平越高。因此，利润最大化就是公司理财的目标。这种观点起源于经济学中理性经济人的假设，是经济学界的传统观点。

以企业利润最大化作为公司理财的目标有其合理性，持有这一观点的人认为：

（1）利润是一个最容易被人们理解和广泛接受的概念。

（2）从整个社会的角度来看，只有每个企业都最大限度地获得利润，整个社会的财富才可能实现最大化。

（3）利润是企业新创造的价值，是企业的新增财富。

（4）人类进行生产经营活动的目的是创造更多的剩余产品，在商品经济条件下，剩余产品的多少可以用利润指标来衡量。

（5）利润是企业最综合的指标，它反映了企业综合利用各种资源的能力，是评价企业业绩好坏的重要指标。

以利润最大化作为公司理财的目标也存在一些缺陷，主要表现在以下几个方面：

（1）没有考虑利润取得的时间，即没有考虑货币的时间价值因素。例如，一家企业今年获利10万元与明年获利10万元，哪一个更体现企业利益？如果忽略了货币的时间价值，就很难做出准确的判断。

（2）没有反映创造的利润和投入的资本额之间的关系，因而无法在不同企业之间进行财务状况的比较。例如，有甲、乙两家企业，两家企业获得的利润都是50万元，其中，甲企业投入资本200万元，乙企业投入资本150万元，哪一个更符合企业的目标？

如果不与投入的资本联系起来，就难以做出正确的判断。

(3) 没有考虑风险因素。一般来讲，收益与风险是孪生兄弟。获得的收益越大，所要承担的风险也越大。盲目追求高利润，可能会使企业承担过高的风险。

(4) 片面追求利润最大化可能会导致企业的短期行为，忽视长远发展。

二、每股收益最大化

每股收益是指公司一定时期的净利润与发行在外的普通股股数的比值。它说明了单位股本的盈利能力，是上市公司的主要财务指标。对于非上市公司来说，主要采用权益资本净利率指标。所谓权益资本净利率是指公司一定时期的净利润与其权益资本总额的比值，说明了权益资本的盈利能力。这两个指标都以净利润为基础，本质上看，体现了利润最大化目标的优点。进一步，该指标采用相对数反映企业的盈利能力，可以用于不同企业之间财务状况的比较。

但是，每股收益最大化目标同样存在与利润最大化指标相似的缺陷。同时，它片面强调股东的利益，忽视了债权人的利益。

三、股东财富最大化

股东财富最大化是指企业通过财务的合理运作，为股东创造最大的价值。在市场经济条件下，股东财富是由其所持有的股票数量和股票市场价格两个因素决定的。在股票数量一定的条件下，当股票价格达到最高值时，股东财富也达到最大值。

与利润最大化相比，股东财富最大化具有以下几方面的优点：

(1) 充分考虑了货币的时间价值和风险因素。股票的内在价值是由反映风险大小的贴现率将未来每股现金收益折现后的价值。

(2) 反映了投入的资本和获利之间的关系。股东财富最大化是以股价来反映的，价格反映了投资和预期收益间的关系。

(3) 在一定程度上能够克服企业在追求利润上的短期行为。因为，当前收益和预期收益都会对股票价格产生影响。

但是，在实践中，股东财富最大化也存在一些缺陷：

(1) 对上市公司比较适用，对非上市公司很难应用。

(2) 强调股东利益最大化，可能会导致股东与公司其他利益相关者的矛盾和冲突。

(3) 在现实中，影响股价的因素很多，它们并不都是公司能够控制的，所以，股价高低并不能完全反映股东财富的多寡。

四、企业价值最大化

企业价值最大化是指企业通过财务上的合理运作，实现企业总价值的最大化。这一观点将企业长期稳定的发展和持续的获利能力放在首位，强调在实现企业价值增长中各利益集团的“和谐”，即利益的均衡。

公司价值是指公司全部资产的市场价值，即公司资产未来预期现金流量的贴现值。公司总价值不同于利润，利润只是新创造价值的一部分。而公司总价值除了包含新创造的价值，还包含公司潜在或预期的获利能力。相对股东财富最大化，公司价值最大化把企业债务价值也考虑了进去，其一般表达式为：

公司价值=公司股票的市场价值+公司债务的市场价值

从上述表达式可以看出，企业价值的增加，是由股权价值增加和债务价值增加引起的。要实现公司价值最大化，股东财富最大化和债权人利益的保障必须得到统一。

从现金流量角度分析，企业价值的表达式如下：

$$V=\sum_{t=1}^{n}\frac{CF_t}{(1+r)^t}$$

式中：V代表企业价值；CF_t是企业在t期预期得到的现金净流入量；r为贴现率；t为各期现金流入的时间；n为产生现金流的总期数。

由该式可知，企业价值与各期的现金净流入量正相关，与贴现率负相关。贴现率的大小反映了风险程度的高低。风险越高，贴现率越大；风险越低，贴现率越小。

一般来讲，收益与风险正相关。收益越高，风险越大；收益越低，风险越小。因此，必须在风险与收益之间寻找一个平衡点，在此基础上谋求企业价值最大。

以企业价值最大化作为公司理财目标有以下优点：

（1）考虑了货币的时间价值。

（2）有利于克服企业的短期行为。

（3）考虑了企业各利益集团的利益均衡。

（4）考虑了风险以及风险和报酬的关系。

当然，以企业价值最大化作为公司理财的目标也存在一些不足，主要表现在：

（1）计算比较困难。利润可以直接从利润表中得到，每股盈余也可以利用财务报表简单地计算出来。但是，预期现金净流入量和贴现率较难估计，且带有较大的主观性。

（2）对于上市公司而言，企业价值可以通过股价表现出来。但是，由于影响股价的因素很多，股价可能不能真实地反映企业价值。

（3）法人股东对股票的价格相对不敏感，所以，以控股为目的的股东对股票价格最大化没有直接的兴趣。

尽管企业价值最大化目标有一些缺陷，但是，该目标揭示了市场认可的企业价值，也充分考虑了资金的时间价值和风险因素，相对于其他三个目标来说，企业价值最大化更能反映公司理财的目标。

五、公司价值与企业社会责任

经济活动使得整个社会密切联系在一起，企业不仅需要对自身的生产经营负责，也要对整个生产过程以及与之相关的利益相关者负责。简单地，我们把企业除了为自身获利的经济行为之外的、需要对经济活动中其他主体承担的责任和义务称为社会责任。

企业为什么要承担社会责任？前面说过，企业包括理财活动在内的生产经营的目标是实现股东利益的最大化，那么企业社会责任与此有怎样的关系？二者是否一致呢？

大量学者在这方面进行了研究，检验企业社会责任与经济绩效的关系。普遍结果为，企业履行社会责任的积极性与企业声誉、企业经济绩效呈现正相关关系。这也为企业履行社会责任提供了最有力的支持。

简单举个例子，企业承担员工责任、改善工作环境，可能需要付出一定成本，但带来的结果是员工流失率降低、工作热情增加，实际上这可以使企业节省开支、降低隐性成本及长期成本。再举一个例子，在目前无所不在的舆论监督下，当一家企业被爆出违反社会责任的相关新闻（如双汇“瘦肉精”事件等）时，消费者会直接抵制购买该企业的产品，对企业盈利形成直接冲击。

同时，企业社会责任也往往和企业的声誉、企业的软实力并列，企业承担社会责任可以被看作传递了正向信号，从而为各利益相关者所感知，树立起持续的企业形象。优良的企业形象与持久的道德剩余能转化为企业的品牌价值。

以上都是从经济角度对社会责任的正向反馈；同时，企业社会责任已经被纳入法治化轨道，企业履行社会责任也是法律所要求的。我国《公司法》第五条规定：“公司从事经营活动，必须遵守法律、行政法律，遵守社会公德、商业道德，诚实守信，接受政府和社会公众的监督，承担社会责任。”我国将社会责任写入法律，明确了社会责任的重要性，并且督促了我国企业社会责任的发展。

第三节 公司治理

一、公司治理的定义

什么是公司治理？经济合作与发展组织（OECD）在《公司治理结构原则》中给出了一个有代表性的定义：“公司治理结构是一种对工商企业进行管理和控制的体系。”

广义上，公司治理是指诸多利益相关者（股东、董事会、经理层、其他利益相关者）之间关系的总和，包括公司的各个参与者的责任、权利分布和相互制衡关系，这些利益关系决定企业的发展方向和业绩。这些关系中股东、董事会和经理层之间的关系最为重要，对企业的未来发展起着决定性的作用，也是公司治理的主要内容。

公司治理的定义常以公司经营目标为假设前提。对于公司治理的理解，国内外学者从多角度展开了研究。

吴敬琏（1994）认为，公司治理结构是由所有者、董事会和高级执行人员即高级经理人员三者组成的一种组织结构。要完善公司治理结构，就要明确划分股东、董事会、经理人各自的权力、责任和利益，从而形成三者之间的关系。林毅夫（1997）认为，公司治理结构是所有者对企业的经营管理和绩效进行监督和控制的一整套制度安排。朱长春（2014）在其《公司治理标准》一书中提出，公司治理，从广义角度理解，是研究企业权力安排的一门科学；从狭义角度理解，是立足企业所有权层次，研究如何授权给职业经理人，并针对职业经理人履行职务行为行使监管职能的科学。

Shleifer和Vishny（1997）提出，公司治理是公司的资金提供方确保它们的投资能获得回报的方式方法，股东以及债权人的利益最大化是公司的主要目标。Shleifer和Vishny的定义反映了英美两国上市公司的经营重点。部分其他国家的公司却更倾向于迎合多个利益相关者的权益。

实际上，对于有决策权的公司董事来讲，它们一般会根据股东利益最大化原则做出有利于公司发展的良性决策。虽然社会公众期望董事会能够重视其他利益相关者的利益，但事实上，只有当行为结果有利于公司长远发展且最终将受惠于公司所有者或者受到来自社会的压力时，他们才会优先考虑其他利益相关者的利益。

目前，关于公司治理比较主流的定义是："通过一套包括正式或非正式的、内部或外部的制度或机制来协调公司与所有利益相关者之间的利益关系，以保证公司决策的科学化，从而最终维护公司各方面利益的一种制度安排。"[①]

【案例1-2】 **安然事件**

美国安然公司成立于1985年，由当时的休斯敦天然气公司和北联公司合并而成。安然曾经是世界最大的能源供应商和商品交易商，其主要业务有：天然气管道生产和运输；电力生产和传送；能源产品的期货、期权和其他大宗商品衍生品交易。从1998年到2000年，安然公司的营业额从310亿美元提高到1 000亿美元，位列美国财富500强第7位，世界第16位。2001年12月2日，安然公司与其13家分公司向纽约南区法院提交破产保护申请，公司资产498亿美元，负债额为312亿美元，成为美国（当时）历史上最大的企业破产案。

根据美国参议院成立的调查委员会提供的报告分析，导致安然公司破产和董事会失灵的原因有六个方面：受托责任的失败、高风险的会计政策、利益冲突、大量未披露的公司表外经营活动、行政人员的高报酬计划以及董事会缺乏独立性。

——根据百度文库《安然事件案例及分析》资料整理.

问题：

（1）安然公司破产事件反映了哪些利益相关者之间的冲突？

（2）深入分析安然公司的管理层如何侵害了其他利益相关者的利益。

二、公司治理的基本原则

公司治理的基本原则包括：公正（Fairness）、公开（Transparency）、独立（Independence）、诚信（Honesty）、责任承担（Responsibility）、受托责任（Accountability）、声誉（Reputation）、职业判断（Judgement）、职业操守（Integrity）。

公正原则是指，公司必须平衡考虑在公司中拥有法定权益的所有主体的利益，尊重其相应的权利和意见。

公开原则强调公司应该向股东和其他利益相关者公开、清楚地披露相关信息，不能隐瞒可能影响决策的有关信息。

独立原则主要是针对独立非执行董事而言的，他们应该有类似外部审计师那样的独立性，来有效地监督公司的经营活动。

① 李维安. 公司治理学［M］. 4版. 北京：高等教育出版社，2020.

诚信原则是指公司应当陈述事实，而不能误导股东和其他利益相关者。

责任承担原则强调管理层应当接受来自公司治理机制的奖惩，同时，董事会应当对公司所有的利益相关者负责。

受托责任原则是指公司及其董事应当以某种形式表明其各项具体行为是负责任的。

声誉原则强调董事会应该关注公司的声誉，对声誉的关注与公司治理其他原则的实现程度密切相关。

职业判断原则强调董事会成员必须对公司的业务和经营环境有足够的了解，拥有实现公司目标所需的多重专业能力，从而做出专业人士所应有的专业判断。

职业操守原则强调相关人员要坚持高道德标准，尽职尽责。

三、两权分离与代理成本

随着公司规模的扩大，公司中会出现明确的“劳动分工”：经理人运用掌握的专业管理技能经营公司，但缺乏公司运营所需的资金；股东提供公司发展所需的资金，但通常不具备经营公司所需的专业能力。这时，经理人拥有公司的控制权而没有公司资产的所有权，股东拥有公司所有权而没有控制权。此时，所有权和控制权就产生了分离。

所有权和控制权的分离使得经理人和股东之间存在委托代理问题。信息经济学中将拥有私人信息的博弈参与者称为代理人，将不拥有私人信息的博弈参与者称为委托人。在公司治理中，经理人就是代理人，股东就是委托人。委托代理问题是指，代理人在合同签订之后很可能不按照委托人利益最大化的原则行事，由此造成委托人的利益受损。由于代理人和委托人之间的信息不对称，导致二者之间的利益冲突无法得到完全解决，因而，代理人和委托人之间就存在三方面的代理成本：监督成本、约束成本和剩余损失。

四、现代企业中的代理问题

在公司治理中，根据利益冲突关系，代理矛盾主要表现在三个层面：股东与经理人之间的代理问题、股东与债权人之间的代理问题以及不同类型的股东之间的代理问题。

股东与经理人之间的代理矛盾源于委托人与代理人的效用函数不同，委托人追求自身财富的最大化；代理人则可能追求薪酬、奢侈消费和闲暇时间的最大化，并最大化地规避风险。这必然导致两者的利益冲突。在我国，管理人员与公司和股东之间的利益冲突通常表现为过度的在职消费，包括管理人员利用公款购买高档轿车、高额的招待费、超标准差旅费、国内外旅游等。经理人为追求经营扩张，忽视股东价值，可能投资一些净现值为负的项目或者盲目收购其他公司。

股东和债权人之间的代理矛盾根本上也源于两者目标诉求的不一致。当企业向债权人借入资金后，两者就形成了一种委托代理关系。债权人谋求投资的安全性和盈利性，即投资到期收回本息；股东追求其自身财富的增值。公司在快速扩张期，会选择过度使用债务，负债水平越高，股东和经理人就越有动机去从事那些高风险的项目，这样，股东可以利用财务杠杆放大自己的财富，而风险则由大家分摊，这时，债权人的风险和收益是严重不对等的。当公司面临财务困难时，股东可能会无视债权人的利益，选择投资高风险的项目，一旦冒险成功，股东将获得超额回报，虽然债权人的请求权优先于股东，但债权人请求权的价值是有上限的，仅限于债权的利息和本金，而股东请求权的价值没有上限。如果冒险失败，债权人就像被股东强行捆绑到战车上一样，无法决定自己的命运。

不同类型的股东之间的代理问题主要是指有控制权的大股东和没有控制权的中小股东之间的利益冲突问题。在现代公司治理机制中，控制权与收益权的分离是大股东侵占中小股东利益的基础。随着大股东控制权的增长，大股东掌握着公司董事会的实际控制权，直接对经理人的行为施加影响，实际上是控股股东代表全体股东的利益行事。这种控制权与收益权的分离度越大，中小股东被大股东所侵占的利益越多。控股股东侵占中小股东利益的形式主要是隧道效应和转移定价。隧道效应是指大股东将公司的资产或利润转移到自己手中，从而侵占中小股东利益的行为。这种转移可能采取多种渠道和形式，如工资、职务消费、转移价格、个人贷款、资产转让以及一些可能的直接窃取方式等。转移定价是当与控股股东相关联的两个公司发生业务往来时，控股股东使一家公司以高于市场的价格支付另一家公司的相关业务费用，这就侵害了付款公司的中小股东的利益。隧道效应和转移定价也称为关联交易。

【案例1-3】 **五粮液的巨额资产置换**

五粮液（000858）于1998年4月27日在深圳证券交易所上市，公司上市时宜宾市国有资产管理局直接持有75%的国有股股份，但授权委托五粮液集团有限公司经营管理。根据公司披露的2003年年报，公司的董事会由两名国有资产管理局代表、两名独立董事、四名内部董事构成。五粮液在上市时承诺用募股资金购买集团公司所属的宜宾塑胶瓶盖厂，收购成本为4.12亿元。在2000年年报公布时，五粮液集团提出了一份资产置换方案：将宜宾塑胶瓶盖厂与五粮液集团所属的507、513、515、517和607酿酒车间的资产进行置换。

在确定置换价格时，宜宾塑胶瓶盖厂按重置成本法、酿酒车间按照收益现值法，置换出的资产其重置成本与账面净资产一致，均为3.61亿元（评估增值1.98亿元），置换入的资产账面值约为9.02亿元，但是评估升值至20.18亿元，因此置换差额为16.57亿元，由上市公司以现金补齐。上市公司购入宜宾塑胶瓶盖厂的成本是4.12亿元，经营两年后，卖出价反倒降为3.61亿元，这有些令人诧异。实际置换完成的时间为2001年4月，宜宾塑胶瓶盖厂的最终账面成本升为4.138亿元，而置换进的酿酒车间成本略降，为19.735亿元，上市公司最终补差15.597亿元。也就是说，通过上述两笔资产置换项目，五粮液集团实际从上市公司“名正言顺”地拿走了19.72亿元的现金。此外，上市公司每年还要向五粮液集团支付商标使用费、设备租赁费、综合服务费等款项。

——根据百度文库《五粮液进行利益输送行为浅析》资料整理.

问题：

(1) 从董事会成员构成看，五粮液公司的治理结构有什么特点？

(2) 本案例主要涉及哪类委托代理问题？根据案例具体分析五粮液采用什么方式进行了利益输送。

第四节　公司理财的主要内容

从一般企业的社会生产活动过程来看，企业通过发行股票或向银行借款筹集资金，然后，用筹集到的资金建造厂房和购买企业生产所需要的原材料、劳动力和机器设备进行生产活动，企业将生产的产品销售出去，收回资金。企业的销售收入扣除企业的各项成本和费用形成企业的利润，利润扣除企业所得税后的剩余部分要向股东进行分配。如此周而复始地循环下去，构成企业的资金循环。从企业资金运动过程考察企业理财活动，我们不难看出，企业资金的运动就是一个“资金筹集—资金投放—资金运用—资金回收—资金分配”的过程链，如图1-1所示。

一、筹资活动

企业进行生产经营活动，必须首先筹集一定数量的资金。资金的筹集是企业设立、运行和发展的前提条件，也是资金运动的起点。

从不同的角度可以将筹资活动划分为不同的类型：

(一) 直接筹资和间接筹资

从资金的市场来源看，可以将筹资活动划分为直接筹资和间接筹资。

直接筹资是指企业不通过金融中介机构，由资金供求双方直接通过资本市场进行的资金融通，如企业借助资本市场发行股票和债券的方式进行的筹资就属于直接筹资。直接筹资的优点是具有广阔的融资领域，可利用的筹资渠道和方式较多。缺点是手续复

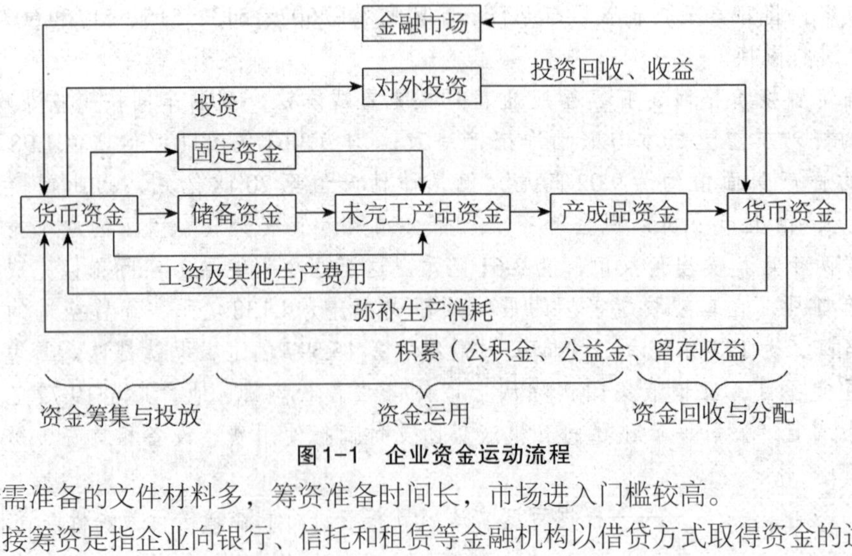

图1-1　企业资金运动流程

杂，所需准备的文件材料多，筹资准备时间长，市场进入门槛较高。

间接筹资是指企业向银行、信托和租赁等金融机构以借贷方式取得资金的过程。间

接筹资的优点是手续简单，活期资金的周期较短，筹资效率较高。缺点是筹资的规模有限，筹资方式比较单一。

（二）股权筹资和债权筹资

从所筹集资金的权益性质看，可以将筹资活动划分为股权筹资和债权筹资。

股权筹资是指企业通过发行股票的方式获取资金的过程。股权筹资所获得的资金，企业无须还本付息，所以，企业承担的财务风险小，但是，企业承担的筹资成本较高。

债权筹资是指企业通过发行债券和向银行借款的方式获得资金的过程。债权筹资所获得的资金企业需要支付利息，借款到期要偿还本金。这种筹资方式的好处是企业承担的筹资成本较低，可以获得一定程度的融资便利，而且适度运用借款，可以发挥财务杠杆的作用，为股东和企业带来更大的价值。但是，企业可能承担较大的财务风险，而且，过多的借款还容易演化为财务危机。

【案例1-4】　山东九发食用菌股份有限公司陷入财务危机

“九发股份”全称“山东九发食用菌股份有限公司”，股票名称“*ST九发”。因大股东占用巨额资金等问题，公司成为未能在规定期限内披露2007年年报的唯一一家上市公司，公司及其董事长遭到了上证所的公开谴责。2007年年报显示，公司当年亏损4.73亿元，大股东占款高达7.88亿元，年报被审计师出具保留意见书。由于2006年和2007年连续两年亏损，公司自2008年6月27日被实行退市风险警示，变为“*ST九发”。由于银行债务全部到期，公司的资金链断裂，公司陷入了严重的财务危机，破产风险一触即发。

导致公司陷入财务危机的原因很多，包括公司治理结构不合理、成本费用控制不力、外汇风险控制不当等。但是，其中一个很重要的原因是负债规模巨大，且负债结构控制不当。从历年的资产负债率来看，九发股份公司的负债规模节节攀升，特别是在经营面临困难、资金周转不畅的情况下，公司2007年的资产负债率仍达到了85.85%。尽管公司经营的项目属于国家产业政策鼓励的行业，享有一定的税收优惠，但负债规模扩张的累积效应使公司背负了沉重的财务负担。从公司的负债结构来看，公司的负债主要是流动负债，到2007年年末，公司的长期负债为零。在经营出现困难的情况下，公司无力偿还债务，2007年12月31日到期的银行借款全部逾期，未能归还的逾期银行借款及利息为130 330.25万元，其中已经被债权银行起诉的逾期借款和利息为69 207.16万元；公司对外担保25 911.58万元，其中涉及诉讼已判决的担保额达18 911.58万元。至此，公司陷入了严重的财务危机，随时可能破产。

可见，负债是一把“双刃剑”。一方面，公司利用这一财务杠杆可以实现低成本快速扩张；另一方面，它也放大了公司的经营风险，增大了企业财务结构的脆弱性。

——根据百度文库《山东九发食用菌股份有限公司及其环境分析》资料整理.

问题：

（1）企业常见的融资渠道有哪些？

（2）山东九发股份公司陷入财务危机的主要原因是什么？

(三) 短期筹资和长期筹资

从所筹集资金的期限看，可以将筹资活动划分为短期筹资和长期筹资。

短期筹资是指期限在1年以内（含1年）的筹资，主要是短期流动性负债。短期资金的特点是筹资成本较低、流动性好，特别强调资金的流动性。

长期筹资是指期限超过1年的筹资，主要包括长期负债筹资和股权筹资。长期资金的特点是期限长、筹资成本较高、流动性较差。

(四) 内部筹资和外部筹资

从资金的取得方式看，可以将筹资活动划分为内部筹资和外部筹资。

内部筹资是指企业通过自身的运营获取资金，主要来源是留存收益。内部筹资的优点是方便、快捷，不需要支付发行费。缺点是筹资额有限。

外部筹资是指企业通过金融市场和金融机构，从债权人和股东手中获得资金。外部筹资的优点是筹资金额大，可以满足企业大规模的资金需要。缺点是手续繁琐、发行费用高。

综上所述，筹资方式不同，筹资成本和筹资风险也不同。筹资活动的目标就是权衡筹资规模、结构与筹资成本和风险之间的关系，在筹集到企业所需资金和风险适度的前提下，谋求筹资成本最低。

筹资的基本原则是成本收益原则、风险控制原则和期限匹配原则。这些原则对保障筹资的科学合理、降低筹资成本和风险具有积极意义。

二、投资活动

投资活动是在严格的投资预算基础上进行的。投资活动是筹资活动的延续。企业通过一定方式筹集到的资金，要按照预先设定的目的和投资计划运用于各项目并加以管理，以获得投资收益的最大化。筹资的目的是投资，投资的目的是实现资本增值。

从不同角度可以将投资活动划分为不同的类型：

(一) 短期投资和长期投资

从投资周期看，可以将投资活动划分为短期投资和长期投资。

短期投资是指企业购入能够随时变现，并且持有时间不超过1年（含1年）的有价证券以及不超过1年（含1年）的其他资产，包括应收账款和存货等流动资产。短期投资的特点是期限短、流动性强，但是盈利能力较差。把资金过多地用于短期投资，会降低资金的使用效率和盈利能力。

长期投资是指投资时间超过1年的投资，主要包括对固定资产和长期有价证券的投资。长期投资的特点是投资收益较高、投资周期长、资产流动性较差。

鉴于两种投资方式的不同特点，企业要进行短期投资和长期投资的合理搭配，在保持资产流动性和风险适度的前提下，使投资收益最大化。

(二) 直接投资和间接投资

从投资方式看，可以将投资活动划分为直接投资和间接投资。

直接投资是指投资者将货币资金直接投资于目标项目，形成实物资产或者购买现有企业的投资。直接投资有三种类型：第一，通过直接投资，投资者可以拥有全部或一部分的企业资产及其经营所有权，直接参与企业的经营管理。直接投资包括对现金、厂房、机械设备、交通工具、土地或土地使用权等各种有形资产的投资，以及对专利、商标和咨询服务等无形资产的投资。第二，投资者在股票市场上买入企业一定数量的股票，通过股权投资获得全部或部分经营权，从而达到占有该企业的目的。在这里，直接投资是资金所有者和资金使用者的统一，是资产所有权和资产经营权的统一。第三，投资者购买公司债券、金融债券或公司股票等各种有价证券，以获取一定的预期收益。由于这种投资形式主要是购买有价证券，因此，也被称为证券投资。在这里，资金所有者和使用者相分离，资产所有权和资产经营权相分离。这类投资的资本运用比较灵活，可以随时在市场上转卖变现。

间接投资是指投资者以其货币资金购买理财产品，或把资金存到银行，并定期获得收益的投资行为。与直接投资相比，间接投资的投资者只享有定期收益的权利，无权干预被投资对象的投资运用和经营管理决策。

（三）固定资产投资和流动资产投资

从投资对象的流动性强弱看，可以将投资活动划分为固定资产投资和流动资产投资。

固定资产投资是指对使用期限超过1年的固定资产进行的投资。例如，购买机器设备、兴建厂房等。

流动资产投资是指对使用期限不超过1年的流动资产进行的投资。例如，购买原料、存货等。

投资活动从本质上看是一个动态管理的过程，它包括三大要点：

第一，资本预算。在进行投资之前，先要对投资对象进行分析和评估。例如，证券投资前需要对目标证券进行估值，确认其投资价值和潜力；对于项目投资要进行项目价值评估，据此优选投资项目。这就是资本预算过程。

第二，时间价值。很简单的一个道理是，我们知道，今天的1元钱与1年后的1元钱是不等值的。我们都希望收入越早到手越好，支出越晚发生越好。这实际上体现了资金时间价值的思想。我们在决定是否进行一项投资时，首先要分析投资的成本和收益。如果投资的收益大于成本，那么，这项投资就是盈利的。但是，投资支出和收益的获得在时间上不具有同步性，即投资成本在投资活动开始时就支出了，而收益在未来才获得。所以，我们在比较投资成本和收益时，首先要将收益按照一定的折现率折现到资本支出的时间，然后再进行比较。这就是货币时间价值的具体体现。

第三，投资风险。投资有风险，为此，投资者需要得到风险补偿。投资收益在未来获得，具有不确定性，这种收益的不确定性就表明了投资的风险性。不确定性越高，风险越大；不确定性越低，风险越小。投资者的收益率等于无风险利率加风险溢价。这里，风险溢价就是投资者得到的风险补偿。

三、收益分配活动

经过一个生产周期，企业的生产经营所得和对外投资获得的利润，要按照规定的程序进行分配。从广义上讲，企业从市场中获得的资金不外乎两类：债务资金和股权资金。经过生产经营过程，取得收益流，这时，收益分配涉及三重关系：企业与债权人、企业与股东、企业与政府。所以，来自企业的资金流以利息和到期债务本金的形式流向债权人，以税收的形式流向政府，以股利分配的形式流向股东。最后，以留存收益的方式流回企业。见图1-2。

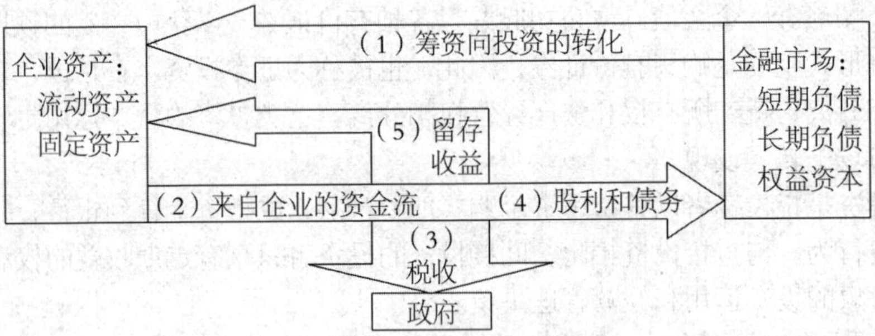

图1-2　企业与金融市场间的现金流关系

在上述收益分配过程中，我们发现了公司理财的三大工作重点：

第一，公司的税收策略。就是要在现有税收框架下，使公司应纳税额减少，使流出企业的资金流越少越好。从直接的财务核算流程看，不外乎两个途径——提高折旧额和增加利息支出。从企业的整体运营看，合理避税要从投资项目的整体运营设计入手。所以，公司理财面临的任务是：如何选择公司的折旧政策，如何确定公司的适度负债水平，公司的财务部门如何与公司其他部门一起参与到公司项目开发和战略制定的全过程中。

第二，公司收益分配政策。具体说，就是公司的股利分配政策，包括股利支付率和股利分配方式。确定公司税后利润如何在股东股利和公司留存收益之间进行分配。支付给股东的股利与留在企业的保留盈余存在此消彼长的关系。如果企业的股利支付率过高，那么，企业的留存收益就少，进而公司的增长潜力就会受到影响，因为这样做，股东在短期内虽然会获得较多的股利收益，但股东的长期利益会受到损害。企业的留存收益是企业内部筹资的一个重要组成部分，留存收益减少会影响企业的再投资能力，提高企业外部筹资的代价，不利于长远发展，从而必然损害股东的长期利益，引起股价下跌。如果企业股利支付率过低，支付给股东的股利就少，而企业的留存就多。此时，股东可能会对当前过低的股利支付率不满。进一步，企业留存收益增加，企业管理层可支配的自由现金流增加，企业代理矛盾和成本相应增加，从而影响到股东利益和企业价值的成长。因此，企业应该根据实际情况，全面考虑各种因素的影响，制定合理的股利政策，从而实现公司价值最大化的目标。

第三，最佳资本结构的确定。资本结构关系就是债务与股权的比例关系。它衡量一定的股权资本能够带动多大的总资产的运营，即一定的股权资本能够吸附多大规模的债务资本。通常情况下，随着债务规模的扩大，债务成本会越来越高，债务违约风险也会越来越大。“经济”的债务资本就会变得不经济。那么，企业的最佳资本结构是什么？企业的最佳资本结构是否存在行业差别？哪些因素影响企业的最佳资本结构？资本结构的变化会不会对公司价值产生影响和如何影响？这些问题都是公司理财的重要研究内容。

本章小结

1. 本章主要介绍了企业的组织形式、公司理财的目标、公司治理以及公司理财的主要内容等四部分内容。

2. 企业最常见的三种法定组织形态是独资企业、合伙制企业和公司制企业，这三种组织形态各有优缺点。其中，公司制企业是现在最重要、最普遍的企业组织形式。公司制企业有两种基本形式：有限责任公司和股份有限公司。

3. 公司理财的目标分为公司理财的总目标和具体目标两种。其中，最有代表性的总目标有四种：企业利润最大化、每股收益最大化、股东财富最大化和企业价值最大化，这四种企业理财目标各有侧重，在现代企业制度下，比较公认的是企业价值最大化目标。

4. 公司治理是诸多利益相关者（股东、董事会、经理层、其他利益相关者）之间关系的总和。公司治理结构规定了公司董事会、经理层、股东和其他利益相关者的责任和权利分布。公司所有权和控制权的分离，以及各利益相关人之间的信息不对称导致了公司治理中的委托代理问题。代理问题主要有三个层面：股东和经理人之间的代理问题、股东与债权人之间的代理问题以及不同类型的股东之间的代理问题。

5. 公司理财是研究资金运动和现金流管理的一门学问，它的主要环节包括筹资活动、投资活动和股利分配活动，这三个环节之间相互联系。筹资活动是企业经营活动的起点，投资活动是筹资活动的延续，股利分配活动既是对上一个阶段投资成果的分配，又是下一阶段融资活动的渠道。

重点概念

企业　个人独资企业　合伙制企业　普通合伙企业　有限合伙企业　公司制企业　公司治理　公司治理的基本准则　委托代理问题

复习思考

1. 企业的三种组织形式是什么？它们各有哪些特点？
2. 2018年修订的《公司法》对一人有限责任公司和国有独资公司分别有哪些特别规定？
3. 股份有限公司的基本特征有哪些？
4. 企业利润最大化和企业价值最大化各自的优缺点有哪些？
5. 股东财富最大化的定义是什么？它与企业利润最大化相比有哪些优点？
6. 什么是公司治理？公司治理的基本准则有哪些？
7. 介绍一下公司治理中代理问题的三种主要类型并进行阐述解释。
8. 为什么股东与经理人之间存在委托代理问题？其表现和影响是什么？
9. 阐述公司理财的主要内容。

第二章　财务报表与财务规划

◇教学目的与要求

- 了解三种常用财务报表的编制方法、格式和主要内容
- 熟悉财务报表分析的基本方法
- 了解长期财务规划的基本步骤
- 掌握外部资金需求预测的方法
- 掌握内部增长率和可持续增长率的计算方法

【引导案例】

表2-1是某上市公司20×5年12月31日的资产负债表。

表2-1　**某上市公司资产负债表**　单位：万元

资产	余额	负债和所有者权益	余额
流动资产		流动负债	
货币资金	3 680 070	吸收存款及同业存放	596 762
应收票据	857 894	应付账款	88 098
应收账款	23	预收款项	826 158
预付款项	147 773	应付职工薪酬	97 548
应收利息	8 535	应交税费	251 552
其他应收款	4 822	应付利息	2 741
存货	1 801 330	其他应付款	142 314
流动资产合计	6 500 447	流动负债合计	2 005 173
非流动资产		非流动负债	
发放贷款及垫款	1 950	专项应付款	1 557
可供出售金融资产	2 900	非流动负债合计	1 557
固定资产	1 141 600	负债合计	2 006 730
在建工程	489 515	所有者权益	
工程物资	26	实收资本（或股本）	125 620
		资本公积	137 496
		盈余公积	621 052
固定资产清理	68	一般风险准备	21 836
无形资产	358 246	未分配利润	5 487 900
长期待摊费用	19 860	归属于母公司股东权益合计	6 393 904
递延所得税资产	115 534	少数股东权益	229 512
非流动资产合计	2 129 699	所有者权益（或股东权益）合计	6 623 416
资产总计	8 630 146	负债和所有者权益（或股东权益）总计	8 630 146

从报表中我们很容易看到该公司资产项目与负债项目的一些特征。

首先，资产项中，流动资产特别是货币资金的比例很高，超过了40%。

其次，负债项中几乎没有长期负债，流动负债中更多的是应付账款、预收款、应交税费、应付职工薪酬等自然负债，需要支付利息的负债较少。换句话说，这家公司很少主动去借钱。

看到该公司的资产负债表，我们至少会想到三个问题：

（1）为何该公司表现出这样的资产和负债特征？

（2）这样的资产结构和资本结构是否是最优的？

（3）如何调整公司的资产结构和资本结构以有利于实现公司价值最大化？

如果读者知道这家公司是贵州茅台（600519）的话，相信第一个问题很容易回答。但是后面两个问题则需要在了解公司全面财务信息的基础上才能进行深入分析。

财务报表分析是以财务报表和其他资料为依据，系统分析和评价企业过去和现在的经营成果、财务状况及其变动。本章将在了解三大财务报表结构和内容的基础上，介绍财务报表分析的常用方法，进一步学习如何进行财务预测和长期财务规划。

第一节 认识财务报表

公司的财务报表主要包括资产负债表、利润表、现金流量表、其他附表和财务状况说明书。这些财务报表和财务状况说明书全面地反映了公司的经营成果和现金流量情况等信息，根据财务报表对企业进行更深入的财务分析，可以更加系统地揭示企业的偿债能力、资金营运能力、盈利能力和资产价值的增值能力等财务状况。下面将依次介绍进行财务分析常用的三种财务报表——资产负债表、利润表和现金流量表。

一、资产负债表

（一）资产负债表的概念

资产负债表是反映企业在某一特定日期财务状况的报表。资产负债表就像企业财务状况的“快照”，定格在某一时点上，一般是在月末、季末、年末。资产负债表编制的基本关系是“资产=负债+所有者权益”这一会计恒等式。信息的使用者可以从该表中得到如下信息：

（1）企业所拥有或控制的资源总额及构成。

（2）企业资金的来源渠道及构成。

（3）企业所承担的债务总额和构成及偿还债务的能力。

（4）企业所有者权益的内容及构成。

（二）资产负债表的组成部分

由上面的会计等式可以看出，资产负债表由三大组成部分：资产、负债和所有者权益。在账户式资产负债表中，资产、负债和所有者权益分左右列示，左方列示各项资产，右方列示各项负债和所有者权益。在报告式资产负债表中，资产、负债和所有者权益按顺序上下排列。我国企业普遍采用账户式资产负债表。

下面，我们简要介绍资产负债表的三大组成部分：

1.资产

资产是指企业过去的交易或事项形成的，由企业拥有或控制的，预期会给企业带来经济利益的资源。

将一项资源确认为资产，除了要符合资产的定义外，还应同时满足以下两个条件：

（1）与该资源有关的经济利益可能流入企业。

（2）该资源的成本或者价值能够可靠地计量。

从不同的角度，可以将资产划分为不同的类型。其中，最常见的是按流动性将资产划分为流动资产和非流动资产两类。

流动资产，是指主要为交易目的而持有的，预计在一个正常营业周期内变现、出售或者耗用的资产，或者自资产负债表日起1年内（含1年）变现的资产，以及交换其他资产或清偿负债的能力不受限制的现金或现金等价物，包括货币资金、交易性金融资产、应收账款、存货、1年内到期的非流动资产和其他流动资产等。

非流动资产，是指流动资产以外的资产，包括可供出售的金融资产、持有至到期日的投资、长期应收款、固定资产、无形资产、长期待摊费用和其他非流动资产等。

2.负债

负债是指企业过去的交易或者事项形成的，预期会导致经济利益流出企业的现时义务。

将一项现时义务确认为负债，除了要符合负债的定义外，还需要同时满足以下两个条件：

（1）与该义务有关的经济利益可能流出企业。

（2）未来流出的经济利益的金额能够可靠地计量。

按流动性的不同，可以将负债划分为流动负债和非流动负债。

流动负债，是指主要为交易目的而持有，预计在一个正常营业周期中清偿的负债，或自资产负债表日起1年内到期应予以清偿的负债，以及企业无权自主地将清偿推迟至资产负债表日后的1年以内的负债，包括短期借款、交易性金融负债、应付账款、应交税费、其他应付款和1年内到期的非流动负债等。

非流动负债，是指流动负债以外的负债，包括长期借款、应付债券和长期应付款等。

3.所有者权益

所有者权益是指企业资产扣除负债后由所有者享有的剩余权益。所有者权益反映了所有者对企业资产的剩余索取权，是企业资产中扣除债权人权益后应由所有者享有的部分。

所有者权益有如下特点：

（1）一般情况下所有者权益无须进行清偿，除非企业发生减资、清算。

（2）企业清算时，所有者权益的清偿顺序排在债权人之后。

（3）所有者凭借所有者权益可以参与企业的经营管理和利润的分配。

所有者权益包括实收资本、资本公积、盈余公积和未分配利润四部分。

（三）资产负债表实例①

表2-2是ABC公司的资产负债表，通过这个表可以更直观、更清楚地认识资产负债表的结构及其组成部分。

表2-2　　资产负债表

编制单位：ABC公司　　20×5年12月31日　　单位：万元

资产	期末余额	年初余额	负债和所有者权益	期末余额	年初余额
流动资产：			流动负债：		
货币资金	1 640	1 520	短期借款	85	280
交易性金融资产	1 100	1 100	交易性金融负债		
应收票据	1 100	950	应付票据	1 400	750
应收账款	2 880	1 820	应付账款	2 000	1 800
预付账款	125	46	预收账款	500	500
应收利息			应付职工薪酬	30	40
应收股利			应交税费	221	240
其他应收款			应付利息		
存货	5 900	6 400	其他应付款	5	70
流动资产合计	12 745	11 836	流动负债合计	4 241	3 680
非流动资产：			非流动负债：		
可供出售金融资产			长期借款	0	80
持有至到期投资			长期应付款		
长期应收款			递延所得税负债	10	10
长期股权投资	152	145	非流动负债合计	10	90
固定资产	2 440	2 320	负债合计	4 251	3 770
无形资产	440	440	所有者权益（或股东权益）：		
开发支出			实收资本（或股本）	1 000	1 000
商誉			资本公积	5 165	5 165
长期待摊费用			减：库存股		
递延所得税资产			盈余公积	3 292	3 206
其他非流动资产			未分配利润	2 069	1 600
非流动资产合计	3 032	2 905	所有者权益（或股东权益）合计	11 526	10 971
资产总计	15 777	14 741	负债和所有者权益（或股东权益）总计	15 777	14 741

注：这里的固定资产为固定资产净值。固定资产=固定资产余额-累计折旧-固定资产减值准备。ABC公司20×5年期末固定资产余额（原值）为4 120万元，期初余额为3 800万元；期末累计折旧为1 300万元，期初为1 080万元；期末固定资产减值准备为380万元，期初为400万元。

① 自此之后的内容中会涉及不少分析计算，我们在确保思路与方法正确的同时力求计算精准无误，若发现个别细微误差可以忽略不计。

二、利润表

（一）利润表的概念

利润表是反映会计主体在一定期间经营成果的财务报表。利润表更像一部电影，而不是一张快照，它描绘了一段时期内所发生的各种活动的结果。该表编制的基本关系是“收入-费用=利润”这一会计恒等式。信息的使用者可以从利润表中得到以下信息：

（1）企业在一定期间实现的净利润或发生净亏损的实际情况。

（2）企业在一定期间收入的实现及构成情况。

（3）企业在一定期间成本和费用的发生及构成情况。

（二）利润表的组成部分

从上面的会计等式中，我们可以看出利润表由三大组成部分：收入、费用和利润。在单步式利润表中，全部收入列在报表的上半部，全部费用列在报表的下半部，收入总额减去费用总额即为本期利润。在多步式利润表中，不同层次的收入和费用相互匹配，计算出不同层次意义上的“利润”指标。根据现行会计准则的规定，我国企业要求采用多步式利润表。在多步式利润表中，净利润的计算过程如下：

营业利润=营业收入-营业成本-税金及附加-销售费用-管理费用-财务费用-资产减值损失+投资收益+公允价值变动收益

其中：营业收入=主营业务收入+其他业务收入

营业成本=主营业务成本+其他业务成本

利润总额=营业利润+营业外收入-营业外支出

净利润=利润总额-所得税

下面，我们简要介绍利润表的三大组成部分：

1.收入

收入是指企业在日常活动中形成的，会导致所有者权益增加的，与所有者投入资本无关的经济利益的总流入。

收入的确认除了要符合定义外，还要至少满足下列条件：

（1）与收入有关的经济利益可能流入企业。

（2）经济利益的流入会导致企业资产的增加或负债的减少。

（3）经济利益的流入金额能可靠地计量。

2.费用

费用是指企业在日常活动中发生的，会导致所有者权益减少的，与向所有者分配利润无关的经济利益的总流出。

费用的确认除了要符合定义外，还要至少满足以下条件：

（1）与费用有关的经济利益可能流出企业。

（2）经济利益的流出会导致资产的减少或负债的增加。

（3）经济利益的流出金额能可靠地计量。

3. 利润

利润是指企业一定会计期间的经营成果。利润包括营业利润、利润总额和净利润。利润是一定时期的收入与费用配比的结果。如果收入大于费用就实现了盈利，增加所有者权益；如果收入小于费用，企业就会亏损，所有者权益就会减少。利润是反映经营成果的最终要素。

（三）利润表实例

表2-3是ABC公司的利润表，通过此表可以使大家更清楚地看到利润表的组成部分和净利润的实现过程。

表2-3　　利润表

编制单位：ABC公司　　20×5年度　　单位：万元

项目	本年累计数	上年实际数
一、营业收入	10 590	10 789
减：营业成本	7 900	8 200
营业税费	310	280
销售费用	1 004	1 120
管理费用	246	250
财务费用	5	2
资产减值损失		
加：公允价值变动净收益（净损失以“-”号填列）		
投资净收益（净损失以“-”号填列）	123	16
二、营业利润（亏损以“-”号填列）	1 248	953
加：营业外收入	7	5
减：营业外支出	98	120
其中：非流动资产处置净损失（净收益以“-”号填列）		
三、利润总额（亏损总额以“-”号填列）	1 157	838
减：所得税（25%）	289	209
四、净利润（净亏损以“-”号填列）	868	629
五、每股收益（元/股）	0.868	0.629

注：公司20×5年度提留公积金86万元。公司保持一贯的股息分配政策，20×5年实施股息分配为每10股3.13元。公司当年结转留存收益469万元。公司现有流通在外的普通股1 000万股。

三、现金流量表

（一）现金流量表的概念

现金流量表是反映会计主体在一定会计期间现金与现金等价物的流入与流出的财务报表。现金，包括库存现金、银行存款和其他货币资金；现金等价物，主要是指企业持有的期限短、流动性强、价值变动风险小的短期债券投资。现金流量表可以向信息的使用者提供如下信息：

（1）企业现金和现金等价物流入和流出的原因。

（2）自创现金和偿还债务的能力。

（3）企业实现的净利润质量。

（二）现金流量表的构成

现金流量表主要有三大组成部分：经营活动产生的现金流量、投资活动产生的现金流量和筹资活动产生的现金流量。下面，我们将依次介绍这三大组成部分：

1. 经营活动产生的现金流量

经营活动产生的现金流量是指企业投资活动和筹资活动以外的所有交易和事项产生的现金流量。经营活动的现金流入主要是指销售商品或提供劳务、税费返还等所收到的现金；经营活动的现金流出主要是指购买货物、接受劳务、制造产品、广告宣传、推销产品、缴纳税款等所支出的现金。

2. 投资活动产生的现金流量

投资活动是指企业长期资产的购建和不包括在现金等价物范围内的投资及其处置活动。投资活动的现金流入主要包括收回投资收到的现金，分得股利、利润或取得债券利息收入收到的现金等；投资活动的现金流出则是指购建固定资产、无形资产和其他长期资产所支付的现金，以及进行权益性或债权性投资等所支付的现金。

3. 筹资活动产生的现金流量

筹资活动是指导致企业资本及债务规模和构成发生变化的活动。筹资活动的现金流入主要包括以发行股票等方式筹集权益资本所收到的现金，以发行债券、银行借款等方式筹措债务资本而收到的现金等；筹资活动的现金流出主要包括偿还债务支出的现金，支付利息及筹资费用付出的现金，分配利润付出的现金，减少权益资本付出的现金等。

（三）现金流量表实例

表2-4是ABC公司的现金流量表，通过此表可以了解现金流量表的表式结构和要素关系。

现金流量表的编制方法有直接法和间接法。直接法是按现金流水账相应的科目分类摘录核算；间接法是通过资产负债表和利润表间接编制。前者比较麻烦，需要比较详细的会计明细数据；后者比较简单，利用资产负债表和利润表间接获取现金流数据。

下面以ABC公司为例，介绍如何使用间接法编制现金流量表。这种方法是基于两年的比较资产负债表，先做工作底稿，分析现金的来源和占用情况。根据表2-2和表2-3，可以编制ABC公司20×5年现金来源与占用分析表以及现金流量表，见表2-5、表2-6。

表2-4 **现金流量表**

编制单位：ABC公司 **20×5年度** 单位：万元

项目	行次	本年累计数
一、经营活动产生的现金流量：		
销售商品、提供劳务收到的现金	1	9 450
收到的税费返还	2	
收到的其他与经营活动有关的现金	3	80
经营活动现金流入小计	4	9 530
购买商品、接受劳务支付的现金	5	7 819
支付给职工以及为职工支付的现金	6	
支付的各项税费	7	618
支付其他与经营活动有关的现金	8	65
经营活动现金流出小计	9	8 502
经营活动产生的现金流量净额	10	1 028
二、投资活动产生的现金流量：		
收回投资收到的现金	11	
取得投资收益收到的现金	12	
处置固定资产、无形资产和其他长期资产收回的现金净额	13	
收到的其他与投资活动有关的现金	15	130
投资活动现金流入小计	16	130
购建固定资产、无形资产和其他长期资产支付的现金	17	340
投资支付的现金	18	7
支付其他与投资活动有关的现金	20	98
投资活动现金流出小计	21	445
投资活动产生的现金流量净额	22	（315）

续表

项目	行次	本年累计数
三、筹资活动产生的现金流量：		
吸收投资收到的现金	23	
取得借款收到的现金	24	
收到其他与筹资活动有关的现金	25	
筹资活动现金流入小计	26	
偿还债务支付的现金	27	275
分配股利、利润和偿付利息支付的现金	28	318
支付其他与筹资活动有关的现金	29	
筹资活动现金流出小计	30	593
筹资活动产生的现金流量净额	31	（593）
四、汇率变动对现金及现金等价物的影响	32	
五、现金及现金等价物净增加额	33	120
加：期初现金及现金等价物余额	34	1520
六、期末现金及现金等价物余额	35	1640

注：上述现金流量表中，本年累计数的各项指标数据的计算如下：

（1）销售商品、提供劳务收到的现金=销售收入–应收账款增量=10 510–1 060=9 450（万元）

（2）购买商品、接受劳务支付的现金=销售成本–折旧+销售费用+管理费用+存货增加+预付账款增加+应收票据增加–（应付票据增加+应付账款增加）–应付工资增加=7 900–220+1 004+246+（–500）+79+150–（650+200）–（–10）=7 819（万元）

（3）支付各项税费=主营业务税金及附加+所得税额–应付税金增量=310+289–（–19）=618（万元）

（4）支付的其他与经营活动相关的现金=预提费用减少=65（万元）

（5）投资支付的现金=长期股权投资=7（万元）

（6）购建固定资产、无形资产和其他长期资产支付的现金=固定资产投资额=340（万元）

（7）固定资产投资额=期末固定资产净值–期初固定资产净值+当期折旧–固定资产减值准备增加额=2 820–2 720+220–（–20）=340（万元）

（8）收到其他与投资活动有关的现金=投资收益+营业外收益=123+7=130（万元）

（9）支付其他与投资活动有关的现金=营业外支出=98（万元）

（10）偿还债务支付的现金=长期借款本金减少+短期借款本金减少=80+195=275（万元）

（11）分配股利、利润和偿付利息支付的现金=分配股利+利息=313+5=318（万元）

（12）现金及现金等价物净增加额=经营活动产生的现金流量净额+投资活动产生的现金流量净额+筹资活动产生的现金流量净额=1 028+（–315）+（–593）=120（万元）

表2-5　**ABC公司20×5年现金来源与占用分析**　单位：万元

科目	20×4年	20×5年	来源	占用
货币资金	1 520	1 640		120
交易性金融资产	1 100	1 100		
应收票据	950	1 100		150
应收账款	1 820	2 880		1 060
预付账款	46	125		79
应收利息	0	0		
其他应收款	0	0		
存货	6 400	5 900	500	
长期股权投资	145	152		7
持有至到期投资	0	0		
长期应收款	0	0		
固定资产	2320	2440		120
无形资产	440	440		
短期借款	280	85		195
交易性金融负债	0	0		
应付票据	750	1 400	650	
应付账款	1 800	2 000	200	
预收账款	500	500		
应付职工薪酬	40	30		10
应交税费	240	221		19
应付利息	0	0		
其他应付款	70	5		65
长期借款	80	0		80
长期应付款	0	0		
递延所得税负债	10	10		
实收资本	1 000	1 000		
资本公积	5 165	5 165		
盈余公积	3 206	3 292	86	
未分配利润	1 600	2 069	469	
累计			1 905	1 905

表2-6 **ABC公司20×5年现金流量表** 单位：万元

1.经营活动现金流量		
净利润	868	
加：		
折旧	220	
存货	500	
应付票据	650	
应付账款	200	
减：		
应收票据		150
应收账款		1 060
预付账款		79
短期借款		195
应付职工薪酬		10
应交税费		19
其他应付款		65
经营活动现金流合计	860	
2.投资活动现金流量		
减：		
长期股权投资		7
固定资产		340
投资活动现金流合计		347
3.筹资活动现金流量		
减：		
长期借款		80
支付股利		313
筹资活动现金流合计		393
4.总现金流合计	120	

注：短期借款195万元也可以归入筹资活动现金流。考虑到短期借款基本上用于公司经营过程中的流动资金占用，故这里归入经营活动现金流核算。

资产负债表、利润表和现金流量表是财务报告和分析的三大主要报表。三张财务报表之间有很精致的勾稽关系。利用财务比率和报表分析技术可以对报表进行深入分析，进一步挖掘报表信息。这里，利用会计手段确认财务现金流的内容非常重要，它是公司理财估值的基本数据依据。

第二节　报表阅读与分析

一、财务报表分析概述

（一）财务报表分析的目的

财务报表分析是指以财务报表和其他资料为依据和起点，采用专门方法，系统分析和评价企业的过去和现在的经营成果、财务状况及其变动情况。财务分析的基本功能，是将大量的报表数据转换成对特定决策有用的信息，作为进行决策的依据。主要体现在：

（1）可以正确评价企业的过去。

（2）可以全面反映企业的现在。

（3）可以科学预测企业的未来。

（二）财务报表分析的步骤

财务报表分析是将财务报表数据转换为更有用的信息，主要步骤是：

（1）明确分析目的。

（2）收集有关信息。

（3）根据分析目的重新组织整理。

（4）深入研究各部分的特殊本质。

（5）进一步研究各部分的相互关系。

（6）解释结果，提供决策有用信息。

（三）财务报表分析的方法

财务报表分析的方法多种多样，大致可归为比较分析法、比率分析法和因素分析法三大类。

1.比较分析法

比较分析法是将不同时期的两个或两个以上的相同项目的财务数据直接进行比较，以发现财务指标变动差异及其趋势的方法。

根据财务报表分析目的的不同，具体分析内容包括：

（1）趋势分析：实际指标与本公司以前各时期历史指标的比较。

（2）预算差异分析：实际指标与本公司计划指标或预算指标的比较。

（3）横向比较：实际指标与同类公司比较，比如与行业平均数或竞争对手的比较。

根据指标数据形式的不同，具体内容包括：

（1）绝对数指标的比较：利用两个或两个以上的绝对数指标进行对比，以揭示这些绝对数指标之间的数量差异。

（2）相对数指标的比较：利用两个或两个以上的相对数指标进行对比，以揭示这些相对数指标之间的数量差异。

2.比率分析法

比率分析法是运用最为广泛的一种财务报表分析方法，也是最重要的分析方法。比率分析法是利用两个或多个指标之间的某种关联关系，通过计算比率来考察、计量和评价企业财务活动状况的一种分析方法。

常用的财务比率可概括为四大类：（长短期）偿债能力比率、营运能力比率、盈利能力比率和市场价值比率。

3.因素分析法

比较分析法和比率分析法能够帮助我们确定财务报表中因各项经济指标变动而产生的差异，但是，对差异形成的原因及各种原因对差异形成的影响程度，则需要进一步进行因素分析。因素分析法是通过分析影响财务指标的各项因素，并计算各该因素对指标的影响程度，用以说明本期实际与计划或基期相比，财务指标发生变动或差异产生的主要原因的一种分析方法。

下面以ABC公司为例介绍因素分析法的主要步骤。

20×5年，ABC公司某种材料费用的实际数是6 900万元，而其计划数是6 400万元。其中，实际产品产量为100万件，单位产品材料耗用量为3件，材料单价为23元；计划产品产量为80万件，单位产品材料耗用量为4件，材料单价为20元。

第一步：确定需要分析的财务指标，比较其实际数额和标准数额的差额。

财务指标为材料费用，差额为6 900−6 400=500（万元）。

第二步：确定该财务指标的驱动因素以及替代顺序。

这里我们按顺序确定的驱动因素分别为产品产量、单位产品材料耗用量、材料单价。

第三步：顺序计算各驱动因素对财务指标的影响。

计划指标：80×4×20=6 400（万元） ①

第一次替代：100×4×20=8 000（万元） ②

第二次替代：100×3×20=6 000（万元） ③

第三次替代：100×3×23=6 900（万元）（实际数） ④

各因素变动的影响程度分析：

②−①=8 000−6 400=1 600（万元） 产量增加的影响

③−②=6 000−8 000=−2 000（万元） 材料节约的影响

④−③=6 900−6 000=900（万元） 价格提高的影响

1 600−2 000＋900=500（万元） 全部因素的影响

（四）财务报表分析的局限性

通过对企业财务报表的分析，可以使信息使用者获得许多关于企业财务状况的信息。但是，单凭对企业报表的分析仍不足以对企业的整体财务状况做出全面评价。财务报表分析的局限性主要体现在：

1.财务报表本身的局限性

报表是会计的产物，会计存在特定假设，有统一的规范，只能在规定意义上使用报表数据，它也无法涵盖企业的全部信息。具体包括：

（1）历史成本计价会计原则下的财务报表，不能客观地反映即期资本的真实价值、现行成本和变现价值。

（2）币值稳定是会计核算货币计量的基本假设，没有考虑不同程度的通货膨胀和资金的时间价值。

（3）出于会计谨慎性原则，会计准则允许计提八项资产减值准备，并要求预计损失而不预计收益，有可能夸大费用而少计收益和资产。

（4）所选择的会计政策的不同，客观上会影响会计报告的可比性。

（5）按年度分期报告，不能提供反映长期潜力的信息。

2.财务报表的可靠性问题

财务报表的可靠性和真实性主要依靠注册会计师把关，然而，注册会计师也不能绝对保证财务报表没有任何漏洞。因此，进行财务报表分析时需要对可能存在的以下问题进行关注：

（1）财务报告是否规范。

（2）财务报告是否有遗漏。

（3）注意分析数据的反常现象。

（4）注意审计报告的意见及审计师的信誉。

二、比率分析法

比率分析法是把会计报表中的一个或多个科目与其他科目进行对比，求得相应的比率指标值，以揭示会计报表项目之间内在逻辑关系的一种分析方法。一般来说，财务比率分析分为（长短期）偿债能力比率分析、营运能力比率分析、盈利能力比率分析和市场价值比率分析四大部分，综合衡量与比较不同企业的风险和收益，可以帮助投资者和债权人做出理智的决策。

（一）偿债能力比率

偿债能力是指反映公司偿还到期债务本息的能力，分为短期偿债能力和长期偿债能力。其中：短期偿债能力是指公司偿还短期债务的能力，公司偿还流动负债主要依靠流动资产，流动资产的主要内容包括现金、短期投资、应收账款和存货等；长期偿债能力是指企业偿还长期利息与本金的能力，反映了企业债务与资产、净资产的关系。

下面以ABC公司为例介绍反映企业偿债能力的各项指标：

1.短期偿债能力比率

（1）流动比率

流动比率是企业流动资产与流动负债的比率，它反映了企业货币资金和可以转化为货币资金的其他流动资产可偿还短期债务的能力。

流动比率的计算公式如下：

$$流动比率=\frac{流动资产}{流动负债}$$

20×5年期末，ABC公司的流动资产为12 745万元，流动负债为4 241万元，则该公司的流动比率为：

$$流动比率=\frac{流动资产}{流动负债}=\frac{12\ 745}{4\ 241}=3.01$$

一般而言，流动比率越高，说明企业的短期偿债能力越强，流动负债获得到期偿还的可能性越大，短期债权人的利益越容易得到保护。但是，过高的流动比率可能会导致公司资金的低速周转，大量资金处于闲置状态，影响企业的盈利能力。

（2）速动比率

速动比率是企业速动资产与流动负债的比率，它用来衡量企业流动资产可以随时偿付流动负债的能力。一般而言，存货是流动性最差的流动资产，其账面价值经常不能反映其市场价值；此外，存货过多也是企业陷入经营困境的一个重要标志。

速动比率的计算公式如下：

$$速动比率=\frac{流动资产-存货}{流动负债}$$

20×5年期末，ABC公司的流动资产为12 745万元，流动负债为4 241万元，存货为5 900万元，则该公司的速动比率为：

$$速动比率=\frac{流动资产-存货}{流动负债}=\frac{12\ 745-5\ 900}{4\ 241}=1.61$$

（3）现金比率

现金比率是现金资产与流动负债之间的比率，它反映一个企业的现金资产对流动负债的保障程度。

现金比率的计算公式如下：

$$现金比率=\frac{货币资金+交易性金融资产}{流动负债}$$

20×5年期末，ABC公司的货币资金为1 640万元，交易性金融资产为1 100万元，流动负债为4 241万元，则该公司的现金比率为：

$$现金比率=\frac{货币资金+交易性金融资产}{流动负债}=\frac{1\ 640+1\ 100}{4\ 241}=0.65$$

2. 长期偿债能力比率

（1）资产负债率

资产负债率是企业的负债总额与企业资产合计数之间的比率，它反映在企业的总资产中有多少资金来自债权人，揭示一个企业的负债水平和长期偿债能力。

资产负债率的计算公式如下：

$$资产负债率=\frac{总负债}{总资产}$$

20×5年期末，ABC公司的总资产为15 777万元，总负债为4 251万元，则该公司的资产负债率为：

$$资产负债率=\frac{总负债}{总资产}=\frac{4\ 251}{15\ 777}=0.27$$

资产负债率一方面反映了企业的负债程度及其所承担的风险，另一方面也反映了企业利用财务杠杆的能力。从债权人的角度看，较低的资产负债率对自己的本金和利息收入是一种保障；从股东的角度看，资产负债率越高，意味着可以吸收到的资金越多，通过财务杠杆增加股东的回报，可分散自身对企业承担的总风险。但是，过高的资产负债率可能适得其反。经营者应该平衡各渠道的资金来源，维持适度的资产负债率，这样既可以保障债权人的资金安全，又可以持续增加股东回报。

（2）产权比率

产权比率是指企业负债总额对所有者权益的比率，用来衡量企业清算时对债权人的保护程度。

产权比率的计算公式如下：

$$产权比率=\frac{总负债}{所有者权益}$$

2015年期末，ABC公司的总负债为4 251万元，所有者权益为11 526万元，则该公司的产权比率为：

$$产权比率=\frac{总负债}{所有者权益}=\frac{4\ 251}{11\ 526}=0.37$$

（3）权益乘数

权益乘数是企业的总资产与所有者权益之间的比率，反映企业的总资产相对企业净资产的倍数。

权益乘数的计算公式如下：

$$权益乘数=\frac{总资产}{所有者权益}$$

20×5年期末，ABC公司的总资产为15 777万元，所有者权益为11 526万元，则该公司的权益乘数为：

$$权益乘数=\frac{总资产}{所有者权益}=\frac{15\ 777}{11\ 526}=1.37$$

其实，产权比率和权益乘数是资产负债率的另外两种表达形式，都可以衡量企业清算时对债权人利益的保护程度，以及股权资本推动总资本的能力。权益乘数越大，表明企业负债越多，可能会导致企业财务杠杆率提高，财务风险增大。它们之间的关系如下：

$$权益乘数=1+产权比率=\frac{1}{1-资产负债率}$$

（4）利息保障倍数

利息保障倍数是企业息税前利润与债务利息费用的比率，反映了企业的收益能力对偿付债务利息的保障程度。一般地，利息保障倍数越高，企业对债权人利息的支付能力越强，债权人对利息的求偿越有保障。

利息保障倍数的计算公式如下：

$$利息保障倍数=\frac{息税前利润}{利息费用}$$

20×5年期末，ABC公司的净利润为868万元，财务费用为5万元，所得税费用为289万元，则该公司的利息保障倍数为：

$$利息保障倍数=\frac{息税前利润}{利息费用}=\frac{868+5+289}{5}=232.4$$

（二）营运能力比率

营运能力是企业对其有限资源进行配置和利用的能力，揭示企业资金周转的快慢，集中展示整个企业的管理水平。一般地，反映企业资产运营效率的核心比率有应收账款周转率、存货周转率、流动资产周转率、固定资产周转率和总资产周转率等。

下面以ABC公司为例介绍这些指标：

1.应收账款周转率

应收账款周转率，是企业赊销收入净额与应收账款平均余额的比率，说明年度内应收账款转换为现金的平均次数，体现应收账款的变现速度和收账效率。

应收账款周转率的计算公式如下：

$$应收账款周转率=\frac{当期营业收入净额}{平均应收账款余额}$$

式中：

$$当期营业收入净额=销售收入-销售退回$$

$$应收账款平均余额=\frac{期初应收账款+期末应收账款}{2}$$

20×5年期末，ABC公司的营业收入为10 510万元（即为当期营业收入净额），期初应收账款为1 820万元，期末应收账款为2 880万元，则该公司的应收账款周转率为：

$$应收账款周转率=\frac{10\,510}{(1\,820+2\,880)\div 2}=4.47$$

表明ABC公司这一年货款回收后再赊销，总计周转了4.47次。如果将这一比率转换成天数，则表明公司应收账款周转一次所需要的天数。

$$应收账款周转天数=\frac{365天}{应收账款周转率}=\frac{365}{4.47}\approx 82(天)$$

2.存货周转率

存货周转率，是产品营业成本与存货平均余额的比率，反映了企业存货的周转速度。存货周转率越高，说明流动资产的变现能力越强，企业的资金利用效率和盈利能力越好。

存货周转率的计算公式如下：

$$存货周转率=\frac{营业成本}{存货平均余额}$$

式中：

$$存货平均余额=\frac{期初存货余额+期末存货余额}{2}$$

20×5年期末，ABC公司的营业成本为7 900万元，期初存货余额为6 400万元，期末存货余额为5 900万元，则该公司的存货周转率为：

$$存货周转率=\frac{7\,900}{(6\,400+5\,900)\div 2}=1.28$$

那么，平均的存货周转时间则为：

$$存货周转天数=\frac{365天}{存货周转率}=\frac{365}{1.28}\approx 286(天)$$

说明目前公司的存货平均需要286天才能销售出去。

3.流动资产周转率

流动资产周转率是营业收入净额与流动资产平均余额的比率，反映了流动资产的周转速度。流动资产周转率越高，说明企业生产经营过程中利用流动资产的营运能力和盈利能力越强。

流动资产周转率的计算公式如下：

$$流动资产周转率=\frac{营业收入净额}{流动资产平均余额}$$

式中：

$$流动资产平均余额=\frac{期初流动资产+期末流动资产}{2}$$

20×5年期末，ABC公司的营业收入为10 510万元，期初流动资产为11 836万元，期末流动资产余额为12 745万元，则该公司的流动资产周转率为：

$$流动资产周转率=\frac{10\,510}{(11\,836+12\,745)\div 2}=0.86$$

4.固定资产周转率

固定资产周转率，是营业收入净额与固定资产平均余额的比率，揭示了企业固定资产的利用效率。固定资产周转率越高，说明企业生产经营过程中利用固定资产的营运能力和盈利能力越强。

固定资产周转率的计算公式如下：

$$固定资产周转率=\frac{营业收入净额}{固定资产平均余额}$$

式中：

$$固定资产平均余额=\frac{期初固定资产+期末固定资产}{2}$$

20×5年期末，ABC公司的营业收入为10 510万元，期初固定资产为2 320万元，期末固定资产为2 440万元，则该公司的固定资产周转率为：

$$固定资产周转率=\frac{10\,510}{(2\,320+2\,440)\div 2}=4.42$$

5. 总资产周转率

总资产周转率，是营业收入净额与全部资产平均余额的比率，综合地反映了企业整体资产的营运能力。通常该指标越高，总资产的营运能力越强。

总资产周转率的计算公式如下：

$$总资产周转率=\frac{营业收入净额}{总资产平均余额}$$

式中：

$$总资产平均余额=\frac{期初总资产+期末总资产}{2}$$

20×5年期末，ABC公司的营业收入为10 510万元，期初总资产为14 741万元，期末总资产为15 777万元，则该公司的总资产周转率为：

$$总资产周转率=\frac{10\,510}{(14\,741+15\,777)\div 2}=0.69$$

（三）盈利能力比率

盈利能力是公司一定时期内获取利润、实现资产增值的能力。盈利是企业经营的首要目标，是企业各利益主体都很关心的问题。反映企业盈利能力的核心比率指标有销售利润率、总资产收益率（ROA）、净资产收益率（ROE）。对上市公司而言，还需分析每股收益（EPS）、市盈率（PE）、每股经营活动产生的现金流量净额等指标。

下面以ABC公司为例，介绍除市盈率之外的这些指标：

1. 销售利润率

销售利润率，又称边际利润率，是企业当期实现的净利润与销售收入之间的比率。它是评价企业销售业务本身的获利能力和竞争能力的指标。

销售利润率的计算公式如下：

$$销售利润率=\frac{净利润}{销售收入}$$

20×5年期末，ABC公司的净利润为868万元，销售收入为10 510万元，则该公司的销售利润率为：

$$销售利润率=\frac{868}{10\,510}\times 100\%=8.26\%$$

2. 总资产收益率

总资产收益率是单位投资带来的利润，它是反映企业盈利水平的重要财务指标，揭示了企业占用总资产创造盈利的能力。它有很多表达方法，常见的有净利润与总资产的比率和息税前利润（EBIT）与总资产的比率。

企业在计算总资产收益率时，还往往用经营利润，即息税、折旧及摊销前利润（EBITDA）表示盈利，因为利息费用和所得税费用也是总资产运营所获得的收益。

计算公式如下：

$$总资产收益率=\frac{息税、折旧及摊销前利润}{总资产}$$

式中：

息税、折旧及摊销前的利润=净利润+折旧+所得税费用+利息费用

20×5年期末，ABC公司的净利润为868万元，折旧为220万元，所得税费用为289万元，财务费用为5万元，总资产为15 777万元，则该公司的总资产收益率为：

$$\text{总资产收益率}=\frac{868+220+289+5}{15\ 777}\times 100\%=8.76\%$$

3.净资产收益率

净资产收益率，也称自有资金利润率或净值报酬率、权益收益（报酬）率，它是指企业净利润与净资产之间的比率，揭示企业通过经营活动给股东创造的盈利水平。

净资产收益率的计算公式如下：

$$\text{净资产收益率}=\frac{\text{净利润}}{\text{净资产}}$$

20×5年期末，ABC公司的净利润为868万元，净资产为11 526万元，则该公司的净资产收益率为：

$$\text{净资产收益率}=\frac{868}{11\ 526}\times 100\%=7.53\%$$

4.每股收益

每股收益是企业当期的净利润与流通在外的普通股的加权平均数之间的比率，反映每股股票的盈利额。一般地，每股收益越高，企业的盈利水平越好，股东获得的回报亦越高。

每股收益的计算公式如下：

$$\text{每股收益}=\frac{\text{净利润}}{\text{流通在外的普通股的加权平均数}}$$

式中：

$$\begin{matrix}\text{流通在外的普通股的}\\\text{加权平均数}\end{matrix}=\begin{matrix}\text{期初流通在外的}\\\text{普通股股数}\end{matrix}+\begin{matrix}\text{当期发行}\\\text{普通股股数}\end{matrix}\times\frac{\text{已发行时间}}{\text{报告期时间}}-\begin{matrix}\text{当期回购}\\\text{普通股股数}\end{matrix}\times\frac{\text{已发行时间}}{\text{报告期时间}}$$

20×5年期末，ABC公司的净利润为868万元，流通在外的普通股为1 000万股，则该公司的每股收益为：

$$\text{每股收益}=\frac{868}{1000}=0.868\text{（元）}$$

5.每股经营活动产生的现金流量净额

每股经营活动产生的现金流量净额是经营活动产生的现金流量净额与流通在外的普通股股数之间的比值。它反映每股流通在外的普通股能够获得经营活动现金净流入的能力。每股经营活动获得的现金流量净额越高，说明企业盈利质量越好，企业经营活动创造现金流的能力越强。

每股经营活动产生的现金流量净额的计算公式如下：

$$\text{每股经营活动产生的现金流量净额}=\frac{\text{经营活动产生现金流量净额}}{\text{流通在外的普通股的加权平均数}}$$

20×5年期末，ABC公司的经营活动产生的现金流量净额为1 028万元，流通在外的

普通股为1 000万股，则该公司的每股经营活动产生的现金流量净额为：

$$每股经营活动产生的现金流量净额=\frac{1\ 028}{1\ 000}=1.028（元）$$

（四）市场价值比率

市场价值比率又称市价比率，是指普通股每股市价与公司盈余、每股账面价值的比率。市场价值比率是以“每股市价”来说明企业的营运绩效，是基于非财务信息——股票的市场价格考量公司价值的综合性指标。主要指标包括市盈率、股利收益率和市价对账面价值比等指标。

下面以ABC公司为例介绍这些指标：

1.市盈率

市盈率是每股股票的市场价格与每股股票收益之间的比率，也称价格与收益比率。市盈率反映企业每股股票的市场价格与其收益的倍数，它是判断股票价格在资本市场上是否有吸引力以及有多大风险的财务指标。

市盈率的计算公式如下：

$$市盈率=\frac{每股市价}{每股收益}$$

20×5年期末，ABC公司的每股收益为0.868元，假设ABC公司的股票市价为16元，则该公司的市盈率为：

$$市盈率=\frac{16}{0.868}=18.43$$

市盈率的高低对投资者而言是一把“双刃剑”。市盈率衡量投资者愿意为每股当前利润支付多少钱。因此，高市盈率说明投资者对企业的发展前景看好。但是，如果企业盈利能力不高，但市盈率很高，就意味着存在高风险。

2.股利收益率

股利收益率指股份公司以现金形式派发的股息与股票买入价格的比率。以每股现金股利收入为分子，计算股利收益率，可以确定投资者投资于普通股股票的可确定的最低收益。投资者从投资普通股股票中所获得的收益，除了现金股息外还有出售股票所获得的价差收益即资本利得。持有期收益率指标就是指投资者持有股票期间的股息收入与买卖价差之和与股票买入价的比率。

股利收益率的计算公式如下：

$$股利收益率=\frac{每股现金股利}{股票买入价}$$

如果某公司多年连续发放股利，且收益率超过同期1年期银行存款利率，我们可以说这只股票是收益型股票。股利收益率越高越会吸引投资人。

3.市价对账面价值比

市价对账面价值比也称市值面值比，是指每股股票的市场价值与其账面价值的比率。市值是由股票的市场价格计算出来的市场价值，股票账面价值是指会计上的历史成本，是财务报表所反映的股东的权益。在长期内，账面价值的增长与股价的上涨之间存在很强的相关关系。如果一个公司能够持续地、较快地提高其每股的账面价值，那么，其账面价值的增长必然导致公司的真实价值和股票价格按照相应比例增长。相反，在长期内，如果公司的每股账面价值几乎没有什么上升，其股票的市场价格也不会有好的表现。

市值面值比的计算公式如下：

$$市值面值比=\frac{每股市场价值}{每股账面价值}$$

每股账面价值是股东权益总额减去优先股权益后的余额与发行在外的普通股股数的比值。其计算公式为：

$$每股账面价值=\frac{股东权益总额-优先股权益}{发行在外的普通股股数}$$

三、综合财务分析

企业的经营状况和财务成果受多种因素制约，上述财务比率分析方法只能揭示企业财务状况和经营成果的某一个侧面，难以全面表达企业的整体财务状况。利用指标之间的关联性并加以综合考量，可以对企业整体的财务状况和经营成果进行评价。综合财务分析的方法主要有杜邦财务分析体系与沃尔评分法。

（一）杜邦财务分析体系

1.杜邦财务分析体系的原理

杜邦财务分析体系是以权益资本收益率为核心，利用财务比率之间的内在联系建立的财务比率分析综合模型。通过对权益收益率（ROE）指标的分解，我们可以很好地观测到影响企业ROE水平的因素。采用这一方法，可使财务比率分析的层次更加清晰，各比率间的因果关系更加明确。

杜邦分析体系的逻辑表达如下：

$$权益收益率=\frac{净利润}{总权益}=\frac{净利润}{总资产}\times\frac{总资产}{总权益}=\frac{净利润}{销售额}\times\frac{销售额}{总资产}\times\frac{总资产}{总权益}$$

$$权益收益率=销售利润率\times总资产周转率\times权益乘数$$

2.杜邦财务分析体系的应用

下面以ABC公司为例介绍杜邦分析法的应用：

20×4年期末，ABC公司的销售利润率为5.88%，总资产周转率为0.73，权益乘数为1.34，因此，该年ABC公司的权益收益率为：

$$\begin{aligned}权益收益率&=销售利润率\times总资产周转率\times权益乘数\\&=5.88\%\times0.73\times1.34=5.75\%\end{aligned}$$

20×5年期末，ABC公司的销售利润率为8.26%，总资产周转率为0.69，权益乘数为1.37，因此，该年ABC公司的权益收益率为：

$$\begin{aligned}权益收益率&=销售利润率\times总资产周转率\times权益乘数\\&=8.26\%\times0.69\times1.37=7.81\%\end{aligned}$$

利用杜邦分析法对ABC公司20×4年和20×5年的权益收益率进行分解，投资者可以进一步挖掘出使企业净资产收益率增长的动因。与20×4年相比，20×5年ABC公司的销售利润率增长了2.38%，增速为40%；总资产周转率降低了0.04，增速为−5%；权益乘数增长了0.03，增速为2%。因此，ABC公司净资产收益率的增长主要是销售利润率增长的驱动。

杜邦分析法仅从财务信息的某一角度透视企业的运营绩效，也有一定的局限性。比如，对短期财务结果过分重视，有可能助长公司管理层的短期行为，忽略企业长期的价值创造。

（二）沃尔评分法

1.沃尔评分法的原理

亚历山大·沃尔在其于20世纪初出版的《信用晴雨表研究》和《财务报表比率分析》等著作中提出了信用能力指数的概念，将流动比率、产权比率、固定资产比率、存货周转率、应收账款周转率、固定资产周转率、自有资金周转率等七项财务比率用线性关系结合起来，并分别给定各自的分数比重，然后通过与标准比率进行比较，确定各项指标的得分及总体指标的累计分数，从而对企业的信用水平做出评价。

现代社会与沃尔所处的时代相比，已经发生了很大的变化。现在通常认为，在选择指标时，偿债能力、营运能力、盈利能力和发展能力指标均应入选。除此之外，还应当选取一些非财务指标作为参考。

2.沃尔评分法的步骤

（1）选择评价指标并分配指标权重。

（2）确定各项评价指标的标准值。财务指标的标准值一般以行业平均数、企业历史先进数、国家有关标准或者国际公认数为基准来加以确定。

（3）求出各指标实际值与标准值的比率，称为关系比率或相对比率。

（4）对各项评价指标记分并计算综合分数。

$$\text{各项指标得分} = \text{各项指标权重} \times \left(\frac{\text{指标的实际值}}{\text{标准值}}\right)$$

$$\text{综合得分} = \sum \text{各项评价指标得分}$$

（5）形成评价结果。在最终评价时，如果综合得分大于100，则说明企业的财务状况比较好；反之，则说明企业的财务状况比同行业平均水平或者本企业历史先进水平差。

第三节　长期财务规划与资金需求预测

一、长期财务规划概述

长期财务规划是依据企业的发展战略和经营计划，对未来一定期间的财务活动及其结果进行的规划、布置和安排，规划企业计划期财务工作的任务和目标及预期的财务状况和经营结果。

（一）长期财务规划的作用

（1）通过预计财务报表，可以评价企业预期经营业绩是否与企业总目标一致以及是否达到了股东的期望水平。

（2）预计财务报表可以预测企业未来进行的经营活动及其影响。

（3）管理者利用财务报表预测企业未来的融资需求。

（4）预计财务报表被用来预测企业未来现金流，评估公司价值。

（二）长期财务规划的基本步骤

长期财务规划的基本步骤包括销售预测、资产需求量预测和融资需求量预测。

1.销售预测

销售预测是企业制订销售计划的核心工作。销售预测是在充分考虑未来企业面临的各种内外部影响因素的基础上，结合本企业的销售业绩，通过一定的分析方法，估计未来一定时期内企业产品的销售数量和销售金额，从而确定切实可行的销售目标的过程。预测人员确定计划并编制预计财务报表，运用这些预测结果分析经营计划对预计利润和财务比率的影响。

2.资金需求量预测

资金需求量预测是指企业根据未来生产经营的需要，对所需资金的估计、分析和判断，是企业制订融资计划的基础。资金需求量由两部分构成：一是资本支出，通过资本预算确定可行的投资项目方案和所需要的投资资金；二是净营运资本的需求，反映了企业流动资金占用的规模。随着销售规模的扩大，企业需要追加固定资产投资，并相应增补流动资金。在投资需求和既定的利润分配政策下，预测资产负债表会出现不平衡，投资供求会存在缺口，就需要启动外部融资。

3.融资需求量预测

融资需求量预测要以公司的资本结构政策、债务政策和分配政策为前提。上述资金缺口可以通过企业自有资金，包括新增留存收益、各种公积金和现有资产的变现收入等来弥补。在既定政策下，不足的部分就要通过外部融资来解决。

通常，当销售增长率较高时，留存收益不能满足企业的资本需要，即使获利良好的企业也需要外部融资。外部资金需求预测是对企业未来通过外部融资筹集资金的规模进行的预测估计。

外部融资需求=预计资产增加额−预计自然负债增加额−预计留存收益增加额

如果根据销售增加量确定融资需求量，那么：

$$\text{外部融资需求}=\text{资产增加额}-\text{自然负债增加额}-\text{留存收益增加额}$$

$$=\frac{\text{资产销售}}{\text{百分比}}\times\frac{\text{新增}}{\text{销售额}}-\left(\frac{\text{负债销售}}{\text{百分比}}\times\frac{\text{新增}}{\text{销售额}}\right)-\left[\frac{\text{计划销售}}{\text{净利率}}\times\text{销售额}\times\left(1-\frac{\text{股利}}{\text{支付率}}\right)\right]$$

式中：

新增销售额=销售增长率×基期销售额

（三）长期财务规划的方法

长期财务规划的方法有定性分析法与定量分析法。

定性分析法一般是在企业缺乏完备、准确的历史资料的情况下，由专业人员根据自己的经验和知识，结合预测对象的特点进行综合分析，对事物的未来状况和发展趋势做出推测的预测方法。

定量分析法是指在掌握与预测对象有关的各种要素的定量资料的基础上，运用现代数学方法进行数据处理，从而建立起能够反映有关变量之间关系的各类预测模型的方法。

常用的定量分析法包括销售百分比法和回归分析法。

销售百分比法是最常用的一种长期财务计划分析方法，它假设资产、负债与销售收入存在稳定的百分比关系，根据预计销售收入和相应科目的百分比关系，预测资产负债表各相关科目的数额，然后确定融资需求。

回归分析法是利用一系列历史资料求得各资产负债表项目和销售收入的函数关系，然后基于计划销售收入预测资产、负债数量，最后预测融资需求的方法。

在实践中，常把定性分析与定量分析结合运用。

二、外部资金需求预测

（一）用销售收入百分比法编制预计财务报表

销售收入百分比法是编制预计财务报表的常用方法。销售百分比法假设：资产负债表各项（部分科目项除外）与销售收入成比例变化；企业资产负债表的各项资产、负债和所有者权益的比例不变。

预测财务报表的步骤如下：

（1）销售预测。财务预测的起点是销售预测。通常我们要预测计划期的销售增长率。销售预测对财务预测的质量有重大影响。如果销售的实际状况超出预测很多，企业没有准备足够的资金添置设备或储备存货，不仅会失去盈利机会，还会丧失原有的市场份额。相反，销售预测过高，筹集大量资金购买设备并储备存货，则会造成设备闲置和存货积压，使资金周转速度下降，导致权益净利率降低，股价下跌。

（2）估计资产负债表各项。通常，资产是销售收入的函数，根据历史数据可以分析出该函数关系。找出资产负债表和利润表中直接与销售收入有比例关系的各项，根据与销售收入的函数关系，确定预测销售额下的各项数值。

（3）确定与销售收入非相关的各项及相关政策。财务报表的各项并不全部与销售收入构成函数关系，比如，应收账款在企业应收账款政策不变的情况下，会“自然地”随着销售收入的变化而变化。而应付票据、银行借款、股本和留存收益等项，并不必须与销售收入保持稳定的比例关系，故需要明确对这些非自发性负债和股东权益应做出的调整，从而确定外部资金需求。

（4）根据有关财务指标的约束要求，确定外部资金筹措计划。

（5）编制预计资产负债表与利润表。

（二）实例详解

下面举例说明利用销售百分比法进行资金需要量预测的具体过程。

【例2-1】假设ABC公司20×6年度预计资产负债表（简表）和利润表（简表）如表

2-7和表2-8所示。已知20×5年实际销售收入为10 510万元，假设20×5年的各项销售百分比在20×6年保持不变，20×6年预计销售额增长30%，资产负债表中各项资产、自然负债和利润表中的产品成本、管理费用和销售费用等项与销售额同比例增长。以20×5年为基期，采用销售百分比法进行估计。

各项目销售百分比=基期资产（负债）÷基期销售收入

表2-7 ABC公司20×6年度预计资产负债表 单位：万元

资产	20×5年12月31日	20×6年度预计值（1）	20×6年度预计值（2）
流动资产			
货币资金	1 640	2 132	2 132
交易性金融资产	1 100	1 430	1 430
应收票据	1 100	1 100（n.a）	1 100（n.a）
应收账款	2 880	3 744	3 744
预付账款	125	125（n.a）	125（n.a）
存货	5 900	7 670	7 670
流动资产合计	12 745	16 201	16 201
长期股权投资	152	152（n.a）	152（n.a）
固定资产	2 440	3 286	3 286
无形资产	440	572	572
非流动资产合计	3 032	4 010	4 010
资产总计	15 777	20 211	20 211
负债和所有者权益			
流动负债			
短期借款	85	85（n.a）	569
应付票据	1 400	1 400（n.a）	1 400（n.a）
应付账款	2 000	2 600	2 600
预收账款	500	500（n.a）	500（n.a）
应付职工薪酬	30	39	39
应交税费	221	287	287
其他应付款	5	5（n.a）	5（n.a）
流动负债合计	4 241	4 916	5 400
递延所得税负债	10	10（n.a）	10（n.a）
长期借款	0	0（n.a）	653
长期负债合计	10	10	663
负债合计	4 251	4 926	6 063
所有者权益			
实收资本	1 000	1 000（n.a）	1 305
资本公积	5 165	5 165（n.a）	6 691
盈余公积	3 292	3 402	3 396
未分配利润	2 069	2 750	2 632
所有者权益合计	11 526	12 317	14 024
负债和所有者权益总计	15 777	17 243	20 087
外部资金需求		2 968	124

表2-8　　ABC公司20×6年度预计利润表　　单位：万元

项目	20×5年度	20×6年度预计值（1）	20×6年度预计值（2）
营业收入	10 510	13 663	13 663
减：营业成本	7 900	10 270	10 270
营业税费	310	403	403
主营业务利润	2 300	2 990	2 990
加：其他业务利润	80	80（n.a）	80（n.a）
减：销售费用	1 004	1 305	1 305
管理费用	246	320	320
财务费用	5	5（n.a）	86
加：投资净收益	123	123（n.a）	123（n.a）
营业利润	1 248	1 563	1 482
加：营业外收入	7	7（n.a）	7（n.a）
减：营业外支出	98	98（n.a）	98（n.a）
利润总额	1 157	1 472	1 391
减：所得税费用（25%）	289	368	348
净利润	868	1 104	1 043
其中：股利支出	313	313（n.a）	376
当年新增留存收益	469	681	563
当年新增盈余公积	86	110	104

注：公司20×5年度提取盈余公积86万元。公司保持一贯的股息分配政策，20×5年实施股息分配为每10股3.13元。公司当年结转留存收益469万元。公司现有流通在外的普通股1 000万股。

说明：

（1）经过预测，该公司下一年度营业收入将增长30%，达到13 663万元。

（2）设资产负债表中的各项资产及自发性负债（包括应付账款、应付职工薪酬、应交税费、和其他应付款等），利润表中的主营业务成本、管理及销售费用等与营业额同比例增长。调整后的资产负债表和利润表中有关各项见表2-7（1）列和表2-8（1）列。

（3）利润表中，其他业务利润、财务费用、投资净收益、营业外收支和股利支出暂定不变。资产负债表中，为适应销售额的增加，公司资产总额增加28.1%，由15 777万元增加到20 211万元，净增4 434万元。同时，各项自发性负债增加675万元，留存收益增加681万元，盈余公积增加110万元，资金来源共计增加1 466万元。资金需求与供给相差2 968万元，需要从公司外部筹资。

（4）表2-7（1）列和表2-8（1）列构成了20×6年预计资产负债表和利润表的初始值。

根据公司相关财务指标及其控制值和财务政策（如负债率、利息支出和股利支出等），对上述初始值进行调整，得到新的预计财务报表。在考虑外部资金需求时，不同的假设会给出不同的选择。比如，我们可以假设公司全部由外部股权投资解决资金需求缺口，这样20×6年的利息支出就不会发生变化。但是，如果我们假设资金需求全部由借款解决，我们就要考虑借款后20×6年新增利息支出对净利润以及留存收益的影响。

（5）由20×5年的资产负债表和利润表可知，ABC公司目前的有关财务指标为：资产负债率为27%，流动比率为3.01，股利支付率为40%$\left(\dfrac{313}{868-86}\right)$。

若ABC公司上述财务指标的约束值为：资产负债率≤30%，流动比率≥3，现金股利支付率≥40%。则有以下结论：

根据资产负债率约束，公司最大负债额为6 063万元（20 211×30%），减去预计已拥有的负债额（流动负债4 916万元，长期负债10万元），最多可增加的负债额为1 137万元。

根据流动比率约束，公司最大流动负债额为5 400万元（16 201÷3），减去预计拥有的流动负债4 916万元，最多可增加的流动负债为484万元。余下的653万元需要通过长期借款解决。

考察股东权益筹资需求，外部筹资需求总额2 968万元，减去债务筹资1 137万元，需要公司股东再投入1 831万元。

综上所述，ABC公司20×6年需从外部筹集的2 968万元中，可通过短期借款筹资484万元，通过长期借款筹资653万元，向公司股东筹资1 831万元，这就是ABC公司20×6年度的预计财务计划。

如果ABC公司按照上述计划筹措资金，则在新的一年中该公司需要增加利息和现金股利支出，使利润表中20×6年度预计值（1）的税后净利和新增留存收益发生变化，进而使公司的内部现金供给发生变化。因此，需要对上面的初步财务计划进行进一步的调整。

设ABC公司借入短期借款的利率为6%，借入长期借款的利率为8%。20×5年流通在外的普通股为1 000万股，每股现金股利0.313元。预计2016年新股发行价为每股9.1元，则：

新增利息支出：短期借款利息=484万元×6%=29万元

长期借款利息=653万元×8%=52万元

新增利息支出总额　　81万元

新增现金股利支出：新增股票数量=1 831万元/9.1元=201万股

新增现金股利数额=0.313元/股×201万股=63万元

根据上述数据，20×6年预计利润表和资产负债表数据如表2-7和表2-8中的20×6年度预计值（2）数据列所示，由于新增利息支出81万元，税前利润由原来预计的1 472万元减少到1 391万元，税后利润由原来的1 104万元减少到1 043万元；由于新增现金股利63万元，现金股利发放总额变为376万元；留存收益由初步计划的681万元减少到563万元；新增盈余公积由初步计划的110万元减少到104万元，又出现了124万元新的资金缺口。由于债务资金额度已经用完，所以，新增的124万元的资金缺口需要向公司股东筹措。这样，新股发行量将由1 831万元增加到1 955万元。新增124万元的新股将再次导致股利分配的增加和留存收益的减少，原则上需要对调整后的财务计划再次进行调整。但由于这时产生的影响已经很小，可以忽略不计。

综上分析，为实现20×6年营业收入的增长目标，ABC公司在20×6年需要从公司外部筹措资金3 092万元。可通过短期借款筹资484万元，通过长期借款筹资653万元，向公司股东筹资1 955万元。这就是ABC公司20×6年度的预计财务计划。

如果改变前面的假设，上面的筹资安排也会相应发生变化。比如，我们假设公司股利分配政策是固定的，每年将50%的净利润用于股利分配，则在20×6年净利润为1 043万元的情况下，需要发放的现金股利数量为521万元，这意味着留存收益的减少，显然需要考虑新的筹资安排。又比如，在实际操作中，我们很难想象公司会为为数不多的资金需求发行股票，因此，公司可能会在一段时间内只进行外部债务融资，使相关财务比率在短期内发生变化，突破相关财务指标的约束。所以，究竟怎样解决外部资金需求的问题，需要根据具体情况做出安排。

另外，在前面的讨论中，我们假设企业的生产能力已经得到充分的利用，为增加销售收入必须增加新的资产。但是，如果企业现有生产能力并没有得到充分利用，则资产投资和资金需求都会出现新的变化。比如，如果ABC公司20×5年固定资产的使用率只有50%，则销售收入在20×5年的基础上增长30%，则公司在20×6年就不需要增加978万元的非流动资产了，资金缺口大大缩小。

用销售收入百分比法编制财务计划，简单方便、便于理解。但是，它也存在一些缺陷，特别是忽略了资产的规模经济效应和资产的不可分割性。由于资产具有规模经济效应和不可分割性，销售收入和资产规模并非一一对应，某些资产的占用量并不会与销售收入同步增长。这时，就不能简单地使用销售百分比法。在这种情况下，我们可以根据资产利用效率的提高调整新的销售收入下各种资产的比率，继续利用销售百分比法编制财务计划。

（三）影响外部资金需求的因素

在用销售收入百分比法编制预计财务报表的讨论中我们看到，企业的增长极大地依赖外部筹资。企业增长中对外部资金的需求大致等于其资金需求总量减去自然负债和留存收益增加量后的余额。在实际工作中，折旧也是企业一项重要的内部资金来源，并且在使用上也有很大的灵活性，包括用于购置新的资产。但理论上，不论从折旧的限制还是从资产的价值形态上来看，折旧的本质都是使不断贬值的原有资产得以恢复，因此，新增资产的最终资金来源不能是折旧。

外部资金需求量的基本公式如下：

外部资金需求量＝资金需求总量－自然负债增加量－留存收益增加量　　(2-1)

$$EFN=\left(\frac{A}{S}\right)\Delta S-\left(\frac{L}{S}\right)\Delta S-M\times S_1\times b \tag{2-2}$$

式中：EFN为外部资金需求总量；$\frac{A}{S}$为创造单位销售收入所需的资产数量，即每增加一单位销售额所需要增加的资产额，这一比率也被称为资本密集度，这个比率越高，公司的资本密集度越高，该比率与总资产周转率互为倒数；$\left(\frac{A}{S}\right)\Delta S$为增加$\Delta S$销售收入所需要增加的资产数量，也即资金需求总量；$\frac{L}{S}$为单位销售额所产生的自然负债数量，即每增加一单位销售额所能增加的自然负债数额；L为自然负债总额，它会随着销售额的增长而同比例增长，比如应收账款、库存和应付账款等；$\left(\frac{L}{S}\right)\Delta S$为增加$\Delta S$销售收入所需要增加的自然负债数量；$S_1$为下一年度计划销售额或预期销售额；M为销售利润率；$M\times S_1\times b$为下一年度可以增加的留存收益；$\Delta S=S_1-S_0$为销售额增加量；b为再投资比率或留存比率；(1-b)为股利分配率。

以【例2-1】中的ABC公司为例，根据20×5年的数据计算，该公司的各项参数为：

$$\frac{A}{S}=\frac{15\,777}{10\,510}=1.5$$

$$\frac{L}{S}=\frac{2\,000+30+221}{10\,510}=\frac{2\,251}{10\,510}=21\%$$

$$M=\frac{868}{10\,510}=8.26\%$$

$$b=\frac{469+86}{868}=64\%$$

这里，20×5年度公司净利润868万元中股息支付313万元，公积金提留86万元，留存收益469万元，故股息支付率为36%。考虑到实际资金运用，公司实际可以运用的投资资金为555万元，包括了公积金提留的部分，故这里的留存比率b=64%。

$$S_1=13\,663$$

$$\Delta S=13\,663-10\,510=3\,153$$

$$\begin{aligned}EFN&=1.5\times 3\,153-21\%\times 3\,153-8.26\%\times 13\,663\times 64\%\\&=4\,730-662-722=3\,346\text{(万元)}\end{aligned}$$

公司可以通过自然负债增加662万元的资金，通过内部留存增加722万元，从外部筹措3 346万元资金。这一数值与上例分析的估计值相差254万元（3 346-3 092）。造成这一差异的原因，主要是这里计算资金需求总量时使用的是总资产数据15 777万元。在上例中我们发现，有些资产项目并没有随着销售额的变化而变化，比如应收票据和预付账款等，如果剔除不调整的资产项目，A/S比率为1.4，最后求得的EFN为3 030万元，与上例报表预测值3 092万元的误差为62万元，可以忽略不计。

从上述分析过程可以看出，销售增长率、资产利用率、资本密集度、销售利润率和公司股利政策这五个因素对公司外部资金需求量有直接的影响。

三、企业增长与外部资金需求

（一）公司成长与外部融资的关系

公司成长与人的成长一样，是一个从量变到质变的过程，是一种成长“基因”推动企业系统内部的组织与功能不断分化，从而促进企业系统机体不断扩张、新陈代谢，不断适应环境，并与环境形成良性互动的过程。具体表现为企业规模的扩大、企业内部结构的不断完善和企业功能的优化等[①]。公司成长综合体现在公司价值的增长上。公司成长用什么指标刻画呢？公司价值增长受多种因素的影响，公司通常将成长性指标转化为增长性目标，包括资产规模的增长和销售规模的增长。我们首先从分析销售额的增长入手来考察。

公司的资金来源有二，一是内部积累，二是外部融资。当公司销售额增长时，要求资产随之增长（假定资产被充分利用了）。

$$\Delta A=\frac{A}{S}gS_0 \tag{2-3}$$

式中：ΔA为资产增量；g为销售增长率；S_0为基期销售额。

$$\frac{A}{S}S_0=\frac{d(\Delta A)}{dg}$$

$$\Delta E=(1+g)S_0bM \tag{2-4}$$

式中：ΔE为留存收益增量。

$$\frac{d(\Delta E)}{dg}=S_0bM$$

因为$\frac{A}{S}S_0=A_0$=基期资产；S_0bM=净利润×留存比率；$b<1$，且$\frac{净利润}{基期资产}<1$，故

$$\frac{d(\Delta A)}{dg}>\frac{d(\Delta E)}{dg} \tag{2-5}$$

即新增资产的增长速度大于留存收益的增长速度。

结论是：销售收入的增长必然以企业内部积累以外的资金支持为条件。

那么，是否任何销售的增长都会要求外部资金的支持呢？

下面，我们用一个实例来回答这个问题。

【例2-2】假设XYZ公司的简化报表如表2-9、表2-10所示。

如果XYZ公司预计20×6年度销售收入增长30%，达到6 500万元。运用销售百分比法编制的XYZ公司20×6年度预测财务报表的简表就如表2-11、表2-12所示。

---

① 引自360百科，http：//baike.so.com/doc/430035-455417.html.

表2-9 XYZ公司20×5年12月31日资产负债表简表 单位：万元

资产			负债和所有者权益		
	金额	占销售额的%		金额	占销售额的%
流动资产	1 000	20	总负债	1 750	n.a
固定资产（净额）	2 500	50	所有者权益	1 750	n.a
总资产	3 500	70	负债和所有者权益总计	3 500	n.a

表2-10 XYZ公司20×5年度利润表简表 单位：万元

项目	金额
销售收入	5 000
成本费用合计	3 500
应纳税所得额	1 500
所得税费用（25%）	375
净利润	1 125
股利	450
留存收益增加额	675

表2-11 XYZ公司20×6年度利润表简表 单位：万元

项目	金额
销售收入	6 500
成本（销售收入的70%）	4 550
应纳税所得额	1 950
所得税（25%）	487.5
净利润	1 462.5
股利	585
留存收益增加额	877.5

表2-12 XYZ公司20×6年12月31日资产负债表简表 单位：万元

资产			负债和所有者权益		
	金额	占销售额的%		金额	占销售额的%
流动资产	1 300	20	总负债	1 750	n.a
固定资产（净额）	3 250	50	所有者权益	2 627.5	n.a
总资产	4 550	70	负债和所有者权益总计	4 377.5	n.a
			外部融资需求量	172.5	

XYZ公司20×6年度销售收入增长30%，公司需要新增1 050万元的资产。其中，留存收益增加877.5万元，外部融资需求量为172.5万元。

如果公司出于融资成本的考虑，决定举债融资172.5万元，此时，公司的负债权益比就由原来的1下降为0.73（（1 750+172.5）÷2 627.5）。参见表2-13。

表2-13　**XYZ公司的预计增长率与预计外部融资需求量**　单位：%，万元

预计销售额增长率	预计资产增加额	留存收益增加额	预计外部融资需求量	预计负债权益比
0	0	675	-675	0.44
10	350	742.5	-392.5	0.54
20	700	810	-110	0.64
30	1 050	877.5	172.5	0.73
40	1 400	945	455	0.82

当增长率较低时，XYZ公司会出现资金冗余，负债权益比较低；当增长率接近30%时，资金冗余就变成了资金缺口；当增长率进一步上升，资金缺口扩大，负债权益比随之上升。

图2-1直观地反映了销售收入增长与外部资金需求之间的关系。

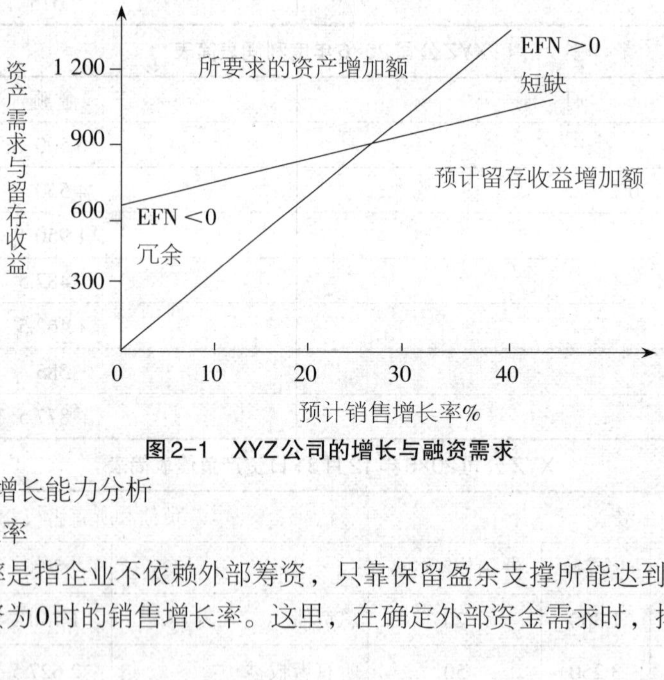

图2-1　XYZ公司的增长与融资需求

（二）企业增长能力分析

1.内部增长率

内部增长率是指企业不依赖外部筹资，只靠保留盈余支撑所能达到的最大增长率，即企业外部融资为0时的销售增长率。这里，在确定外部资金需求时，排除了企业的自发性负债。

因为，$\Delta A=\frac{A}{S}gS_0$，$\Delta E=(1+g)S_0bM$

于是有，$\frac{A}{S}gS_0=(1+g)S_0bM$

$$g=\frac{ROA\cdot b}{1-ROA\cdot b} \tag{2-6}$$

式中：g为内部增长率。

【例2-3】以XYZ公司为例。参见表2-9和表2-10。留存收益比率b为60%。总资产为3 500万元，净利润为1 125万元，故ROA（总资产报酬率，即总资产收益率）=1 125÷3 500=32.14%。内部增长率计算如下：

$$内部增长率=\frac{ROA\cdot b}{1-ROA\cdot b}=\frac{32.14\%\times 60\%}{1-32.14\%\times 60\%}=23.89\%$$

这样，XYZ公司在没有外部融资的情况下，每年预计可实现的最大增长率为23.89%。

是什么因素影响公司的内源增长能力呢？从上述内部增长率模型可以看出，ROA和b与内部增长率成正比。ROA是销售利润率和资产周转率的乘积，故影响公司内源增长能力的因素有三：企业的盈利能力、企业的资产运营效率和企业的分红政策。

2. 可持续增长率

可持续增长率是指公司在没有外部股权融资且保持资本结构稳定时可能实现的最大增长率，即在保持公司资本结构不变的条件下（我们假设该资本结构是企业最优的资本结构），且不对外发行股票融资，仅靠留存收益和新增债务资本支撑的最大增长率。

因为，资产A=负债D+所有者权益E

故，$\Delta A=\Delta D+\Delta E$

$$可持续增长率（g）=\frac{\Delta E}{E}=\frac{b\cdot MS}{A-D-b\cdot MS}=\frac{b\cdot MS}{E-b\cdot MS}=\frac{b\frac{MS}{E}}{1-b\frac{MS}{E}}=\frac{b\cdot ROE}{1-b\cdot ROE} \tag{2-7}$$

【例2-4】仍以XYZ公司为例。参见表2-9和表2-10。留存收益比率b为60%。净资产为1 750万元，净利润为1 125万元，故ROE（权益收益率，即净资产收益率）=1 125÷1 750=64.29%。可持续增长率计算如下：

$$可持续增长率=\frac{ROE\cdot b}{1-ROE\cdot b}=\frac{64.29\%\times 60\%}{1-64.29\%\times 60\%}=62.80\%$$

这样，XYZ公司在没有外部股权融资的情况下，每年预计最大可实现的增长率为62.80%。

是什么因素影响公司的可持续增长能力呢？从上述可持续增长率模型可以看出，ROE和b与内部增长率成正比。根据杜邦分析模型，ROE可以分解为销售利润率、资产周转率和权益乘数，故影响公司内源增长能力的因素有四：企业的盈利能力、企业的资产运营效率、企业的资本结构政策（融资）和分红政策。

提高企业资产的可持续增长率取决于以下因素：

（1）总资产周转率。提高总资产周转率可以提高单位资产带来的销售收入，减少新增销售收入对资产增量的要求。假设A公司20×4年12月31日有1 000万元的债务资本和1 000万元的权益资本，购置资产合计2 000万元。A公司的资产周转率为1，销售净利润率为10%，股利分配率为50%。那么，A公司的销售收入为2 000万元，净利润200万元，留存收益100万元。到20×5年底，A公司内部增长率为5%，可持续增长率为10%。

假如A公司的总资产周转率由1提高到2，那么，销售收入为4 000万元，净利润为400万元，留存收益为200万元，则可持续增长率为20%($\dfrac{\frac{400}{1\,200}\times 50\%}{1-\frac{400}{1\,200}\times 50\%}$)。

（2）销售利润率。提高销售利润率可以增加单位销售收入的获利能力，进而增加企业内源融资的能力。如果A公司的销售利润率由10%提高到20%，在其他条件不变的情况下，公司净利润将达到400万元，留存收益达到200万元，可以新借入200万元的债务资本，使资本的增加额达到400万元，从而使可持续增长率达到20%($\dfrac{\frac{400}{1\,200}\times 50\%}{1-\frac{400}{1\,200}\times 50\%}$)。

上述两种方法下所实现的可持续增长率的提高，是企业资产使用效率和经营效率改善的结果，最终表现为企业创造价值能力的提高，即投资价值的增加。

（3）留存收益比率。提高留存收益比率（再投资比率）可以增加内部权益资本的投入，从而提高可持续增长率。如果A公司的留存收益率由50%提高到100%，在其他条件不变的情况下，留存收益将提高到200万元，可以新借入200万元的债务资本，使资本的增加额达到400万元，从而使可持续增长率达到20%($\dfrac{\frac{200}{1\,200}\times 100\%}{1-\frac{200}{1\,200}\times 100\%}$)。

（4）资本结构。提高资本结构中的债务资本所占的比例，通过增加公司的财务杠杆也可以提高可持续增长率。如果A公司在新增资本时把债务权益比从1提到2（即在新增1元权益资本的同时增加2元债务资本）。这样，在留存收益为100万元时，可以新借入200万元的债务资本，新增资本总量达到300万元，则可持续增长率由10%($\dfrac{\frac{200}{1\,100}\times 50\%}{1-\frac{200}{1\,100}\times 50\%}$)提高到15%($\dfrac{\frac{300}{1\,150}\times 50\%}{1-\frac{300}{1\,150}\times 50\%}$)。但这种可持续增长率的提高对股东的影响与前面三种情况不同。在前面三种情况下，企业的资本结构未变，企业股东的财务风险没有增大。但在将债务权益率由1提高到2的情况下，股东的财务风险变大了。

通过后面两种方法实现的可持续增长率的提高，是依靠资本投入增加和风险增大来实现的，企业为投资者创造价值的能力并没有提高。

综上所述，公司的可持续增长能力是由企业的经营效率、资产使用效率、分配政策和融资政策所决定的。如果企业仅仅依靠增加债务资本来实现企业增长，而不是通过企业内部经营管理效率提升来实现增长，企业会逐步背上沉重的债务负担，甚至陷入财务困境，这种增长是不可能持久的。这也是我们将企业保持资本结构稳定时的增长率称为可持续增长率的原因。

本章小结

1.本章主要介绍了三种常用的财务报表、财务报表分析阅读、公司长期财务计划与公司外部资金需求预测四部分内容。

2.资产负债表、利润表和现金流量表是三种最常用的财务报表。资产负债表反映企业在某一特定时点的财务状况，它反映的是“结果”；利润表反映会计主体在一定时期的经营成果，它反映了企业资产变化的“过程”；现金流量表反映会计主体在一定会计期间现金和现金等价物的流入和流出情况，它反映了企业的现金状况及其变化。重要的是要关注三张报表之间的勾稽关系，以及资金流量表的生成。

3.财务分析是以财务报表和其他资料为依据和起点，采用专门方法，系统分析和评价企业过去和现在的经营成果、财务状况及其变动。财务报表分析有多种方法，最常用的两种方法是比率分析法和综合分析法。财务比率分析分为偿债能力比率分析、营运能力比率分析、盈利能力比率分析和市场价值比率分析四部分。综合财务分析的方法主要有杜邦财务分析体系和沃尔评分法。

4.长期财务规划的主要内容是，对企业未来一定时期的财务活动及其结果进行规划、布置和安排。长期财务规划的基本步骤包括销售预测、资产需求量预测和融资需求量预测。

5.外部资金需求是经营资产增加额在利用经营性负债自发增长、可动用的金融资产以及公司内部留存收益满足一部分资金来源后，缺口部分需要通过金融活动从资本市场筹集的资金额。比例法是进行财务预测和编制财务计划的基本方法之一。根据比例法，我们可以在预期销售收入和资产总额等数据的基础上，编制预测财务报表。根据相关财务比例的约束，可以得到企业资产需求与外部资金需求的关系。

6.企业的内部增长率是企业不依赖外部筹资，只靠保留盈余支撑所能达到的最大增长率。在没有外部股权融资且保持资本结构稳定时可能实现的最大增长率，称为可持续增长率。公司的可持续增长能力是由企业的经营效率、资产使用效率、分配政策和融资政策决定的。

重点概念

资产负债表　利润表　现金流量表　经营活动现金流　投资活动现金流　筹资活动现金流　流动比率　速动比率　资产负债率　利息保障倍数　存货周转率　总资产周转率　总资产报酬率　市盈率　杜邦分析法　外部资金需求　内部增长率　可持续增长率

复习思考

1.现金流量表的定义是什么？它主要包括哪三大组成部分？

2.什么是财务分析？财务分析的目的和步骤是什么？

3.公司的偿债能力比率分析包括哪些指标？分别是什么含义？

4.公司的营运能力分析包括哪些指标？分别是什么含义？

5.公司的盈利能力分析包括哪些指标？分别是什么含义？

6.公司的市场价值比率分析包括哪些指标？分别是什么含义？

7.杜邦分析法的原理是什么？有什么局限性？

8.如何利用销售收入百分比法编制财务计划？

9.如何提高企业资产的可持续增长率？

10.影响外部资金需求的因素是什么？

11.一家净利润为正的公司有可能出现现金短缺吗？请解释。

12. 如果你是下面几种人员，你最可能关注哪个财务比率？

（1）考虑为某公司季节性生产提供短期贷款的银行家。

（2）消费品公司的总裁。

（3）权益投资人。

分析计算

1.甲公司20×5年度的主营业务收入是15 600万元，主营业务成本是9 350万元，其他业务收入是1 450万元，其他业务成本是950万元，营业外支出是380万元，税金及附加是150万元，销售费用是350万元，管理费用是670万元，财务费用是290万元，投资收益是200万元。甲公司所适用的所得税税率为25%。不考虑其他因素，请计算甲公司20×5年度的营业利润、利润总额和净利润。

2.某公司20×9年度应收账款数据如下：年度销售收入为6 000万元，年初应收账款余额为400万元，年末应收账款余额为600万元。假设每年按360天计算，那么该公司应收账款周转天数是多少？

3.X公司今年与上年相比，销售收入增长10%，净利润增长9%，资产总额增加15%，负债总额增加12%，则本年与上年相比权益收益率降低，这种结论正确吗？为什么？

4.百乐百货公司20×1年第二季度的流动比率比第一季度的流动比率大大提高，但是速动比率却有所下降，这是什么原因造成的？该公司的流动性提高了吗？该公司目前的流动资产为2 000万元，流动负债为3 200万元，存货为1 200万元，计算该公司目前的流动比率和速动比率。

5.某公司今年的净利润为3 960万元，所得税率为34%，公司共支付了1 450万元的利息费用。该公司今年的利息保障倍数是多少？

6.20×2年，A公司的销售收入为4 470亿元，净利润为152亿元，总资产为1 945亿元，股票的账面价值为720亿元。同期B公司的销售收入为700亿元，净利润32亿元，总资产489亿元，股票的账面价值为156亿元。比较在此期间两家公司的销售净利润率、资产周转率和权益乘数。若同期B公司的资产周转率能与A公司看齐，则其ROE是多少？

7.ABC公司20×6年的资产负债表如下表所示。由于公司在20×6年采取了必要的营销活动，预计20×7年的销售收入将由20×6年的400万增加到600万元。公司目前的资产已被充分利用，为增加销售，公司必须对流动资产和固定资产进行新的投入，预计这种投入需求与销售收入同比例增长。公司的应付账款和应付费用都与销售收入同比例增长。公司20×6年的销售净利润率为6%，预计20×7年将增加至7%。为了保证未来增长的资金需要，公司决定20×7年不发放现金股利。另外，公司需要利用短期借款来满足20×7年的资金需求。

ABC公司资产负债表

20×6年12月31日　　　　单位：万元

资产		负债和股东权益	
流动资产	200	应付账款	50
固定资产	300	应付费用	50
		流动负债合计	100
		长期负债	200
		普通股票	50
		留存收益	150
资产总计	500	负债和权益总计	500

要求：

（1）预测ABC公司20×7年的资金需求。利用短期借款来弥补20×7年的资金不足。

（2）比较ABC公司20×6年与20×7年的流动比率和资产负债率。

8.假设某公司20×4年的净利润为2 000万元，20×4年年初的资产为50 000万元，并且假设公司要求保持债务权益比为0.8，公司不能再对外发行股票。请问：

（1）如果20×4年净利润全部用于再投资，公司最大的可持续增长率是多少？

（2）假如公司将净收益中的600万元作为现金股利，并且计划在将来保持这种支出比例，现在它的最大可持续增长率是多少？

9.中华公司只利用了80%的固定资产生产能力，目前的销售收入是45 000元。假设销售收入与公司固定资产生产能力成正比。请问在不需要新增固定资产的情况下，销售收入最大能够增长多少？

10.A公司目前年均增长率为4%，公司管理者希望将销售增长率提升至10%。由于目前公司生产能力已经饱和，有人认为可以通过节能降耗，走内涵式增长之路。公司20×8年年末资产总额50亿元，负债总额25亿元；20×8年度销售总额40亿元，净利润2亿元；分配现金股利1亿元。公司近年来一直维持50%的负债率和50%的股息支付率。在未来发展中，公司设定了两条财务红线，即负债率不超过60%，股利支付率不低于40%。假定不考虑其他因素。

要求：

（1）根据A公司20×8年度财务数据，计算公司的内部增长率和可持续增长率。

（2）请分析公司实现10%销售增长率的可能性和路径。

（3）在红线内，A公司可实现的最大销售增长率是多少？

第三章　公司理财基础

◇教学目的与要求

- 理解货币时间价值的概念
- 掌握时间价值计算的原理
- 熟悉时间价值的计算方法
- 理解风险与收益的关系
- 理解CAPM和APT的差异
- 能够从经济学的角度理解分离定理在公司理财中的作用

【引导案例】

1994年10月，美国纽约布鲁克林的法官判决瑞士田西纳镇（Ticino）应向一群美国投资者支付一笔1 260亿美元的账单。这些投资者向布鲁克林法庭就他们声称的与内部交换银行（田西纳的一个小银行）破产有关的损失提出了诉讼。最初田西纳的居民得知这一诉讼以为是件小事，因而自然被这份账单惊呆了。律师称，若高级法院支持这一判决，为偿还债务，所有田西纳的居民都不得不在其余生中靠吃麦当劳等廉价快餐度日。田西纳镇的问题源于1966年的一笔存款。美国一家公司1966年在瑞士田西纳一家内部交换银行存入了6亿美金，存款协议要求银行按每周1%的利率付款，而该银行第二年即告破产。纽约州布鲁克林的高级法院对该诉讼做出判决：从存款日到田西纳镇对该银行进行清算的7年间，田西纳镇以每周1%的复利计算，而在银行清算后的21年中，按8.54%的年利率计息。

那么，最初的6亿美元如何增长为28年后的1 260亿美元？每周1%的利率如果换算成年利率是多少？这些问题都与货币的时间价值有关。

——根据百度文库《瑞士的惊异》资料整理.

公司的投资和融资行为必然涉及不同时点现金流的价值评估，因此掌握时间价值的概念和计算是学习公司理财的前提。

除此之外，几乎所有金融决策都涉及不确定性，我们可以在一定程度上把金融活动都理解为以承担风险为代价而换取收益的行为。因此，对风险和收益的衡量也成为公司理财的重要基础。

第一节 货币的时间价值

一、时间价值的概念

时间价值是指货币资金在使用过程中，随着时间的推移而不断增值的现象。作为一种必需的生产要素，货币资金投入生产过程的条件是要取得相应的报酬。经过一段时间的运用之后，资金投入时的价值加上它在运用过程中应该得到的报酬，其自身的价值得以增加。但是，资金在运用过程中所增加的价值并不就是资金的时间价值。这是因为所有投资都不可避免地要承担这样或那样的风险，而投资者因承担风险也要获得相应的报酬（这一点我们将在第二节进行讨论），在资金价值增加的部分中，包含资金的风险报酬。因此，通常将时间价值定义为投资收益扣除全部风险报酬和通货膨胀后所剩余的那一部分收益。

作为一种生产要素，资金可以投资于不同的行业，而不同的行业因其对资金的需求程度不同，运用资金的效率不同，给予资金的报酬也会有所不同。在市场经济中，资金的自由流动和竞争使得各部门的投资收益趋于平均化。所以，我们可以把资金的时间价值定义为“扣除其风险报酬和通货膨胀之后的那部分平均收益”。

更广义而言，资金的时间价值就是指今天的1元钱的价值大于未来某一时点上1元钱的价值。从实务的角度看，投资者可以把钱存在银行里或购买国债，通过等待赚取利息，从而使得今天的1元钱的价值大于未来的1元钱的价值。因此，投资者在今天的钱和明天的钱之间的选择，取决于其投资所能获得的收益率。

时间价值概念揭示了资金在不同时点上价值量的大小，对公司理财有着基础性的作用。要正确地进行公司决策，就需要在时间价值的基础上对不同时点的现金流进行价值判断，因此，资金时间价值作为评价公司理财活动的基本标准，对公司进行投资决策、筹资决策和股利分配决策具有重要意义。

二、现金流

计算时间价值必须要知道现金流量，即每一笔资金发生的时间和方向。为了直观地表示现金流，通常使用现金流量图。

图3-1就是一个典型的现金流量图。现金流量图的横轴代表时间，纵轴代表现金流，向上的箭头表示现金流入，向下的箭头表示现金流出。从图中可以看到，在0时刻有800元的现金流入，而在未来两期中则分别要流出500元。这种现金流的结构类似于融资。与之相反，投资活动的现金流通常是先流出、后流入。

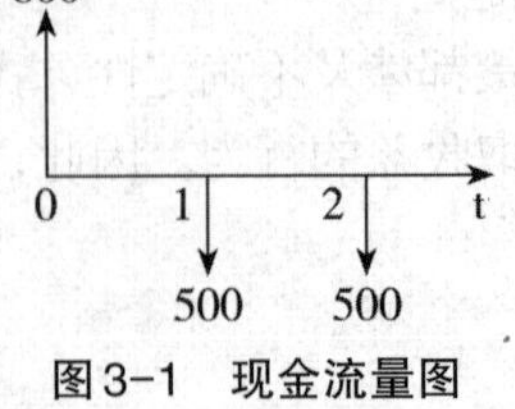

图3-1 现金流量图

现实中，公司财务活动的现金流往往比较复杂。一方面，投资和融资活动都存在不确定性；另一方面，公司可能同时进行着多项金融活动。这就使得公司现金流不会呈现上述先流入后流出或先流出后流入的简单模式。

但无论如何，现金流量在金融分析中都具有基础性的作用，它能够帮助决策者将分析对象资金流动的时间过程完整明确地表示出来，从而使得资金的借方或贷方都可以通过现金流量图来分析他们在投资活动中所得到的收入和利润，评估他们在融资活动中负担的成本。同时，不同的投资方案表现为不同的现金流量，通过对现金流量的研究可以评价不同投资方案的优劣，从而进行投资方案的比较和决策。

三、时间价值的计算

（一）单利和复利

虽然时间价值的定义是扣除风险报酬和通货膨胀后的平均收益，也即实际的无风险利率，但是时间价值的计算主要是指各种利息和收益率的计算。

利息的计算有单利和复利两种方法。

1.单利

单利是指在规定期限内只就本金计算利息，每期的利息收入在下一期不作为本金，不产生新的利息收入。计算公式为：

$$FV = PV + r \times PV \times t$$

式中：PV是初始投资价值，也称为现值；FV是期末价值，也称为终值；r是利率；t是计息次数。

例如，本金为1 000元，年利率为10%的3年期单利定期存款，3年后一次还本付息。则该笔存款每年产生的利息收入相同，利息为10%×1 000=100（元），3年累积利息收入为300元，期末本息累计可以收回1 300元。

2.复利

复利即所谓的利滚利，是指每期的利息收入在下一期转化为本金，产生新的利息收入，下一期的利息收入由前一期的本利和共同生成。计算公式为：

$$FV = PV \times (1 + r)^t$$

例如，本金为1 000元，年利率为10%，期限为3年的复利定期存款，3年后一次还本付息。那么第三年年末的价值为$1\ 000 \times 1.10^3 = 1\ 331$（元），利息一共为331元，这比前面按照单利来计算的结果多出了31元，这31元就是复利计算过程中利息的利息。

复利充分体现了资金时间价值的意义。不管是利息还是本金，都是投资者的自有资金，如果占用本金需要支付利息，那么占用利息也必须付出代价。因此，在讨论资金时间价值时，一般都采用复利的概念。本书中的相关计算，如非特别说明，均采用复利。

（二）单期现金流的终值和现值

1.终值

终值是指现在的一笔资金在未来一段时间之后所具有的价值。比如，1 000元以每年10%的收益率进行投资，1年后的价值为1 000×（1+10%）=1 100（元）。

当投资期是2期、3期乃至n期时，如果按照单利计算，终值的公式可以表示为：

$$FV_n = PV(1 + r \times n) \tag{3-1}$$

而多期投资按复利计算终值的公式为：

$$FV_n = PV(1 + r)^n \tag{3-2}$$

【例3-1】投资者购入面值为1 000元的10年期复利债券一张，利率为8%，到期一次还本付息。则10年后的终值为：

FV_n=1 000（1+8%）^{10}=1 000×2.1589=2 158.9（元）

公式（3-2）中的$(1+r)^n$称为复利终值系数，在财务上记作$FVIF_{r,n}$，其中，r为利率，n代表计算复利的期数。为方便计算，人们编制了复利终值系数表（扫目录后相关系数表资料二维码可见），表中的数字表示1元的初始投资，按照一定利率水平投资n年后的终值。因此，在进行时间价值计算时，只需要在表上直接查出相应的复利终值系数，再乘上初始价值就可以了。如前例中的复利终值系数即可在表3-1中查到，$FVIF_{8\%,10}$=2.1589，这代表1元的终值，那么1 000元的终值即为2 158.9元。

表3-1 **1元复利终值系数表（1元在n期期末的终值）**

n \ r	3%	4%	5%	6%	7%	8%
1	1.0300	1.0400	1.0500	1.0600	1.0700	1.0800
2	1.0609	1.0816	1.1025	1.1236	1.1449	1.1664
3	1.0927	1.1249	1.1576	1.1910	1.2250	1.2597
4	1.1255	1.1699	1.2155	1.2625	1.3108	1.3605
5	1.1593	1.2167	1.2763	1.3382	1.4026	1.4693
6	1.1941	1.2653	1.3401	1.4185	1.5007	1.5869
7	1.2299	1.3159	1.4071	1.5036	1.6058	1.7138
8	1.2668	1.3686	1.4775	1.5938	1.7182	1.8509
9	1.3048	1.4233	1.5513	1.6895	1.8385	1.9990
10	1.3439	1.4802	1.6289	1.7907	1.9672	2.1589

【资料3-1】 **七二法则**

与终值相关的一个非常有意思的话题是如何让投资翻番，就是使终值等于现值的两倍。在财务上，有一个简化的“七二法则”，可以方便地计算出这类问题的答案。所谓“七二法则”，就是说价值翻番的年限大致等于72除以年利率。比如，当年利率为10%时，投资大概经过7.2年就会翻一番。

假如投资者在20岁时存入银行100元，以8%的年利率存45年，并以复利计息，则该项投资大约每9年（72÷8=9）翻一番，45年内将翻5番，终值约为3 200元。

当然，我们可以直接按照前面计算复利终值的公式，计算该存款的终值，从而得出其准确终值为3 192元。

从这个例子可以看出，七二法则作为一种简便的算法，其结果接近真实结果，因此是一种很好的近似算法。但需要注意的是，在某些时候，近似计算的结果与真实结果之间可能存在很大差异。表3-2给出了100元钱按照不同利率计算的45年后的终值，并与二七法则的近似结果进行比较。当利率偏低或者偏高时，两种方法的结果差别较大；当利率适中时，两种方法的结果差异很小。

表3-2　七二法则的准确性

利率	翻倍时间	45年后倍数	终值（按七二法则）	真实终值	误差率
5%	14.40	3.13	872	899	-3.00%
6%	12.00	3.75	1 345	1 376	-2.25%
7%	10.29	4.38	2 075	2 100	-1.19%
8%	9.00	5.00	3 200	3 192	0.25%
9%	8.00	5.63	4 935	4 833	2.11%
10%	7.20	6.25	7 611	7 289	4.42%
11%	6.55	6.88	11 738	10 953	7.17%

2.现值

现值是指未来现金流折算到当前的价值。比如，1年后收到1 100元钱，按照10%的收益率计算，其现在的价值是：

PV=1 100÷（1+10%）=1 000（元）

计算现值的道理非常简单，因为现在的1 000元用于投资，按照10%的利率在1年后可以获得1 100元。所以，1年后的1 100元现在的价值就是1 000元。

如果未来的现金流量是发生在多期以后的，其复利现值的计算公式可由多期复利的终值计算公式（3-2）导出。

公式（3-2）为：$FV_n = PV(1+r)^n$

将PV移到左侧，FV_n移到右侧，则有：

$$PV = FV_n \div (1+r)^n = FV_n \frac{1}{(1+r)^n} \tag{3-3}$$

式中：$\frac{1}{(1+r)^n}$叫做复利的现值系数或贴现系数，可以简计为$PVIF_{r,n}$。

由于利率大于0，所以现值小于终值，因此这一由终值求现值的过程称为贴现。

【例3-2】某人希望10年后得到2 158.9元，已知年利率为8%，按复利计息。问此人现在应存入多少钱？

由现值计算公式（3-3）得：

$PV = FV_n \div (1+r)^n = 2\ 158.9 \times 0.4632 = 1\ 000$（元）

与复利终值系数相同，复利现值系数也有表可查（扫目录后相关系数表资料二维码可见）。表3-3是其简表，根据该表，复利现值系数$PVIF_{8\%,10}$的数值为0.4632，代表按照8%的利率计算，10年后的1元钱相当于现在的0.4632元。

表3-3　**1元复利现值系数表**

n \ r	3%	4%	5%	6%	7%	8%
1	0.9709	0.9615	0.9524	0.9434	0.9346	0.9259
2	0.9426	0.9246	0.9070	0.8900	0.8734	0.8573
3	0.9151	0.8890	0.8638	0.8396	0.8163	0.7938
4	0.8885	0.8548	0.8227	0.7921	0.7629	0.7350
5	0.8626	0.8219	0.7835	0.7473	0.7130	0.6806
6	0.8375	0.7903	0.7462	0.7050	0.6663	0.6302
7	0.8131	0.7599	0.7197	0.6651	0.6227	0.5835
8	0.7894	0.7307	0.6768	0.6274	0.5820	0.5403
9	0.7664	0.7026	0.6446	0.5919	0.5439	0.5002
10	0.7441	0.6756	0.6139	0.5584	0.5083	0.4632

细心的读者可以很容易地发现，复利现值系数和复利终值系数互为倒数。比如$FVIF_{8\%,10}$和$PVIF_{8\%,10}$，两者相乘正好等于1。

（三）多期现金流的终值和现值

前面讨论的现金流是一次性的，下面讨论在一段时间发生多次现金流的终值和现值的计算。

1. 多期现金流的终值

假设某人制订了一个3年的储蓄计划。他现在向银行账户中存入1 000元人民币，1年后再存入2 000元，两年后再存入3 000元。若存款年利率为4%，那么3年后他连本带息可以从银行取出多少钱呢？

显然，第一年底，他将得到1 000×（1+4%）=1 040（元），加上再次存入的2 000元，共计3 040元。这3 040元再存一年，将得到3 040×（1+4%）=3 161.6（元），加上第二年年末存入的3 000元，共计6 161.6元。这6 161.6元再存一年，到第三年年末共得到6 408.1元。在这一过程中我们发现，现在存入的1 000元钱计算了3年的复利，第一年年末存入的2 000元计算了两年的复利，第二年年末存入的3 000元则只计算了一年的利息。因此，我们也可以将这三笔存款分别计算其各自在第三年年末的终值，再将其加总，得到三期现金流的终值。那么上述分析可用图3–2表示。

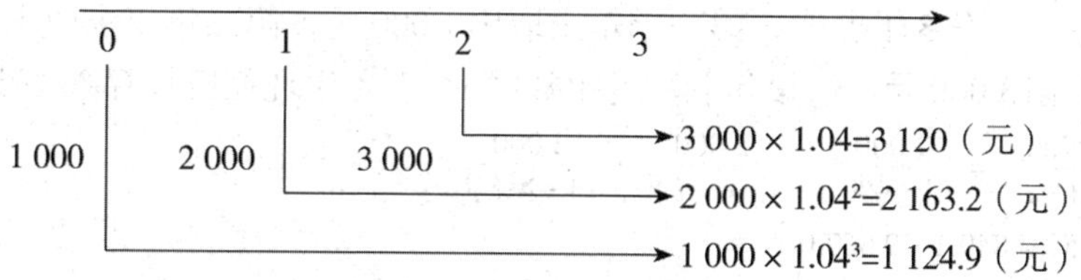

图3–2 多期现金流的终值

根据图3–2，3年后的终值的计算公式为：

FV_3=1 000×1.1249+2 000×1.0816+3 000×1.04 =6 408.1（元）

显然，逐年计算的结果和将单次现金流终值分别计算再加总的方法结果完全相同。

一般的情况下，如图3–3所示的n个现金流的终值公式是：

$$FV_n = \sum_{t=0}^{n-1} CF_t (1+r)^{n-t} \tag{3–4}$$

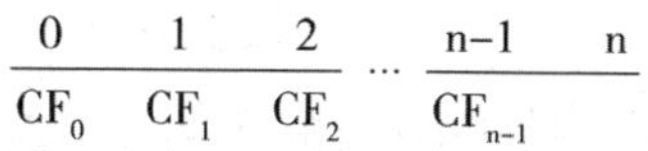

图3–3 发生在期初的多期现金流

上述公式假设现金流发生在每一期的期初。现实生活中，每一期的现金流也可能发生在期末（见图3–4）。比如在前面的例子中，从第一年年末才开始存入第一笔现金1 000元，第二年年末存入2 000元，第三年年末存入3 000元（假设在3年后连本带息收回，那么第三年年末存入的3 000元实际上并没有存入），那么这三笔现金流在第三年年末的终值就是：

FV_3=1 000×1.0816+2 000×1.04+3 000×1=6 161.6（元）

此时，现金流发生在期末，那么，多期现金流的一般公式为：

$$FV_n = \sum_{t=1}^{n} CF_t (1+r)^{n-t}$$

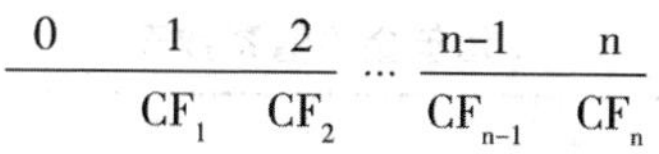

图3–4 发生在期末的多期现金流

2.多期现金流的现值

与求终值时类似，计算现值时未来的现金流量也可以多次发生。当未来不同时期均有现金流量发生时，这种多期多次现金流量的现值就是各期单次现金流量的现值之和。计算公式为：

$$PV_n = \sum_{t=1}^{n} \frac{CF_t}{(1+r)^t} \tag{3–5}$$

同样，如果每一期现金流总是发生在期初，那么每一笔现金流贴现的期数相应减1。于是，上述公式调整后得到：

$$PV_n = \sum_{t=1}^{n} \frac{CF_t}{(1+r)^{t-1}}$$

【例3-3】李先生与银行签订了一笔3年内的现金交换协议，内容如下：李先生现在银行存入一笔钱，分3年提取，第一年年末取出1 000元，第二年年末取出2 000元，第三年年末再取出3 000元。假设年利率为4%，那么李先生现在应该存入多少钱？

$$PV_n=\sum_{t=1}^{n}\frac{CF_t}{(1+r)^t}=\frac{1\,000}{(1+4\%)}+\frac{2\,000}{(1+4\%)^2}+\frac{3\,000}{(1+4\%)^3}$$
$$=961.5+1849.1+2\,667.0$$
$$=5\,477.6(元)$$

(四) 年金相关计算

在计算多期现金流终值和现值时，有一种特殊情况，就是年金。所谓年金，是指一定时期内多次发生的每期金额相等的现金流量。直线折旧、固定利息、学费、租金等通常都表现为年金的形式。由于年金只是多期多次现金流量的一种特殊形式，因此，其终值与现值的计算也只是多期多次现金流量终值与现值计算的一个特例。

1.普通年金

(1) 普通年金终值

普通年金就是在有限的期限内等额支付的多期现金流。通常我们考虑的年金是在每一个时间周期的期末支付，称为后付年金。本书中如果未加特别说明，即为后付年金。

假设每期的年金现金流为A，则根据多期现金流终值计算公式，后付年金的终值为：

$$FV_n=\sum_{t=1}^{n}A\times(1+r)^{n-t}=A\sum_{t=1}^{n}(1+r)^{n-t}=A\sum_{t=1}^{n}(1+r)^{t-1} \tag{3-6}$$

式中的$\sum_{t=1}^{n}(1+r)^{t-1}$称为年金终值系数，可以简记做$FVIFA_{r,n}$。所以，(3-6) 式又可以写做：

$$FV_n=A\times FVIFA_{r,n}$$

为了计算的方便，人们将上述年金终值系数制成表格（扫目录后相关系数表资料二维码可见），表3-4是其说明性简表。

表3-4 **1元年金终值系数表**

n \ r	3%	4%	5%	6%	7%	8%
1	1.0000	1.0000	1.0000	1.0000	1.0000	1.0000
2	2.0300	2.0400	2.0500	2.0600	2.0700	2.0800
3	3.0640	3.1216	3.1525	3.1836	3.2149	3.2464
4	4.1836	4.2465	4.3101	4.3746	4.4399	4.5061
5	5.3091	5.4163	5.5256	5.6371	5.7507	5.8666
6	6.4684	6.6330	6.8019	6.9753	7.1533	7.3359
7	7.6625	7.8983	8.1420	8.3938	8.6540	8.9228
8	8.8932	9.2142	9.5491	9.8975	10.260	10.637
9	10.159	10.583	11.027	11.491	11.978	12.488
10	11.464	12.006	12.578	13.181	13.816	14.487

【例3-4】某人5年内每年年末存入银行2 000元，存款利率为4%，按复利计息。计算第五年年末时的年金终值。

这是一个后付年金终值的计算问题，可直接运用公式（3-6）：

$FV_5=A\times FVIFA_{4\%,5}$

$=2\ 000\times5.4163=10\ 832.6$（元）

（2）普通年金现值

根据多期现金流现值计算公式，后付年金的现值为：

$$PV_n=\sum_{t=1}^{n}A\times\frac{1}{(1+r)^t}=A\sum_{t=1}^{n}\frac{1}{(1+r)^t} \qquad (3-7)$$

式中的$\frac{PV_n}{A}=\sum_{t=1}^{n}\frac{1}{(1+r)^t}=\frac{(1+r)^n-1}{r(1+r)^n}$称为年金现值系数，可以简记做$PVIFA_{r,n}$。所以，（3-7）式又可以写做：

$PV_n=A\times PVIFA_{r,n}$

年金现值系数也有现成的表格可供查阅（扫目录后相关系数表资料二维码可见），表3-5是其说明性简表。

表3-5　**1元年金现值系数表**

n \ r	3%	4%	5%	6%	7%	8%
1	0.9709	0.9615	0.9524	0.9434	0.9346	0.9259
2	1.9135	1.8861	1.8594	1.8334	1.8080	1.7833
3	2.8286	2.7751	2.7322	2.6730	2.6243	2.5711
4	3.7171	3.6299	3.5460	3.4651	3.3872	3.3121
5	4.5797	4.4518	4.3295	4.2124	4.1002	3.9927
6	5.4172	5.2421	5.0757	4.9173	4.7665	4.6229
7	6.2303	6.0021	5.7864	5.5824	5.3893	5.2064
8	7.0197	6.7327	6.4632	6.2098	5.9713	5.7466
9	7.7861	7.4353	7.1078	6.8017	6.5152	6.2469
10	8.5302	8.1109	7.7217	7.3601	7.0236	6.7101

【例3-5】某人5年内每年年末将得到2 000元的现金收益，若贴现率为4%，则其现值为：

$PV_5=2\ 000\times PVIFA_{4\%,5}=2\ 000\times4.4518=8\ 903.6$（元）

细心的读者可能会发现，前面同样的年金终值计算结果为10 832.6元，与此处年金现值之间的比值正好是复利终值系数$FVIF_{4\%,5}=1.2167$，也就是说，对于同一笔年金，用现值来度量其价值是8 903.6元，用终值来度量其价值是10 832.6元，两者从时间价值的角度来看是等价的。

（3）已知终值和现值求年金

在实际的理财计算中，我们不但需要根据年金计算其终值或现值，还常常需要根据已知的终值或现值计算年金。这就得到了我们常见的另外两个系数：

①投资回收系数

所谓投资回收系数，是指今天借入或投资1元钱，在未来若干年内等额偿还或收回所对应的年金。因此，投资回收系数就是年金与现值的比值，即年金现值系数的倒数，用公式表示为：

$$\frac{A}{PV_n}=\frac{r(1+r)^n}{(1+r)^n-1} \tag{3-8}$$

【例3-6】某人以分期付款的方式买下一套价值100万元的房子，利率为6%，付款期限为10年，不需要首付，每年付款金额相等。此人每年需要付多少钱？

由于每年付款金额相等，10年间的等额付款构成一笔年金，因此，这是一个已知现值求年金的问题，由（3-7）式有：

$1\ 000\ 000=A\times PVIFA_{6\%,\ 10}=A\times 7.3601$

$A=1\ 000\ 000\div 7.3601=135\ 867.7$（元）

也就是说，在未来的10年中，贷款人每年需要向银行支付135 867.7元。

在上面的例子中，如果买房人认为每年还款额过高，无法承受，可以选择延长还款时间。比如将还款期延长至20年，那么，每年的还款金额根据公式则减少为：

$1\ 000\ 000=A\times PVIFA_{6\%,\ 20}=A\times 11.4699$

$A=1\ 000\ 000\div 11.4699=1\ 000\ 000\times 0.0871847=87\ 184.7$（元）

②基金年存系数

所谓基金年存系数，是指为了积累若干年以后的1元钱，从现在开始每年需要进行储备的等额年金数量。因此，基金年存系数就是年金与终值的比值，即年金终值系数的倒数，用公式表示为：

$$\frac{A}{FV_n}=\frac{r}{(1+r)^n-1} \tag{3-9}$$

【例3-7】李先生现在50岁，他希望为10年后的退休生活积累100万元的基金，为此，他准备从现在起到退休的10年间每年年末向银行存入一笔等额的资金，已知存款年利率为5%，假设可按复利计息。此人需要每年存入多少钱？

这是一个已知终值和利率求年金的问题，根据公式（3-6）：

$1\ 000\ 000=A\times FVIFA_{5\%,\ 10}=A\times 12.578$

$A=1\ 000\ 000\div 12.578=1\ 000\ 000\times 0.079504=79\ 503.9$（元）

即李先生每年等额地存入79 503.9元，10年后即可得到100万元。

如果从40岁开始准备，利用20年的时间为退休作准备，那么，为了在退休时能积累100万元的财富，李先生每年需要存入银行的资金A应当是以下数额：

$1\ 000\ 000=A\times FVIFA_{5\%,\ 20}=A\times 33.066$

$A=1\ 000\ 000\div 33.066=30\ 242.5$（元）

2.递延年金

递延年金又称“延期年金”，是指在最初若干期没有现金流的情况下，后面若干期等额的系列收付款项。递延年金是普通年金的特殊形式。

假设最初有m期没有现金流，后面n期有等额年金，则延期年金的现值即为后n期年金贴现至m期第一期期初的现值。其计算公式为：

$PV_{m,\ n}=A\times PVIFA_{r,\ n}\times PVIF_{r,\ m}$

式中：$PV_{m,\ n}$表示递延m期并持续n期的年金。

延期年金现值还可以用另外一种方法计算，即先求出m+n期后付年金现值，减去没有付款的前m期后付年金现值，二者之差便是延期m期的n期后付年金现值。其计算公式为：

$PV_{m,\ n}=A\times PVIFA_{r,\ m+n}-A\times PVIFA_{r,\ m}=A\times(PVIFA_{r,\ m+n}-PVIFA_{r,\ m})$

需要指出的是，递延年金的终值公式与普通年金相同。因此，我们也可以先计算出递延年金的终值，再将其贴现到期初。其计算公式为：

$PV_{m,\ n}=A\times FVIFA_{r,\ n}\times PVIF_{r,\ m+n}$

【例3-8】某企业向银行借入一笔款项，银行贷款的年利率为8%，银行规定前10年不用还本付息，但从第十一年至第二十年每年年末偿还本息1 000元。这笔款项的现值为多少？

第一种计算方法是先按照普通年金计算出年金在m期期末的现值，然后再复利折现m期就是递延年金的现值。

$PV_{10,\ 10}=A\times PVIFA_{8\%,\ 10}\times PVIF_{8\%,\ 10}=1\ 000\times 6.7101\times 0.4632=3\ 108$（元）

第二种计算方法是假设前m期也有年金发生，那么就构成了一个普通年金，按照m+n期计算出年金现值后再减去假设存在的m期的年金现值就是递延年金的现值。

$PV_{10,\ 10}=A\times PVIFA_{8\%,\ 20}-A\times PVIFA_{8\%,\ 10}=1\ 000\times(9.8181-6.7101)=3\ 108$（元）

第三种计算方法是先按照普通年金终值的计算方法计算出递延年金的终值，然后再复利折现到0时点计算出递延年金的现值。

$PV_{10,\ 10}=A\times FVIFA_{8\%,\ 10}\times PVIF_{8\%,\ 20}=1\ 000\times 14.487\times 0.2145=3\ 108$（元）

3.永续年金和永续增长年金

如果每期金额相等的现金流量永久地持续下去，就称为永续年金。在英国曾经发行过一种叫做统一公债的国债，就是以永续年金的形式存在的。另外，优先股的现金股利也是永续年金的一个例子。

永续年金的现金流量的个数是无限的，因此无法计算其终值，永续年金的价值就是指这无限个现金流量的现值的和：

$$PV_n = A\sum_{t=1}^{\infty}\frac{1}{(1+r)^t}$$

很容易算出这个无穷级数求和的结果，得到下面的公式：

$$永续年金的现值=\frac{A}{r} \tag{3-10}$$

比如，一项每年提供1 000元现金流量的永续年金投资，在贴现率为5%时的价值为：PV=1 000÷0.05=20 000（元）；在贴现率为4%时的价值为：PV=1 000÷0.04=25 000（元）。

从永续年金现值公式可以看到，贴现率的微小波动会带来永续年金现值的较大幅度的变化。上面例子中，贴现率下降一个百分点（从5%降至4%），现值却增长了25%。

4.先付年金与后付年金

任何一个期间都有起点和终点，现金流量可以在一个期间的起点发生，也可以在一个期间的终点发生，因此我们将年金区分为先付年金与后付年金两种。先付年金是指等额现金流量总是发生在每一期的期初，后付年金是指等额现金流量总是发生在每一期的期末。前面讨论的年金均为后付年金，下面讨论先付年金的终值和现值。

（1）先付年金的终值

先付年金的情形如图3-5所示。

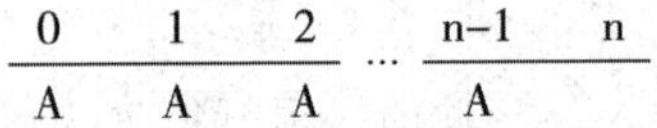

图3-5 先付年金

根据多期现金流终值的计算公式，先付年金的终值公式为：

$$FV_n=\sum_{t=0}^{n-1}A\times(1+r)^{n-t}=A\sum_{t=0}^{n-1}(1+r)^{n-t}=A\sum_{t=1}^{n}(1+r)^{t} \tag{3-11}$$

从图3-5中可以看出，n期先付年金与后付年金的付息期数相同，但时间不同。先付年金比后付年金提早一期发生，故计息期数也相应增加一期，终值计算公式也就有所不同。由于年金终值系数表是按照后付年金计算公式编制的，因此，在计算先付年金的终值时，不能直接利用年金终值系数表计算，而是要对计算公式做必要的调整，调整的方法有两种：

一种是考虑先付年金比后付年金多付一期利息，因此只需计算出n期后付年金的终值后再乘上（1+r）即可，即：

$$\begin{aligned}FV_n&=A\sum_{t=1}^{n}(1+r)^{t}=A\sum_{t=1}^{n}(1+r)^{t-1}(1+r)\\&=A(FVIFA_{r,n})(1+r)\end{aligned}$$

另一种是考虑n期先付年金与（n+1）期后付年金的计息期数相同，但比（n+1）期后付年金少付一次年金，所以，只要从（n+1）期后付年金的终值中减去一笔年金，即可得到n期先付年金的终值，即：

$$\begin{aligned}FV_n&=A(FVIFA_{r,n+1})-A\\&=A[(FVIFA_{r,n+1})-1]\end{aligned} \tag{3-12}$$

【例3-9】张太太每年年初存入银行1 000元，存款利率为4%，按复利计息，计算第三年年末时这些存款的终值。

这是一个先付年金终值计算的问题。

利用第一种方式，有：

$FV_3=A\times（FVIFA_{4\%,\ 3}）\times（1+4\%）=1\ 000\times3.1216\times1.04=3\ 246.5$（元）

利用第二种方式，有：

$FV_3=A\times（FVIFA_{4\%,\ 4}-1）=1\ 000\times（4.2465-1）=3\ 246.5$（元）

（2）先付年金的现值

考虑如图3-5所示的先付年金，根据前面多期现金流现值的计算公式，先付年金的现值公式为：

$$PV_n=\sum_{t=0}^{n-1}\frac{A}{(1+r)^t}=A\times PVIFA_{r,n}\times(1+r)$$
$$=A\times(PVIFA_{r,n-1}+1) \tag{3-13}$$

【例3-10】假设上例中的张太太为了避免每年存钱的麻烦，打算现在一次性存入一笔钱。为了获得与之前一样的效果，现在需要存入多少钱？

这里，张太太用现在的一笔存款替代3年中每年存入的1 000元，其实就是一个先付年金现值的计算问题。根据前面的公式，张太太现在需要一次性存入的资金是：

$PV_3=1\ 000\times PVIFA_{4\%,\ 3}\times（1+4\%）=1\ 000\times2.7751\times（1+4\%）=2\ 886$（元）

或者是：

$PV_3=1\ 000\times（PVIFA_{4\%,\ 2}+1）=1\ 000\times（1.8861+1）=2\ 886$（元）

很显然，这里的现值也可以利用上题中算出的终值贴现得到，具体过程如下：

$PV_3=FV_3\times PVIF_{4\%,\ 3}=3\ 246.5\times0.8890=2\ 886$（元）

（五）计息期的确定和贴现率的计算

1.年度百分率与实际年利率

在现实生活中，我们经常看到各种各样的年利率，比如1年期商业银行定期存款的利率（假设）是3.25%，3个月期存款利率为2.85%。虽然这两个利率均为年利率，但两者的含义有所不同。1年期存款利率3.25%表明储户如果将1 000元做1年期定期存款，不考虑利息税，1年后会获得1 000×（1+3.25%）=1 032.5（元）；但是如果储户将1 000元做3个月存款，并在到期后本息自动转存，那么1年后其获得的本息和并不是1 000×（1+2.85%）=1 028.5（元），因此2.85%并不是3个月期存款的真实利率。事实上，如果储户在1年内将1 000元连续做四次3个月存款，那么在年末他将连本带息收回1 028.8元，计算过程如下：

$$1\ 000\times\left(1+\frac{2.85\%}{4}\right)^4=1\ 028.8（元）$$

所以，将3个月期的存款利率2.85%换算成等价的年利率应该是2.88%。如果要比较同样一笔存款分别按照1年期定期存款和3个月定期存款进行储蓄的收益率差异，我们应该关注的是两者的实际利率，而不是名义利率。

上面的例子引出了与计息期相关的两个概念：年度百分率和实际年利率。

年度百分率（Annual Percent Rate，APR）是用单利表示的年利率，通常以年利率和一定的计息次数来表示。比如上面3个月定期存款的年利率为2.85%，1年计息四次。

很显然，计息规则不同的年度百分率之间是无法进行直接比较的，我们应该关注的是实际年利率（Effective Annual Rate，EAR），即每年进行一次计息时对应的利率水平。实际年利率衡量了投资者的真实回报和筹资者的真实成本。

APR和EAR之间的关系式如下：

$$EAR=\left(1+\frac{APR}{m}\right)^{m}-1 \tag{3-14}$$

上式中，m代表1年的计息次数，即计复利的次数。如果每3个月计息1次，那么1年就计4次利息，如果每月计息1次，那么1年就计12次利息。

2. 计息期与连续复利

假设投资者将数额为A的一笔资金以利率R投资了n年。如果1年计复利1次，则上述投资的终值为：

$$A\times(1+R)^{n}$$

如果每年计m次复利，则终值为：

$$A\times\left(1+\frac{R}{m}\right)^{mn}$$

当m趋于无穷大时，就称为连续复利（Continuous Compounding），此时R就称为连续复利利率，连续复利终值为$\lim\limits_{m\to\infty}A\left(1+\frac{R}{m}\right)^{mn}=Ae^{Rn}$。其中e为自然对数的底数，约等于2.71828。

根据上面的公式，提高计息频率可以提升实际利率，但是这种提升的效果并不是无限的，其极限情形就是连续复利。

表3-6显示了提高复利频率所带来的效果。从表中可以看出，连续复利与每天计复利的效果几乎一样。

表3-6 **复利计息频率与终值（APR为10%）**

复利频率	1 000元在1年末的终值
每年（m=1）	1 100.00
每半年（m=2）	1 102.50
每季度（m=4）	1 103.81
每月（m=12）	1 104.71
每周（m=52）	1 105.06
每天（m=365）	1 105.16
连续复利	1 105.17

第二节 收益与风险的关系

一、投资收益与风险的衡量

收益与风险是一对孪生兄弟，金融市场遵循“风险与收益平衡”的原则，即收益越高的投资风险也越大。事实上，我们可以把投资视为以承担风险为代价获取收益的行为。因此，收益与风险之间的关系是金融市场上最为重要的问题之一。

1.收益的衡量

（1）单个证券投资收益的衡量

在金融市场上，投资收益可以用绝对数衡量，也可以用相对数衡量，由于证券收益的绝对数与最初投入资金量的多少有关，所以证券投资的效果好坏或收益水平的高低，一般不以收益绝对数计，而是采用相对数指标衡量，即用一定期间内证券收益与期初投资额的比例数来衡量。证券投资收益通常用持有期收益率（HPR）来表示。

证券持有期收益率又称为投资期利润率，通常以投资净收益即以收入和资本增益的总额与期初投资额相比的百分率表示。公式为：

$$HPR = \frac{P_1 + D_1 - P_0}{P_0} \tag{3-15}$$

式中：HPR为证券持有期收益率；D_1为证券持有期收入，对股票投资者而言是股利，对债券持有者而言则是利息；P_0为证券的期初价格；P_1为证券的期末价格。

当HPR>0时，表示证券投资盈利；当HPR=0时，表示证券投资没有损益；当HPR<0时，表示证券投资亏损；HPR=-1为极端情况，表示投资全部损失。

上述方法适用于对无风险证券收益的衡量，或者事后对投资收益进行评价。现实的金融市场上，在进行投资决策时往往是基于对未来的预期，而投资对象更多是风险证券，此时通常采用期望值作为收益的衡量指标。投资收益的期望值是指所有可能的收益值按照其发生概率所做的加权平均。离散型概率分布的期望值按下面所示的公式计算：

$$E(R_i) = \bar{R}_i = \sum R_{ij} \times P_{ij} \tag{3-16}$$

式中：E（R_i）为证券i的预期收益率；R_{ij}为证券i的第j种可能的收益率；P_{ij}为证券i的第j个可能收益率发生的概率。

【例3-11】某证券的收益率概率分布如表3-7所示。

表3-7 某证券的收益率概率

可能的收益率水平	概率
80%	20%
20%	60%
-40%	20%

根据上述条件，计算该证券的预期收益率。

$$E(R)=\sum R_j \times P_j$$
$$=80\%\times 20\% + 20\%\times 60\% - 40\%\times 20\%$$
$$=20\%$$

（2）投资组合收益的衡量

投资组合的收益率也可以用同样的方法来定义和计量，即：

$$E(R_p)=\bar{R}_p=\sum R_{pj}\times P_j \tag{3-17}$$

式中：R_p为证券投资组合P的预期收益率；R_{pj}为证券投资组合P的第j个收益率；P_j为证券投资组合P的第j个收益率发生的概率。

容易证明：

$$R_{pj}=\sum X_i \times R_{ij}$$

式中：X_i为投资组合中证券i所占比重；R_{ij}为证券i的第j个收益率。

根据以上两式，通过以下推导可以得出证券投资组合的预期收益的另一种表达方式：

$$E(R_p)=E(\sum X_i \times R_{ij})=\sum X_i \times E(R_{ij})=\sum X_i \times \bar{R}_i$$

由此式可以看出，证券投资组合的预期收益率是组成证券投资组合的各种证券的预期收益的加权平均。

【例3-12】两种证券各按50%的比例构成投资组合，两个证券的收益率分布如表3-8所示。

表3-8 **按50%的比例构成的投资组合中两个证券的收益率分布**

估计收益率		概率
证券1	证券2	
16%	20%	25%
12%	14%	50%
8%	4%	25%

容易算出：

$\bar{R}_1=16\%\times25\%+12\%\times50\%+8\%\times25\%=12\%$

$\bar{R}_2=20\%\times25\%+14\%\times50\%+4\%\times25\%=13\%$

$\bar{R}_p=50\%\times12\%+50\%\times13\%=12.5\%$

2. 风险的衡量

（1）单个证券投资风险的衡量

证券投资的风险是指证券的预期收益变动的可能性及变动幅度。这一定义和随机变量方差有着相同的性质，因此，在实际操作和理论研究中通常都采用证券投资收益率的方差或标准差来衡量证券投资风险。方差和标准差越大，说明各种可能的结果相对其期望值的离散程度越大，即不确定性越大风险越大。另外，由于标准差与期望值的量纲相同，便于直接比较，故人们更多地以标准差作为风险的度量基础。证券收益方差的计算公式为：

$$\sigma_i^2 = E(R_{ij} - \bar{R}_i)^2 = \sum P_{ij}(R_{ij} - \bar{R}_i)^2 \qquad (3-18)$$

式中：σ_i^2为证券i的收益率方差；P_{ij}为证券i的第j个可能收益率发生的概率；R_{ij}为证券i的第j个收益率；$\bar{R}_i$为证券i的预期收益率；σ_i为证券i收益率的标准差。

【例3-13】某证券的未来收益率及对应概率如表3-9所示。

表3-9　**某证券的未来收益率及对应概率**

可能的收益率水平	概率
80%	20%
20%	60%
-40%	20%

则：

$$\sigma^2 = \sum P_j \times (R_j - \bar{R})^2$$
$$= 20\% \times (80\% - 20\%)^2 + 60\% \times (20\% - 20\%)^2 + 20\% \times (-40\% - 20\%)^2$$
$$= 0.144$$
$$\sigma = \sqrt{0.144} = 0.379$$

（2）投资组合风险的衡量

与收益计算不同，证券组合的风险并不等于单个证券风险的加权平均，在大多数情况下，投资组合都能够分散部分风险（也即非系统性风险），从而降低总风险。在某些情况下，证券组合的风险比组合中任何一种证券的风险都低，甚至可能为零。

根据单个证券的风险计算公式，多种证券构成的投资组合风险为：

$$\sigma_p^2 = E(R_{pj} - \bar{R}_p)^2 = \sum P_j(R_{pj} - \bar{R}_p)^2$$

式中：σ_p^2为证券投资组合P的收益率方差；R_{pj}为证券投资组合P的第j个收益率；$\bar{R}_p$为证券投资组合P的预期收益率。

我们先考虑两种证券组合的风险。假设R_{1j}和R_{2j}分别为证券1和证券2在第j种情形下的投资收益率，$\bar{R}_1$和$\bar{R}_2$分别为两者的期望回报率，ω_1和ω_2表示两种证券在投资组合中所占的比重。则由这两种证券构成的证券投资组合的风险如下：

$$\sigma_p^2 = E(R_{pj} - \bar{R}_p)^2$$
$$= E\left[(\omega_1 \times R_{1j} + \omega_2 \times R_{2j}) - (\omega_1 \times \bar{R}_1 + \omega_2 \times \bar{R}_2)\right]^2$$
$$= E\left[(\omega_1 \times (R_{1j} - \bar{R}_1) + \omega_2 \times (R_{2j} - \bar{R}_2)\right]^2$$
$$= \omega_1^2\sigma_1^2 + \omega_2^2\sigma_2^2 + 2\omega_1\omega_2 E\left[(R_{1j} - \bar{R}_1) \times (R_{2j} - \bar{R}_2)\right]$$
$$= \omega_1^2\sigma_1^2 + \omega_2^2\sigma_2^2 + 2\omega_1\omega_2\sigma_{12}$$
$$= \omega_1^2\sigma_1^2 + \omega_2^2\sigma_2^2 + 2\omega_1\omega_2\rho_{12}\sigma_1\sigma_2$$

式中：σ_{12}是证券1和证券2回报率的协方差；ρ_{12}为两种证券回报率的相关系数。

从上式可以看出，证券投资组合的风险并不等于组合中各个证券风险的加权平均，它除了与单个证券的风险有关外，还与各个证券之间的互动性相关，表现为协方差或相关系数的影响。

当$\rho_{12}=1$时，两种证券完全正相关，此时有：

$$\sigma_p^2=(\omega_1\sigma_1+\omega_2\sigma_2)^2$$

由这两种证券构成的证券组合的风险（标准差）等于这两种证券各自风险（标准差）的线性组合。

当$0<\rho_{12}<1$时，两种证券之间存在着正相关关系，ρ_{12}越接近1正相关性越强，越接近0正相关性越弱。

当$\rho_{12}=0$时，两种证券相互独立，此时，证券组合的风险为：

$$\sigma_p^2=\omega_1^2\sigma_1^2+\omega_2^2\sigma_2^2$$

当$\rho_{12}=-1$时，两种证券之间完全负相关，此时，投资组合的风险为：

$$\sigma_p^2=(\omega_1\sigma_1-\omega_2\sigma_2)^2$$

此时，投资组合的风险最小，并且如果$\omega_1\sigma_1=\omega_2\sigma_2$，那么$\sigma_p=0$，此时，两种证券的风险彼此可以完全相互抵消。

当$-1<\rho_{12}<0$时，两种证券之间存在着负相关，此时，两种证券之间的风险不能完全抵消。

由以上分析可以得出如下结论：无论证券之间的投资比例如何，只要证券之间不存在完全正相关关系，证券组合的风险总是小于单个证券风险（以回报率标准差度量）的加权平均。

如果构成组合的证券有N个，我们可以利用同样的方法来计算组合的风险。

$$\sigma_p^2=\sum_{i=1}^{N}\omega_i^2\sigma_i^2+\sum_{i=1}^{N}\sum_{j\neq i}^{N}\omega_i\omega_j\rho_{ij}\sigma_i\sigma_j \tag{3-19}$$

二、投资组合与风险分散化

从上面的分析可以看出，单独持有一种证券时，证券的风险状况由实际收益水平围绕期望收益的波动大小来衡量，波动越大、风险越高。然而，当一项证券纳入一个由众多证券组成的风险充分分散的投资组合中后，情况就起了变化。这时，投资者关心的不再是每一种证券本身的收益波动情况，而是整个证券组合的收益波动情况。在证券组合内，一种证券的收益波动可能会被另一种（或几种）证券的收益波动所抵消，对整个证券组合来说，决定其风险大小的最关键因素不是每一种证券的总风险的大小，而是它对整个投资组合风险，即那些无法通过组合分散的风险的实际贡献的大小。因此，每一种证券的风险根据其能否通过投资组合被分散掉可以分为系统风险和非系统风险。

系统风险主要由经济形势、政治形势的变化引发，对绝大多数证券价值产生影响。而非系统风险只与个别证券的情形相联系。因此，当投资者持有多种证券时，有些证券在一定时期内可能会因为受到正面因素的影响而使自身的价值增加，另一些证券在同一时期可能因受到负面因素的影响而使自身价值减少，这种增加和减少的相互抵消，会使投资组合中单项证券的收益变化特性趋于消失，即单个证券的非系统风险被分散掉了。投资组合中的证券数目越多，证券之间的相关性越弱，非系统风险的分散就越彻底。这种分散效应，可以从证券组合的方差和标准差公式中看出来。

前面已经给出N个证券组成的投资组合的方差公式为：

$$\sigma_p^2 = \sum_{i=1}^{N}\omega_i^2\sigma_i^2 + \sum_{i=1}^{N}\sum_{j\neq i}^{N}\omega_i\omega_j\rho_{ij}\sigma_i\sigma_j$$

式中：第一项为各单项证券的方差的加权和，反映了每一证券各自的收益变化情况，可以理解为非系统风险；第二项为资产间的协方差之和，反映了各证券间收益变化的相关关系和共同运动，是系统风险。设投资者均匀投资，即$\omega_1 = \frac{1}{N}$，则：

$$\sigma_p^2 = \sum_{i=1}^{N}\left(\frac{1}{N}\right)^2\sigma_i^2 + \sum_{i=1}^{N}\sum_{j\neq i}^{N}\left(\frac{1}{N}\right)^2\rho_{ij}\sigma_i\sigma_j = \left(\frac{1}{N}\right)^2\sum_{i=1}^{N}\sigma_i^2 + \left(\frac{1}{N}\right)^2\sum_{i=1}^{N}\sum_{j\neq i}^{N}\rho_{ij}\sigma_i\sigma_j$$

令$\bar{\sigma}^2 = \frac{1}{N}\sum_{i=1}^{N}\sigma_i^2$，则有：

$$\left(\frac{1}{N}\right)^2\sum_{i=1}^{N}\sigma_i^2 = \frac{1}{N}\bar{\sigma}^2$$

当N趋于∞，$\left(\frac{1}{N}\right)\bar{\sigma}^2$趋于0，这表明，当投资组合中证券数目增多时，非系统风险将逐渐消失。

既然第二项为系统风险，若设所有协方差项$\rho_{ij}\sigma_i\sigma_j = COV$，则第二项变为：

$$\left(\frac{1}{N}\right)^2\sum_{i=1}^{N}\sum_{j\neq i}^{N}COV = \left(\frac{1}{N}\right)^2 COV\,(N^2 - N)$$

当N趋于∞，$\left(\frac{1}{N}\right)^2(N^2 - N)$的极限为1，即协方差项在资产组合中的证券数目增加时并不趋于零，而是趋于平均值。这个平均值就是所有投资活动的共同趋势，反映了系统风险。因此，系统风险是无法通过投资组合的风险分散作用来消除的。

认识和理解系统风险和非系统风险的区别是很重要的。

对投资者而言，可以通过多样化的投资来分散与减少投资风险，但所能消除的只是非系统风险。希望通过多样化投资来彻底消除所有投资风险是不现实的也是不可能的。另外，在投资组合中的证券数目刚开始增加时，这种分散作用体现得相当显著，但随着证券数目不断增加，这种风险分散的作用逐渐减弱。一般来讲，当投资组合中的证券数目增加到15到20个时，绝大部分非系统风险都已消除，继续增加证券数目对减少投资风险已没有太大的意义。

投资组合的风险分散化效应如图3-6所示。

对证券投资而言，一个市场分散投资风险的能力取决于这个市场上所有证券的收益变动之间的相关性。如果不同证券的收益变化之间有很强的相关性，那么这一市场所能产生的风险分散效应将十分有限。

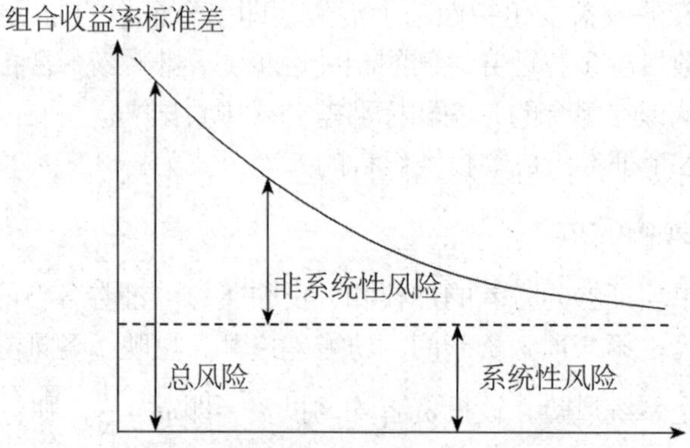

图3-6 投资组合的风险分散化效应

施东晖（1996）曾对上海股票市场的风险状况进行了研究，研究结果表明，系统风险在上海股市居于主导地位，占总风险的80%左右。这意味着在上海股市进行多元投资组合只能分散掉大约20%的风险，降低风险的效果并不明显。一般而言，比较成熟的股市中非系统风险应该是占主导地位的，以美国、英国和法国股市为例，20年前的资料已经显示，系统风险占这些市场总风险的比重分别只为26.8%、34.5%和32.7%。当然，随着证券市场的逐步成熟和规范，我国股票市场的风险结构已经有了较大改善，系统风险在我国股市总风险中所占的比例呈下降趋势。

【资料3-2】 证券投资风险与系统风险的不可分散性

2001年6月6日，国务院正式发布《减持国有股筹集社会保障资金管理暂行办法》（以下简称《办法》）。该《办法》规定：国有股减持主要采取国有股存量发行的方式，凡国家拥有股份的股份有限公司（包括在境外上市的公司）向公共投资者首次发行和增发股票时，均应按融资额的10%出售国有股；股份有限公司设立未满3年的，拟出售的国有股通过划拨方式转由全国社会保障基金理事会持有，并由其委托该公司在公开募集时一次或分次出售；国有股存量出售收入，全部上缴全国社会保障基金；减持国有股原则上采取市场定价方式。2001年7月，经中国证监会核准，北生药业（600556）、江淮汽车（600418）、烽火通信（600498）、华纺股份（600448）等四家公司获准上网定价发行。2001年9月，天大天财（000836）、新华制药（000756）和全兴股份（600779）也在增发A股时减持了国有股。

《办法》出台之后，市场立即做出反应，以急跌的方式展开了1994年以来最大规模的一次下调。2001年10月22日，上证综指跌至1 514点，深成指跌至3 124点，与当年最高点相比，分别跌去了32.6%和37.9%，绝大多数投资者严重亏损，许多券商无法承担巨额亏损而面临倒闭。据统计，由国有股减持等众多因素导致的股市暴跌，使得沪深股市市值被蒸发掉1.8万亿元。

2001年10月22日，证监会紧急叫停该《办法》第五条的规定。次日，受此政策鼓舞，沪深两市个股几乎全线涨停，成为实施涨跌幅度限制以来单日涨幅最大的一天。

监管部门随即展开国有股减持大讨论，向社会征集减持办法。2002年1月25日，中国证监会在网上公布了关于国有股减持的“阶段性成果”，肯定了四大原则：多赢，公开竞价形成全流通股价，补偿流通股股东价差的损失，保护非流通股利益。2002年1月28日，市场再次做出强烈反应，大跌7%，数百只股票跌停。2002年6月24日，鉴于市场状况未能得到较好的改善，国务院决定停止通过国内股票市场减持国有股。

从2001年6月到2002年6月的短短1年间，上证综指下跌了1 346点，跌幅达32%，沪深两市股票市值缩水近6 000亿元，总市值损失约达18 000亿元。处于国有股减持惊涛骇浪中的中国股民，再次对证券投资的风险和收益问题，尤其是系统性风险的威力有了深刻的认识。

我国证券市场发展历史上的这一轮熊市当中，政策因素起到了最重要的作用。长期以来，上市公司的发行上市以及此后的市场投资者都是以国有股和法人股永不流通为入市前提的。国有股和法人股的不流通是国家和上市公司对市场的承诺[①]，而国有股减持试点改变了市场和投资者的预期，从而导致几乎全部上市公司股票价格的整体下跌。这样的政策性风险在不成熟的证券市场中是投资者特别需要关注的。由政策风险所导致的下跌是系统性的风险，无法通过多样化的投资组合来分散。事实上，在这一过程中投资基金和证券公司等典型的机构投资者的遭遇同样惨烈，具有分散风险优势的机构投资者同样无法避免在熊市中大规模损失的命运。这也充分说明了系统性风险是不可规避的。

——贺强，韩复龄．证券投资学［M］．北京：首都经济贸易大学出版社，2007.

三、资本资产定价模型（CAPM）

投资者以承担风险为代价获取收益，因此证券收益或定价水平应该与其风险密切相关。但是，前面的分析也指出，投资者可以通过投资组合的方式将证券的非系统性风险分散掉，而系统性风险则无法通过投资组合分散，对于投资者而言，应该关注的不是那些可以分散掉的风险，而是那些无法分散掉的风险。如果说投资者承担高风险可以获得高收益，那么这里所谓的风险就应该是收益。按照这样的逻辑，金融资产定价模型应该反映证券系统性风险与其收益之间的相关性。这里介绍的资本资产定价模型研究的就是系统风险与期望收益之间的关系。

资本资产定价模型（Capital Asset Pricing Model，简称CAPM）是由夏普（William Sharpe）、林特纳（John Lintner）和莫森（Jan Mossin）等人在现代投资组合理论的基础上提出的，在现代投资学中占有很重要的地位，并且在投资决策中被广泛运用。

（一）CAPM的基本假设

与大多数的经济理论一样，CAPM模型建立在一系列的假设之上，这些假设包括：

（1）在一期时间模型中，投资者以回报率和标准差作为评价证券组合好坏的标准。

（2）所有的投资者都是非满足的。

① 尽管这种承诺是隐性的，但是对于投资者而言，政府在有意无意间都向市场传递了一致的消息，所以投资者入市和交易的前提的确是这一非流通股永不流通的承诺。

（3）所有的投资者都是风险厌恶者。

（4）每种证券都是无限可分的，即投资者可以购买到他想要的任意数量的证券。

（5）无税收和交易成本。

（6）投资者可以以无风险利率无限制地进行借贷。

（7）所有投资者的投资周期都相同。

（8）对于所有投资者而言，无风险利率是相同的。

（9）信息可以无偿自由地获得。

（10）投资者有相同的预期，他们对证券回报率的期望、方差以及协方差的判断是一致的，因此证券组合有效前沿也是相同的。

需要注意的是，这些假设虽然与现实世界存在很大差距，但通过这个假想的世界，我们可以导出证券市场均衡关系的基本性质，并以此为基础探讨现实世界中风险和收益之间的关系。

（二）CAPM与证券市场线

在投资组合理论的基础上，Sharp等学者提出了市场均衡时的资本资产定价模型[①]：

$$E(R_i) - R_f = \beta_{iM}[E(R_M) - R_f] \tag{3-20}$$

式中：$E(R_i)$代表证券i的期望收益；R_f为无风险利率；$E(R_M)$是市场组合的期望收益；$\beta_{iM} = \dfrac{Cov(R_i, R_M)}{Var(R_M)}$是系统风险度量指标。

CAPM将证券的期望收益与系统风险结合在一起，并且描述了期望收益与系统风险之间的相关性。

将CAPM在β-期望收益的坐标系上画出来，就形成了证券市场线（Security Market Line，SML），如图3-7所示。

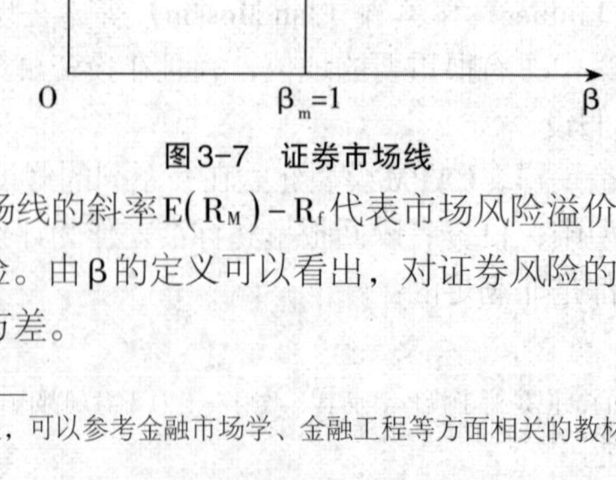

图3-7 证券市场线

我们通常以证券市场线的斜率$E(R_M) - R_f$代表市场风险溢价，也可以理解为风险价格，而β称为证券的风险。由β的定义可以看出，对证券风险的正确衡量是其与市场证券组合的协方差而不是方差。

① 关于该模型的推导过程，可以参考金融市场学、金融工程等方面相关的教材。

为了进一步理解这一点，下面我们考虑两个极端的情形：

首先假设某种证券组合与市场组合是完全无关的，即$\beta=0$，则由证券市场线可以得出：

$$E(R_i)=R_f$$

这说明，当市场达到均衡时，无论这种证券回报率的风险有多大，只要这种风险可以被分散掉，这种证券的回报率就等于无风险利率，而不会有任何的风险报酬。

如果某种证券的回报率和市场组合负相关，即$\beta<0$，这时：

$$E(R_i)<R_f$$

一种有风险的证券的期望收益小于无风险利率，看似难以理解。其原因是这种证券与市场相结合，能够缩减整个证券组合的风险，在整个市场表现不佳、投资者财富缩水因而收入对于投资者显得重要时，这种证券可以提供高收入抵消其他投资的损失。正是由于它具有缩减风险的能力，相当于提供了一种保险，所以投资者愿意接受这种低回报的证券。大家可以试想一下，我们在购买保险时确实看重其保障功能，而不会太在意其收益率。

每个证券对市场证券组合标准差的贡献都依赖于其与市场证券组合的协方差，因此，衡量证券风险的证券量是其与证券市场组合的协方差。市场证券组合的协方差越大的证券，给整个经济带来的风险也越大，而标准差大的证券给整个经济带来的风险却不一定比标准差小的证券带来的风险更大。在这里，协方差是一种无法规避的风险，当市场达到均衡时，只需对无法规避的风险进行补偿。

有关β的另一种性质是，证券组合的β值等于构成它的证券的β值的加权平均，这里的权重等于各个证券在证券组合价值中所占的比例。

由证券市场线表示的均衡关系是市场供需共同作用的结果。给定一组证券的价格，投资者首先计算期望回报率和协方差，然后求最优的证券组合。如果对某种证券的总需求量不等于市场上该证券的供给，价格就会进行调整，直到市场出清为止。

在CAPM的分析体系中，个体投资者是价格接受者，对他们而言，证券的价格和前景是固定的，他们只能改变持有证券的数量。而对于整个市场而言，证券的数量是固定的，价格是变动的。在任何完全竞争的市场里，均衡使得价格的调整一直持续到对所有证券的总需求量与市场上存在的数量达到一致时为止。

（三）CAPM的简单应用

利用资本资产定价模型可以根据已测知的β系数估计某证券的期望收益，也可以利用已知行业的β系数，对该行业的投资期望收益做出估计，并作为该行业资本成本的参考。比如，如果已知某公司股票的β系数为1.5，无风险收益率R_f为6%，市场资产组合的期望收益E（R_M）为10%，则根据资本资产定价模型可计算出这一股票的期望收益率应为：

$$E(R_i)=R_f+\beta_{iM}[E(R_M)-R_f]$$
$$=6\%+1.5\times(10\%-6\%)$$
$$=12\%$$

反过来，如果已知某证券的期望收益，同时又可以测量出市场资产组合的期望收益E（R_M）和无风险收益R_f，也可以利用CAPM模型计算出该证券的β系数。比如，如果已知某证券的期望收益为12%，而无风险收益R_f和市场资产组合的期望收益仍如前例，分别为6%和10%，则这一证券的β系数为：

$12\%=6\%+\beta_i(10\%-6\%)$

$\beta_i=1.5$

在公司理财实践中，CAPM的主要作用是计算资本成本，尤其是股权资本成本，具体内容参考后面的相关章节。

四、CAPM的主要结论和局限性

（一）CAPM的主要结论

资本资产定价模型因为对投资收益的来源和形成给出了极为精辟的解释，使人们对投资收益的本质有了深刻的了解，从而在金融理论和投资操作中得到了广泛的认可，并被誉为现代金融学科的理论基石之一，模型的主要提出者Sharpe、Markowitz等也因这一贡献而获得了1990年度的诺贝尔经济学奖。对CAPM的大量实证研究表明，该理论模型深刻地揭示了资本和证券市场的运行规律，对人们在证券市场上的投资行为具有重要的指导意义。其基本结论表现在如下几个方面：

（1）证券和资产的价值是通过投资者、借款者和贷款者之间的竞争，在资本和证券市场上确定的。

（2）资本和证券的收益与其所含的系统风险相关联，投资者主要靠承担系统风险而获得风险报酬，资本和证券市场的运行由风险回避者主导。

（3）资本和证券市场的主要功能，是使所有金融资产合理定价，即使得金融资产的市场价格做到各个金融资产有相同的收益与风险关系，形成一个单一的风险价格。

（4）CAPM的结论对评估不动产投资等同样适用，投资者要为所承担的系统风险而得到相应的补偿。

（二）CAPM的局限性

尽管CAPM已经得到广泛的认可，但这一模型所考虑的因素过于简单，在实际运用中，仍存在一些明显的局限，主要表现在：

（1）某些投资项目或资产、证券，特别是一些新兴行业，由于缺乏历史数据而难以估计其系统风险，即β值。

（2）由于经济的不断发展变化，各种资产的β值也会产生相应的变化。因此，依靠历史数据估算出的β值对未来的指导作用必然要打折扣。

（3）CAPM是建立在一系列假设之上的，而某些假设与实际情况有较大的偏离。

由于上述局限，CAPM只能大体描绘出资本市场和证券市场运动的基本图像，而不能准确地描绘出它的一切。因此，在运用这一理论和模型时，应该更注重它们所揭示的规律，而不是它们给出的具体的数字结论。

五、套利定价模型

为解决CAPM的不足所带来的问题，Ross于1976年提出了基于多因素模型的套利定价理论（Arbitrage Pricing Theory，APT）。这一理论指出，投资收益同时受一个或多个系统风险因素的影响，只有同时考虑多个系统风险因素的影响，才能在实际中较好地估计投资的期望收益。

（一）因素模型

套利定价理论认为，各种证券的收益率均受到某个或某些共同因素的影响，因素模型的主要目的就是找出这些因素，并确定证券收益率对这些因素变动的敏感性。

1.单因素模型

单因素模型认为，有价证券的收益只受一种因素的影响，对于任意证券i，其在t时刻的单因素模型表达式为：

$$r_{it} = a_i + b_i F_t + \varepsilon_{it} \tag{3-21}$$

式中：r_{it}表示证券i在t时期的收益率；F_t表示该因素在t时期的预测值；b_i表示证券i对该因素的敏感度；ε_{it}为证券i在t时期的随机项，其均值为0，标准差为$\sigma_{\varepsilon i}$；a_i为常数，表示因素F_t取值为0时证券i的期望收益率。

在单因素模型中，假设影响证券收益的只有一个共同因素，因此随机变量ε和F之间不相关，并且两种证券的随机项之间也不相关。

根据（3-21），证券i的期望收益率为：

$$\bar{r}_i = a_i + b_i \bar{F} \tag{3-22}$$

式中：$\bar{F}$表示因素的期望值。

根据（3-21），证券i收益率的方差σ_i^2为：

$$\sigma_i^2 = b_i^2 \sigma_F^2 + \sigma_{\varepsilon i}^2 \tag{3-23}$$

式中：σ_F^2为因素的方差；$\sigma_{\varepsilon i}^2$为随机项的方差。

利用前面介绍的系统风险和非系统风险的概念，上式中，证券i的系统风险就是$b_i^2\sigma_F^2$，而$\sigma_{\varepsilon i}^2$是非系统风险。

在单因素模型中，还可以得出证券i和证券j收益率的协方差σ_{ij}：

$$\sigma_{ij} = b_i b_j \sigma_F^2 \tag{3-24}$$

2.两因素模型

两因素模型认为，证券收益率取决于两个因素，其表达式为：

$$r_{it} = a_i + b_{i1} F_{1t} + b_{i2} F_{2t} + \varepsilon_{it} \tag{3-25}$$

式中：F_{1t}和F_{2t}分别表示影响证券收益率的两个因素在t时期的预测值；b_{i1}和b_{i2}分别表示证券i对这两个因素的敏感度。

在两因素模型中，证券i的预期收益率$\bar{r}_i$为：

$$\bar{r}_i = a_i + b_{i1} \bar{F}_1 + b_{i2} \bar{F}_2 \tag{3-26}$$

证券i收益率的方差σ_i^2为：

$$\sigma_i^2 = b_{i1}^2\sigma_{F1}^2 + b_{i2}^2\sigma_{F2}^2 + 2b_{i1}b_{i2}\,Cov(F_1, F_2) + \sigma_{\varepsilon i}^2 \quad (3\text{-}27)$$

证券i和证券j收益率的协方差σ_{ij}为：

$$\sigma_{ij} = b_{i1}b_{j1}\sigma_{F1}^2 + b_{i2}b_{j2}\sigma_{F2}^2 + (b_{i1}b_{j2} + b_{i2}b_{j1})Cov(F_1, F_2) \quad (3\text{-}28)$$

3. 多因素模型

在多因素模型中，证券i的收益率取决于多（k）个因素，其表达式为：

$$r_{it} = a_i + b_{i1}F_{1t} + b_{i2}F_{2t} + \cdots + b_{ik}F_{kt} + \cdots + \varepsilon_{it} \quad (3\text{-}29)$$

证券i的风险，以及证券i和证券j的协方差公式读者可以参照上面两因素模型自行推导。

（二）套利组合

根据套利定价理论，当市场达到均衡时，不存在套利机会。这里所谓套利机会是指不承担风险的获利机会。只要存在这样的机会，理性投资者就会利用这一机会构建套利组合，在不增加风险的情况下，提高现有投资组合的预期收益率。

根据套利的定义，套利组合应满足三个条件：

（1）套利组合属于自融资组合，即构造套利组合无需投资者追加资金。

（2）套利组合对所有风险因素的敏感度为0，即套利组合没有因素风险。

（3）套利组合的预期收益率应大于0。

【例3-14】某投资者持有一个由三种股票构成的投资组合，三种股票的市值均为100万元，投资组合总价值为300万元。假定这三种股票均符合单因素模型，预期收益率分别为10%、15%和20%，对风险因素的敏感度分别为1.0、3.0和2.0。那么，是否存在套利机会？如果存在，投资者应如何构建套利组合？

假设三种证券的投资组合比重变化量分别是x_1、x_2、x_3，根据套利组合的三个条件，构造如下方程组：

$$x_1 + x_2 + x_3 = 0$$

$$1.0x_1 + 3.0x_2 + 2.0x_3 = 0$$

$$10\%x_1 + 15\%x_2 + 20\%x_3 > 0$$

上述方程组有多个解，$x_1 = -0.5$，$x_2 = -0.5$，$x_3 = 1$就是其中一组解。也就是说，我们可以通过卖出150万元的证券1和150万元的证券2[①]，买入300万元的证券3，来实现不增加风险且提升收益率的目的。

（三）套利定价模型

投资者发现套利机会后，会通过构建套利组合来提升收益率。这一过程将一直持续到各种证券的收益率达到稳定状态为止，这种稳定状态时的证券收益率与风险因素之间的关系，就是套利定价模型。

① 由于最初只持有100万元的证券1和证券2，因此不仅要卖出手上的全部两种证券，还需要分别进行卖空操作。

1.单因素模型的定价公式

假设所有证券均满足单因素模型，那么，在无套利机会的市场上，证券期望收益率$\bar{r}_i$应该满足如下公式：

$$\bar{r}_i = r_f + \lambda_1 b_i \tag{3-30}$$

式中：r_f为无风险利率；b_i是证券i对风险因素的敏感度；λ_1代表的是因素风险报酬，即对该风险因素的敏感度为1个单位的证券收益率超过无风险利率的部分。

很显然，如果单因素模型中的风险因素就是市场风险，那么，对市场风险敏感度为1的证券的风险报酬就是市场风险溢价。此时，上面的公式就变为：

$$\bar{r}_i = r_f + b_i(r_M - r_f)$$

这和前面所讲的CAPM形式上完全相同，但两者的假设前提和推导过程却不一样。

2.两因素模型的定价公式

假设所有证券均满足两因素模型，那么，在无套利机会的市场上，证券期望收益率$\bar{r}_i$应该满足如下公式：

$$\bar{r}_i = r_f + \lambda_1 b_{i1} + \lambda_2 b_{i2} \tag{3-31}$$

式中：λ_1和λ_2分别代表两个因素的风险报酬。

3.多因素模型的定价公式

同样道理，如果假设所有证券均满足k（多）因素模型，那么在无套利机会的市场上，证券期望收益率$\bar{r}_i$应该满足如下公式：

$$\bar{r}_i = r_f + \lambda_1 b_{i1} + \lambda_2 b_{i2} + \cdots + \lambda_k b_{ik} \tag{3-32}$$

式中：λ_1、$\lambda_2 \cdots \lambda_k$分别代表k个因素的风险报酬。

（四）多因素模型

套利定价模型推出后，多因素模型受到了越来越多的关注，很多研究者花费大量的精力研究影响证券收益率的具体因素，并提出自己的多因素模型，其中就包括著名的三因素模型、四因素模型和五因素模型。

1993年，Fama和Fench提出了决定投资收益的三因素模型。这一模型认为，市场风险报酬、公司规模和股票账面价值与市场价值之比三个因素是决定投资收益的基本因素，考虑这三个因素后，就可以较为全面地确定投资的期望收益了。Jagadeesh和Titman（1993）发现，买入6个月中表现好的强势股票、卖空过去6个月中表现差的弱势股票，并将此零成本组合持有至未来3~12个月，可以获得显著的正收益，也就是说，股价走势存在动量效应。Kahart（1997）在三因素模型基础上加入动量因子，构成了四因素定价模型。Fama和Fench（2015）对他们原有的三因素模型进行了改进，加入盈利能力因子和投资模式因子，提出了五因子模型。

目前，资本资产定价模型、套利定价理论和Fama与French的三因素模型，都得到了较多的关注，国际市场上一些重要的咨询公司都会定期公布与这三个模型有关的数据，如CAPM模型的β系数、Fama与French的三因素模型中的有关系数，以帮助使用者利用这些数据计算投资的期望收益或投资项目的资本成本等相关指标。

第三节 分离定理

一、没有金融市场、投资市场时的消费

在原始经济当中，没有金融市场（即不存在资金或者商品借贷的可能性），也不存在投资市场（即没有任何跨期的生产活动，人们无法通过牺牲当前消费以换取未来消费），同时，消费品也无法储存，在这样的环境中，人们的消费和效用水平完全取决于初始禀赋。

为简便起见，我们假设初始禀赋来源于一棵树所结的果实，某人在0期（现在）可以得到B单位的果实，在1期（比如1年以后）可以得到F单位的果实。如果不存在任何投资（储蓄）的可能，果实也不能储藏，则人们只能将其各期果实在当期消费完，无法调整自己在不同期间的消费模式，他的各期消费组合仅为图3-8中的E这一点（即0期消费全部收入OB，1期消费全部收入OF）。此时的效用水平由过E点的无差异曲线来代表。

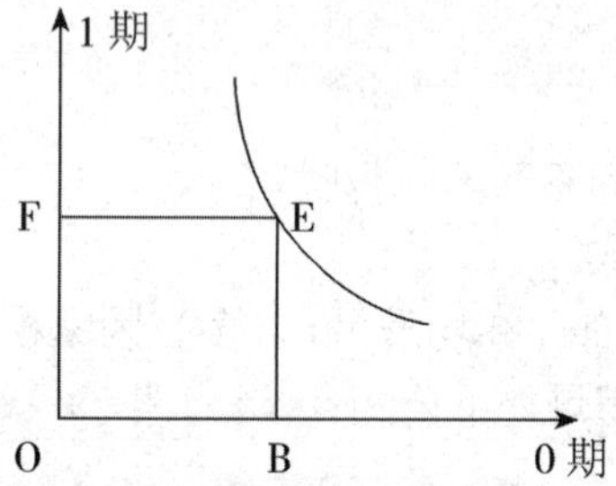

图3-8 原始经济中的消费选择

二、存在金融市场时的消费决策

我们首先在原始经济基础上加入金融市场，即果实的借贷市场。设金融市场上果实的借入借出利率相同，均为r，则人们可以根据自己的偏好和需要调整自己在0期和1期的消费量。如图3-9所示（图中预算线HD的斜率绝对值为（1+r）），人们可以根据自己的需要在直线HD上任意选择自己所喜欢的消费组合。简而言之，人们可以在0期借入数量为BD的果实，使自己的0期的消费量达到OD，并以1期的全部收入OF归还0期借入果实的本利和（OF=BE=BD（1+r）），也可以将自己在0期的收成全部借出，在1期连本带利收回数量为FH（=OB（1+r））的果实，使自己的1期的消费量达到最大值OH。也可以适当控制果实的借入借出数量，从而定位于直线HD上的任何一点。

图3-9中的HD线可以认为是消费者的预算约束线，也就是在给定某期消费量的前提下，另一期消费可以达到的最大值。很显然，在原始经济中，如果不存在投资和借贷的可能性，那么该经济主体的消费可能性集合为矩形OFEB。引入金融市场后，当前和未来进行跨期借贷的机会将投资者的消费可能性集合扩张成三角形OHD。也就是说，金融市场通过其跨期配置资源的功能增加了个体的选择机会，而更多的选择机会意味着消费者可以实现至少和之前一样的效用水平。如图所示，如果该经济主体最终选择了不同于E的消费组合E_1，那么其效用水平就得到了提升。

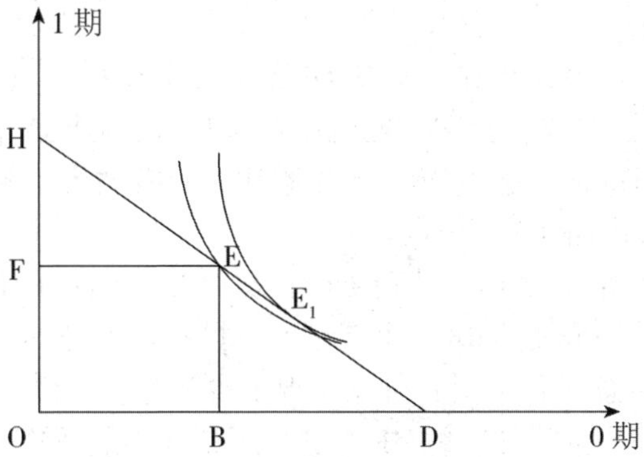

图3-9 存在金融市场时的消费和储蓄

三、存在金融市场、投资市场时的投资与消费决策

如果在存在金融市场的同时，还存在进行实物资产投资的市场（即将当前的果实作为投资，比如进行种植，在下一年结出更多果实），则每个人都可以利用这两个市场为自己谋取利益。

图3-10中，已知0期和1期收入的现值总额为OD，这是经济主体目前可以利用的全部资源，需要在当前消费、借贷和投资之间进行选择。首先需要考虑投资能否扩张消费可能性集合。以D为原点，其进行实物资产投资的可能性曲线为DNL，假设投资的边际产出递减，则该曲线的斜率逐渐减小，在图上表现为一条凸向右上方的曲线。当投资额很小时，边际产出可能很大，此时进行投资的收益大于在金融市场上借贷的收入。但随着投资量的增加，边际产出逐渐减小，当投资边际产出和金融市场回报水平一致时，达到最优投资规模。在这个最优规模N处，DNL曲线的斜率绝对值为（1+r）。过这一点作曲线的切线MK，其斜率也应该为（1+r）。在投资决策的基础上，还可以利用金融市场调节当前和未来的消费，以实现效用最大化。

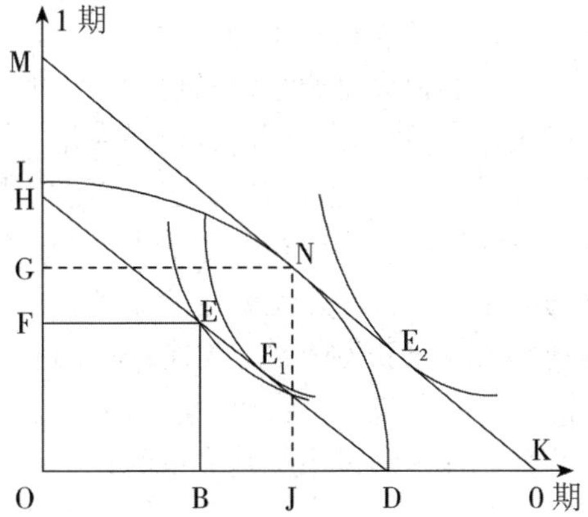

图3-10 存在金融市场、投资市场时的投资和消费

具体而言，在0期用数量为DJ的果实进行实物资产投资，1期可得到的投资收益为JN，其在0期的现值为JK。如果此人并不喜欢0期消费OJ、1期消费OG（=JN）的消费

模式，他可以转而在金融市场上借入或借出果实，调整自己的消费模式。比如，可以将0期进行实物资产投资后剩余的全部果实OJ在市场上按利率r借出，于1期得到收益GM，使1期消费总额达到OM；反之，他也可以以1期的产出JN为依托，在0期借入JK单位的果实，使0期消费总量达到OK。不难看出，只要适当调配借入借出的数量，消费者就可以达到直线KM上的任何一点。

很显然，如果只有金融市场，消费可能性集合是三角形OHD，引入投资市场后，消费可能性集合扩张成三角形OMK。也就是说，投资行为进一步增加了个体的选择机会，而更多的选择机会意味着消费者可以实现至少和之前一样的效用水平。如图3-10所示，该经济主体在新的预算约束线MK上选择了E_2作为最新的消费组合，新消费组合的效用水平更高。

值得说明的是，不论人们的消费偏好怎样，他们都会如前面所讲的那样，选择同样的实物资产投资额DJ，通过资金市场上的借贷来调整自己的消费模式。最优的投资决策与人们的消费偏好无关，这就是分离定理。

由图3-10可以看出，将数量为DJ的收入进行实物资产投资在1期可得到JN（=OG）的收益，考虑时间价值，其现值为JK，与投资成本DJ的差是DK，即为实物资产投资的净现值。DJ为最佳投资额，正是因为其实现了投资净现值的最大化。对所有投资者来说，不论其消费偏好如何，他们都有共同的投资决策标准和要求，因此可以有共同的投资代理人。这一代理人不需要了解各投资者的消费偏好，其任务就是使其所代理的实物资产投资取得最大的净现值，这一决策符合所有投资委托人的利益。至于委托个人消费资金的安排，是由消费者自己根据其财富的多寡和消费偏好，通过在资金市场上借入借出资金来决定的。这表明，一个人的投资决策与消费决策是可以分开进行的，这就是所谓费雪分离定理（Fisher's Separation Theorem）。

四、分离定理在公司理财中的作用

现代公司的所有权和经营权的分离蕴含了费雪分离定理，正因为如此，公司的投资决策权才能完全交给经理。公司的目标是股东财富最大化，但不同个体的偏好不同，管理者为了实现股东的效用最大化，只需要按照净现值最大化的原则进行投资，然后每个股东按照自己的消费偏好在金融市场上进行借贷，选择自己的最佳消费决策，这就实现了公司在所有权和经营权分离的情况下使股东利益最大化的目标。

如果资本市场存在交易成本，则会产生金融中介服务，而金融中介会通过较低的利率接受存款，再以较高的利率贷款来获得收益。资金的借出利率与借入利率不同又导致了费雪分离定理不成立，此时不同的投资者会因为个人偏好的不同而产生不同的投资消费决策。但通常在研究中，我们往往假设市场是完善的，不存在交易成本，也即费雪分离定理是有效的。

【案例3-1】　　住房抵押贷款的不同还款方式

某年初，赵先生购置一处房产，需要贷款100万元，期限20年。商业银行客户经理向他提供了两种还款方式的简单情况介绍和偿还清单。

(1) 等额本息还款

等额本息还款，即借款人每月按相等的金额偿还贷款本息，其中每月贷款利息按月初剩余贷款本金计算并逐月结清。由于每月的还款额相等，因此，在贷款初期每月的还款中，剔除按月结清的利息后，所还的贷款本金就较少；而在贷款后期因贷款本金不断减少，每月的还款额中贷款利息也不断减少，每月所还的贷款本金就较多。由于每个月还款额相同，便于借款人合理安排每月的生活和进行理财。

按照当时的基准贷款利率6.4%计算，赵先生如果贷款100万元，在20年内按月偿还，并且采用等额本息的方式还款，则每个月应该偿还7 397元，20年中累计还款额为1 775 274元，累积利息总额为775 274元。参见表3-10。

表3-10 **等额本息还款法下第一年的还款清单** 单位：元

时间	月初本金	还款额	利息	本金	月末本金
1	1 000 000	7 397	5 333	2 064	997 936
2	997 936	7 397	5 322	2 075	995 862
3	995 862	7 397	5 311	2 086	993 776
4	993 776	7 397	5 300	2 097	991 679
5	991 679	7 397	5 289	2 108	989 571
6	989 571	7 397	5 278	2 119	987 452
7	987 452	7 397	5 266	2 131	985 321
8	985 321	7 397	5 255	2 142	983 179
9	983 179	7 397	5 244	2 153	981 026
10	981 026	7 397	5 232	2 165	978 861
11	978 861	7 397	5 221	2 176	976 685
12	976 685	7 397	5 209	2 188	974 497

(2) 等额本金还款

等额本金还款，是在还款期内把贷款总额等分，每月偿还同等数额的本金和剩余贷款在该月所产生的利息，这样，由于每月的还款本金额固定，而利息越来越少，贷款人起初还款压力较大，但是随时间的推移每月还款数也越来越少。

按照当时的基准贷款利率6.4%计算，赵先生如果贷款100万元，在20年内按月偿还，并且采用等额本金的方式还款，则第一月应该偿还9 500元，20年中累计还款额为1 642 667元，累积利息总额为642 667元。参见表3-11。

表3-11　　等额本金还款法下第一年的偿还清单　　单位：元

时间	月初本金	还款额	利息	本金	月末本金
1	1 000 000	9 500	5 333	4 167	995 833
2	995 833	9 478	5 311	4 167	991 667
3	991 667	9 456	5 289	4 167	987 500
4	987 500	9 433	5 267	4 167	983 333
5	983 333	9 411	5 244	4 167	979 167
6	979 167	9 389	5 222	4 167	975 000
7	975 000	9 367	5 200	4 167	970 833
8	970 833	9 344	5 178	4 167	966 667
9	966 667	9 322	5 156	4 167	962 500
10	962 500	9 300	5 133	4 167	958 333
11	958 333	9 278	5 111	4 167	954 167
12	954 167	9 256	5 089	4 167	950 000

从表面看，采用等额本金还款法好像可以节省利息，那么事实是否就是如此呢？

大家都知道，钱在银行存一天就有一天的利息，存的数额越大、时间越长，得到的利息就越多。同样，对于贷款来说也一样，银行的贷款多用一天，就要多付一天的利息，贷款的金额越大、期限越长，支付给银行的利息也就越多。

因此，利息的多少，在利率不变的情况下，决定因素只能是资金的实际占用时间和占用金额的大小，而不是采用哪种还款方式。

不同的还款方式，只是为满足不同收入、不同年龄、不同消费观念人们的不同需要或消费偏好。其实质，无非是贷款本金因“朝三暮四”或“朝四暮三”式的先还后还，造成贷款本金事实上的长用短用、多用少用，进而影响利息随资金实际占用数量及期限长短的变化而增减。

可见，如果考虑时间价值，不管采取哪种贷款还款方式，银行都没有少赚利息，客户也不存在节省利息支出的实惠。

有人会问，银行为什么还会以利息总额较低为理由向客户推荐等额本金的还款方式？从理财的角度看，两种还款方式的价值一样。但是对于银行而言，由于等额本金还款法会让银行较快收回本金，实际占用银行贷款的数量更少、占用的时间更短，因此，从流动性管理的角度看，银行可能更偏好客户使用等额本金还款方法。

本章小结

本章介绍了公司理财的基础，内容主要包括三个方面：

1.时间价值。公司理财需要对发生在不同时点的现金流进行价值判断，因此时间价值的计算是公司理财重要的基础。本部分介绍了时间价值的基本概念和计算方法，重点是单利复利的区别以及各种现金流现值与终值相关的计算。

2.风险与收益的关系。金融市场上，风险与收益的平衡是最为根本的问题。本部分分别介绍了证券和投资组合风险与收益的计算方法，并分析了投资组合风险分散的基本原理。如果投资者可以方便地、无成本地进行投资组合的分散化，那么对于投资者而言，需要考虑的就是那些无法分散的系统性风险，因此只有系统风险才会获得相应的风险报酬。资本资产定价模型（CAPM）描述了系统风险与期望收益之间的相关性。与CAPM强调单一系统性风险不同，APT在多因素模型的假设下考虑了多个系统性风险对证券收益的影响。

3.分离定理。金融市场的作用是为投资者提供了跨期配置资源的可能性，从而有助于提升效用水平。但需要注意的是，从时间价值的角度来看，金融市场的借贷行为不能提升价值，只有投资行为才能创造价值，而最优投资行为的决策标准就是净现值最大化。分离定理告诉我们，投资决策与消费决策可以分开进行。对所有投资者来说，不论其消费偏好如何，他们都有共同的投资决策标准和要求，因此可以有共同的投资代理人。

重点概念

时间价值　单利　复利　现值　终值　年金　永续年金　系统风险　非系统风险　资本资产定价模型　多因素模型　分离定理

复习思考

1.谈谈你对时间价值的理解。

2.比较单利和复利在计算上的异同。

3.除了等额本息和等额本金还款方式外，现在某些商业银行还为客户提供“双周供（等额本息）”还款方式，也就是每两周还一次贷款。如果贷款期限相同，那么双周供和按月等额本息还款相比，累积的偿还额何者更大？

4.如何区分系统风险与非系统风险？为什么说非系统风险是可以分散的？在证券投资中，哪些因素是系统风险因素？如何度量投资风险中系统风险和非系统风险的相对大小？

5.CAPM和APT的假设有何差异？

6.如何构造套利组合？

7. 如何理解分离定理在公司理财中的作用？在现实的经济环境中，哪些与分离定理的假设不符？如果金融市场上的借贷利率不等，那么分离定理是否成立？在这种情况下，公司的投资和融资决策是否可能受到股东偏好的影响？

分析计算

1. 假定利率为12%，计算下列与时间价值相关的问题：

（1）6年后一笔1 000元收入的现值是多少？12年后一笔1 000元收入的现值是多少？为什么时间越长现值越小？

（2）假设某项资产在1年后有5 000元收入，2年后有3 000元收入，10年后有10 000元收入，你愿意为该资产支付多高的价格？

（3）某优先股每年支付9元的股利，其当前价值是多少？

（4）某债券面值1 000元，期限14年，票面利率为8%，每年付息一次，到期还本。计算该债券的合理发行价格。

（5）有一项现金流，前4年无现金流入，后5年每年年末流入500元，年利率为10%。计算该现金流的现值。

（6）今天投资的500元8年后的价值是多少？

（7）1 000元投资大概需要多久能够翻番？

（8）在未来20年中，每年年末投资600元，这些钱在第20年年末的终值是多少？

（9）一对夫妇希望在未来的18年中为子女储备200 000元的大学学费，假设他们准备每年的年末存入一笔等额的年金，那么每年需要储蓄多少钱？

（10）如果你花3 837元购买了一项能够在未来8年中每年收入1 000元的资产，那么你的收益率大概是多少？

2. 某企业借入600万元资金，银行要求其在未来5年内每年年末归还200万元，这笔借款的利率是多少？

3. 李先生购买一处房产价值为100万元，首付金额为20万元，其余向银行贷款。贷款年利率为10%（年度百分率），按月还款，贷款期限为20年。

（1）如果按照等额本息方式还款，求每月还款额；如果按照等额本金方式还款，求第一个月还款额。

（2）比较等额本息方式与等额本金方式在20年中所累积支付的利息总额。

（3）按照等额本息方式连续还款5年（即已经支付了60次月供）以后，借款人想清偿全部贷款，此时他需要向银行一次性支付多少钱？

4. A和B两家银行同时提供住房抵押贷款。A银行的APR为6%，每季度偿还一次；B银行的APR为5.85%，每月偿还一次。比较这两家银行贷款的实际利率。

5. 已知某股票的β值为1.0，市场组合的期望收益率为12%，无风险利率为5%。求该股票的期望收益率。

6.C公司股票的β值为0.5，但该股票的波动率很大，如果市场组合的期望收益率为15%，无风险利率为10%。求C公司股票的期望收益率。

7.有人说："具有正的标准差的证券必然有大于无风险利率的期望收益率，否则不会有投资者购买这一证券。"根据CAPM，这一说法对吗？为什么？

8.假设市场上无风险利率为5%，某风险证券的预期收益率为10%，其β系数为1，如果CAPM成立：

（1）求市场组合的预期收益率。

（2）某股票的市场价格为60元，其β系数为0，预计该股票1年后支付2元的红利，期末除权价格为62元。那么该股票目前的价格是被高估了还是被低估了？

9.假设证券收益满足双因子无残差风险模型，$X_i = a_i + b_i f_1 + c_i f_2, i = 1, \cdots, n$，$E(f_1) = E(f_2) = E(f_1 f_2) = 0$，且$E(f_1^2) = E(f_2^2) = 1$，无风险利率为5%。若某三只证券A、B、C在两个风险因子上的权重分别如下表所示，那么请问A、B、C中是否存在价值被低估或高估的情况。如果有，如何构造套利组合来利用这一机会？

证券	A	B	C
风险荷载b_i	2	0	0.8
风险荷载c_i	0	2	1.2
期望收益率	12%	15%	16%

10.假定鼎盛基金与市场指数的相关系数为0.8，那么该基金的总风险中特有风险的比例是多少？

11.商业银行信用卡可以为客户提供分期业务，这种分期业务通常"免息"，但要收取手续费。假设李先生当前信用卡负债为12 000元，申请银行的分期业务，在未来12个月的每个月月末偿还1 000元本金，再按照0.6%的手续费率支付手续费，每个月合计还款1 072元。计算该分期业务的实际利率。

第二篇

公司投资决策

第四章　资本预算概述

◇教学目的与要求

- 理解资本预算的重要性
- 掌握资本预算中现金流的确定
- 理解资本预算中所涉及的几个重要问题
- 掌握折现率的确定方法

【引导案例】

20世纪60年代，日本已出现了全国性的大型超市连锁店，当时只有六七间杂货铺的八佰伴备受威胁。和田一夫为避开本土同业间的竞争，转战海外。1972年，他在巴西开设第一间海外分店，之后又相继打入新加坡和美国市场。1983年，八佰伴在日本上市。

1990年，和田一夫携11.5亿港币将八佰伴总部移师中国香港。急剧的商业扩张，使八佰伴在十年中成为亚洲头号日本海外企业，八佰伴百货超级市场遍布马来西亚、文莱、中国。

然而，2001年11月，在一片追讨欠款声中，八佰伴百货（香港）有限公司终于宣告清盘，其在中国香港、澳门的十家分店即刻关门停业。八佰伴倒闭的主要原因是投资扩张战略的失误，从而导致盈利下降和流动性缺失。八佰伴百货事业扩展太快，旧店未上轨道前便大力扩张新分店，以致债台高筑。在业务扩张过程中，八佰伴缺乏同银行的紧密合作，在公司出现资金困难时，没有银行资金做后盾。而且，随着租金和人工费用剧增，1997年，八佰伴百货单是租金开支就已达4.6亿港元，相当于总营业额的11%。百货业经营有其自身的规律。据称，百货业从开店到站稳脚跟开始盈利最少需要6年。投资扩展战略的失误和经营策略不当，导致了八佰伴的陨落。

可见，投资扩张需要周密规划与慎重决策，不仅要考虑经济环境和条件的变化，而且，要根据行业特点进行周密的资本预算，实现动态决策。

——根据百度文库《战略管理》资料整理.

第一节　资本预算及其重要性

一、资本预算的重要性

资本预算是指企业对长期资本投资方案进行分析、选择和评估修正的过程。它是在对长期投资项目的未来现金流进行预测的基础上，运用相关投资决策指标对项目进行经济可行性分析，以选定最优投资决策方案的过程。

企业依据评估投资创造的价值大小进行投资决策。当一个公司采纳了一个净现值为正的投资项目时，其价值就会增加；反之，一个负净现值的项目会减少公司价值。可见，资本预算决策是公司面临的重要决策，它与股东财富直接相关。具体来说，资本预算的重要性体现在以下几个方面：

（1）资本预算具有长期效应。资本预算项目通常有一个较长的运行期，该时期内的经济运行结果面临很大的不确定性。例如，购买一项经济寿命为七年的资产，投资的未来状况和结果都是基于当前的预测估计，但该资产未来的运行状况和结果在项目运行期间可能会有很大的变化，使得这种估计带有很大的不确定性和风险。因此，资本预算活动对企业有长期且不确定的影响。

（2）资本预算促使企业及时获得资本资产。借助资本预算技术，企业能够优选有价值的投资项目并通过不断投资于这些项目，增加企业价值。资本预算方法和思想还可以帮助企业进行设备选择和更新决策。在技术快速发展的今天，合理、经济地利用新技术能保证企业获得技术进步的经济利益。

（3）资本预算是筹措资金的依据。资产扩张通常涉及大量的资金投入，为此，必须制订合理的融资计划，包括融资的渠道、方式、数量和时间等。资本预算是企业筹资的基础和依据，也是企业在特定资本规模下进行合理投资规划的工具。

二、资本预算的内容

（一）投资项目的决策

1.提出与公司战略目标一致的投资方案

提出投资方案是资本预算的第一步，在此过程中要收集数据信息和相关资料，提出投资建议。现代公司的投资决策大致可分为四类：

（1）重置决策。当资产磨损或技术落后时，要保持生产效率、节约成本，必须进行资产重置。

（2）扩充决策。它涉及现有生产线生产能力的扩充，常常包含于重置决策中，有一定程度的不确定性，如企业为增加现有产品的产量、扩大销售和增加营销分支机构等所进行的投资决策。这类投资决策的风险性较小。

（3）扩张决策。它涉及新生产线的建设，甚至对全新企业的投资。这类决策面临很大的风险和不确定性，如企业为新产品的研发和开发新市场所进行的投资决策。

（4）其他决策。它涉及很多内容，包括无形资产投资，勘探、研究与开发，以及安全性或强制性的污染控制设备投资等决策。

重置类的决策需要相对简单的计算和少量支持文件，尤其是那些对盈利业务的维持型投资。而扩充和扩张类的决策则需要更详尽的分析，需要进行大量基础性的市场研究和资料采集工作，同时，必须严格遵循项目决策程序。

2.估算项目的增量现金流

对项目未来收益流的预测是资本预算中最重要的一步。决定项目价值高低的最主要因素是从项目中获取的净现金流量。项目决策的基本原则是：考虑与项目自身获利能力相关的现金流。增量现金流是与项目有关的现金流量，只有那些由于采纳某个项目引起的现金收支的增加额，才是项目需要考察的现金流量。

3.确定折现率

进行资本预算时，都会考虑时间价值因素，因此必须找到一个合适的折现率对预期现金流量进行折现。折现率是决定项目价值的第二个重要因子，它有丰富的内涵，在项目价值评估中，它是投资者的最低必要报酬率，也是风险收益率。项目的风险越大，折现率越大。本章第三节将探讨折现率的确定方法。

4.评估选择最佳方案

利用净现值、内部报酬率和投资回收期等资本预算技术，将各投资方案的优劣顺序排列出来，依照资本预算准则，在公司资本限额下，选择使得公司价值最大化的方案。

（二）投资项目的实施和监控

一旦决定接受某一个或某一组投资项目后，就要积极地实施并进行有效的监督与控制。具体地说，要做好以下工作：

（1）为投资方案筹集资金。

（2）有计划、分步骤地实施投资项目。

（3）项目投资过程中的控制和监督。在项目投资过程中，要对项目的实施进度、工程质量、施工成本等进行控制与监督，以便使投资在预算框架下如期完成。

（4）投资项目的后续分析。在项目运营过程中，要对项目进行动态分析。把实际的现金流量与预期的现金流量进行对比，找出差异，分析产生差异的原因，并及时进行投资决策的动态调整。这个过程实际上就是投资选择权问题。选择权决策包括：

第一，延迟投资。如果投资时机不佳，如出现了突发事件或经济环境条件改变，但在可预见的将来该项目仍具有投资价值，则可以考虑延迟投资。有时，延迟投资是为了获取更多信息，等待最佳投资时机。

第二，放弃投资。在项目的实施过程中，如果实际现金流状况与预期相差太远，项目运营产生了负的净现值，继续投资会给公司带来巨大的投资损失；或者此时放弃投资所获得的收益大于继续执行投资项目带来的收益，公司就应该及时放弃该投资项目。

第三，扩展或缩减投资。如果某投资项目的实际情况优于预期值，则可以考虑为该项目提供额外的发展资源。例如，某项目的实际收益高出预期值50%，公司通常会追加投资，提高该项目的生产能力，并增加营运资金以获取扩张红利；相反，则缩减投资。

（三）投资项目的事后评价

投资项目的事后评价是指对已经完成的投资项目的投资效果进行的评价。这种评价主要由公司内部审计部门和财务部门完成，将投资项目的实际表现与原来的预期相对比。通过对预算完成情况及其差额的分析，可以深入了解某些关键性问题，如预测技术偏差、项目执行漏洞。通过分析影响投资效果的敏感因素，找出问题原因。依据评价结果，还可以对投资管理部门进行绩效评价，并据此建立相应的激励制度，以持续提高投资管理效率。

第二节　资本预算与现金流估计

资本预算中的现金流量是项目投资和运营产生的净现金流量。它是项目现金流入总量与现金流出总量的差额。项目的净现金流量就是各期现金流量的净值。

一、项目现金流的特点

预测投资项目的现金流入量和现金流出量是进行投资项目经济评价的基础。项目现金流入量不同于会计账面上的收入，现金流出量也不同于会计账面上的成本。

（一）现金流量是时间的函数

现金流量是时间的函数，见表4–1。

表4–1　**现金流量与时间的关系**

年份	0	1	2	3	4	5	6	7	8	9
现金流量（万元）	−100	−50	40	40	40	40	−50	60	60	40+60

表4–1所表示的是各年度的现金流入量和现金流出量。整个项目的期限是9年，要求的投资收益率为10%。在第0年年初投资额（现金流出）为100万元，第1年年末投资额（现金流出）为50万元；第2年到第5年每年年末流入现金40万元；第6年年末现金流出50万元，可能是亏损，但更可能是投资支出；第7年和第8年每年年末流入现金60万元；第9年年末除了有正常经营的现金流入量60万元之外，还因项目终止，收回了部分投资，产生了40万元的现金流入量，因此，第9年的现金流入量总额为100万元。

现金流随着时间分布的特征，可以直观地描述投资全过程中的资金运动，它直接决定了项目的价值。

（二）不同时间段的现金流量具有不同的价值

由于资金具有时间价值，相同的现金流入量和流出量在不同时间点上的分布价值不相等。在比较不同时期现金流量价值时，必须将它们折算为同一时间点的现金流量，这样才具有可比性。基于价值而言，资金流入越早越好，资金流出越晚越好。

（三）财务现金流量

在现金流量表中，各阶段的现金流入量和现金流出量是投资项目实际产生的现金流入量和现金流出量，而不是会计账面上的收入和成本。

二、现金流量的基本构成

一个项目的现金流量由现金流出量、现金流入量，以及净现金流量三部分组成。按项目的自然运动过程考察，项目的现金流量由期初现金流量、经营过程中的现金流量和期末现金流量构成。

（一）期初现金流量

期初现金流量是指项目初始投资时发生的现金流量。其内容主要包括：

（1）固定资产和无形资产投资，包括资产的购入或建造成本、运输成本和安装成本等。企业对厂房、机器设备、交通和通信设施、土地或土地使用权，以及对专利、商标、咨询服务等各类有形和无形资产的投资均属于此类。这部分投资额一般较大，可能是一次性投资，也可能是分阶段投资。

（2）一次性垫付的流动资金投资，是用于生产经营期周转使用的营运资金投资，包括对材料、在产品、产成品占用的资金，应收账款占用的资金和备付现金等流动资金的投资。在企业项目投资之初，为了保证项目的正常经营，必须准备一次性垫付的流动资金，在经营过程中周转使用。

$$\text{一次性垫付的流动资金需求}=\text{库存（材料、半成品和产成品）占用资金}+\text{应收账款}+\text{其他应收款}+\text{备付金}-\text{应付账款}-\text{其他应付款} \tag{4-1}$$

（3）其他投资，包括与项目直接相关的一些长期投资，比如职工培训费、注册费等。

（4）原有固定资产变价收入，是指固定资产更新时，对原有资产的处置净收入。

$$\text{固定资产的处置净收入}=\left(\text{固定资产处置价}-\text{固定资产的账面净值}-\text{处置费用}\right)\times\left(1-\text{所得税税率}\right) \tag{4-2}$$

（5）所得税效应，是指固定资产重置所产生的税收效益。

（二）经营过程中的现金流量

经营现金流量是指项目投入使用后，在其寿命期内，由生产经营所带来的现金流入和流出的量。这种现金流量一般按年计算，这里的现金流入量是指经营过程中的付现收入；现金流出量是指经营过程中的付现支出，包括各类付现成本和费用支出，以及税金支出等。

$$\begin{aligned}\text{年经营性净现金流量}&=\text{年现金流入量}-\text{年现金流出量}\\&=\text{营业收入}-\text{成本和费用}-\text{所得税}\mp\text{净营运资本的增加（减少）额}\\&=\text{净利润}+\text{折旧}\mp\text{净营运资本的增加（减少）额}\end{aligned} \tag{4-3}$$

（三）期末现金流量

期末现金流量是指项目寿命期限终了时发生的现金流量，包括设备处置的残值收入、期初一次性垫付的流动资金收回等。

（四）净现金流量

一个投资项目的净现金流量，是指在与该项目生命期相匹配的期间内现金流入与现金流出的差额。在一定时期内，若现金流入大于现金流出，则有正的净现金流；若现金流入小于现金流出，则有负的净现金流；若现金流入与现金流出相等，则净现金流为零。一般地，未经特别说明，我们假定某一期的现金流入和现金流出都发生在该期的期末，如全年的营业收入和付现成本都被假定为发生在该期的期末。

三、现金流量的估算

下面用一个例子说明现金流量的估算过程和方法。

【例4-1】远景书店打算投资一个在线增值服务项目——提供读者浏览图书和寻找

图书信息。在决定投资前，书店经理委托一家市场研究公司进行了深入的读者群研究，以了解读者的需求，为此花费了10万元的调研费。提供这一增值服务需要投资电脑设备和网络，还需要雇用并培训若干熟悉业务的工作人员。与该项目相关的预测如下：

（1）启动该项目的初始投资，包括安装额外的网络和电脑设备的有关费用，估计为100万元。投资的存续期预计为4年，采用直线法计提折旧，无残值。

（2）项目第1年的收入预计为150万元，第2年增长20%，第3年以10%的速度增长，第4年以5%的速度增长。

（3）雇员薪水和其他福利费用预计第1年为15万元，后三年以每年10%的速度增长。

（4）图书的成本费用约占年收入的60%。

（5）营运资本包括服务所需图书的存货和赊销图书的应收账款，预计将达年收入的10%。

到第4年年末，远景书店的营运资本预计将会完全收回。其现金流量测算表见表4-2。

表4-2 **远景书店项目现金流量测算表** 单位：万元

	0	1	2	3	4
1.投资现金流量					
（1）固定资产投资	-100				
（2）流动资金实际占用额（年末）		15	18	19.8	-20.79
（3）净流动资金投资额	-15	-3	-1.8	-0.99	20.79
（4）投资现金流量	-115	-3	-1.8	-0.99	20.79
2.经营现金流量					
（1）销售收入		150	180	198	207.9
（2）劳动力成本		15	16.5	18.15	19.97
（3）材料成本（60%）		90	108	118.8	124.74
（4）折旧		25	25	25	25
（5）息税前收入		20	30.5	36.05	38.19
（6）所得税（25%）		5	7.63	9.01	9.55
（7）净利润		15	22.87	27.04	28.64
（8）经营现金流量		40	47.87	52.04	53.64
3.总现金流量	-115	37	46.07	51.05	74.43

注：（1）一次性垫付的流动资金要在项目投资初期投放，故在第0年流动资金投资额（也称为净营运资金）为15万元。

（2）第4年流动资金实际占用额为销售收入的10%，即20.79万元。上表中为-20.79，表示第4年年末流动资金占用被全部收回。

（3）净流动资金投资额是每年流动资金的实际投入。随着销售收入的波动，流动资金的实际占用额会相应波动。销售收入增加，流动资金实际占用增加，故当年新追加的流动资金投入就会增加。当年实际新增投入的流动资金=当年流动资金占用额-上一年流动资金占用额。

（4）折旧是生产经营活动中的设备磨损所形成的成本，折旧具有良好的税盾效应，即获得少纳税的好处。但是，折旧是一个非现金项目，也就是说，它没有作为现金流支出。所以，在确定经营性现金流时，要在净利润的基础上把这一非现金项目加回来。

四、资本预算中需要注意的问题

（一）增量现金流

在估计现金流量时，必须遵循最基本的原则：只有增量现金流才是与项目有关的现金流量。所谓增量现金流是指接受或拒绝某个方案后，企业总现金流量因此发生的变动。只有那些由于采纳某个项目引起的现金支出增加额，才是该项目的现金流出；只有那些由于采纳某个项目引起的现金流入增加额，才是该项目的现金流入。资本预算中，只有与项目直接相关的各经济要素才能纳入预算范畴。

当投资一个新项目后，该项目可能会对公司的其他项目带来有利或者不利的影响。企业推出新项目，可能给企业整体带来利益共享的好处，这种影响通常称为“协同效应”，即新项目同时增加了公司原有项目的销量和现金流。同样，企业新产品推出，也可能对企业原有的同类产品形成“挤出”。在核算现金流时，新项目的现金流就需要考虑“挤出”的不利影响，这种影响通常称为“侵蚀效应”，即新项目减少原有产品的销量和现金流。

【例4-2】联合利华公司即将投产一种新型洗发水，预计这种洗发水上市后，将会产生3亿元的销售收入，但会使原有洗发水的销售收入减少0.7亿元。另一方面，由于新的洗发水能更好地配合原有的护发素，使得护发素的销售量能增加0.5亿元。则投资新型洗发水带来的增量现金收入如下：

增量现金收入=3-0.7+0.5=2.8（亿元）

新产品上市后，原有其他产品的销售收入可能减少，产生了侵蚀效应。把新项目收入作为增量收入来处理的同时，应扣除其他项目因此减少的销售收入。同样，新产品上市后，原有其他产品的销售收入可能因此增加，产生了协同效应，增加收入的部分应该作为新项目增量收入来处理。

（二）沉没成本

沉没成本是指与项目自身获利性没有关系的支出。例如，企业决定投资某一项目，通常会请专业市场调研公司为其做市场分析和评估，或请专业顾问对项目提供决策咨询，为此需要一笔开支，类似这样的开支被称为沉没成本。如【例4-1】中，远景书店为获取读者需求花费的10万元调研费，就属于沉没成本，在计算项目现金流量时不应考虑，因为不管项目是否能够开展，这10万元的调研费都已经支出且不会影响项目自身的收益性，即它与项目本身的经济性并不相关，不应该在投资预算中加以考虑。

（三）机会成本

在面临多方案互斥决策时，被舍弃的选项中的最高价值者是本次决策的机会成本。机会成本又称为替代成本。机会成本对商业公司来说，可以是利用一定的时间或资源生产一种商品时失去的利用这些资源生产其他最佳替代品的机会。

【例4-3】某公司就是否投资A产品开会讨论。大家对项目有关的信息讨论热烈。甲的观点是：新产品投产需要占用营运资本80万元，它们可在公司现有周转资金中解决，不需要另外筹集。乙的观点是：该项目利用现有未被充分利用的厂房和设备，如将该设备出租可获收益200万元，但公司规定不得将生产设备出租，以防止对本公司产品形成竞争。丙的观点是：新产品销售会使本公司现有同类产品减少收益100万元，但如果本公司放弃该投资，竞争对手也会推出此类新产品。丁的观点是：投资A产品会动用为其他产品储存的原料约200万元。那么，上述信息中哪些不应列入该项目预算的现金流量?

甲所述的现金流量属于机会成本，是项目相关成本，应该考虑新产品所需要占用的营运资本。乙所述的现金流量属于机会成本，应该计入项目成本，机会成本即租金200万元。但是从现实角度看，这项闲置资产无法出租，如果不加以利用会形成资源浪费，故在进行该项目的资本预算时可根据实际情况不考虑该项机会成本。丙所述的情况属于侵蚀效应，理论上应考虑新项目投资净增加的收益，这是增量原则所决定的。但是，在高度竞争的商业环境中，该项投资如果由于考虑侵蚀效应而选择放弃，那么，竞争对手可能会侵占市场份额。故应该根据实际行业和市场情况决定是否考虑100万元收益减少的影响。丁所述的暂时占用其他项目的材料，应该列入项目现金流量，因为它与项目运营结果直接相关。

（四）成本分摊

在投资预算中，经常有母子公司在项目运营中产生成本分摊的情况。比如，子公司向母公司上交的综合管理费，在做子公司资本预算时，不能计入现金流出量，因为，这笔资金投入与否与子公司项目的获利能力无关，即并不改变子公司项目创造现金流量的能力。

【例4-4】阿尔斯通公司的一个职工健身中心的运营维护费用为每年5万元。根据公司规定，公司的一个新发电站项目需要计提其销售额的1%，作为健身中心的维护费用。这部分费用不应该计入资本预算中。因为，无论是否接受新发电站项目，公司每年都将花费该项运维费用，且是否支出该笔费用并不影响发电站项目的获利性。

（五）利息支出

在会计核算中，如果有债务资金，则利息作为财务费用列支。但在做资本预算时，我们并不考虑投资资金的来源，即不论投资资金是来源于债务还是股权，估计利润和现金流时都不考虑利息支出。债务资金的利息实际上是投资所带来的收益，即它是债务类资金投入项目并给债权人带来的收益，本质上属于投资收益。

第三节 资本预算与折现率

估计现金流后，就需要确定与预期现金流的风险等级相匹配的折现率。在取得了项目的一组预期现金流后，项目的净现值大小，就完全取决于折现率。折现率越大，项目的净现值就越小；反之，折现率越小，项目的净现值就越大。项目净现值是项目的净价值，也即投资者进行资产投资的预期收益。这时，折现率就是投资者的投资收益率，也是投资者所要求的最低必要报酬率。那么，最低必要报酬率的本质是什么？什么决定了最低必要报酬率的高低？

一、风险与报酬的关系

风险是指人们所期望达到的目标与实际结果之间产生的偏差及其概率分布。与风险概念相近的另一个概念是不确定性。在存在不确定性的情况下，人们无法预计未来结果发生的可能性，即无法估计未来结果发生的概率。1921年，美国经济学家富兰克·奈特在其《风险、不确定性和利润》中提到，风险是可测定的不确定性，而不可测定的不确定性才是真正的不确定性①。

一般说来，人们都厌恶风险，力求规避风险。但是，很多人却愿意进行风险性投资。这是因为人们在承担风险进行投资的同时，可以相应地获得额外的补偿——风险报酬。风险报酬是指投资者因承担风险而获得的超过时间价值的那部分额外报酬。投资者要求的报酬率即投资者期望的收益率，由无风险收益率和风险收益率两部分构成，即：

投资者的期望收益率=无风险收益率+风险收益率

其中，无风险收益率是在没有通货膨胀风险、违约风险和流动性风险的情况下，社会平均的投资报酬率。在现实中，所有投资者都承担着通货膨胀风险，所以，选择同期国债利率作为无风险收益率。风险收益率是投资者投资特定资产而承担特定风险所要求的风险补偿，包括对特定资产的违约风险和流动性风险的补偿。这样，投资者要求的报酬率的确定，实际上就是投资者投资特定资产的风险溢价的确定问题。

二、风险收益的估计

估计风险收益可以理解为估计期望的投资报酬率，它由两部分组成，即无风险利率和风险溢价。风险越大，则要求的报酬率越高。CAPM是一种最常用的估计风险报酬的方法。

（一）资本资产定价模型方法

1.资本资产定价模型的再回顾

第三章介绍了资本资产定价模型，利用该模型可以对任意风险资产的期望收益率进行预测。下面我们通过例子来回顾一下该模型：

【例4-5】某公司股票的贝塔系数为1.5，无风险报酬率为6%，市场平均风险收益率是10%。则该股票的必要报酬率为：

$$E(R_i)=R_f+\beta_i\times[E(R_m)-R_f]=6\%+1.5\times(10\%-6\%)=12\%$$

这说明，投资者投资该股票的最低必要报酬率为12%，如果该股票的预期报酬率低于12%，说明该股票价格被高估，暂时没有投资价值。

【例4-6】某公司准备利用股权资金扩大企业投资规模。目前，公司的债务价值为100万元，权益价值为200万元，负债成本为10%，公司所得税税率为25%。回归分析的结果表明，企业的权益贝塔系数为2，无风险报酬率为10%，预期市场风险溢酬为8.5%。项目的折现率是多少？

① Knight F H. Risk，Uncertainty，and Profit［M］. Boston：Houghton Mifflin Company，1921.

首先，计算公司权益报酬率：

$$E(R_i)=R_f+\beta_i\times[E(R_m)-R_f]=10\%+2\times8.5\%=27\%$$

这里，企业的权益贝塔系数是公司目前负债水平下的贝塔系数。

然后，计算加权平均资本成本：

$$R_{WACC}=\frac{D}{E+D}(1-T)R_d+\frac{E}{E+D}R_E=\frac{100}{100+200}\times(1-25\%)\times10\%+\frac{200}{100+200}\times27\%$$

$$=2.5\%+18\%=20.5\%$$

项目的折现率为20.5%。

推而广之，对于特定项目的折现率的估计，核心问题就是估计项目的风险参数。贝塔系数的数学估计参见第三章第二节。

2.影响贝塔系数的因素

在一般情况下，当公司主营业务不发生大的变化时，其贝塔系数基本保持稳定。同时，贝塔系数表现出较明显的行业差异。研究发现，收入的周期性、企业的经营杠杆和财务杠杆对贝塔系数有较大影响，而这三个因素又表现出明显的行业差异。行业的平均贝塔系数可以成为企业贝塔系数比较合适的“参照系”。

（1）收入的周期性。

有些企业受经济景气程度的影响较大，经营表现出明显的周期性特征，比如，制造业、零售业、高科技产业等。有些企业则不太受经济周期的影响，比如，公用事业以及与国计民生密切相关的产业。由于贝塔系数是证券资产收益率与市场收益率的协方差除以市场收益率的方差，所以，周期性行业的企业由于其证券资产收益率与市场收益率之间的协方差较大，贝塔系数也比较高。

（2）经营杠杆。

按照资本资产定价模型，必要报酬率与风险溢价、贝塔系数以及无风险利率有关。贝塔系数除了受市场上不可分散的系统性风险影响外，还受证券或市场组合本身非系统性风险的影响。所以，间接地，必要报酬率与非系统性风险也有一定关系。企业收入的周期性对贝塔系数起决定作用，而经营杠杆又将其放大。经营杠杆系数（DOL）为息税前收益（EBIT）的相对变动与销售额的相对变动之比。当企业无负债时，经营风险就是企业的总资产运营风险，它取决于企业收入对商业周期的敏感程度和企业的经营杠杆。如果收入的周期性强，且经营杠杆高，则经营风险高，贝塔系数也高；如果收入的周期性不明显，且经营杠杆低，则经营风险低，贝塔系数也低。

经营风险具有行业特性和时间特性。例如，20世纪80年代的家电业几乎没有什么经营风险，但是，进入21世纪，它所面临的经营风险状况发生了重大变化。通常，影响经营风险的因素有：宏观经济环境的景气度决定的市场需求规模、市场占有率、经营的多元化程度、公司的定价能力、公司固定成本的水平、资产规模和扩张战略等。

（3）财务杠杆。

一般说来，公司在无负债经营时，只有经营风险。如果公司引入负债，则财务杠杆的存在会进一步放大股东所面临的风险。

对于有负债的企业，其资产贝塔（β_A）与权益贝塔（β_E）是不同的。β_A是企业总资产的贝塔系数，β_E是企业权益资本的贝塔系数。当公司无负债时，$\beta_A=\beta_E$。

如果企业有负债，那么，有负债企业的总资产的贝塔系数就是“组合”贝塔系数，即债务贝塔与权益贝塔的加权平均贝塔。

$$\beta_A=\frac{负债}{负债+权益}\times\beta_L+\frac{权益}{负债+权益}\times\beta_E \tag{4-4}$$

式中：β_A为总资产贝塔；β_L为负债贝塔；β_E为有负债企业的权益贝塔。

在实际中，负债的贝塔很低，这里假设为0，则：

$$\beta_A=\frac{权益}{负债+权益}\times\beta_E$$

$$\beta_E=\beta_A\times（1+\frac{负债}{权益}） \tag{4-5}$$

在有负债的情况下，权益贝塔一定大于资产贝塔。另外，基于MM定理，还可以计算出负债公司权益贝塔β_E和无负债公司权益贝塔之间β_{E0}的关系：

$$\beta_E=\beta_{E0}\times［1+\frac{负债}{权益}\times（1-T）］ \tag{4-6}$$

【例4-7】A企业是一家传统服装企业，希望进入智能汽车领域。B企业是一家有实力的汽车制造企业。A公司拟利用B公司的技术生产汽车配套零部件。分析表明，A公司的贝塔系数为0.8，资产负债率为40%；B公司的贝塔系数为1.2，资产负债率为30%。A公司计划保持当前的资本结构。A公司税前债务资本成本预计为8%，无风险资产报酬率为4%，市场组合的预期报酬率为9%。假设没有所得税。计算A公司新项目的折现率。

A公司拟进入新的生产领域，故该项目权益β的确定步骤如下：

（1）确定对标公司的权益β。一般情况下，对标公司有负债，其已知的β为该负债水平下的权益β，这里β_E=1.2。

（2）将对标的B公司权益β转换为资产β：

$$\beta_A=\frac{E}{D+E}\beta_E=(1-\frac{D}{D+E})\beta_E=（1-30\%）\times1.2=0.84$$

这里的β_A为B公司的无负债的资产贝塔。

（3）将对标公司的资产β视为A公司新项目的资产β：

A公司新项目的β_A=0.84

（4）确定A公司的权益β：

$$\beta_E=\frac{D+E}{E}\beta_A=\frac{1}{1-\frac{D}{D+E}}\beta_A=\frac{1}{1-40\%}\times0.84=1.4$$

（5）计算A公司新项目的权益资本成本：

$$R_E=R_f+\beta_E\times（R_m-R_f）=4\%+1.4\times（9\%-4\%）=11\%$$

A公司新项目在40%资产负债率下的权益资本成本为11%。

（6）计算加权平均资本成本：

$$R_{WACC}=\frac{D}{E+D}R_d(1-T)+\frac{E}{E+D}R_E=40\%\times 8\%\times(1-0)+60\%\times 11\%=9.8\%$$

新项目的折现率为9.8%。

从上述例子可以看出，A公司新项目无负债的资产贝塔为对标B公司的资产贝塔0.84，A公司在40%资产负债率下的权益贝塔则为1.4。可见，企业新项目风险被财务杠杆放大了。公司在全权益资本下只有经营风险，当增加了负债后，公司股东不仅承担经营风险，还要承担财务风险。

如果A公司的资产负债率为50%，其他条件不变，那么，A公司新项目的折现率应该是多少呢？通过计算可知：A公司在50%资产负债率下的权益贝塔为1.68，这时的权益资本成本为12.4%，项目折现率为10%。可见，当进一步放大财务杠杆，A公司新项目的权益贝塔增大，股东要求的投资回报率因此增大，项目折现率由9.8%上升到10.2%。这就是财务杠杆的放大作用。

（二）风险加成方法

按投资项目的风险等级来调整贴现率。步骤如下：

第一，分析影响投资项目风险的因素并进行评分。

第二，按照评分确定风险等级。

第三，确定各风险等级的风险溢酬。

【例4-8】现有A、B、C、D、E五个项目，分析人员进行认真研究后确定，影响这些项目风险状况的因素有市场竞争力、战略管理、渠道建设、研发能力和投资回收期等。

专家对这五个项目的风险因素进行分析打分的结果见表4-3。

表4-3 **风险因素分析打分表**

分值项目要素	A		B		C		D		E	
	状况	分值	状况	分值	状况	分值	状况	分值	状况	分值
市场竞争力	优	2	良	4	良	4	中	6	差	8
战略管理	优	2	优	2	良	4	良	4	中	6
渠道建设	中	6	良	4	中	6	中	6	中	6
研发能力	优	2	优	2	差	8	很差	10	很差	10
投资回收期	1.5年	4	1年	2	2.5年	6	3年	8	4年	10
分值		16		14		28		34		40

注：项目状况评价分为五等：优、良、中、差、很差，对应分数分别为2、4、6、8、10分。

风险等级的赋值见表4-4。

表4-4 风险等级赋值表

分值	风险等级	风险加成（%）
0~6	Ⅰ很低	5
6（不含）~12	Ⅱ低	7
12（不含）~18	Ⅲ较低	9
18（不含）~24	Ⅳ一般	12
24（不含）~30	Ⅴ较高	15
30（不含）~36	Ⅵ高	18
36以上	Ⅶ很高	25以上

风险加成法按照对投资项目的不同风险水平的评估做出不同程度的补偿，对风险较大的项目支付较高的风险溢价，采用较高的折现率，对风险较小的项目采用较低的折现率。

相关内容还可参见第九章第一节关于资本成本的论述。

第四节 影响资本预算的主要因素

一、通货膨胀对资本预算的影响

在预测现金流量时，必须考虑预期的通货膨胀水平。

（一）通货膨胀与现金流

在通货膨胀期间，无论是项目的收入还是支出，都会发生变化，进而对项目现金流产生影响。比如不同的存货计价方法会对经营成果有一定的影响，即通过销售成本、营业费用等影响经营成果。根据现行企业会计准则相关条款的规定，企业应当采用先进先出法、加权平均法或者个别计价法确定发出存货的实际成本。采用加权平均法计算的销售成本不易被操纵，但这种方法下的销售利润仍将大于本期实际进货成本下的销售利润，结果会使企业“应纳所得税”增加。同理，先进先出法下的期末存货价值也会脱离实际进货成本，销售成本偏低，造成利润“虚增”，纳税额增大，企业实际现金流减少。但个别计价法使用起来又相对繁琐。企业考虑的是实际现金流的大小，在通货膨胀时期采用不同的会计计价方法可能对实际现金流产生显著影响。

在特定通货膨胀水平下采集的现金流量数据，称为名义现金流；剔除通货膨胀影响的数据为实际现金流。比如，在通货膨胀为5%时的100元净收益，就是名义收益，实际收益为95元（100×（1−5%））。

（二）通货膨胀与折现率

在一定的通货膨胀水平下，市场利率包含了通货膨胀的影响，称为名义利率；剔除通货膨胀影响的利率，称为实际利率。两者之间的近似关系如下：

实际利率=名义利率−通货膨胀率

在温和通货膨胀率下，上述公式近似地反映了实际利率和名义利率的关系。如果通货膨胀率较高，近似计算的误差较大。精确表达的关系如下：

$$实际利率=\frac{1+名义利率}{1+通货膨胀率}-1 \tag{4-7}$$

注意：现金流量与折现率必须保证一致性和“匹配”。如果预测的现金流量是剔除了通货膨胀影响的实际现金流量，那么，折现率也必须是实际利率或实际收益率。反之，名义现金流量对应的折现率必须是名义利率，也就是市场利率或名义收益率。

二、税收对资本预算的影响

（一）折旧的纳税影响

折旧因素对投资现金流量有较大的影响。计提折旧影响企业的税前利润，使缴纳的所得税减少，这种效果就是“折旧抵税”的效应。尽管折旧是非现金项，但它的数量大小却直接影响企业现金流入量的大小。提取的折旧额越高，税收支出就越小。采用不同的折旧方法，每期计提折旧的数额可能不同。比如，采用加速折旧法，折旧额的时间分布就是“头大尾小”，虽然不增加企业的折旧总额，但却改变了折旧额的时间分布。考虑到资金的时间价值，这对企业和投资者都是有利的。这一利益被称为折旧的税盾价值。折旧对现金流的影响可以按以下公式来计算：

$$折旧抵税额=折旧额\times税率 \tag{4-8}$$

【例4-9】承前【例4-1】。假如远景书店采用加速折旧法，对企业的现金流量会产生什么影响?

远景书店的现金流量测算表见表4-5。

表4-5 **远景书店项目采用加速折旧法下的现金流量测算表** 单位：万元

	0	1	2	3	4
1.投资现金流量					
（1）固定资产投资	−100				
（2）流动资金实际占用额（年末）		15	18	19.8	−20.79
（3）净流动资金投资额	−15	−3	−1.8	−0.99	20.79
（4）投资现金流量	−115	−3	−1.8	−0.99	20.79
2.经营现金流量					
（1）销售收入		150	180	198	207.9
（2）劳动力成本		15	16.5	18.15	19.97
（3）原材料成本		90	108	118.8	124.74
（4）折旧		50	25	12.5	12.5
（5）息税前收入		−5	30.5	48.55	50.69
（6）所得税（25%）		0	6.38	12.14	12.67
（7）净利润		−5	24.12	36.41	38.02
（8）经营现金流量		42	49.12	48.91	50.52
3.总现金流量	−115	39	47.32	47.92	71.31

注：（1）加速折旧法下：折旧率=50%，折旧额=资产净值×折旧率。

（2）第二年息税前利润为30.5万元，先弥补前一年的亏损5万元，然后缴纳所得税。

不同折旧方法下的现金流比较见表4-6。

表4-6 **不同折旧方法下的现金流比较** 单位：万元

时期	0	1	2	3	4
直线折旧法	-115	37	46.07	51.05	74.43
加速折旧法	-115	39	47.32	47.92	71.31

（二）利息的纳税影响

在做资本预算时，假定投资为全权益资本，估计利润和现金流时不考虑利息支出。然而，这并不等于说企业负债不影响现金流量和企业价值。债务利息影响企业的税前利润，使缴纳的所得税减少，这种效果就是利息的“税盾效应”。该效应对资本预算的影响主要体现在折现率方面。利息对现金流的影响可以用以下公式表示：

实际借款利率=名义借款利率×（1-税率） （4-9）

利息抵税额=利息额×税率 （4-10）

【例4-10】某企业有两个财务方案，一个方案不利用负债，另一个方案是从银行借入利率为10%的200万元债务。公司是否利用负债对资金流会产生何种影响？

根据企业基本财务信息表可计算出相关数据，见表4-7。

表4-7 **根据企业基本财务信息表计算出的相关数据** 单位：万元

负债	0	200
销售收入	100	100
生产成本	50	50
息税前利润	50	50
利息费用	0	20
总利润	50	30
所得税（25%）	12.5	7.5
净利润	37.5	22.5
现金流量	37.5	42.5

现金流量（0负债）=息税前利润-所得税=50-12.5=37.5（万元）

现金流量（200万元负债）=50-7.5=42.5（万元）

利息抵税额=利息额×税率=20×25%=5（万元）

表4-7中的计算数据显示：

企业无负债时，应纳税额为12.5万元；企业负债200万元时，应纳税额为7.5万元，利息抵税额为5万元。

企业银行借款的利率为10%，由于纳税的影响，根据公式（4-9），企业实际借款利率只有7.5%（10%×（1-25%））。

可见，负债利息支出虽然没有直接影响企业的现金流量，但是，由于税盾作用，公司实际现金流出减少，也就是增加了企业的现金流入量。与此同时，负债使企业的实际融资成本下降，由此贡献了企业价值的提升。

三、其他影响因素

除上述因素外，计算项目的现金流量时还有一些其他因素需要注意。如投资工期较长的大型建设工程项目和生产项目时，订货方是否分期预付货款以及如何预付货款，都会影响现金流的时间分布。又如，企业投资项目能否得到税收和信贷等方面的优惠，也会影响投资项目的现金流量，这些都要在投资分析中加以考虑。

本章小结

1.资本预算是指企业对长期资本投资方案进行分析、选择和评估修正的过程。它是在对长期投资项目的未来现金流进行预测的基础上，运用相关投资决策指标对项目进行经济可行性分析，以选定最优投资决策方案的过程。从价值创造的角度看，资本预算是公司最重要的财务决策。资本预算一般要经过三个步骤：投资项目的决策、投资项目的实施和监控、投资项目的事后评价。

2.资本预算以项目的现金流量为基础。与项目相关的资金流运动过程分为三个阶段：期初现金流量、经营过程中的现金流量和期末现金流量。项目的净现金流量就是各期现金流量的净值。在分析项目现金流时，需要遵循增量现金流原则，同时要注意正负效应、沉没成本、机会成本等问题。

3.估计现金流后，就需要确定与预期现金流的风险等级相匹配的折现率，风险越高，折现率就越大。确定折现率可以采用资本资产定价模型和风险加成方法。

4.在进行资本预算时，不能忽视通货膨胀和税收的影响。在处理通货膨胀方面，项目的现金流预测和预期回报率应该保持一致。如果项目的预期回报率包含了通货膨胀的风险溢价，那么，现金流的预测也必须反映通货膨胀的影响。税收的影响主要体现在债务利息支出上。在进行资本预算时，假定投资为全权益资本，估计利润和现金流时不考虑利息支出。然而，债务利息确实会影响企业的税前利润，使缴纳的所得税减少，这种效果就是利息的“税盾效应”。税盾效应对项目价值的影响是从折现率上体现的。

重点概念

资本预算项目　现金流　期初现金流量　经营现金流量　期末现金流量　增量现金流　沉没成本　机会成本　风险加成法

复习思考

1.企业现金流的基本构成是什么？

2.确定现金流量需要注意的问题有哪些?

3.为什么资本预算分析要建立在增量现金流的基础之上?

4.什么是沉没成本?举出一个现实中沉没成本的例子。

5.什么是机会成本?为什么机会成本要计入项目现金流量?举出一个现实中忽略机会成本的例子。

6.资本预算中确定现金流时，为什么不用考虑债务利息?

7.风险调整折现率的方法表达了怎样的收益率内涵?

8.远期现金流的风险比近期现金流的风险大，因此，长期项目要求的风险调整折现率更高。这种说法正确吗?为什么?

9.通货膨胀对资本预算产生什么样的影响?

10.税收对资本预算产生什么样的影响?

分析计算

1.选择题

（1）已知某完整工业投资项目的固定资产投资为2 000万元，无形资产投资为200万元，开办费投资为100万元。预计投产后第2年的总成本费用为1 000万元，同年的折旧额为200万元，无形资产摊销额为40万元，计入财务费用的利息支出为60万元。则投产后第2年用于计算净现金流量的付现成本为（　　）万元。

A.1 300　　B.760　　C.700　　D.300

（2）某公司拟新建一车间用以生产受市场欢迎的甲产品。据预测，甲产品投产后每年可创造100万元的收入，但公司原生产的A产品会因此受到影响，使其年收入由原来的200万元降低到180万元。则与新建车间相关的现金流量为（　　）万元。

A.100　　B.80　　C.20　　D.120

（3）一台旧设备账面价值为30 000元，变现价值为32 000元，企业打算继续使用该设备，但由于物价上涨，估计需要增加经营性流动资产5 000元，增加经营性流动负债2 000元。假设所得税税率为25%，则继续使用该设备的初始现金流出量为（　　）元。

A.32 200　　B.33 800　　C.34 500　　D.35 800

（4）某公司购入的一批价值25万元的专用材料，因规格不符无法使用，拟以20万元变价处理，已找到购买单位。此时，技术部门完成了一项新产品开发，准备以50万元购入设备。经检验，上述专用材料完全符合新产品原料要求，故不对外处理，可使企业避免损失5万元，且不需要再为新项目垫支流动资金。若不考虑税收影响，在评价该项目时，初始现金流出应为（　　）万元。

A.70　　B.75　　C.50　　D.20

（5）某企业决定进行设备更新，旧设备当前账面价值为1 200元，市场价值为1 000元，假定所得税税率为30%，则与处置旧设备相关的现金流量为（　　）元。

A.1 200　　B.1 000　　C.1 060　　D.940

（6）某投资项目的年营业收入为10 000元，年营业成本（含折旧）为5 000元，其中折旧额为1 000元，假设所得税税率为35%，则该方案的每年营业现金净流量为（　　）元。

A.4 250　　B.3 250　　C.5 250　　D.2 100

（7）计算相关现金流时需要考虑的有（　　）。

A.前期研发费用　　B.筹资成本　　C.市场调研费用　　D.营运资本变化

（8）项目的期末现金流量包括（　　）。

A.回收的净营运资本　　B.资产处置所得

C.资产处置相关税收　　D.贷款本金偿还

2.某公司正在考虑一项广告计划，每月支付2 000元。该公司目前的损益状况如下：

项目	项目当前状况	推出广告计划
销售收入	15 000	15 000
成本和费用	4 000	6 000（含广告费）
折旧	1 000	1 000

假设所得税税率为25%。该计划的税盾效应如何？比较这项计划对公司现金流的影响。

3.某厂商决定将原油用作燃料。假定原油每投入1 000元可发电1 000度或可生产化纤500吨。假定化纤收入是各种产品中最高的，化纤价格为10元/吨。那么，一吨原油发电的机会成本是多少？用货币表示的每度电的机会成本是多少？

4.某电机生产企业即将引入法国的一条高级叶片生产线，整条生产线的价格为15亿元。为了配合生产线的运作，企业需要增加钢板等生产资料存货0.3亿元、汽车半成品存货0.4亿元，而企业面临的信用政策没有变化。新生产线能给企业带来7亿元的收入，同时购买生产材料、支付工人工资等付现成本为5亿元。10年后，该生产线停止使用，报废处理后得到0.1亿元。请确定该企业的现金流量。

5.某公司准备利用股权资金扩大企业投资规模。目前，公司的债务价值为50万元，权益价值为150万元，负债成本为10%，所得税税率为25%。回归分析的结果表明，公司权益的贝塔系数为1.5，无风险报酬率为12%，预期市场风险溢酬为10%。项目的折现率是多少？

6.公司拟投资A项目，经过市场调研和资料收集，支付调研费5万元，得到以下信息：设备购买需花费500万元，预计可使用10年，报废时无残值。根据税法要求此类设备折旧年限为8年，按直线法计提折旧，残值率为10%。厂房装修费用预计20万元，预计5年后需要再次装修。购买品牌使用权10年，支付使用费100万元，可按直线法进行摊销。预计项目上马后每年收入400万元，每年付现成本250万元。该项目上马会导致公司同类产品收益减少20万元，但是如果公司不上马该项目，其他同类公司会挤占公司市场份额。公司现有闲置的旧厂房，账面价值为100万元，如果出售，售价为20万元。该厂房可使用10年，10年后残值变现收入为1万元。根据税法规定该厂房还可使用5年，预计残值为5万元，按直线法计提折旧。项目投产时需要50万元营运资金。假设所得税税率为40%。请计算该项目各年度现金流量。

第五章　确定条件下的资本预算

◇教学目的与要求

- 理解资本预算的基本思想
- 理解净现值思想与资本预算法则
- 掌握各资本预算方法的计算
- 掌握其他典型的资本预算决策

【引导案例】

8月18日上午，远景书店召开会议，针对公司市场部经理提出的一项投资建议进行讨论。市场部门经过调研和初步论证，认为公司应当增加一套在线订书和信息服务管理系统，旨在帮助读者浏览图书部分内容和寻找图书信息等。考虑到目前图书销售市场竞争激烈和同业的类似做法，参会者都认为书店有必要上新系统，而这也是利用网络提高公司知名度的有效方法。

市场部经理介绍了该系统的作用、特点、开发费用、维护费用和项目对书店现金流的影响。在系统开发方面，市场部经理还就目前的两个方案分别提供了现金流预测数据，见表5-1。

表5-1　**远景书店现金流预测**　单位：元

项目	现金流				
年份	0	1	2	3	4
A方案	−1 150 000	249 000	304 500	334 350	558 849
B方案	−950 000	435 000	360 500	325 488	254 590

市场部经理介绍完毕后，参会人员展开了讨论。

在分析了市场状况、投资机会以及同业情况后，确定公司投资的资本成本为8%，但在决策上意见并不统一。财务经理首先提出，公司目前资金比较紧张，应该首先考虑项目的资金回收情况，选择回收期较短的方案。拥有金融硕士学位的总经理则持不同看法，他认为，如果项目本身的收益性超过企业融资成本，那么项目投资回收期就不重要，企业可以通过对外融资的方式来满足短期资金的需要，因此，在决定项目取舍时，重点应该考虑企业价值的最大化，综合考虑两个方案各自的成本和收益状况。

对于远景书店的在线订书和信息服务管理系统项目，我们应该如何进行合理的决策呢？在对现金流进行估计之后，可以采用哪些决策方法？这些方法各有什么特点？本章将围绕这些问题展开。

第一节 净现值的思想与方法

一、净现值准则

第三章的分离定理指出，管理者为了实现股东的效用最大化，只需要按照净现值最大化的原则进行投资。所谓净现值（Net Present Value，NPV），是指投资项目寿命周期内各年的现金流量按一定的贴现率折算成现值后与初始投资额的差。净现值准则的接受标准：现金流入量的现值大于现金流出量的现值。如果投资项目的净现值≥0，则接受项目；如果净现值<0，则放弃项目；如果有多个互斥投资项目，优选其一，则选取净现值最大的投资项目。

投资项目的现值是用累计折现现金流方法计算而得。如果投资不止一期，投资成本也要折现累计，记为 C_0。一个投资项目的净现值（NPV）可定义为投资项目的现值（PV）和投资成本的现值（C_0）之差，即：

$$NPV=PV-C_0 \tag{5-1}$$

投资项目的净现值，就是该项目给股东增加的价值。很多研究证实，当上市公司公布前景好的投资扩张计划时，其股票价格会上升。相反，如果公司发布的投资偏离主业或缺乏明确的盈利前景，其股票价格会下跌。

净现值思想的核心内容是决策者要求的报酬水平。一个项目的净现值小于0，说明该项目的投资没有达到投资者要求的收益水平；净现值等于0，说明投资项目的收益率恰好等于投资者所要求的必要报酬率。净现值集中反映了收益、风险与价值的关系。

二、净现值法的决策程序

应用净现值准则进行决策要遵循一定的程序，具体步骤如下：

（1）确定每一笔现金流的现值，包括现金流入和流出，通常以项目资本成本为贴现率。

（2）加总这些贴现现金流，总和就是项目的净现值。

（3）如果净现值为正数，则该项目可以接受；反之，净现值为负数，则该项目应被否决。如果两个有正净现值的项目是互斥的，则选择净现值高的项目。

净现值法也是一种投资项目的基本贴现现金流方法，它需要用未来现金流的贴现总额减去初始投资额得出一个“净值”。所用的贴现率是资本投资者所要求的必要收益率，它可以是企业的资本成本。用公式表示为：

$$NPV=CF_0+\sum_{t=1}^{n}\frac{CF_t}{(1+r)^t} \tag{5-2}$$

式中：NPV表示净现值；CF_0表示初始投资额；CF_t表示第t年现金流量；r表示贴现率；n表示投资项目的寿命周期。

【例5-1】远景书店打算增加一项在线订书和信息服务管理系统。投资前，公司市场部、财务部和一家市场研究机构共同预测了这一项目的市场前景和各项支出。估计远景书店的资本成本为8%。以下是提供该服务项目的成本及相应的收入信息预测：启动该项目的初始投资，包括软件开发、安装额外的网络和电脑设备的有关费用，以及一次性垫付的流动资金需求1 150 000元；该项目的存续期预计为4年，预计每年可以获得的净收益分别是249 000元、304 500元、334 350元和558 849元。该项目的净现值是多少？从经济角度考察，是否可以接受该项目？

$$NPV=CF_0+\sum_{t=1}^{n}\frac{CF_t}{(1+r)^t}$$

$$=-1\ 150\ 000+\frac{249\ 000}{1.08}+\frac{304\ 500}{1.08^2}+\frac{334\ 350}{1.08^3}+\frac{558\ 849}{1.08^4}$$

$$=17\ 804（元）$$

计算结果显示，该项目的净现值为17 804元。说明在预期的现金流量和8%的贴现率基础上，可以接受该项目。

【例5-2】假设远景书店的另一个投资项目初始投资额为500 000元，寿命周期为6年，每年可产生120 000元的净现金流入量。若要求的贴现率为12%，求该项目的净现值。

$$净现值=C_0+A\cdot PVIFA_{(12\%,\ 6)}$$

$$=-500\ 000+120\ 000\times4.1114$$

$$=-6\ 632（元）$$

计算结果，净现值<0，应否决该项目。

三、净现值法的优缺点

净现值法的优点可以归纳如下：

（1）考虑了项目寿命期内的全部现金流量，能反映整个寿命期内的收益情况。

（2）考虑了货币的时间价值，使对投资方案的评价建立在合理可比的基础上。

（3）利用了投资者要求的收益率作为贴现率，使投资决策标准明确。

净现值法的缺点可以归纳如下：

（1）适用贴现率的设定比较困难，贴现率的适用性直接关系决策结果的正确性。

（2）当不同投资项目的规模或寿命期不一致时，很难根据净现值的大小来判断投资项目的优劣。

针对净现值法缺点中寿命期不一致的问题，可以运用等额年金法改进。

【例5-3】某公司有三个互斥的投资方案，其现金净流量见表5-2。

表5-2 **某公司三个互斥投资方案的现金净流量** 单位：万元

年份	0	1	2	3	4	5	6	7	8
A方案	−100	40	45	50					
B方案	−120	35	35	35	35	45			
C方案	−150				65	65	65	65	65

已知贴现率为10%，用等额年金法做出投资决策。

$$NPV_A=CF_0+\sum_{t=1}^{n}\frac{CF_t}{(1+r)^t}=-100+40\times0.9091+45\times0.8264+50\times0.7513$$

=11.12（万元）

NPV_B=−120+35×PVIFA（10%，4）+45×PVF（10%，5）=−120+35×3.1699+45×0.6209

=18.89（万元）

NPV_C=−150+65×PVIFA（10%，5）×PVF（10%，3）=−150+65×3.7908×0.7513

=35.12（万元）

A方案的年等额年金值$=\frac{11.12}{PVIFA_{(10\%,3)}}=\frac{11.12}{2.4869}=4.47$（万元）

B方案的年等额年金值$=\frac{18.89}{PVIFA_{(10\%,5)}}=\frac{18.89}{3.7908}=4.98$（万元）

C方案的年等额年金值$=\frac{35.12}{PVIFA_{(10\%,8)}}=\frac{35.12}{5.3349}=6.58$（万元）

由以上计算可见，C方案的年等额年金值最大，因此C方案最优。

第二节 其他投资决策方法

一、投资回收期法

（一）静态回收期法

一个项目的静态（投资）回收期就是使项目的预期收入流的累加值等于初始现金流量所需要的时期。它反映收回投资所需要的年限。投资回收年限越短，投资方案越有利。

（1）假定原始投资一次性支出，且每年现金净流入量相等，这时的回收期计算公式为：

$$回收期=\frac{原始投资额}{每年现金净流入量} \tag{5-3}$$

【例5-4】若远景书店某投资方案需要在开始时投入100万元，其后连续5年每年年末都会有40万元的现金流入，计算它的投资回收期。

投资回收期=100÷40=2.5（年）

（2）如果投资项目投产后每年的净现金流入量不等（大多数情况都是这样），则需要逐年累加，最后计算出投资回收期。该情况下采用列表法，通过列出投资项目在各年份中的现金流量，计算出各年的累计现金流量。如果第n年的累计现金流量为负值，第n+1年的累计现金流量为正值，则该项目回收期的计算公式如下：

$$投资回收期=n+\frac{n年末的累计现金流量}{(n+1)年的净现金流量} \tag{5-4}$$

【例5-5】接【例5-1】，远景书店的在线订书和信息服务管理系统项目的预测现金流见表5-3。

计算该项目的投资回收期：

投资回收期=3+262 150÷558 849=3.47（年）

这就是说，远景书店的在线订书和信息服务管理系统项目需要大约3年半才能收回投资。

表5-3 远景书店在线订书和信息服务管理系统项目的预测现金流 单位：元

年份	净现金流量	累计现金流量
0	-1 150 000	-1 150 000
1	249 000	-901 000
2	304 500	-596 500
3	334 350	-262 150
4	558 849	296 699

企业必须有一定的投资回收期接受标准。如果计算的投资回收期小于设定的接受标准，则该方案可以被接受；如果大于设定的接受标准，则方案将被否决。上例中，如果远景书店设定的投资回收期接受标准为3年，那么，引进在线订书和信息服务管理系统项目就不能被接受。如果远景书店有两个投资项目X和Y，项目X的回收期为2.33年，项目Y的回收期为3年。如果公司要求3年或3年之内收回投资，则两项目均可行；如果两个项目是互斥的，则应优先考虑X，因为它的回收期较短。

“互斥”是指如果其中一个项目被接受，则其他的项目都将被否决。比如，为一个仓库安装传送带系统和为同一个仓库购置几部铲车就属于互斥项目——接受一个项目就意味着否决另一个。而独立项目是指彼此的现金流之间没有依赖关系的项目。

投资回收期指标的优点是：计算简便，易于理解，比较直观。但是，也存在一些明显的缺点：

（1）投资回收期指标给予各期现金流量同等的权重，没有考虑资金的时间价值。

（2）如果对所有的项目设置同样的投资回收期标准，则没有考虑不同项目之间的风险差异和公司战略需要。

（3）投资回收期指标只考虑了回收期之前的现金流量，没有考虑回收期之后的现金流量。

（4）投资回收期指标的标准确定主观性较大。

【例5-6】接上例。远景书店进行在线订书和信息服务管理系统项目的资本预算的同时，也在考察另一个项目——阅读咖啡店项目。该项目计划在书店的一角开辟一个咖啡屋，读者在选择图书的同时，还能品尝咖啡。这一项目的推出，可进一步方便读者购书，舒适的环境也有利于培养忠实读者，还能获得销售咖啡的收入。该项目的运营周期大约为6年。此外，远景书店还策划了另一个与物流企业合作的项目，即图书快送业务。书店每天都会在自己的网站推出书评和特价书目，读者可以在线下单，也可以通过电话订书，所获购书积分可用于日后购书抵扣。该项目的运营周期也为6年。根据这三个项目的具体收入流预测，如果是互斥决策，远景书店应该如何决策？

远景书店三个项目的收入流预测见表5-4。

表5-4　　远景书店A、B、C三个项目的收入流预测　　单位：元

	年份	净现金流量	累计现金流量
A.在线服务	0	−1 150 000	−1 150 000
	1	249 000	−901 000
	2	304 500	−596 500
	3	334 350	−262 150
	4	558 849	296 699
B.阅读咖啡店	0	−500 000	−500 000
	1	81 000	−419 000
	2	81 000	−338 000
	3	156 000	−182 000
	4	200 000	18 000
	5	200 000	218 000
	6	200 000	418 000
C.图书快送	0	−500 000	−500 000
	1	81 000	−419 000
	2	81 000	−338 000
	3	156 000	−182 000
	4	200 000	18 000
	5	300 000	318 000
	6	300 000	618 000

A项目的投资回收期=3.47年

B项目的投资回收期=3+182 000÷200 000=3.91（年）

C项目的投资回收期=3+182 000÷200 000=3.91（年）

可见，A项目的投资回收期最短，按照回收期的决策准则，A项目应该为首选项目。但是，A项目的寿命期只有四年。B项目和C项目的投资回收期相同，项目寿命期也相同，但是，C项目在回收期之后有更好的收益流表现，故C项目优于B项目。

（二）贴现回收期法

为了规避静态回收期法的缺陷，我们把预期现金流用项目的贴现率贴现为现值，确定贴现回收期。贴现回收期就是贴现后的净现金流量累计到等于初始投资所需要的

时间。

【例5-7】接【例5-6】。假设远景书店各项目的贴现率都是8%。确定各项目的贴现回收期。

计算A、B、C三个项目的现金流现值，见表5-5。

表5-5 A、B、C三个项目的现金流现值表 单位：元

	年份	净现金流量	折现系数（8%）	现值	累计现金流量
A.在线服务	0	-1 150 000			-1 150 000
	1	249 000	0.9259	230 549	-919 451
	2	304 500	0.8573	261 084	-658 403
	3	334 350	0.7938	265 407	-392 996
	4	558 849	0.7350	410 754	17 758
B.阅读咖啡	0	-500 000			-500 000
	1	81 000	0.9259	74 998	-425 002
	2	81 000	0.8573	69 441	-355 561
	3	156 000	0.7938	123 833	-231 728
	4	200 000	0.7350	147 000	-84 728
	5	200 000	0.6806	136 120	51 392
	6	200 000	0.6302	126 040	177 432
C.图书快送	0	-500 000			-500 000
	1	81 000	0.9259	74 998	-425 002
	2	81 000	0.8573	69 441	-355 561
	3	156 000	0.7938	123 833	-231 728
	4	200 000	0.7350	147 000	-84 728
	5	300 000	0.6806	204 180	119 452
	6	300 000	0.6302	189 060	308 512

计算贴现回收期如下：

A项目的贴现回收期=3+392 996÷410 754=3.96（年）

B项目的贴现回收期=4+84 728÷136 120=4.62（年）

C项目的贴现回收期=4+84 728÷204 180=4.41（年）

贴现回收期法考虑了资金使用的时间价值，即投资的机会成本，克服了静态回收期

法的一些缺陷。但是，在实际工作中，静态回收期法更常用。因为，静态回收期法充分体现了该预算决策法简易和明了的特性。

回收期体现了“盈亏平衡”的思想。如果现金流按照预期速率流入直至回收期满，那么，该项目就达到了盈亏平衡。静态的回收期法没有考虑贴现率。贴现回收期法将资本成本考虑在内，计算出达到盈亏平衡的年限。

两种回收期法都无法克服的一个问题是，忽略了回收期之后的现金流。但是，回收期法确实提供了收回项目投资的时间成本信息。在其他条件不变的情况下，回收期越短，项目的流动性和获利能力越强。此外，由于距离当前时刻越远的现金流具有更大的风险，因此回收期也经常被作为判断项目风险的指标。

二、内部收益率法

（一）内部收益率的定义

内部收益率（IRR），是投资收益现值与其初始投资额相等时的收益率，即净现值为0时的贴现率。内部收益率的公式如下：

$$CF_0 + \sum_{t=1}^{n} \frac{CF_t}{(1+IRR)^t} = 0 \tag{5-5}$$

由公式可知，IRR是一个贴现率，用这个贴现率去贴现预期未来净现金流，所得的现值等于期初的现金流出量。

内部收益率反映了投资项目的内在收益能力，如果项目的内部收益率远远大于项目的资本成本，那么，我们可以得出结论：项目有较大的风险承受能力，即项目具有较好的在未来抵御企业综合资金成本上涨的能力。

【例5-8】承上例。在远景书店的例子中，我们想确定使未来的净现金流量的现值等于初始现金流出量的贴现率，即内部收益率。远景书店的现金流见表5-6。

表5-6 远景书店的现金流 单位：元

时期	0	1	2	3	4
现金流	-1 150 000	249 000	304 500	334 350	558 849

在折现率为8%时，NPV为17 804元。在折现率为10%时，NPV为-39 080元。

我们用内插法，求得内部收益率为：

$$\frac{10\% - IRR}{IRR - 8\%} = \frac{-39\,080}{0 - 17\,804}$$

IRR=8.6%

由于内部收益率反映的是投资者的实际投资收益，运用这一指标进行投资决策的标准是：当一个投资项目的内部收益率大于等于投资者要求的必要报酬率时，则接受项目；否则，应拒绝项目。如果存在多个互斥项目，则在所有内部收益率大于必要报酬率的项目中选择内部收益率最高的项目。

内部收益率指标考虑了资金的时间价值，且决策标准明确，在企业投资决策中被广泛运用。但是，这一评价方法存在若干缺陷，比如，再投资收益率假设问题、多解和无解的问题，以及内部收益率指标的评价结论与净现值指标结论相矛盾等问题。

【例5-9】项目的内部收益率多解或无解问题。

有三个项目——A、B、C的预期现金流见表5-7。

表5-7　**A、B、C的预期现金流**　金额单位：万元

项目	预期现金流			IRR	NPV（贴现率10%）
	0	1	2		
项目A	1 000	-2 000	1 500	无解	421
项目B	-1 000	2 000	500	122%	1 231
项目C	-1 000	3 000	-2 187.5	25%，75%	-81

项目B是一个典型的投资项目，NPV为1 231万元，IRR为122%。项目A无解。项目C则多解。参见图5-1和图5-2。

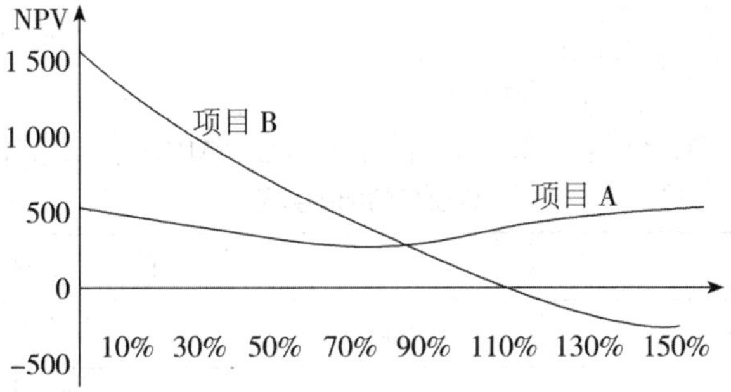

图5-1　项目A和B的NPV与IRR

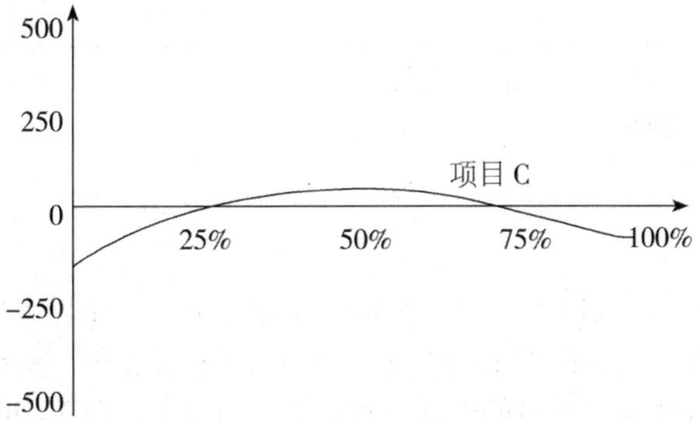

图5-2　项目C的NPV与IRR

在进行资本预算时，项目现金流应该是一个典型的投资性现金流。如果在经营期内，现金流的“+”号和“-”号有一次变动，就会有一个IRR解。遇到这种情况，需要“梳理”现金流。可利用修正的内部收益率法解决多解问题，优化内部收益率法。

（二）修正的内部收益率

内部收益率是资本预算中的重要指标，在现实中被广泛使用。但上面的例子表明，

项目的内部收益率可能存在多重解或无解的情况，此时，如果再按照内部收益率是否大于资本成本来决定项目的取舍，就可能导致错误决策或无法决策。此外，内部收益率指标还有一个隐含的假设，即项目的再投资收益率等于内部收益率，这一假设也不符合现实。为了解决内部收益率的缺陷，使内部收益率指标能更好地用于投资决策，便引入了修正内部收益率（MIRR）指标。

修正的内部收益率是“投资成本的现值=投资收益终值的现值”时的折现率，即：

$$\sum_{t=1}^{n}\frac{COF_t}{(1+r)^t}=\frac{\sum_{t=1}^{n}CIF_t(1+r)^{n-t}}{(1+MIRR)^n} \tag{5-6}$$

式中：COF_t是t时刻的现金净流出量；CIF_t是t时刻的净现金流入量；r是贴现率；MIRR是修正的内部收益率；$\sum_{t=1}^{n}CIF_t(1+r)^{n-t}$是项目寿命周期内净现金流入量的终值；$\sum_{t=1}^{n}\frac{COF_t}{(1+r)^t}$是投资成本的现值。

修正内部收益率的公式又可简写成：

$$项目投资成本的现值=\frac{项目净现金流入量的终值}{(1+MIRR)^n} \tag{5-7}$$

【例5-10】承上例，资料见表5-8。计算项目C的MIRR，折现率为10%。

表5-8 **C项目的相关数据** 单位：万元

年份	0	1	2
项目C的现金流	-1 000	3 000	-2 187.5
贴现现金流		2 727.27	-1 807.85
现金流入的终值		3 300	

根据公式（5-6）可以得到如下等式：

$$1\,000+1\,807.85=\frac{3\,300}{(1+MIRR)^2}$$

求解得：

MIRR=8.4%

与常规的内部收益率相比较，修正后的内部收益率有一个显著优点。修正内部收益率假设所有项目的现金流都以资本成本（贴现率）进行再投资。然而，常规内部收益率假设，每个项目的现金流以自身的内部收益率进行再投资。鉴于把贴现率作为再投资的回报率通常更符合现实，因此，修正内部收益率对项目的真实盈利能力做出了更好的评价。同时，修正内部收益率解决了多重内部收益率的问题。

在互斥项目之间进行选择时，修正内部收益率是否与净现值有一致的评价结果呢？如果两个项目规模相同，寿命也相同，那么，两种方法总是会得出相同的结论。此外，当项目规模相等，但寿命不同时，如果修正内部收益率都是按寿命期较长的项目的年限计算，那么，MIRR和NPV能够做出一致的决策。

（三）增量内部收益率

当项目规模不同时，无法用净现值方法直接比较项目的优劣。同时，NPV法和IRR法经常会有不一致的评价结果。

【例5-11】互斥项目的规模问题。

项目A和项目B的投资规模不同，见表5-9。

表5-9 **A、B项目的投资规模** 金额单位：万元

项目	预期现金流			IRR	NPV（贴现率10%）
	0	1	2		
项目A	-1 000	500	1 500	50%	694
项目B	-2 000	1 000	2 500	39.6%	975
项目B-A	-1 000	500	1 000	28.1%	281

在此例中，IRR的判别方法与NPV的判别方法就出现了矛盾。解决这个问题的办法就是采用增量现金流法。

用项目B减项目A，得到一个典型的投资项目B-A。计算得到项目B-A的IRR=28.1%，NPV=281。如果增量现金流的内部收益率达到或超过项目的必要报酬率，且NPV>0，那么选择项目B，因为项目B可以带来更大的净收益额。

三、平均会计利润率法

平均会计利润率（AAR）是会计平均净利润与项目期内平均账面净投资额之比。利用会计报表数据进行计算，简便易行，它是反映投资收益率的指标。基本公式为：

$$\text{平均会计利润率（AAR）}=\frac{\text{项目寿命期内的平均会计利润}}{\text{项目寿命期内的平均账面投资额}}\times 100\% \quad (5\text{-}8)$$

这里，项目寿命期内的平均账面投资额$=\frac{\text{项目初始投资额}+\text{项目残值}}{2}$。项目寿命期内的平均账面投资额还可以是项目各时点上的投资额净值的算术平均数。

利用AAR方法进行投资决策时，需要确定企业要求达到的平均会计利润率的最低标准，将有关投资项目的平均会计利润率与这一标准比较。如果AAR大于该最低标准，则接受项目；如果AAR小于该最低标准，则放弃项目。在有多个投资项目的互斥选择中，选择平均会计利润率最高的项目。

【例5-12】如果某项目需要投资750 000元，存续期限为5年。初始投资在5年内折旧完毕，残值为0。假设所得税税率为30%。项目各期预计经营数据见表5-10。

计算这一项目的平均会计利润率。

$$\text{项目的平均会计利润}=\frac{35\,000+70\,000+70\,000+70\,000+70\,000}{5}=63\,000\text{（元）}$$

$$\text{项目的平均账面投资额}=\frac{750\,000+0}{2}=375\,000\text{（元）}$$

$$\text{项目的平均会计利润率}=\frac{63\,000}{375\,000}\times 100\%=16.8\%$$

表5-10　　某项目各期预计经营数据　　单位：元

项目	第一年	第二年	第三年	第四年	第五年
销售收入	700 000	800 000	800 000	800 000	800 000
费用	500 000	550 000	550 000	550 000	550 000
折旧前利润	200 000	250 000	250 000	250 000	250 000
折旧	150 000	150 000	150 000	150 000	150 000
税前利润	50 000	100 000	100 000	100 000	100 000
所得税（30%）	15 000	30 000	30 000	30 000	30 000
净利润	35 000	70 000	70 000	70 000	70 000
净现金流量	185 000	220 000	220 000	220 000	220 000

平均会计利润率作为投资决策指标，简明易懂，计算简单。但是，这一指标也存在一些明显的缺陷，主要表现在以下几个方面：

（1）这一指标没有考虑资金的时间价值，将不同时期发生的会计利润给予同等的价值权重。

（2）这一指标的取舍标准是人为确定的，缺乏客观依据。

（3）这一指标只是两个会计数字的比较，没有真正的经济意义。它观察的不是现金流量和市场价值，而是净利润和账面价值，无法说明项目的真实价值和回报率。

四、平均报酬率法

与平均会计利润率指标相近的一个指标是平均报酬率（ARR）。平均报酬率指标用投资项目寿命周期内的年平均现金流入量取代年平均会计利润，用初始投资额取代平均账面投资额。其计算公式为：

$$\text{平均报酬率（ARR）}=\frac{\text{平均年现金流量}}{\text{初始投资额}}\times 100\% \tag{5-9}$$

【例5-13】承上例。计算项目的平均报酬率。

$$\text{平均年现金流量}=\frac{185\,000+220\,000+220\,000+220\,000+220\,000}{5}=213\,000\text{（元）}$$

已知初始投资额为750 000元，所以，其平均报酬率为：

$$\text{平均报酬率}=\frac{213\,000}{750\,000}\times 100\%=28.4\%$$

采用平均报酬率指标可以克服以会计利润取代现金流量的弊端，但是，同样存在未考虑时间价值和评判标准人为主观的问题。

五、现值指数法

现值指数（PI）是投资项目未来各期收益的现值与初始投资额之比。其基本公式为：

$$现值指数（PI）=\frac{未来收益现值}{初始投资额} \tag{5-10}$$

现值指数指标的决策原则是：当投资项目的现值指数大于1时，则选取项目；当投资项目的现值指数小于1时，则放弃项目；当有多个互斥项目并存时，选取现值指数最大的项目。

【例5-14】项目A、B、C的预期现金流数据见表5-11。

表5-11 **项目A、B、C的预期现金流数据** 金额单位：万元

项目	预期现金流			PI	NPV（贴现率10%）
	0	1	2		
项目A	-1 000	600	1 200	1.54	537
项目B	-1 500	800	1 500	1.31	467
项目C	-3 000	2 000	2 500	1.29	884

以项目A为例，其现值指数的计算过程如下：

$$现值指数（PI）=\frac{未来收益现值}{初始投资额}=\frac{545+992}{1000}=1.54$$

根据PI的投资法则，应接受项目A。

上述三个项目的PI指数都大于1，如果项目是独立的，且公司的投资预算限额是3 000万元。那么，公司可选择投资项目C，也可选择投资项目A+B。

六、投资决策方法的比较

公司从事投资，从增加企业价值和促进股东财富最大化目标的角度看，项目决策标准一定要与企业价值最大化和股东财富最大化联系起来。因此，要求项目决策方法和决策准则必须能体现如下特征：

（1）必须考虑投资项目整个有效期内的现金流量。

（2）必须考虑资金的时间价值，即不同时期的现金流量具有不同的价值量。

（3）在选择互不相容的投资项目时，能选择出可以使企业价值最大化和股东财富最大化的项目。

前面讨论的各种决策方法中，静态回收期、平均会计利润率和平均报酬率等方法没有考虑资金的时间价值，是非贴现指标。净现值、内部收益率和现值指数考虑了资金的时间价值，是贴现指标。参见表5-12。

但是，现值指数法和内部收益率法，并不能完全满足上述第三个特征，它们只适用于评估独立项目的可行性。只有净现值法同时满足上述三个特征。

投资项目对企业价值和股东财富的影响除了受收益率大小的影响之外，还受收益额绝对量的影响。收益额等于投资额乘以收益率。在互斥项目中，选择一些项目就必须放弃另一些项目。经常会面临这样一些决策：一些收益率高、投资额小的项目的绝对收益额小于那些收益率低、项目投资额大的项目的绝对收益额。从投资项目对企业价值和股

表5-12　　常用资本预算方法的比较

常用资本预算方法	优点	缺点
净现值法	(1) 使用现金流量，而非会计利润 (2) 包含了项目寿命期内全部现金流 (3) 考虑了资金的时间价值 (4) 用合适的贴现率，减少决策失败的风险	(1) 贴现率的设定困难 (2) 规模不同、寿命期不同的项目，NPV不可比
回收期法	(1) 直观 (2) 计算简便	(1) 静态回收期没有考虑时间价值 (2) 没有考虑不同项目间风险的差异 (3) 没有考虑回收期以后的现金流量 (4) 主观性较大
平均会计利润率法	(1) 计算简便 (2) 易于获取数据	(1) 没有考虑时间价值 (2) 以账面会计数据取代现金流
平均报酬率法	(1) 计算简便 (2) 易于获取数据	(1) 没有考虑时间价值 (2) 评判标准人为主观
内部收益率法	(1) 考虑了时间价值 (2) 有明确的决策依据 (3) 可以进行不同规模的项目比较决策	(1) 可能产生无解或多解的问题 (2) 互斥项目的规模问题 (3) 假设再投资收益率等于内部收益率不符合现实
现值指数法	(1) 考虑了时间价值 (2) 易于比较判断	不能体现项目的价值量

东财富贡献的角度考察，应选择收益率低但收益绝对额大的项目。因为，企业价值的大小与绝对收益额高低成正比，收益率必须通过收益额才能影响企业价值。现值指数和内部收益率的高低与企业价值和股东财富的大小并不存在必然的线性联系，因此，这两种决策方法不满足上述第三点的要求。而净现值的大小能直接反映企业价值和股东财富的大小。

【例5-15】如果远景书店目前的企业价值为2 000万元，现有G、H两个互斥的投资方案供选择。G方案的投资总额为150万元，内部收益率为15%，净现值为200万元；H方案的投资总额为400万元，内部收益率为12%，净现值为500万元。假设净现值能完全代表企业价值，那么，该公司应选择哪个方案？

实施不同投资方案后的企业价值计算如下：

实施G方案的企业价值=2 000+200=2 200（万元）

实施H方案的企业价值=2 000+500=2 500（万元）

由于实施H方案后的企业价值大于实施G方案后的企业价值，所以，H方案优于G方案。

之所以内部收益率高的G方案没有内部收益率低的H方案优，是由于在一定的企业综合资金成本下，H方案可以容纳更多的投资，这些投资增量足以弥补低收益率的不利影响，使H方案产生出大于G方案的净现值，从而使实施H方案的企业价值大于实施G方案的企业价值。

实践中，投资者面临最多的就是互斥方案。企业投资时通常都会有多个备选方案，在资金有限的情况下，这些备选方案就会成为互斥方案，在净现值与内部收益率准则矛盾的情况下，投资者应以哪个指标作为判断依据？净现值与内部收益率二者孰优孰劣？长期以来，很多企业的投资者都倾向于净现值指标，在内部收益率的理解上也存在一些误区，认为净现值与内部收益率在互斥方案的决策标准中互不相容。实际上，净现值与内部收益率并不矛盾，二者是兼容的，互为补充。净现值的计算采用基准收益率作为最低期望收益率，最低期望收益率等于被放弃的投资机会中最佳投资机会的收益率。因此，净现值符合盈利最大化的决策目标。但是，基准收益率的确定比较困难。此外，以百分比形式表现的项目内部收益率更容易为投资者接受，所以，在考察项目的盈利性上，内部收益率也是常被使用的决策方法之一。

在计算净现值指标时，采用基准收益率作为贴现率。只要项目的净现值大于0，就说明项目的收益率高于基准收益率，获得了不低于其他投资的收益率。财务管理关注股东财富最大化，事实上，投资者最关心的也是获利的规模。理论上，在无资本限量的前提下，企业应对所有能带来净现值的项目进行投资。在有资本限量的情况下，企业通常也把净现值最大准则放到首位。

第三节 几种典型的投资决策

一、设备比较决策

企业通常会面临复杂的决策环境。比如，企业在进行设备投资选择决策时，通常会在同一产品系列的功能相同但技术先进性不同的设备之间做出选择。通常技术较为先进的设备价格高，投入使用后的生产效率高，生产的可变成本投入少。“经济型”设备价格低，生产的可变成本投入高，使用寿命短。如何在两类设备中做出决策呢？

【例5-16】假设某公司必须从两种设备F和G之间做出选择。两种设备的设计不同，但是使用功能相同。F设备的成本为15 000元，可以使用3年，每年的营运成本为4 000元。G设备是“经济型”设备，成本只需10 000元，但其使用寿命只有两年，每年的运营成本是6 000元。贴现率为6%。

两种设备生产同样的商品，要在两者中做出选择的唯一依据就是成本。两种设备的成本及其现值见表5-13。

表5-13 **两种设备的成本及其现值** 金额单位：千元

项目	成本				PV（6%）
	0	1	2	3	
F设备	15.00	4.00	4.00	4.00	25.69
G设备	10.00	6.00	6.00	—	21.00

G设备的成本现值较低，是否应该选择该设备呢？答案是不一定。我们所看到的只是可使用两年的G设备的成本低于可使用3年的F设备。但这两种设备的总成本没有可比性。只有在相同的设备使用寿命的基础上，总成本才可以比较。进行设备重置投资，使两设备的寿命期相同。取设备使用寿命期的最小公倍数6（年），然后，计算两设备的成本现值，选择成本现值最小的设备，这就是“最小公倍数年限法”。这种方法直观、容易理解，但是计算相对繁杂。

如果我们把设备的成本平均分摊到设备的使用寿命期内，然后，比较两种设备的年使用成本，这样就使问题简化了。这种方法称为“约当年均成本法”。对于设备F而言，每年等额支付的现值应该同该设备的成本现值25 690元相等。当贴现率是6%时，每年的支付额就是9 610元。见表5-14。

表5-14 **设备F的成本及等值年金** 金额单位：千元

项目	成本				PV（6%）
	0	1	2	3	
F设备	15.00	4.00	4.00	4.00	25.69
等值年金		9.61	9.61	9.61	25.69

换句话说，F设备的购买和运营成本相当于连续3年每年支付9 610元的费用，也被称为运营F设备的等值年成本。

$$\text{等值年成本}A_F=\frac{\text{F设备的成本现值}}{PVIFA_{(6\%,3)}}$$

$$=\frac{25\ 690}{2.6730}=9\ 610\text{（元）}$$

如果对G设备的成本进行同样的计算，则有表5-15所示的数据。

表5-15 **设备G的成本及等值年金** 金额单位：千元

项目	成本			PV（6%）
	0	1	2	
G设备	10.00	6.00	6.00	21.00
等值年金		11.454	11.454	21.00

$$\text{等值年成本}A_G=\frac{\text{G设备的成本现值}}{PVIFA_{(6\%,2)}}$$

$$=\frac{21\ 000}{1.8334}=11\ 454\text{（元）}$$

由此可见，投资F设备更好，因为选择F设备，企业每年平均的设备成本支出较低。

根据上面的例子，我们可以得到寿命不等的资产之间进行比较的决策规则：选择设备总投入的等值年成本最低的项目。

二、设备更新决策

实际中，设备更新是一类比较普遍的决策问题。企业在什么时候更新设备往往取决于经济原因，有些设备在使用寿命期内，会产生继续使用不经济的问题。

【例5-17】如果有一台设备还可以用两年，该设备每年的运营成本是12 000元。如果现在更新该设备，需要花费25 000元。但该新设备的运行效率高，每年的运营成本只需8 000元，可以使用5年。贴现率为6%。那么，现在就更新设备是否合算呢？

新设备的相关数据见表5-16。

表5-16　**新设备的成本及等值年金**　金额单位：千元

项目	成本						PV（6%）
	0	1	2	3	4	5	
新设备	25.00	8.00	8.00	8.00	8.00	8.00	58.70
等值年金		13.93	13.93	13.93	13.93	13.93	58.70

由表5-16可知，新设备的购置和运营成本的现金流相当于每年支付13 930元。而已知旧设备运行一年的成本为12 000元。很明显，更新设备不经济。

在进行设备更新决策时，对于可比期限的设备更新决策，通常有两种办法决定什么时候更新。一是总额法，计算比较新旧两种设备在各自寿命期内现金流量的净现值，净现值大的为最优。二是差额法，计算比较新旧两种设备在寿命期内现金流量的差额，并计算差额的净现值，以差额净现值进行判断。

【例5-18】某公司5年前购置一设备，价值60万元，购置时预期使用寿命为10年，无残值。该设备采用直线法计提折旧，目前已计提折旧30万元，账面净值30万元。目前出售该设备的价格为20万元。利用这一设备产生的年销售额为100万元，年生产成本为70万元。现在，该公司在市场上发现一台同样性能的先进设备，包括设备价款、运费、保险和安装费等在内的设备总投资为100万元，使用寿命为5年，预计5年后残值为20万元，新设备也采用直线法计提折旧。使用新设备预计每年销售收入可增加10万元，每年生产成本下降20万元。所得税税率为25%，公司资本成本为10%。请问该公司是否应该更新设备？

1.设备更新决策：总额法

公司继续使用旧设备的机会成本（处置旧设备收入）：20万元

公司处置旧设备的纳税好处（因设备处置亏损而少纳税的金额）：(30−20) ×25%=2.5（万元）

公司继续使用旧设备的当前成本：20+2.5=22.5（万元）

新、旧设备的现金流量核算见表5-17。

表5-17　　新、旧设备的现金流量核算表　　单位：万元

	新设备			旧设备			新设备相对旧设备的差额		
	0年	1~4年	5年	0年	1~4年	5年	0年	1~4年	5年
（1）初始投资	−100			−22.5			−77.5		
（2）销售收入		110	110		100	100		10	10
（3）生产成本		50	50		70	70		20	20
（4）折旧		16	16		6	6		10	10
（5）税前利润		44	44		24	24		20	20
（6）所得税（25%）		11	11		6	6		5	5
（7）税后利润		33	33		18	18		15	15
（8）残值			20						20
（9）现金流=（7）+（4）+（8）	−100	49	69	−22.5	24	24	−77.5	25	45

使用新设备的净现值$=-100+49\times PVIFA_{(10\%,4)}+69\times PVIF_{(10\%,5)}$

$=-100+49\times3.1699+69\times0.6209=98.17$（万元）

使用旧设备的净现值$=-22.5+24\times PVIFA_{(10\%,4)}+24\times PVIF_{(10\%,5)}$

$=-22.5+24\times3.1699+24\times0.6209=68.48$（万元）

通过净现值比较，新设备的净现值大于旧设备的净现值，故公司应该选择用新设备替换旧设备。

2.设备更新决策：差额法

设备差额的净现值$=-77.5+25\times PVIFA_{(10\%,4)}+45\times PVIF_{(10\%,5)}$

$=-77.5+25\times3.1699+45\times0.6209=29.69$（万元）

新设备替换旧设备的净现值大于0，故公司应该选择用新设备替换旧设备。

在设备更新决策中，更新的时机选择很重要。更新时机选择的问题，实际上就是设备最佳经济寿命的确定问题。从设备成本最低的角度看，设备的成本由两部分组成：一是设备的持有成本，也就是设备的持有价值。随着设备使用时间的增加，设备的净价值减少，设备的年均持有成本逐年下降。二是设备的使用成本，也就是设备运营中的耗费。随着设备使用时间的增加，设备的运营成本逐年上升。

设备最低成本对应的期限就是设备的最佳经济寿命。

【例5-19】远景书店人工成本逐年上升，库存管理混乱。书店李经理正考虑引进一套更先进的库存管理软件系统，以替代现有仓库管理系统、设备和部分人工。李经理与财务人员一起对相关成本进行了估算，并希望确定是否可以采用新系统，何时上新系统最合适。新系统的采购成本为180万元，年运营成本为12万元，系统5年后的残值为0。

假设公司目前的资本成本为8%。财务核算结果见表5-18。

表5-18 远景书店更新系统的财务核算结果 金额单位：万元

年份	0	1	2	3	4	5
相关成本开支	0	32	37	45	57	69
现有设备处置和人工节约额	45	40	37	32	30	20
成本总额		40.6	43.2	52.96	61.56	81.4

新系统年成本核算如下：

新系统的成本现值=180+12×PVIFA $_{(8\%,\ 5)}$ =180+12×3.9927=227.91（万元）

新系统的约当年均成本=227.91÷3.9927=57.08（万元）

如果当年不上马新系统，旧系统继续使用，当年设备处置和人工节约的收入45万元就成为继续使用旧设备的机会成本。那么，旧系统继续使用一年的总成本为40.6万元。计算过程如下：

旧系统继续使用1年的成本=（45×1.08-40）+32=40.6（万元）

旧系统继续使用2年时第2年的成本=（40×1.08-37）+37=43.2（万元）

旧系统继续使用3年时第3年的成本=（37×1.08-32）+45=52.96（万元）

旧系统继续使用4年时第4年的成本=（32×1.08-30）+57=61.56（万元）

旧系统继续使用5年时第5年的成本=（30×1.08-20）+69=81.4（万元）

核算结果显示，不需要马上更新系统。旧系统继续使用1年的成本为40.6万元，而采用新系统的约当年均成本为57.08万元，故马上更新系统不合算。旧系统更新的最佳时间是第3年末，当年的旧系统使用成本为52.96万元。此时，如果继续使用旧系统，成本会上升到61.56万元，超过了新系统的使用成本。

三、资本限额决策

公司投资于净现值为正的项目可以增加股东财富。但是，公司投资扩张经常会受到预算的约束。产生预算约束的原因是：

第一，企业无法在目标融资成本下，从金融市场中筹集到投资所需要的资金。

第二，公司扩张规模过快，管理效率降低，公司决策层会有计划地控制投资扩张的节奏。

前者被称为投资的"硬约束"，后者被称为投资的"软约束"。公司的子部门或子公司通常会受到总公司投资预算的"软约束"。

对于预算约束下的投资组合优化问题，可以采用穷举的方法，计算所有可能的项目组合的净现值，并选择其中最大者，也可以利用线性规划的思想和方法求解。

【例5-20】某公司有5个项目，项目寿命期均为5年，公司目前可运用的投资资金有60万元，公司资本成本为12%。项目投资和收益状况以及净现值见表5-19。

表5-19　**项目投资和收益状况以及净现值**　单位：元

项目	初始投资额	年净收益流	净现值
A	400 000	120 000	32 576
B	250 000	75 000	20 360
C	350 000	100 000	10 480
D	300 000	85 000	6 408
E	100 000	24 000	-13 484

数据显示，5个项目中的A、B、C、D四个项目的净现值均大于0，都可以进行投资，我们可以选择四个投资项目的最优组合。

四个项目可以有（2^4-1）=15个组合，用四维的0-1行向量表示该投资组合的可行解和全部可能的项目组合，见表5-20。

表5-20　**投资组合的可行解和全部可能的项目组合**

可行解	投资组合	初始投资额（元）	净现值（元）
S_{11}=（1000）	A	400 000	32 576
S_{12}=（0100）	B	250 000	20 360
S_{13}=（0010）	C	350 000	10 480
S_{14}=（0001）	D	300 000	6 408
S_{21}=（1100）	AB	650 000	52 936
S_{22}=（1010）	AC	750 000	43 056
S_{23}=（1001）	AD	700 000	38 984
S_{24}=（0110）	BC	600 000	30 840
S_{25}=（0101）	BD	550 000	26 768
S_{26}=（0011）	CD	650 000	16 888
S_{31}=（1110）	ABC	1 000 000	63 416
S_{32}=（1101）	ABD	950 000	59 344
S_{33}=（1011）	ACD	1 050 000	49 464
S_{34}=（0111）	BCD	900 000	37 248
S_{41}=（1111）	ABCD	1 300 000	69 824

剔除上表中投资规模超过60万元资本限额的项目，就得到如表5-21所示的数据。

表5-21 符合投资限额的投资项目组合

可行解	投资组合	初始投资额（元）	净现值（元）
S_{11}=（1000）	A	400 000	32 576
S_{12}=（0100）	B	250 000	20 360
S_{13}=（0010）	C	350 000	10 480
S_{14}=（0001）	D	300 000	6 408
S_{24}=（0110）	BC	600 000	30 840
S_{25}=（0101）	BD	550 000	26 768

在6个符合投资限额的投资项目组合中，净现值最大的项目是A，所以，应选择投资A项目。

我们也可以利用线性规划进行投资项目组合决策。目标函数为：

$$MAX\sum_{i=1}^{n}X_i\cdot NPV_i = 32\ 576X_A + 20\ 360X_B + 10\ 480X_C + 6\ 408X_D$$

约束条件为：

（1）$\sum_{i=1}^{n}X_i\cdot P_i \leqslant M$

（2）X_i=0，1

式中：n为可行方案数；M为投资限额；NPV_i为项目i的净现值；P_i为i项目的投资额；X_i为投资项目。

利用线性规划运算工具，如Excel，可以求得最优解为：

X_1=1，X_2=0，X_3=0，X_4=0

即投资于项目A。

本章小结

本章介绍资本预算的基本方法，并对这些方法进行分析、比较和应用。

1.净现值法。净现值是指投资项目寿命周期内各年的现金流量按一定的贴现率折算成现值后与初始投资额的差。它反映了项目为股东带来的价值增值。根据分离定理，净现值法是理论上最正确的资本预算方法。但该方法也存在一定的局限性，比如贴现率的设定比较困难，没有考虑项目规模和生命周期的差异。

2.其他投资决策方法。除了净现值外，在资本预算中经常使用的项目评估指标还有：投资回收期、内部收益率、平均会计利润率、平均报酬率和现值指数等。这些指标或方法都有其各自的优点和缺点。

3.典型的投资决策。几种比较常见的投资决策方法分别是设备比较决策、设备更新决策和资本限额决策。企业在进行互斥项目的选择时，如果项目周期不同，不能直接比较净现值，可以采用最小公倍数年限法和约当年均成本法。企业在进行设备更新决策时，通常采用总额法或差额法判断是否进行设备更新。总额法是计算比较新旧两种设备在各自寿命期内现金流量的净现值，净现值大的为最优；差额法是计算比较新旧两种设备在寿命期内现金流量的差额，并计算差额的净现值，以差额净现值进行判断。此外，通过比较新旧设备在相同时点的成本可以决定何时进行设备更新。公司投资时经常面临预算约束，此时就需要对可行项目进行投资组合优化，利用线性规划的思想和方法可以解决这类问题。

重点概念

净现值　投资回收期　互斥项目　独立项目　内部收益率　修正的内部收益率　平均会计利润率　平均报酬率　现值指数　等值年成本　预算约束

复习思考

1. 投资项目决策的基本方法有哪些？它们的特点是什么？

2. 当投资项目决策中遇到不同资本预算指标结果之间有矛盾时，应如何处理？

3. 项目投资预算中的净现值思想的内涵是什么？

4. 内部收益率的经济含义和决策意义表现在哪里？

5. 内部收益率指标的缺陷有哪些？

6. 对同一个项目进行评价时，静态回收期和贴现回收期的结果有差异。你如何理解这种差异？

7. 如果A、B两项目寿命期不同，为互斥项目，具体资料见下表（金额单位：万元），A、B项目应该如何抉择？为什么？

年份	项目A	项目B
0	-1 000	-1 000
1	0	2 000
2	0	0
3	3 378	0
IRR	50%	100%
PI，10%	2.54	1.82
NPV，10%	1 538	818

8. 在存在资本限额的条件下，如果可用于投资的资金有5万元，具体资料见下表（金额单位：万元），A、B两个项目哪个最优？说说理由。

项目	每期现金流			NPV，10%
	0	1	2	
项目A	-1	22	-12	10
项目B	-5	44	-24	20

9. 如果NPV是项目选择的不二法则，那么，为什么还要考虑诸如IRR、回收期、现值指数等其他项目评价指标？

10. 如果公司使用贴现回收期法则，它会不会接受NPV小于0的项目？会不会拒绝NPV>0的项目？为什么？

分析计算

1. 选择题

（1）下列各因素中，对项目内含报酬率指标有影响的因素是（　　）。

A. 原始投资额　　B. 资本成本　　C. 项目计算期　　D. 现金净流量

（2）若净现值为负，表明该投资项目（　　）。

A. 投资报酬率小于0，不可行

B. 为亏损项目，不可行

C. 它的投资报酬率小于贷款利率，不可行

D. 投资报酬率没有达到投资者要求的收益率，不可行

（3）确定一个投资方案可行的必要条件是（　　）。

A. 净现值大于0　　B. 现值指数大于1

C. 回收期小于1年　　D. 内部收益率不小于贴现率

（4）在其他条件不变的情况下，若企业降低贴现率，数值会发生变化的指标是（　　）。

A. 静态回收期　　B. 平均会计利润率

C. 平均报酬率　　D. 修正的内部收益率

（5）对于同一投资方案，下列说法中正确的是（　　）。

A. 折现率越高，净现值越低

B. 折现率越高，净现值越高

C. 折现率等于内部收益率时，净现值为0

D. 折现率高于内部收益率时，净现值小于0

2. 某公司正在考虑两个项目，现金流见下表（金额单位：万元）。由于两个项目风险相当，所以当公司资本成本为多少时，两个项目拥有相同的净现值？

年份	A项目	B项目
0	-47	-80
1	40	40
2	50	50
3	18	60

3. 假设公司现有20万元可用资金，资金成本为10%。现在面临J、K、L、M、N5个

投资机会，5个项目的寿命期均为2年，投资额和收益（单位：万元）见下表：

项目	0	1	2
J	−3	2.2	2.42
K	−5	2.2	4.84
L	−7	6.6	4.84
M	−6	3.3	6.05
N	−4	1.1	4.84

请给出该公司的投资决策。

4. 某企业价值2 000万元，现有A、B两个互斥的投资项目可供选择。A项目的投资总额为150万元，内部收益率为15%，净现值为300万元；B项目的投资总额为400万元，内部收益率为12%，净现值为600万元，假设净现值能完全代表企业价值。问该公司应选择哪个方案？

5. 一个投资项目初始投资额为500 000元，寿命周期为6年，每年可产生120 000元的净现金流入量，若要求的贴现率为12%。求该项目的净现值。

6. 某投资方案需要在开始时投入100万元，其后连续5年每年都会有40万元的现金流入，它的静态回收期为多少？

7. 某项目投资寿命期为4年，每年的期望收入流见下表：

年份	净现金流量（元）	累计现金流量（元）
0	−1 150 000	−1 150 000
1	249 000	−901 000
2	304 500	−596 500
3	334 350	−262 150
4	558 849	296 699

请问：多少年可以收回投资？

8. 有两个投资项目S和L，假设两个项目的贴现率都是10%，其净现金流见下表：

年份	0	1	2	3	4
S项目净现金流（万元）	−1 000	500	400	300	100
L项目净现金流（万元）	−1 000	100	300	400	600

请问：S和L项目的静态回收期和折现回收期分别是多少年？

9. 某项目初始投资为100万元，资金成本为10%，净收益流见下表：

年份	1	2	3	4
净收益流（元）	249 000	304 500	334 350	558 849

请确定该项目的内部收益率。

10. 某公司现有两个投资项目，正考虑在其中选择一个进行投资，项目资料见下表（金额单位：万元）：

项目	0	1	2	3	IRR
A	−200	112	132	150	41%
B	−400	121	188	340	24%

项目资本成本为7%，该公司投资经理考虑因为A项目具有更高的内部收益率，所以倾向于选择项目A。

（1）计算两个项目的净现值。

（2）依据内部收益率进行项目决策是否存在问题？如果一定要用内部收益率来判断，哪种做法是合理的？给出你的解释。

11. 某公司有两项互斥的投资方案，现金流见下表（金额单位：万元），贴现率为8%，该公司应该选择哪个投资方案？

年份	0	1	2	3	4	5	6
A方案	−100	40	45	55	70		
B方案	−150			65	80	95	110

12. 假设某公司必须从两种机器F和G之间做出选择。两种机器的设计不同，但是使用功能相同。F机器的成本为15 000元，可以使用3年，每年的营运成本为4 000元。G机器是“经济型”设备，成本只需10 000元，使用寿命为两年，每年的运营成本是6 000元。假设贴现率为6%。请做出选择。

13. 某公司拟用新设备取代已使用3年的旧设备。旧设备原价14 950元，采用直线法计提折旧，折旧年限6年，残值为1 495元，估计尚可使用5年，每年操作成本为2 150元，预计最终残值为1 750元，目前可变现价值为8 500元。购置新设备需花费13 750元，预计可使用6年，每年操作成本为850元，预计最终残值为2 500元，使用年数总和法计提折旧，残值率为10%。该公司预期报酬率为12%，所得税税率为25%。请做出更新决策。

14. 某企业计划用新设备替换现有旧设备。旧设备预计还可使用5年，旧设备的账面净值为70 000元，目前变现净收入为60 000元。旧设备的预计最终残值为5 000元。新设备的投资额为150 000元，预计使用5年。至第5年年末，新设备的预计最终残值为10 000元。预计使用新设备可使企业在第1年增加营业收入9 000元，第2年至第4年内每年增加营业收入14 000元，第5年增加营业收入13 200元。使用新设备可使企业每年降低付现成本8 000元。该企业按直线法计提折旧，所得税税率为25%。请确定：

（1）使用新设备比使用旧设备每年增加的净现金流量是多少？

（2）该方案的差额投资内含报酬率是多少？

（3）若企业的资金成本率为10%，应如何做出设备更新决策？

15. 某企业现有甲、乙、丙、丁4个投资项目，有关资料如下：

项目	原始投资现值（万元）	净现值（万元）
甲	1 500	450
乙	1 000	350
丙	500	140
丁	500	225

要求：

（1）计算各投资项目的现值指数。

（2）若该公司投资总额不受限制，选择该公司最优的投资组合。

（3）若该公司的投资总额为2 500万元，那么该公司最优的投资组合是什么？

第六章　不确定条件下的投资决策

◇教学目的与要求

- 了解投资项目的风险
- 掌握对风险的调整方法
- 掌握敏感性分析的原理和方法
- 掌握盈亏平衡分析的原理和方法
- 掌握决策树分析的原理和方法

【引导案例】

为了扩张业务，远景书店准备投资开设一家分店。目前有三个备选地址方案，各方案销售前景预测见表6-1。

表6-1　　远景书店分店备选地址方案

方　案	投资额（万元）	项目周期	销售状况	概率	年净现金流量（万元）
A（闹市区）	800	10年	好	0.4	180
			一般	0.5	120
			差	0.1	100
B（高校周边）	600	10年	好	0.3	150
			一般	0.5	90
			差	0.2	70
C（近郊区）	400	10年	好	0.2	120
			一般	0.5	60
			差	0.3	40

从上表可以看出，由于分店选址不同，其投资额存在差异，同时由于读者流量的差异，年净现金流量也明显不同。但是，由于市场的不确定性，无法对分店的销售状况做出精确的估计，只能得到表中的概率估计。在这样的情况下，如何计算各方案的现金流量，如何评估各方案的风险和价值，对于该投资项目是否还能继续采用8%的资本成本等，这些都是摆在远景书店管理层面前的问题。

在第五章，我们考虑了确定条件下的投资决策。但是，在现实生活中，投资的不确定性是无法避免的。当存在不确定性时，未来的现金流量无法准确预测。此时，基于确定性假设计算净现值等指标就无法反映项目的真实价值，从而可能做出错误的决策。因此，本章我们要讨论如何在不确定条件下进行投资决策。

第一节　投资项目的风险分析

一、投资项目风险分析概述

投资决策的情形可以分为三种——确定性、风险和不确定性。确定性是指决策者充分掌握了对投资决策产生影响的所有因素的信息，其结果通常是唯一确定的。不确定性是指决策者并未充分掌握影响投资决策的各种因素的信息，其结果不是唯一的。风险介于不确定性与确定性之间。它与不确定性的区别是，在不确定性决策的情况下，各种可能结果发生的概率是未知的，而在风险决策的情况下，各种可能结果发生的概率是已知的或者是可测定的。1921年，美国经济学家奈特在其《风险、不确定性和利润》一书中提到，风险是可测定的不确定性，而不可测定的不确定性才是真正的不确定性。

风险与不确定性广泛存在于社会经济活动中，投资项目也不例外。尽管在进行项目评估时已经对项目进行了详细的分析和研究，但是这些分析往往基于一系列假设条件。一些重要数据是通过预测和估算得到的，未来环境的变化、预测方法的局限以及各种工作条件的约束，使得项目实施后的实际结果可能会在一定程度上偏离决策预期，导致项目的预期经济效益无法实现，甚至出现亏损。因此，投资项目决策必须考虑未来可能出现的风险。

二、投资项目风险分析内容

风险分析是识别风险因素、估计风险概率、评价风险影响并制定风险对策的过程。其目的是衡量风险对项目价值的影响，并对影响项目不确定性的因素进行分析，估算它们的变动对项目效益的影响，找出最重要的因素及其临界点。

（一）风险识别

风险识别是风险分析的第一步，也是风险分析的基础。它从系统的观点出发，对项目进行全面考察，识别项目潜在的风险，评估风险因素发生的可能性和对项目的影响程度，并找出关键的风险因素。

（二）风险估计

风险估计是通过定量分析的方法估计风险发生的可能性及对项目的影响程度。这一步包括风险的概率估计和风险的影响程度估计。前者的估计方法主要有主观概率估计和客观概率估计，后者的分析方法主要有决策树分析和蒙特卡洛模拟等。

（三）风险评价

风险评价是依据经济评价指标体系和评价标准，根据影响程度进行风险分级和排序，找到项目的关键风险，确定项目的整体风险水平，为如何针对风险因素提出防范对策提供依据。通常可以根据风险因素对投资项目影响程度的大小，将风险划分为微小风险、较小风险、一般风险、较大风险和重大风险五个等级。

（四）风险对策

风险对策是在风险估计和风险评价的基础上，对如何回避风险或降低风险影响程度提出相应的对策。常用的风险防范对策主要有以下几种：

一是风险回避，即彻底规避风险。它是在考虑风险发生的概率、损失严重程度以及其他风险防范措施成本的基础上，放弃、延迟实施或彻底改变原方案的做法。这种方法虽然避免了遭受损失的风险，但同时也放弃了可能获得盈利的机会。因此，通常只有在风险发生的概率很高、损失严重或采取其他风险防范措施成本高昂的情况下才会使用。

二是风险控制，即通过采取措施尽可能降低风险发生的概率和风险造成的损失。风险控制措施既可以对项目内部采取技术措施、管理措施等，也可以通过与其他企业合作等方式分散项目承担的风险。

三是风险转移，即将项目可能面临的风险转移给他人。转移风险的方式有两种：一是将风险的源头转移出去；二是把风险的损失转移出去。将风险损失转移的方式又包括保险转移和非保险转移。保险转移是通过向保险公司投保，将损失的风险转移给保险公司。非保险转移是指可通过工程合同中的转嫁风险条款或以工程分包等方式转移风险。

四是风险自留，即将风险损失留给自己承担。通常在项目风险较小或已知风险存在，但可获得高额回报的情况下，或者采取其他风险防范措施成本大于自担风险的损失时，选择风险自留。

第二节 投资项目的风险调整

一、期望值决策方法

在不确定条件下进行资本投资决策最简单也是最方便的方法就是期望值法。期望值法是通过计算净现值的期望值和净现值大于或等于0的累计概率来比较不同项目的优劣，确定项目的可行性和风险程度的方法。

采用期望值法需要遵循以下步骤：

（1）分析并确定与项目净现值有关的主要不确定性因素，并确定各不确定性因素可能发生的状态或变化范围。

（2）分别估算各不确定性因素各种情况发生的概率。这里的概率有主观的成分，是在充分掌握有关资料的基础之上，由专家或决策者依据自己的知识、经验，经系统分析之后做出的判断。

（3）分别估算各种可能发生的情况下各年现金流期望值，并在此基础上计算整个项目净现值的期望值。

各年现金流期望值的计算公式为：

$$E(CF_t)=\sum_{i=1}^{n}CF_{it}\times P_{it} \tag{6-1}$$

式中：$E(CF_t)$ 为第t年现金流量的期望值；CF_{it} 为第t年第i种情况下的现金流；P_{it} 为第t年第i种情况发生的概率；n为第t年现金流的状态数。

整个项目净现值的期望值的计算公式为：

$$E(NPV)=\sum_{t=0}^{T}\frac{E(CF_t)}{(1+k)^t} \tag{6-2}$$

式中：E（NPV）为整个项目净现值的期望值；k为贴现率；T为项目寿命周期长度。

此外，计算项目期望净现值还可以采用另外一种方法，即首先按照一种可能的现金流路径计算净现值：

$$NPV_i=\sum_{t=0}^{T}\frac{CF_{it}}{(1+k)^t} \tag{6-3}$$

式中：NPV_i为第i种可能的NPV值；CF_{it}为第i种现金流路径上第t年的现金流。

再将各种可能的净现值按照各自发生的概率进行加权求得项目的净现值：

$$E(NPV)=\sum_{i=1}^{N}NPV_i\times P_i \tag{6-4}$$

式中：P_i为第i种NPV值的概率；N为现金流路径数。

上述两种方法是等价的，应该得到相同的结果。项目净现值的期望值大于0，则项目可行；否则，项目不可行。

（4）计算各年现金流、项目净现值的标准差或变异系数。

各年现金流的标准差的计算公式为：

$$\sigma_t=\sqrt{\sum_{i=1}^{N}[CF_{it}-E(CF_t)]^2\times P_{it}} \tag{6-5}$$

式中：σ_t为第t年现金流的标准差；其他符号意义同前。

第t年现金流的变异系数为：

$$V_t=\frac{\sigma_t}{E(CF_t)}\times 100\%$$

整个项目净现值的标准差的计算公式为：

$$\sigma=\sqrt{\sum_{i=1}^{N}[NPV_i-E(NPV)]^2\times P_i} \tag{6-6}$$

式中：σ为项目NPV的标准差；其他符号意义同前。

项目净现值的变异系数为：

$$V=\frac{\sigma}{E(NPV)}\times 100\% \tag{6-7}$$

标准差反映每年各种情况下现金流的离散程度和整个项目净现值的波动性，在一定程度上能够说明项目风险的大小。但由于净现值标准差的大小受净现值期望值影响甚大，两者基本上呈同方向变动，因此，单纯以净现值标准差大小衡量项目风险性的高低，有时会得出不正确的结论。为此，需要消除净现值期望值大小的影响，利用上述公式计算整个项目的变异系数V。一般地，V越小，项目的相对风险就越小；反之，项目的相对风险就越大。

依据净现值的期望值、标准差和变异系数，可以选择投资方案。判断投资方案优劣的标准是：期望值相同，标准差小的方案为优；标准差相同，期望值大的方案为优；变异系数小的方案为优。

（5）计算净现值大于或等于零时的累计概率。累计概率值越大，项目所承担的风险就越小。

（6）对以上分析结果做综合评价，说明项目是否可行及所承担风险性的大小。

【例6-1】公司准备投入10 000元开发某新产品，该新产品的销售前景预测见表6-2。

表6-2 某新产品的销售前景预测

概率	经济状况	现金流量（元）				
		0	1	2	3	4
0.3	好	-10 000	5 000	7 000	7 000	6 000
0.5	一般	-10 000	2 000	4 000	4 000	4 000
0.2	差	-10 000	1 000	1 000	2 000	3 000

当投资贴现率为10%时，求该投资项目的期望净现值，并对该项目风险进行分析。

根据项目期望净现值的计算方法，需要先计算出新产品各年的期望现金流量，见表6-3。

表6-3 该新产品各年的期望现金流量

时间	0	1	2	3	4
期望现金流量（元）	-10 000	2 700	4 300	4 500	4 400

则该项目的期望净现值为：

$$E（NPV）=\sum_{t=0}^{T}\frac{E(CF_t)}{(1+k)^t}$$

$$=-10\ 000+\frac{2\ 700}{1.10}+\frac{4\ 300}{1.10^2}+\frac{4\ 500}{1.10^3}+\frac{4\ 400}{1.10^4}=2\ 394（元）$$

也可以采用第二种计算项目净现值的方法。项目现金流有三种可能路径，分别计算出这三种可能的净现值，再计算项目的期望净现值。

$$NPV_1=\sum_{t=0}^{4}\frac{CF_{1t}}{(1+k)^t}=-10\ 000+\frac{5\ 000}{1.10}+\frac{7\ 000}{1.10^2}+\frac{7\ 000}{1.10^3}+\frac{6\ 000}{1.10^4}=9\ 688（元）$$

$$NPV_2=\sum_{t=0}^{4}\frac{CF_{2t}}{(1+k)^t}=-10\ 000+\frac{2\ 000}{1.10}+\frac{4\ 000}{1.10^2}+\frac{4\ 000}{1.10^3}+\frac{4\ 000}{1.10^4}=861（元）$$

$$NPV_3=\sum_{t=0}^{4}\frac{CF_{3t}}{(1+k)^t}=-10\ 000+\frac{1\ 000}{1.10}+\frac{1\ 000}{1.10^2}+\frac{2\ 000}{1.10^3}+\frac{3\ 000}{1.10^4}=-4\ 713（元）$$

$$E（NPV）=\sum_{i=1}^{N}NPV_i\times P_i=0.3\times 9\ 688+0.5\times 861-0.2\times 4\ 713=2\ 394（元）$$

可见，两种方法得到了完全一致的结果。在这个例子中，由于投资的期望值大于零，可以接受该项投资。

但是，该项目的现金流和净现值均存在不确定性，各期现金流和净现值的标准差分别是：

$\sigma_1=1\ 552$；$\sigma_2=2\ 100$；$\sigma_3=1\ 803$；$\sigma_4=1\ 114$；$\sigma=5\ 219$

各期现金流和净现值的变异系数分别是：

V_1=1 552/2 700 ×100%=57.48%

V_2=2 100/4 300×100% =48.84%

V_3=1 803/4 500 ×100%=40.07%

V_4=1 114/4 400×100% =25.32%

V=5 219/2 394×100% =218.00%

从上述分析来看，尽管各期现金流的标准差和变异系数相对较小，但是，项目净现值的标准差和变异系数却很大。这是因为净现值是各期现金流现值的累积，其风险也是各期现金流风险的累积，所以，项目总体的风险要大于单个现金流的风险。

【例6-2】某项目投资20万元。据预测，经营期内的年收入可能为5万元、10万元、12.5万元，相应的概率分别为0.3、0.5和0.2。同时，受技术进步的影响，预计经营期可能为2、3、4、5年，对应的可能性为0.2、0.2、0.5和0.1。如果折现率为10%，请对净现值大于或等于0的累计概率进行分析。

该项目未来的现金流存在多种可能。以年收入为10万元、经营期为4年为例，该投资项目的净现值为：

$$NPV_{(10,\ 4)}=-200\,000+\frac{100\,000}{1.10}+\frac{100\,000}{1.10^2}+\frac{100\,000}{1.10^3}+\frac{100\,000}{1.10^4}=116\,987\text{（元）}$$

上述净现值出现的概率为0.5×0.5=0.25。

由于项目现金流受到两个因素的影响，所以这里用两个下标来表示该现金流路径，其中10表示年收入，4代表经营期。很显然，年收入有3种可能，经营期有4种可能，那么该项目的现金流路径一共有3×4=12种可能。各种情况下的净现值见表6-4。

表6-4 **某项目其他各种情况下的净现值**

序号	年收入（万元）	经营期	净现值（元）	概率	累计概率
1	5	2	−113 223	0.06	0.06
2	5	3	−75 657	0.06	0.12
3	5	4	−41 507	0.15	0.27
4	5	5	−10 461	0.03	0.30
5	10	2	−26 446	0.10	0.40
6	10	3	48 685	0.10	0.50
7	10	4	116 988	0.25	0.75
8	10	5	179 079	0.05	0.80
9	12.5	2	16 942	0.04	0.84
10	12.5	3	110 856	0.04	0.88
11	12.5	4	196 233	0.10	0.98
12	12.5	5	273 848	0.02	1.00

根据净现值的概率分布可以计算得出，该投资项目的期望净现值为792 492元，净现值大于0的累计概率为0.6。

期望值决策法简单易行，但实质上并未脱离确定性投资分析的藩篱。这种决策方法只考虑期望值的大小，未考虑可能围绕期望值出现的偏离和这种偏离的分布状况。因此，它实际上并未考虑投资风险对决策的影响和人们对待风险的态度，容易导致错误的决策。

二、调整现金流的方法

（一）约当系数法

调整现金流量法的基本思路是根据风险的大小对项目的期望现金流量进行调整，调整的方法是减去风险厌恶者愿意支付的保险费。

调整现金流量方法，是按照风险程度调整项目的现金流量，通过改变净现值计算公式中的分子，降低现金流量的数值。现金流量的风险越大，净现值计算公式中的分子数就越小，资产的现值相应也就越低。调整现金流量的方法很多，比较常用的是约当系数法。

约当系数法的原理如图6-1所示。假设一个风险厌恶的投资者要评估某风险资产的价值，该资产未来有50%的概率收益为10元，50%的概率收益为90元，期望收益为50元。由于该投资者厌恶风险，所以有风险的50元收益的现值低于确定的50元收益现值，即50%×U(10)+50%×U(90)<U(50)。

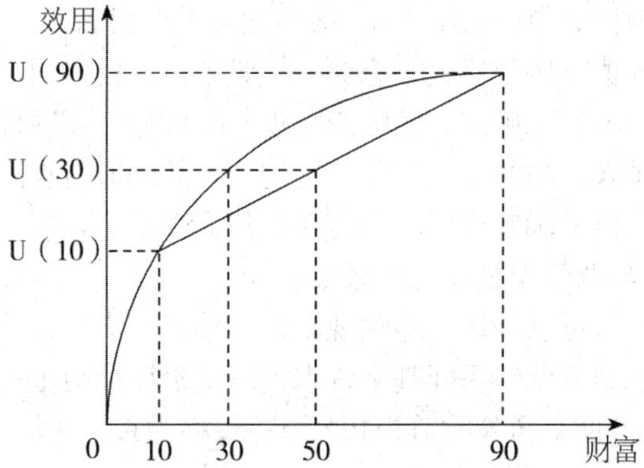

图6-1　风险厌恶者对风险资产的定价

那么，这一资产的价值应该如何衡量呢?

我们发现，投资者认为该资产的价值恰好等于一个确定收益为30元的资产，即50%×U(10)+50%×U(90)=U(30)，因此，我们可以用收益为30元的无风险资产价值作为该风险资产的价值评估结果。换言之，我们是将该风险资产的期望收益减去了20元，得到的30元代表与该资产价值相等的无风险资产的收益，30元就是这50元有风险收益的等价无风险收益，减去的20元可以理解为风险厌恶者为了消除风险而支付的保险费。

在现实中，通常是根据风险的大小对投资项目各期现金流量确定一个调整系数，将各期现金流量与相应的调整系数相乘，即可得到调整后的现金流量值，然后用无风险的贴现率计算净现值，并评估项目是否可行。调整现金流的系数称为约当系数。假设D_t为与项目t期现金流相对应的约当系数，那么净现值公式可以做如下调整：

$$NPV=\sum_{t=0}^{N}[D_t \times \frac{CF_t}{(1+i)^t}] \tag{6-8}$$

【例6-3】假设某项目各期的期望现金流见表6-5。由于现金流存在不确定性，需要进行调整。利用表中第2行的约当系数对现金流进行调整，折现率为5%，计算项目的净现值。

表6-5 **某项目各期的期望现金流** 金额单位：元

时间	0	1	2	3	4
期望现金流	-10 000	2 500	3 000	3 500	4 000
约当系数	1	0.9	0.9	0.8	0.8
调整后现金流	-10 000	2 250	2 700	2 800	3 200
现值	-10 000	2 143	2 449	2 419	2 633

调整后投资项目的净现值为：

NPV=-10 000+2 143+2 449+2 419+2 633=-356（元）

由于调整后投资项目的净现值小于0，故应放弃该项目。

约当系数的确定与项目风险的大小有关。一般来讲，投资项目的风险越大，约当系数的取值越低。但约当系数的确定有较强的主观判断成分，在同样的风险条件下，投资决策人员的风险偏好越强，越敢于冒风险，则约当系数的取值越高。因此，虽然采用约当系数法简单、直观，但是确定合理的约当系数却很困难。

（二）调整贴现率与调整现金流的关系

对项目风险进行分析可以采用调整贴现率或调整现金流的方法，那么，这两种方法理论上能否得到同样的结果呢？下面基于资本资产定价模型给出一个简单的证明。

设市场上第j种资产期末风险收益为P_e，当前价格为P_0，其收益率：

$$R_j=\frac{P_e-P_0}{P_0}$$

如果该资产定价满足CAPM，那么$E(R_j)-R_f=\frac{COV(R_i,R_m)}{VAR(R_m)}(E(R_m)-R_f)=\beta_j(E(R_m)-R_f)$，则：

$$P_0=\frac{E(P_e)}{1+R_f+\beta_j(E(R_m)-R_f)} \tag{6-9}$$

这就是典型的通过调整贴现率的方式来得到当前证券价值的方法，也是一种最直接的方法。

将该资产收益率公式代入协方差公式，可以得到：

$$COV(R_j, R_m) = cov\left[\frac{P_e - P_0}{P_0}, R_m\right] = E\left[\left(\frac{P_e - P_0}{P_0} - \frac{E(P_e) - P_0}{P_0}\right)(R_m - E(R_m))\right] = \frac{1}{P_0}COV(P_e, R_m)$$

将上述协方差代入$P_0=\dfrac{E(P_e)}{1+R_f+\beta_j(E(R_m)-R_f)}$，则可以得到：

$$P_0=\frac{E(P_e)-\dfrac{(E(R_m)-R_f)}{VAR(R_m)}COV(P_e, R_m)}{1+R_f} \tag{6-10}$$

上述等式是将资产的期望收益进行调整后，用无风险利率贴现得到当前价值，因此分子上的数值应该等价于一个无风险现金流，因此这个等式也称为确定性等价公式。

比较公式（6-9）和（6-10），两者对资产价值的评估都是正确的，但是两个公式对风险调整的思路却有所不同。公式（6-9）是对贴现率进行调整，公式（6-10）则是对分子上的现金流量进行调整，显然，两种方法得到的结果应当是等价的。

第三节 敏感性分析

一、敏感性分析的原理

在进行项目投资决策时，通常假定影响未来现金流大小的一系列因素处于预期状态，这些因素包括投资额、销售量、销售价格、成本和折现率等。在实际生活中，实际值与预期值偏离的情况经常发生。敏感性分析就是研究项目的评价结果对影响项目的各种因素变动敏感性的一种分析方法。例如，当销售量、价格、成本等发生变动时，项目的净现值和内部收益率会发生不同程度的变化。

敏感性分析包括单因素敏感性分析和多因素敏感性分析。单因素敏感性分析是指在保持其他因素不变的情况下，考察某个因素，计算该因素的变动对项目经济评价指标产生的影响。多因素敏感性分析是同时改变多个因素，计算多个因素同时发生变化时对项目经济评价指标产生的影响。

二、敏感性分析的步骤和方法

为了找出最重要的敏感性因素，在决策时通常进行单因素敏感性分析。单因素敏感性分析的步骤如下：

（一）选取不确定因素

一般来说，投资额、产品价格、产品产量、经营成本、项目寿命期、折现率和原材料价格等因素经常会被作为影响财务评价指标的不确定因素。选取不确定因素的原则主要有两方面：第一，预计在可能的变动范围内，该因素的变动会比较强烈地影响项目的评价指标；第二，在确定性分析中采用该数据的准确度较低。

（二）设定不确定性因素的变化程度

一般选取不确定因素变化的百分率，通常选择±5%、±10%、±15%、±20%等。对于不便于用百分数表示的因素，如项目生命期，可采用延长一段时间（如延长1年）表示。

（三）选取分析指标

敏感性分析指标就是确定要考察其不确定性的评价指标，一般有净现值、内部收益率和投资回收期等。一般来说，敏感性分析的指标应当与确定性分析中使用的指标一致。当确定性分析中使用的指标较多时，可选取其中最重要的一个或几个指标。

（四）计算敏感性指标

（1）敏感度系数。敏感度系数是反映项目评价指标对因素敏感程度的指标。敏感度系数越高，敏感程度越高。其计算公式为：

$$E=\frac{\Delta A}{\Delta F} \tag{6-11}$$

式中：E为经济评价指标；ΔA为经济评价指标A的变化率（%）；ΔF为不确定性因素F的变化率（%）。

（2）临界点。临界点是指项目允许不确定因素向不利方向变化的极限点。临界点可以用临界值或临界点百分率表示。当某一因素向不利方向变化达到该临界值或临界百分率时，该项目由可行转变为不可行。临界点可用敏感性分析图求得近似值，也可通过函数方法求解。

（五）绘制敏感性分析表和敏感性分析图

通过表格或图形的方式，可以将不确定因素和项目评价指标之间的关系直观地表示出来。

（六）对敏感性分析结果进行分析

通过对敏感性分析结果的分析，找出最敏感的一个或几个因素，粗略估计项目可能存在的风险。

【例6-4】G公司有一个投资项目，其敏感性分析的基本数据见表6-6。

表6-6 **G公司某投资项目敏感性分析的基本数据**

项目	投资额（元）	寿命期（年）	年收入（元）	年费用（元）	残值（元）	折现率
数据	100 000	5	60 000	20 000	10 000	10%

假定投资额、年收入、折现率为主要的敏感性因素。试对该投资项目净现值指标进行单因素敏感性分析。

我们按照前面的敏感性分析步骤对这个项目进行风险分析。

（1）在该例中，敏感性因素与分析指标已经给定，我们选取±5%、±10%作为不确定因素的变化程度。

（2）计算敏感性指标。

首先，计算决策基本方案的NPV：

$$\begin{aligned}NPV&=-100\,000+(60\,000-20\,000)\times PVIFA_{(10\%,\ 5)}+10\,000\times PVIF_{(10\%,\ 5)}\\&=57\,840.68\text{（元）}\end{aligned}$$

然后，根据不同的因素取值，计算不确定因素变化后的NPV。参见表6-7和表6-8。

①不确定因素变化后的取值：

表6-7　　不确定因素变化后的取值　　金额单位：元

变化率	投资额	年收入	折现率
-10%	90 000	54 000	9%
-5%	95 000	57 000	9.5%
0	100 000	60 000	10%
+5%	105 000	63 000	10.5%
+10%	110 000	66 000	11%

②不确定因素变化后NPV的值：

表6-8　　不确定因素变化后NPV的值　　金额单位：元

变化率	-10%	-5%	0	+5%	+10%
投资额	67 840.68	62 840.68	57 840.68	52 840.68	47 840.68
年收入	35 095.96	46 468.32	57 840.68	69 213.04	80 585.40
折现率	62 085.36	59 940.63	57 840.68	55 784.33	53 770.39

根据上面的表格可知，当投资额的变化率为-10%时：

$$\Delta A=\frac{67\,840.68-57\,840.68}{57\,840.68}\times 100\%=17.3\%$$

$$E=\frac{\Delta A}{\Delta F}=\frac{17.3\%}{-10\%}\times 100\%=-1.73$$

其余情况的计算方法类似。

（3）计算临界值。以净现值为0作为标准，计算各主要变量的临界值。

①投资额临界值：设投资额的临界值为I，则：

$NPV=-I+(60\,000-20\,000)\times PVIFA_{(10\%,\ 5)}+10\,000\times PVIF_{(10\%,\ 5)}=0$

投资额临界值I=157 841（元）

②收入临界值：设年收入的临界值为R，则：

$NPV=-100\,000+(R-20\,000)\times PVIFA_{(10\%,\ 5)}+10\,000\times PVIF_{(10\%,\ 5)}=0$

收入临界值R=44 741.77（元）

③折现率临界值：设折现率的临界值为i，则：

$NPV=-100\,000+(60\,000-20\,000)\times PVIFA_{(i,\ 5)}+10\,000\times PVIF_{(i,\ 5)}=0$

折现率临界值i=30.06%

实际上，折现率临界值就是该项目的内部收益率。

（4）编制敏感性分析表。根据上述测算值，整理绘制敏感性分析表，见表6-9。

表6-9 **整理绘制的敏感性分析表** 金额单位：元

序号	风险因素	变化率	净现值	敏感系数	临界值
0	基本方案	0	57 840.68	—	—
1	投资额	−10%	67 840.68	−1.73	157 841
		−5%	62 840.68	−1.73	
		+5%	52 840.68	−1.73	
		+10%	47 840.68	−1.73	
2	年收入	−10%	35 095.96	3.93	44 741.77
		−5%	46 468.32	3.93	
		+5%	69 213.04	3.93	
		+10%	80 585.40	3.93	
3	折现率	−10%	62 085.36	−0.73	30.06%
		−5%	59 940.63	−0.73	
		+5%	55 784.33	−0.71	
		+10%	53 770.39	−0.70	

（5）绘制敏感性分析图。在敏感性分析图（见图6-2）中，横轴为因素变化率，纵轴为对应的NPV。从图上看，与横坐标相交角度最大的曲线对应的因素就是最敏感的因素。

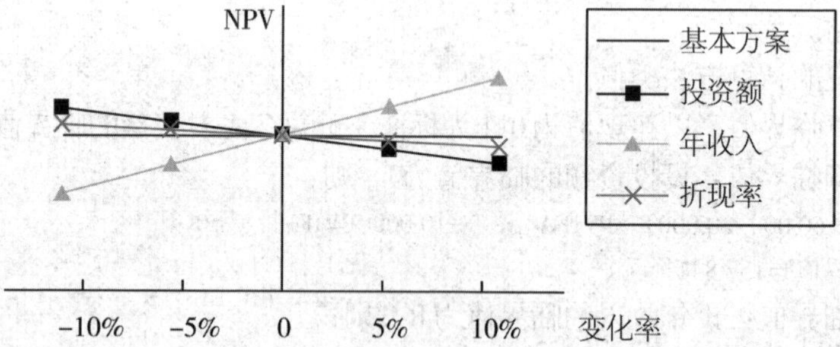

图6-2 敏感性分析图

我们还可以在图中做出分析指标的临界曲线。对于净现值指标而言，横坐标为临界曲线（NPV=0）；对于内部收益率指标而言，以基本方案的内部收益率为Y值做出的水平线为基准收益率曲线（临界曲线）。

（6）分析评价。从敏感性分析表和敏感性分析图可以看出，净现值指标对年收入的变化最敏感。

尽管敏感性分析是一种简便、易行且有效的不确定性分析方法，但也有其局限性。敏感性分析可以找出项目收益对其较敏感的不确定因素，但无法确定该因素变化的概率。另外，在敏感性分析中，分析某一因素的变化时，假定其他因素不变，而实际经济活动中各因素之间是相互影响的。例如，在前面的例子中，当投资额减少时，很可能会导致年收入减少。

三、敏感性分析的深化——情景分析

情景分析（Scenario Analysis）是对不同情况下投资项目的效益状况的分析。一般来说，情景分析至少要分析基本状况、最佳状况和最差状况这三种。所谓基本状况，是指以投资项目的市场销售状况、价格、成本等各项预测的期望值为分析基础的状态。而最佳状况和最差状况，则是分别以上述预测的最优值和最差值为分析基础的状态。

情景分析可用下例说明。

【例6-5】承前例，假设公司管理层希望进一步了解该项目在最差状况下会损失多少，以及在最佳状况下能有多大收益。

假设在基本状况、最佳状况和最差状况这三种状况下，项目的生命期、年收入和残值见表6-10。

表6-10　G公司某投资项目的基本状况、最佳状况和最差状况的假设资料

变量情景	最佳	正常	最差
生命期（年）	7	5	3
年收入（元）	90 000	60 000	45 000
残值（元）	15 000	10 000	8 000

由此可以得到各种情景下项目的净现值，见表6-11。

表6-11　G公司某项目各种假设情景下项目的净现值

情景	最差状况	正常状况	最佳状况
NPV（元）	-31 818.18	57 840.68	248 486.69

从表6-11可以看出，在最佳状况下，项目的净现值可以达到248 486.69元，而在最差状况下，项目的净现值是-31 818.18元。当最糟糕的情况出现时，项目变得不可行。因此，公司应当采取相应的措施，预防最糟糕的情况出现。

情景分析虽然提供了很多有用的信息，但也有一些缺陷：它假设未来的情况可以明确地被分为几种状态，而现实中这些状态不能截然分开。

第四节　盈亏平衡分析

一、盈亏平衡分析概述

盈亏平衡分析是在一定的市场、生产能力和经营管理条件下，研究项目成本与收益

平衡关系的方法。当相关因素变化到一定程度时，企业由盈利转为亏损，这个转折点称为盈亏平衡点，在这一点上销售收入与成本费用正好相互抵消。盈亏平衡点越低，说明项目适应市场变化的能力越强，抵抗风险的能力也越强。

盈亏平衡点有多种表达形式，可以用产量、单位产品价格、单位产品可变成本以及年固定成本等绝对量表示，也可以用生产能力利用率等相对量表示。在项目不确定性分析中，盈亏平衡点通常用产量和生产能力利用率表示。

根据成本、收益与产量之间是否呈线性关系，盈亏平衡分析可分为线性盈亏平衡分析和非线性盈亏平衡分析。这里介绍线性盈亏平衡分析。

二、盈亏平衡分析的假设和方法

（一）线性盈亏平衡分析的假设条件

第一，产量等于销售量，即当年生产的产品在当年全部销售出去。

第二，销售成本是产量的线性函数，即产量变化时，单位可变成本保持不变。

第三，销售收入是销售量的线性函数，即销售量变化时，单位产品价格保持不变。

第四，只生产一种产品，或当生产多种产品时，换算成单一产品，不同产品之间的销售比例保持不变。

（二）线性盈亏平衡分析的基本方法

线性盈亏平衡分析中，收入、成本和盈亏平衡关系如图6-3所示。

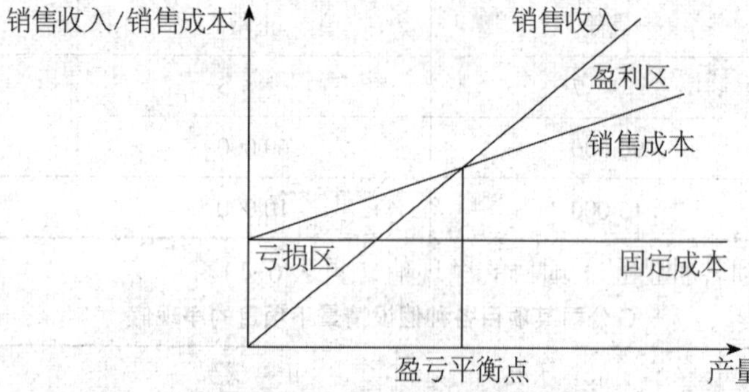

图6-3　线性盈亏平衡图

1.会计盈亏平衡点的确定

保本点产量是项目达到盈亏平衡时所必须达到的生产量。保本点产量的分析主要基于如下两个公式：

$$C=F+V=F+v\cdot N$$

$$S=(p-t)\cdot N$$

式中：C为销售成本；F为固定成本；V为可变成本；v为单位可变成本；N为产量；S为销售收入；t为单位产品销售税金及附加；p为单位产品价格。

由于盈亏平衡时销售收入等于销售成本，即C=S，通过简单的推导，可以得到：

$$N^*=\frac{F}{p-v-t} \tag{6-12}$$

式中：N^*为保本点产量。

【例6-6】H工厂某一项目设计生产20 000吨化肥，固定成本为1 202 000元，单位可变成本为335元，单位产品销售税金及附加为90元，单位产品售价为650元。求项目投产后的盈亏平衡点。

根据题目中所给条件，保本点产量为：

$$N^*=\frac{F}{p-v-t}=\frac{1\,202\,000}{650-335-90}=5\,342.22\text{（吨）}$$

2.财务盈亏平衡点的确定

财务盈亏平衡点也称现值盈亏平衡点，它是考虑了资金的时间价值或机会成本后，项目达到盈亏平衡所要求的产量。

财务盈亏平衡点的计算公式如下：

$$N^*=\frac{EAC+F\cdot(1-T')-DEP\cdot T'}{(P-V)(1-T')} \tag{6-13}$$

式中：EAC（Equivalent Annual Cost）为约当年均成本，通常是连本带利的年平均资金成本，是项目全部现金流出现值的年金价值；DEP为折旧；T'为所得税税率。

【例6-7】某公司固定资产投资（FA）为15亿元，使用期限为5年，采用直线法计提折旧，无残值。公司的固定成本支出是2亿元，生产产品的可变成本为100万元/件，产品售价为200万元/件。项目折现率为10%，所得税税率为25%。求项目的盈亏平衡点产量。

根据已知条件：

$$EAC=FA/PVIFA_{(i,\ n)}=15/PVIFA_{(10\%,\ 5)}=15/3.7908=3.96\text{（亿元）}$$

$$N^*=\frac{EAC+F\cdot(1-T')-DEP\cdot T'}{(P-V)(1-T')}=\frac{3.96+2\times(1-25\%)-3\times 25\%}{(0.02-0.01)\times(1-25\%)}=\frac{3.96+1.5-0.75}{0.0075}=628\text{（件）}$$

三、盈亏平衡分析的适用性与局限性

由于未来存在不确定性，盈亏平衡分析可以帮助我们减少决策失误。会计利润相对容易计算，也容易理解。如果一个项目在会计上都难以做到盈亏平衡，或勉强做到盈亏平衡，那么从财务或投资回报的角度看，这个项目将会是亏损的。一个项目如果在会计上盈利状况不好，将会降低企业的整体会计利润水平，这对经营者和投资者也是一个不好的信息，盈亏平衡分析有助于决策者从会计利润的角度对项目的效果进行判断。

但是，传统盈亏平衡分析以盈利为零作为盈亏平衡点，没有考虑资金的时间价值，是一种静态分析，这是传统盈亏平衡分析的局限性。从财务管理的角度，需要把资金的时间价值纳入盈亏平衡分析中，将项目盈亏平衡状态定义为净现值等于零的状态，便能将资金的时间价值考虑在盈亏平衡分析内，变静态盈亏平衡分析为动态盈亏平衡分析。由于净现值的经济实质是项目在整个经济计算期内可以获得的、超过基准收益水平的、以现值表示的超额净收益，所以，净现值等于零意味着项目刚好获得了基准收益水平的收益，实现了资金的基本水平的保值和真正意义的“盈亏平衡”。

动态盈亏平衡分析不仅考虑了资金的时间价值，而且可以根据企业所要求的不同的

基准收益率确定不同的盈亏平衡点，使企业的投资决策和经营决策更全面、更准确，从而提高项目投资决策的科学性和可靠性。

第五节　决策树分析

一、决策树分析方法的基本原理

很多投资项目是分几个阶段完成的。比如，一个企业在考虑是否进入车载空气净化器领域时，可能首先要投入100万元对该市场的供需状况进行调查。如调查结果显示，由于污染日趋严重，市场对这类产品需求较大，企业可能还需要再投资500万元进行产品研发和试生产，以优化生产技术和生产工艺。最后，企业要利用试生产得到的生产成本数据和市场调查对潜在市场需求的判断，分析进入车载空气净化器领域是否有利可图，然后才能决定是否接受这一项目。

不难看出，上述决策是分阶段进行的，每一阶段的决策取决于前一阶段决策的结果，同时也是前一阶段决策的继续。对于这一类型的投资项目的决策通常采用的方法是决策树分析法。

决策树，是一种树形的决策模型，它由决策点、方案分枝、状态结点、概率分枝和结果点等要素构成。决策树分析方法的决策依据是各个方案的期望净现值，决策的原则一般是选择期望净现值最大或期望损失（成本或代价）最小的方案作为最佳决策方案。

运用决策树分析方法进行风险决策分析的逻辑顺序是：树根→树干→树枝→树梢。但各个方案期望净现值的计算过程恰好与分析问题的逻辑顺序相反，它一般是从每一个树梢开始，经树枝、树干逐渐向树根进行。具体而言，运用决策树分析方法需要按以下步骤进行：

（1）画出决策树。把一个具体的决策问题，由决策点逐渐展开为方案分枝、状态结点，以及概率分枝、结果点等。

（2）计算期望净现值。在决策树中，由树梢开始，经树枝、树干，逐渐向树根，依次计算各个方案的期望净现值。

（3）剪枝。将各个方案的期望净现值分别标注在其对应的状态结点上，进行比较优选，去掉要舍弃的方案，保留被选取的最优方案。

二、决策树分析的基本方法

以一个具体的例子来说明决策树分析的基本方法。

【例6-8】甲工厂研制出一种新产品，准备进行试生产和营销试验，需要20万元的投资。试验成功的概率为50%。如果一年后试验成功，工厂将继续从事这一产品的生产；如果试验失败，工厂将停止该项目。与此同时，即使试验成功，工厂对这一新产品的需求情况也没有把握，估计生产后有30%的可能需求疲软。这时决策者面临的问题是：是使用既有的一个小车间，还是新建一个大车间进行该产品的生产。若新建大车间，费用为100万元，而使用既有的小车间只需再花费15万元。工厂的资本成本为10%。其他相关信息如决策树图（图6-4）所示。

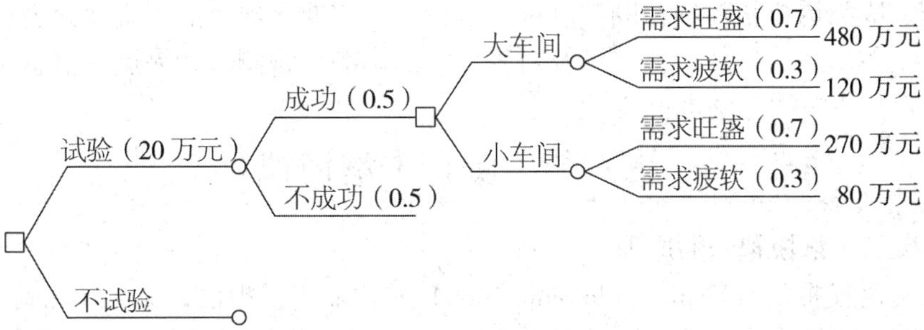

图6-4　决策树图

图中："□"代表决策点，每一决策点引出两条或两条以上的方案分枝，每条分枝代表不同的决策方案；"○"代表状态结点，每一结点引出的分枝代表可能发生的状态或事件，最末端的分枝是概率分枝和结果点。

工厂从最左端的决策点出发，第一个决策是：是否进行试验？如果决定进行试验，就走向下一个事件点：试验是否成功（概率为0.5）？如果试验成功，工厂走向第二个决策点：新建一个大车间，还是使用既有的小车间？决策涉及两个阶段，要分别进行分析。

利用决策树进行决策的顺序是从右向左，即从树梢向树根进行，根据各事件的损益值以及事件发生的概率，计算出该事件损益的期望值，然后对这些期望值进行比较，选择最佳方案。

第二个决策点需要做出的决策是：应该新建一个大车间，还是使用既有的小车间。

如果新建大车间，损益的期望值为：

$480\times0.7+120\times0.3=372$（万元）

$NPV=\frac{372}{1+10\%}-100=238.18$（万元）

如果使用既有的小车间，损益的期望值为：

$270\times0.7+80\times0.3=213$（万元）

$NPV=\frac{213}{1+10\%}-15=178.64$（万元）

显然，新建大车间获得的净现值更高，应选择新建大车间。

确定了第二个决策点的结果之后，再向前推。决定试验还是不试验。如果决定试验，那么净现值为：

$NPV=\left(\frac{238.18}{1+10\%}-20\right)\times0.5+(0-20)\times0.5=88.26$（万元）

如果不试验，净现值为0。

进行试验的净现值高于不试验，因此，应选择试验。

三、决策树分析的适用性与局限性

决策树分析是企业进行相关方案系列决策时的一种有效工具。在进行这类决策时，企业不是以某一方案本身的得失作为决策的基础，而是考虑这一方案可以为企业带来什么样的发展机会，以及这种机会的价值高低。

但是，决策树方法对项目的信息量要求较高，它要求项目能明确地分为几个阶段，各阶段发生的事件、事件的概率以及对现金流的影响可预测。如果这些信息无法获得，就不适宜使用决策树方法进行分析。

第六节　蒙特卡洛模拟

一、蒙特卡洛模拟法的原理

蒙特卡洛模拟法（Monte Carlo Simulation）又称随机模拟法，其名字来源于摩纳哥的著名赌城蒙特卡洛。它是计算机模拟的基础。蒙特卡洛模拟建立在中心极限定理的基础上，假设某个随机变量Y的期望值θ=E［Y］，那么，我们假设可以产生与Y独立同分布的随机变量的值，每产生一次完成一次模拟。假设进行了k次模拟，产生了k个值Y_1，Y_2，Y_3，…，Y_k，如果令$\overline{Y}=\frac{\sum_{i=1}^{k}Y_i}{k}$是它们的代数平均值，Y就可以看作θ的一个估计值，且可以证明在中心极限定理的假设下，k越大，越接近正态分布，Y也就是θ的一个较好的估计量。这种估计期望值的方法就被称为蒙特卡洛模拟。前面所讲的敏感性分析，每一次模拟只允许一个变量变动，其他变量均为最大可能估计。现实中，由于变量间的相互关联，通常是多个变量一起变化。单一变量变化只能构成一种情景。情景分析也是如此。应用蒙特卡洛模拟可以很好地改进传统投资决策分析方法，提高传统投资决策分析的准确性。

二、蒙特卡洛模拟法的基本步骤

首先，选定几个不确定性因素作为模拟分析的对象；其次，通过收集数据以及专家的意见预测出每个不确定性因素的分布函数；再次，利用计算机软件依照各不确定性因素的近似概率分布实现该因素的随机取值，随着不确定性因素取值的变化，项目财务分析指标（如净现值）也会产生相应的变化；最后，根据模拟结果绘制财务分析指标在不同数值段的频率图，并计算出其期望值、标准差等特征值。

一般依据项目规模和风险重要程度来确定模拟需要进行的次数，模拟次数越多，相应地，在解空间中就可以找到更多的随机模式。当模拟的次数足够多时，财务分析指标的特征值会趋于稳定，频率分布图形状也会趋于稳定。指标的特征值和频率分布直接反映了项目的经济效果和所承受的风险大小。

【例6-9】某企业现在面临是否再新开一家营业部的投资决策问题。根据企业以往的经验，新开一家营业部，在第1年可为企业带来的新增客户数服从均值为20、标准差为7的正态分布，此后，以每年平均10%的规模稳定增长，而每位客户能为企业带来1万元、1.5万元、2万元、2.5万元、3万元的销售收入的概率分别为10%、30%、30%、20%、10%。此外，新开营业部还会给企业带来服务收入，服务收入通常在60万～90万元。而新开营业部需要初始投资约25万元，且每年所需的各项费用服从均值为55万元、标准差为15的正态分布。假设10年后该营业部将被关闭，且关闭后不产生任何现金流。综

合以上信息，该企业是否应该开设新营业部？（设贴现率为10%，且不考虑税收）

为了能够模拟出该营业部在10年内的现金流，在此我们介绍利用Excel进行蒙特卡洛模拟的方法。

1.生成随机变量

利用Excel内置函数可以很简便地生成本例中涉及的各个随机变量，包括第一年新增客户数、销售收入、服务收入和各项费用。第一年新增客户数就可以使用Excel内置函数的嵌套表达为“INT（NORMINV（RAND（），20，7））”；然后给出随机数种子，即将第一年新增客户数后面的单元格（假设其列标行号为X_n）设为RAND（），这样拟设立的新营业部带来的每位客户的年销售收入可表达为“IF（X_n<=0.1，1.0，IF（X_n<=0.4，1.5，IF（X_n<=0.7，2.0，IF（X_n<=90%，2.5，3））））”。拟设立新营业部的年服务收入可表达为“60+（90-60）*RAND（）”，意即“年服务收入最小值+（年服务收入最大值－年服务收入最小值）×随机生成系数”；各项费用合计数则可表达为“NORMINV（RAND（），55，15）”。

2.计算投资净现值

本例做10年的预测，要计算该投资项目投资后第1~10年每一年的现金净流量，进而计算整个项目的净现值。在本例中，从第2年开始，每年的客户数计算公式为第1年客户数单元格乘以（1+10%）^{n}后取整，即第n年客户数=INT(第1年客户数单元格×（1+10%）^{n})，其中，INT为取整函数。

这样，具体的项目投资期内各年现金净流量的计算表见表6-12。

表6-12　**项目投资期内各年现金净流量的计算表**　金额单位：万元

	投资现金流	客户数	每位客户销售收入	销售收入	服务收入	费用合计	经营净现金流
期初	-25.00						-25.00
第1年		14	1.00	14.00	71.59	20.78	64.81
第2年		15	2.00	30.00	75.98	36.12	69.86
第3年		16	2.50	40.00	83.05	52.97	70.08
第4年		18	2.50	45.00	71.62	37.33	79.29
第5年		20	2.50	50.00	89.23	53.22	86.01
第6年		22	2.00	44.00	81.68	57.22	68.46
第7年		24	2.00	48.00	67.47	42.51	72.96
第8年		27	1.50	40.50	66.45	52.05	54.90
第9年		30	1.00	30.00	86.76	57.62	59.14
第10年		33	2.50	82.50	67.67	34.35	115.82

在10%贴现率的情况下，计算出NPV为423.30万元。

3.对随机计算结果进行多次模拟

如前所述，上述步骤得到的净现值实际上是一个不可确定的随机数值，它并不固定，每次模拟都会发生变化，而我们的目的是研究净现值的概率分布，这样就需要进行多次模拟。这里，应用Excel软件的“模拟运算表”功能可以完成多次模拟。本例中设定进行5 000次模拟，可以在上文中计算NPV的单元格下选定5 000行×2列的空白区域，第一列为模拟次数，第二列为每次模拟得到的净现值，应用Excel“数据”菜单栏中的“模拟运算表”命令，在选定区域内就可以自动生成5 000次模拟的净现值数值。然后分别使用Excel内置的AVERAGE、MAX、MIN等函数计算出5 000次模拟净现值的平均数、最大值、最小值等统计数据。

4.绘制概率分布图和累计概率分布图

先将多次模拟出的结果划分成若干个取值范围，据此给每个模拟结果确定一个刻度值，再计算各模拟结果在各取值范围内的概率和累计概率。本例中，可将5 000次模拟出的净现值等分成50个取值范围，每个取值范围的大小为（模拟净现值最大值-模拟净现值最小值）÷50。然后，在5 000次模拟的净现值那一列的右边增加“刻度”一列，第一个刻度即为模拟净现值最小值，后面每一个刻度即为在模拟净现值最小值的基础上增加1个取值范围。在确定好各模拟净现值对应的刻度之后，利用Excel内置的FREQUENCY函数就可以根据刻度值计算出模拟净现值在各取值范围内出现的频次。FREQUENCY函数的含义为“以一列垂直数组返回一组数据的频率分布”，语法为“FREQUENCY（data_array，bins_array）”，其中，“data_array”的取值为所有的模拟净现值组成的数组，“bins_array”表示间隔的数组。在“刻度”一列的右边设立“出现频次”一列，利用FREQUENCY函数得到一组频次数值，再根据数据画出频率分布图，如图6-5所示。

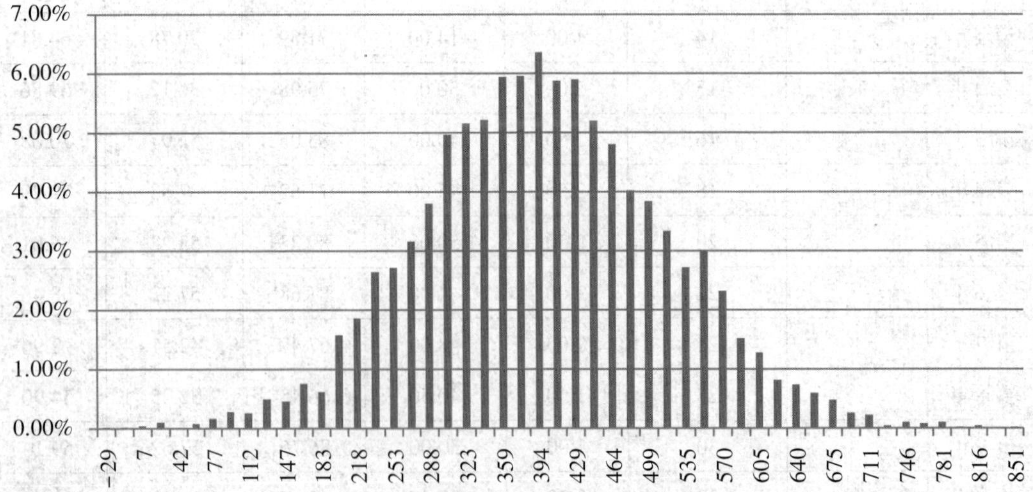

图6-5 蒙特卡洛模拟下的频率分布图

5.决策分析

从前面的计算可以看到，对随机计算结果进行5 000次模拟后可得投资一个新的营业部项目的净现值均值398.18万元；从模拟净现值的概率分布图中可以看到，该分布比较接近正态分布，模拟净现值集中在323.40万元至443.60万元的区间内，且只有极个别的模拟净现值为负，即表明拒绝该项目的概率趋近零，是小概率事件，而99%以上的模拟净现值都是正数，该项目可以被接受。

三、蒙特卡洛模拟法的适用性与局限性

传统企业投资决策分析的方法主要包括投资回收期法、净现值法、现值指数法、内含报酬率法等。所有这些分析方法都需要根据拟投资项目未来现金净流量来进行计算判断。然而在实践中，我们往往很难准确估计拟投资项目未来若干年能够给企业带来的现金净流量，这时，传统决策分析方法往往缺乏实际应用的可靠性。特别是，假设其他因素不变，考察单一因素变化对决策变量的影响，这一假定比较牵强。而应用蒙特卡洛模拟可以很好地改进传统投资决策分析方法，大大增强预测精度。此外，蒙特卡洛模拟法对于财务数据的确定都是通过随机取样来实现的，客观地反映了市场的变化。而大量的数据模拟解释了一种概率的结果，这使人们对敏感性分析和情景分析的怀疑有了一个很好的弥补方法。

但是，蒙特卡洛模拟要求的数据量较多，且模拟的数据变量要求是相互独立的。非随机生成的模拟及其预测结果可能是错误的。此外，蒙特卡洛模拟是在一定置信水平下的估计，它的误差具有概率性，而不是一般意义下的误差。

本章小结

风险与不确定性广泛存在于社会经济活动中，投资项目决策也必须考虑未来可能出现的风险。本章重点介绍了投资项目决策中风险分析的思路和主要方法。

1.风险分析是识别风险因素、估计风险概率、评价风险影响并制定风险对策的过程。其目的是衡量风险对项目价值的影响，并对影响项目不确定性的因素进行分析，估算它们的变动对项目效益的影响，找出最重要的因素及其临界点。如果在面临风险时只考虑项目的期望收益，就无法正确地反映项目的真实价值。

2.对风险进行调整可以从两个方面进行：调整贴现率和调整现金流。风险调整的贴现率由两部分组成，一部分是无风险利率，另一部分是风险溢价。风险越大，则要求的报酬率越高。CAPM是一种最常用的估计风险调整贴现率的方法。调整现金流量的方法，是按照风险程度调整项目的现金流量，通过改变净现值计算公式中的分子，降低现金流量的数值，比较常用的是约当系数法。

3.敏感性分析就是研究项目的评价结果对影响项目的各种因素变动敏感性的一种分析方法，包括单因素敏感性分析和多因素敏感性分析。敏感性分析可以找出项目收益对其较敏感的不确定因素，但该方法也有明显的局限性。

4. 盈亏平衡分析是在一定的市场、生产能力和经营管理条件下，研究项目成本与收益平衡关系的方法。该方法的一个关键指标是盈亏平衡点。由于未来存在不确定性，盈亏平衡分析可以帮助我们减少决策失误。但是，基于会计数据的盈亏平衡分析没有考虑资金的时间价值，是一种静态分析。从财务管理的角度，需要把资金的时间价值纳入盈亏平衡分析中，变静态盈亏平衡分析为动态盈亏平衡分析。

5. 很多投资项目是分几个阶段完成的，每一阶段的决策取决于前一阶段决策的结果，同时也是前一阶段决策的继续。对于这一类型的投资项目通常采用的方法是决策树分析法。各个方案期望净现值的计算过程恰好与分析问题的逻辑顺序相反，它一般是从每一个树梢开始，经树枝、树干，逐渐向树根进行。

6. 蒙特卡洛模拟方法是计算机模拟的基础。首先选定几个不确定性因素作为模拟分析的对象，通过收集数据以及专家的意见预测出每个不确定性因素的分布函数，然后利用计算机软件依照各不确定性因素的近似概率分布获得该因素的随机取值，随着不确定性因素的取值不同，项目决策指标也会发生相应的变化。蒙特卡洛模拟是敏感性分析和情景分析的重要补充。

重点概念

风险分析　调整贴现率　约当系数　敏感性分析　情景分析　盈亏平衡点　保本点产量　静态盈亏平衡　动态盈亏平衡　蒙特卡洛模拟

复习思考

1. 简述风险分析的主要内容。
2. 如何在项目价值评估中考虑风险因素？简述两种风险调整方法的思路。
3. 举例说明你能想到的能导致资本预算被扭曲或误导的因素或情景，并解释原因。
4. 简述敏感性分析法的内容及其适用性和局限性。
5. 与敏感性分析相比，情景分析的优势在哪里？
6. 简述动态盈亏平衡分析法的内容和特点。
7. 简述决策树分析方法的适用性和局限性。
8. 简述蒙特卡洛模拟法的适用性和局限性。
9. 以下说法是否正确，为什么？

（1）对贝塔为零的项目不需要进行敏感性分析。

（2）通过敏感性分析可以迅速找到影响项目成败的关键因素。

（3）决策树有助于确认实物期权。

（4）如果公司拥有实物期权，并可以投资于NPV大于0的项目，那么公司的市场价值大于其资产价值。

分析计算

1. 在修建防洪堤时，由于洪水漫过防洪堤造成的损失与漫过防洪堤的洪水数量有关，而漫过的洪水量又与堤坝的高度有关。因此，在进行投资决策时，决策者可以根据堤坝高度来估计可能造成的损失。根据近50年的资料确定的堤坝高度、修建费用和洪水漫堤后造成的损失的期望值等数据如下：

堤坝高度（米）	最高水位超过正常水位x米的年数	最高水位超过正常水位x米的概率	水位超出堤身x米时的损失（元）	x米高堤坝的建造费用（元）
0.0	24	0.48	0	0
0.5	12	0.24	100 000	100 000
1.0	8	0.16	150 000	210 000
1.5	3	0.06	200 000	330 000
2.0	2	0.04	300 000	450 000
2.5	1	0.02	400 000	550 000
总计	50	1.00		

其中堤坝高度是指坝顶超出正常水位值的数量。假定15年后将修建新的防洪工程，因此，防洪堤的有效工作年限为15年。若投资贴现率为12%，修多高的防洪堤最经济？

2. 某项目各期的期望现金流和各期约当系数见下表，折现率为12%。试判断该项目是否可行。

年份	0	1	2	3
期望现金流	-50 000	20 000	25 000	30 000
约当系数	1	0.9	0.8	0.7

3. 某公司研究人员开发出一种新产品，公司准备进行试生产和营销试验，需要125 000元的投资。试验成功的机会为50%。如果试验成功，公司将继续投资100万元修建一个新车间从事这一产品的生产，这一投资可以永久性地为公司带来每年25万元的净现金流入量；如果试验失败，公司将停止这一项目的工作。假设该项目适用的贴现率为10%，请用决策树分析方法对该项目进行评价。

4. 某公司研发一种新型药物来预防肺炎的传播，如果产品研发成功直接投放市场可获得3 000万元的净现值，如果失败，项目的净现值为-1 000万元。产品研发成功和失败的概率分别为0.6、0.4。目前，公司决定对市场进行调研，花费150万元。预计调研后对产品进行改进，需要两年时间，但成功概率上升至0.9。折现率为12%。企业是否需要进一步的市场调研和两年时间的技术改进？

5.某企业为生产一种新产品，有三种方案可供决策者选择：一是改造原有生产线；二是从国外引进生产线；三是与国内其他企业协作生产。该种产品的市场需求状况大致有高、中、低三种可能，据估计，其发生的概率分别是0.3、0.5、0.2。在各种市场需求状况下每一种方案的净现值如下：

需求状态		高	中	低
状态概率		0.3	0.5	0.2
各方案的净现值	改进生产线B_1	200	100	20
	引进生产线B_2	220	120	60
	协作生产线B_3	180	100	80

请问该企业究竟应该选择哪一种方案？

6.设某投资项目的初始投资额为40万元，寿命5年，其各项指标的预测值如下：

项目	基本状况	最差状况	最优状况
销售量（件）	12 000	11 000	13 000
产品单价（元）	80	75	85
变动成本（元/件）	60	62	58
固定成本（元/年）	100 000	110 000	90 000

若企业采用直线法计提折旧，项目结束时设备无残值，贴现率为12%。假设所得税税率为33%，根据上述数据，计算不同状况下的净现金流量、净现值和内部收益率。

7.光明公司生产一种产品，单价为10元，单位变动成本为6元，本月销售1 000件，每月固定成本为2 000元。不考虑税收，计算光明公司本月盈亏临界点销售量。

8.已知某产品的市场售价为每件10元，该产品的生产方案有两种。方案1：采用一般设备，所用人员较多，产品生产的固定成本为60 000元，变动成本为每件6元；方案2：采用较先进的自动化设备，所用人员较少，产品生产的固定成本为120 000元，变动成本为每件4元。求两种方案的盈亏平衡点。

9.某公司投入100万元新建一个口罩生产线，采用直线法计提折旧，期限为4年，无残值。口罩的售价为100元/箱，变动成本为15元/箱，生产线每年的固定成本为10万元。假设所得税税率为34%，折现率为12%。如果考虑时间价值，请问该生产线每年要生产多少箱口罩才能盈亏平衡？

10.A公司预计投资一个项目，该项目需固定资产投资750万元，可持续5年。会计部门估计每年固定成本（不含折旧）40万元，变动成本为每件180元。固定资产采用直线法计提折旧，折旧年限为5年，估计净残值为50万元。销售部门估计每年销售量均为40 000件，销售价格为250元/件。生产部门估计需要250万元的经营营运资本投资。公司要求的必要报酬率为10%。

（1）请计算项目的净现值。

（2）假如预计的营运资本投资、固定成本（不含折旧）、变动成本和单价将会在±10%以内波动，请计算该项目最好和最差情景下的净现值。

（3）利用敏感性分析法确定单价对净现值的敏感系数。

（4）利用敏感性分析法确定净现值为0时的销售量。

11.某项目组正在对所在项目进行压力测试，项目花费800万元，期限为10年，采用直线法计提折旧，年限为10年，无残值。假设产品每年的销售量为8万件，产品的销售价格为40元，产品变动成本为20元，固定成本为70万元/年，所得税税率为34%，项目的投资回报率为12%。假设项目产品的价格、数量、变动成本都在15%和−15%浮动。估计最优和最差的NPV。

第三篇

公司融资决策

第七章　公司融资概述

◇教学目的与要求

- 理解融资的相关概念
- 掌握单个资本的融资成本的计算
- 理解边际融资成本的概念及其应用
- 理解融资的杠杆效应

【引导案例】

1998年5月，留美科学家常兆华在上海建立微创医疗器械（上海）有限公司。在成立初期，常兆华很快从家乡融到了第一笔资金，资金的提供者是当地一家公司。同时，微创公司很快就得到了浦东科技创业人才资助资金、科技部中小型科技公司创新基金的支持。政府专门盖了几栋楼作为孵化器，免费提供给创业者使用。

此时，国内微创伤治疗市场上的"四大家族"——J&J（Gordis）、Medtronic、Boston Scientific和Guidant——都已经成长为世界500强，在国内市场上处于统治地位。此时，微创公司的产品质量还很不稳定，销售量无法达到规模化，且公司很快就面临资金短缺的困难。2002年，张江创投（二次增资）和深圳创新投联合投资微创。有了新一轮投资后，微创公司的产品研发不断取得突破；各大医院也开始认可公司产品；按照国际标准设计的厂房即将竣工；开始与深圳创新投展开第二轮融资谈判。

就在此时，最初提供资金的山东公司由于种种原因要求还款，按照当时的协议，常兆华必须无条件地退还这笔资金。可是，钱从哪里来呢？产品正处于推广阶段，并没有达到盈亏平衡点；港商的资金没有完全到位，公司账面上的现金所剩无几；建设中的厂房没有产权证，不能用于贷款抵押。更严重的是，山东公司在催款无果的情况下动用了法律手段，最终微创公司账号和部分资产被法院查封。屋漏偏逢连夜雨，微创公司的200万元银行贷款也正好到期，公司面临巨大的还款压力。

天无绝人之路！此时，深圳创新投注入了第二轮投资，并帮助常兆华改善公司内部管理。引入第二轮创业投资后，微创公司很快摆脱了资金困境，2002年实现盈利，此后2年，销售额年均增长1.5倍，产品出口到欧洲市场和日本市场。

2002年8月，香港上市公司——上实医药科技股份有限公司作为战略投资者入股微创，这家医药行业巨头不仅带来了资金，也向微创输入了现代医药公司的经营理念与管理流程。

——根据百度文库《创业初期企业融资案例》资料整理.

从融资角度来看，公司的创业与发展，就是融资方式、融资规模和出资者经济利益关系的相互作用的过程。那么，在公司发展的不同阶段，公司的融资渠道、融资方式和融资成本有什么不同？由此形成的资本结构与公司治理和公司价值有什么关系呢？本章将探讨这些问题。

第一节　公司融资的相关概念

公司的融资活动是一个动态过程。在公司发展的不同阶段，公司的融资行为表现出不同的特征。公司融资行为合理与否可以通过融资结构反映出来，合理的融资行为将形成优化的融资结构，不合理的融资行为则将导致融资结构的失衡。

一、公司融资与资本结构

公司从不同渠道，以不同方式获取资本，在融资成本、融资风险和公司资本结构等方面有所不同，进而影响到股权报酬率、税收，以及公司股东和债权人在公司治理结构中的作用和关系。

1.融资结构

融资结构是指公司从不同渠道筹措的资本占总资本的比例。具体地说，是指公司所有的资本来源项目之间的比例关系，即权益资本与债务资本的结构。它是资产负债表右方的基本结构，主要包括短期负债、中长期负债和所有者权益三大项之间的比例关系。

我们可以从不同角度对融资结构进行划分：

（1）按资本来源，融资结构可以划分为内源融资和外源融资。

（2）按资本属性，融资结构可以划分为债务融资和权益融资。

（3）按占用时间的长短，融资结构可以划分为长期融资和短期融资。

（4）按融资对象的性质，融资结构可以划分为货币资本融资、实物资本融资和无形资本融资。

2.资本结构

严格来讲，资本结构是指公司取得的各项长期资本来源及其相互关系。公司的长期资本来源一般包括所有者权益和长期负债，资本结构主要是指这两者的比例关系。关于资本结构的定义，在财务金融界尚存在不同的解释。有观点认为，资本结构就是融资结构，如（香港）巨文出版社出版的《英汉、汉英会计词典》中，将资本结构定义为："公司权益的成分，即短期负债、长期负债及业主权益的相对比例关系。"另有观点认为，资本结构与融资结构之间虽然有许多共同点，却是两个不同的财务金融范畴。

融资结构和资本结构研究的内容和目的各有侧重。公司的融资结构与资本结构的内容及关系如图7-1所示。

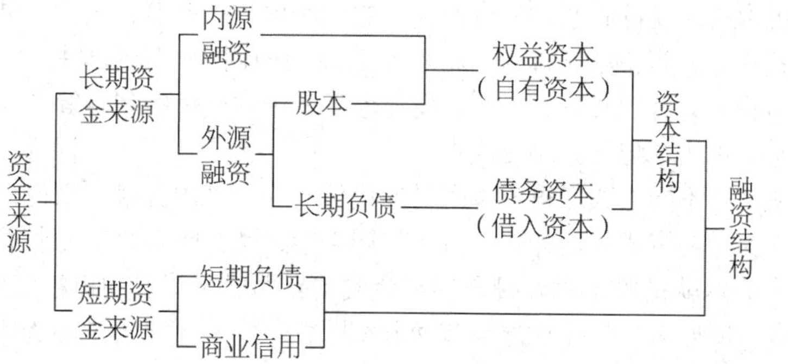

图7-1 融资结构与资本结构的关系

融资结构是资产负债表右边项目的结构，关注点在于如何使公司合理有效地筹措债务资本，以发挥财务杠杆作用。资本结构是指长期资本项目之间的比例。长期资本项目包括长期负债和股东权益（包括优先股和普通股权益），不包括短期信用。从内容上看，公司资本结构只是融资结构的一部分。公司资本结构侧重研究股权资本与长期借入资本之间的比例，从而反映公司长期资本来源状况。

就一个持续经营的公司而言，其资本结构又被视作公司恒久性资本来源结构。另外，从分析公司债务资本偿付能力及公司财务风险角度看，研究资本结构显得更重要。在现代公司融资活动中，为了实现公司市场价值最大化，一般把资本结构作为研究重点，探讨资本结构变动对总资本成本和公司价值的影响。但在进行分析和研究时，很多时候为了简化而不严格区分资本结构和融资结构。

二、公司融资成本与风险

公司的目标在于实现公司价值最大化。在一定的风险约束下，寻求融资成本最小化的资本结构是实现公司目标的重要方面。

1.公司融资成本

融资成本是指资本使用的代价。从资本使用者方面看，它是公司为获取资本所必须支付的最低价格；从资本所有者方面看，它是资本所有者提供资本时要求获得的资本报酬率。

（1）两权分离与融资成本

在商品经济社会，融资成本是资本所有权与资本使用权相对分离的产物。资本的所有者不会将资本无偿地让渡给资本的需求者去使用。资本的让渡意味着资本所有者失去了凭资本获取其他盈利的机会。同样，作为资本的使用者，它在得到了资本使用权以后，也获得了使用资本获取盈利的机会。因此，融资成本实质上是资本使用者支付给资本所有者的报酬。股权投资者的报酬形式是股权投资收益；债权人投入资本的报酬形式是借款利息。

（2）融资成本的构成

融资成本包括融资费用和用资费用。前者是公司资本筹集过程中发生的各种费用，如委托金融机构代理发行股票、债券而支付的注册费和代办费，向银行借款支付的手续费等，融资费用是融资额的抵减项。后者是公司因使用资本而向其提供者支付的报酬，如股票融资向股东支付的股息、红利；发行债券和借款支付的利息等。

(3) 内源融资成本与外源融资成本

一般来说，以不同方式取得资本所付的代价不等。就内源融资来说，留存收益融资无须实际对外支付融资成本。如果从资金权属来看，留存收益是普通股股东对公司的再投资，其资本成本就是股东对外投资的机会成本，即股东将股利再投资所获得的收益。所以，内源融资所要求的使用成本与普通股相同，但它不需要支付融资费用。

(4) 权益融资成本与债务融资成本

就外源融资来说，无论是权益融资还是债务融资，都必须对外支付融资成本，即股利或利息。权益融资和债务融资的成本-风险特征不同。对融资企业而言，一般地，债务融资的成本低于权益融资，但债务融资会给公司带来额外的财务风险。权益融资相对于债务融资有以下特点：

第一，权益融资没有固定偿还日期。权益融资属于公司的永久资本，对于出资人来说，是一种风险极大的投资。当公司经营不善甚至破产时，出资者承担收益减少甚至破产的风险。债务出资人在公司破产清算时优先受偿，只有在资产清算价值不足以偿还本金和利息时，才承担风险。对于融资人来说，情况正好相反，如果进行债务融资，融资人必须承担流动性风险，而进行权益融资则无须承担此类风险。

第二，权益融资的成本不固定。每期支付的股利不像利息那样，按借贷契约规定的利息率进行支付，而是由公司的盈利水平和分配政策决定。

第三，权益融资的股利支付是税后净利润的分配。债务融资的利息支出在税前列支，具有税盾效应，使公司的实际融资成本下降。

第四，权益融资成本高。对出资者而言，权益投资收益受股票市场股价波动、公司经营风险和财务风险的影响，具有较大的波动性，故出资人的要求报酬率相对较高。

(5) 长期债务融资成本与短期债务融资成本

一般来说，长期债务的利息高于短期债务的利息。原因如下：

第一，从债务资金的运用看，长期负债的盈利水平较高，融资者有条件为出资者提供较高的资金报酬。这是长期负债成本高于短期负债成本的基础。

第二，从货币的时间价值看，长期负债的回收期比短期负债的回收期长，在复利的作用下，长期负债要求较高的利率补偿。

第三，从风险的角度看，长期负债比短期负债有更大的信用风险或违约风险，所以，债权人要求获得较高的利率回报。

在金融市场上，有时候把期限与利率之间的关系用利率期限结构或收益率曲线来描述。正常的利率期限结构表现为向上倾斜的收益率曲线，即期限越长，债券利率越高，但有时候也可能出现其他形状的收益率曲线[①]。

（6）直接融资与间接融资的成本

公司利用金融市场直接融资（发行债券或股票）的费用要高于其他融资方式。但是，这种方式灵活性大，受资金规模和使用的限制较少。而公司从银行贷款时，一般借贷契约中将事先规定各种贷款的用途，如周转贷款、固定资产投资贷款等，这些约束可能会影响资金使用的灵活性和效果。

（7）加权平均资本成本

现实中的企业通过多种渠道、采用多种方式筹集资本，而各种资金来源的成本不同。为了综合考察企业的总体融资成本，就必须计算公司总融资成本率。总融资成本率是以不同来源的资本所占的比重为权数，对各种资本的成本进行加权平均，故又称加权平均融资成本（WACC），其公式为：

$$WACC = \sum W_j R_j \quad (7\text{-}1)$$

式中：W_j为第j种资本占总资本的比重；R_j为第j种资本的成本率。

随着公司筹资成本的增加，公司的融资风险也在加大。规模效益递减的因素和信贷资金额度限制都会使公司融资出现“间断点”，使得资本随着公司融资规模的扩大而呈现“阶梯状”上升的特征。这时，就需要考虑新增资本的成本，即边际成本。我们将在第九章详细探讨边际资本成本的概念及其应用。

2. 公司融资风险

风险是指公司财务损失的机会，通常用预期收益的“可变性”或“不确定性”来衡量。公司融资方式不同，面临的融资风险也不相同。从融资者角度看，公司债务融资的风险要高于权益融资的风险，主要表现为：

（1）不能如数偿还的风险

在债务融资的方式下，公司必须想方设法将所借资本如数偿还，才可能保证公司的持续经营。权益融资则无须考虑偿还要求。

（2）不能按期偿还的风险

在债务融资的条件下，有债必还，且必须按期偿还，这也是公司理财重视现金流量的重要原因之一。当公司不能按期偿债时，将面临丧失信誉、负担赔偿、变卖资产，甚至破产的风险。

（3）不能按约付息的风险

支付利息是举债的前提，且利息支付不因公司是否盈利而变化，这就使公司在经营不善时，面临足额偿付利息的风险。权益融资则遵循利润共享、风险共担的原则，公司不会面临固定的付息压力。

在实际的融资操作中，作为融资主体的公司必须考虑到期能否还本付息，以防止融资风险的发生。如果公司预期难以还本付息，只能借助权益融资。事实上，公司的权益

---

① 与利率期限结构相关的知识在《金融市场学》或《投资学》等教材中会详细介绍，本书不再赘述。

融资成了债务融资的偿债担保。

公司的长期债务融资与短期债务融资的风险也不同。由于流动性压力的作用，公司流动负债的风险大于长期负债。前者的占款周期短，公司随时面临还款压力；后者要求公司在较长时期内偿还。一方面，公司不会面临即时的流动性压力；另一方面，在持续较长的债务期内，公司可以获得调整和改善经营的缓冲机会，不至于因资金短期周转不畅而给公司带来偿债压力。公司需要做好债务的期限管理，避免集中偿付债务给公司带来的流动性风险。

公司直接融资与间接融资的风险也不同。一般说来，采用股票和债券的直接融资，要面临金融市场本身的系统性风险。对筹资公司来说，这种风险主要表现为发行风险，即证券难以发行或只能以低价发行的风险。比如，当资本市场处于熊市周期时，公司发行证券的成本增大，或面临发行失败的风险。

第二节 长期融资

企业的长期融资方式有两类，即股权融资和债务融资。股权融资的主要载体是股票；债务融资的载体是贷款、债券和租赁等。

一、股权融资

股权融资也称权益资本筹集。股份公司通过发行股票的方式筹集资本金。公司股权融资所获得的资金无须还本付息，股权资金既可以充实公司的营运资金，也可以用于公司的投资活动。公司股票分为普通股和优先股。股票的所有者称为股东。股票作为一种所有权凭证，代表了股票持有者对股份公司净资产的所有权。

1. 普通股融资

普通股的基本特点是股利根据股份公司的经营业绩确定。公司的经营业绩好，普通股的收益就高；反之，普通股的收益就低。普通股是股份公司资本构成中最重要、最核心的资本。目前，在我国上海证券交易所与深圳证券交易所上市交易的股票都是普通股。

（1）普通股的权利和义务

普通股持有者称为普通股股东。依《中华人民共和国公司法》和《上市公司章程指引》的规定，普通股股东主要有如下权利：

第一，依照其所持有的股份份额获得股利和其他形式的利益分配；

第二，依法请求、召集、主持、参加或者委派股东代理人参加股东大会，并行使相应的表决权；

第三，对公司的经营进行监督，提出建议或者质询；

第四，依照法律、行政法规及公司章程的规定转让、赠与或质押其所持有的股份；

第五，查阅公司章程、股东名册、公司债券存根、股东大会会议记录、董事会会议决议、监事会会议决议、财务会计报告；

第六，公司终止或者清算时，按其所持有的股份份额参加公司剩余财产的分配；

第七，对股东大会做出的公司合并、分立决议持异议的股东，要求公司收购其股份；

第八，法律、行政法规、部门规章或公司章程规定的其他权利。

同时，公司股东承担如下义务：

第一，遵守法律、行政法规和公司章程；

第二，依其所认购的股份和入股方式缴纳股金；

第三，除法律、法规规定的情形外，不得退股；

第四，不得滥用股东权利损害公司或者其他股东的利益；不得滥用公司法人独立地位和股东有限责任损害公司债权人的利益；

第五，法律、行政法规及公司章程规定应当承担的其他义务。

（2）普通股的种类

第一，按股票有无记名，可分为记名股和不记名股。记名股是在股票票面上记载股东姓名或名称的股票。这种股票除了股票上所记载的股东外，其他人不得行使其股权，且股份的转让有严格的法律程序与手续，需办理过户。我国《公司法》（2018年修订）规定，公司向发起人、法人发行的股票，应当为记名股票，并应当记载该发起人、法人的姓名或者名称，不得另立户名或者以代表人姓名记名。不记名股是票面上不记载股东姓名或名称的股票。这类股票的持有人即股份的所有人，具有股东资格，股票的转让也比较方便，无须办理过户手续。

第二，按股票是否标明金额，可分为面值股票和无面值股票。面值股票是在票面上标有一定金额的股票。持有这种股票的股东，对公司享有的权利和承担的义务大小，依其所持有的股票票面金额占公司发行在外股票总面值的比例而定。无面值股票是不在票面上标出金额，只载明所占公司股本总额的比例或股份数的股票。无面值股票的价值随公司财产的增减而变动，而股东对公司享有的权利和承担义务的大小，直接依股票标明的比例而定。目前，我国《公司法》不承认无面值股票，规定股票应记载股票的面额，且发行价格不得低于票面金额。

第三，按投资主体，可分为国家股、法人股和个人股等。国家股是有权代表国家投资的部门或机构，以国有资产向公司投资而形成的股份。法人股是公司法人依法以其可支配的财产向公司投资而形成的股份，或具有法人资格的事业单位和社会团体，以国家允许用于经营的资产向公司投资而形成的股份。个人股是社会个人或公司内部职工，以个人合法财产投入公司而形成的股份。在我国股票市场发展的初期，不同投资主体持有的股票流动性不同，国家股和法人股通常不能流通。2006年，我国开启股权分置改革，原来不能流通的国家股和法人股通过股改也获得了流通的权利。

第四，按发行对象和上市地区，可分为A股、B股、H股和N股等。A股称为人民币普通股，是供我国大陆地区投资者买卖的，以人民币标明票面金额，并以人民币认购和交易的股票。B股、H股和N股是供外国和我国港、澳、台地区投资者买卖的，以人民币标明票面金额，以外币认购和交易的股票。其中，B股在上海证券交易所和深圳证券交易所上市交易；H股在香港上市；N股在纽约上市。需要注意的是，B股作为我国股票市场最早对外开放的窗口，最初只面向境外投资者开放，但从2001年起，开始面向境内投资者开放。

在其他一些国家，按是否拥有完全的表决权和获利权，将普通股分为若干级别。比如：A级普通股卖给社会公众，支付股利，但一段时期内无表决权；B级普通股由公司创办人保留，有表决权，但一段时期内不支付股利。

（3）普通股的发行条件

按照我国《公司法》的有关规定，股份有限公司发行股票，应符合以下规定与条件：

第一，股份有限公司的资本划分为股份，每一股的金额相等。公司的股份采取股票的形式。

第二，股份的发行，实行公平、公正的原则，同种类的每一股份应当具有同等权利。同次发行的同种类股票，每股的发行条件和价格应当相同；任何单位或者个人所认购的股份，每股应当支付相同价额。

第三，股票发行价格可以按票面金额，也可以超过票面金额，但不得低于票面金额。

第四，股票采用纸面形式或者证券监督管理机构规定的其他形式。股票应当载明公司名称、公司成立日期、股票种类、票面金额及代表的股份数、股票编号等主要事项。

第五，公司发行的股票，可以为记名股票，也可以为无记名股票。公司向发起人、法人发行的股票，应当为记名股票，并应当记载该发起人、法人的名称或者姓名，不得另立户名或者以代表人姓名记名。公司发行记名股票的，应当置备股东名册，记载股东的姓名或者名称及住所、各股东所持股份数、各股东所持股票的编号、各股东取得股份的日期等事项。发行无记名股票的，公司应当记载其股票数量、编号及发行日期。

第六，公司发行新股，应由股东大会对下列事项做出决议：新股种类及数额；新股发行价格；新股发行的起止日期；向原有股东发行新股的种类及数额。

（4）普通股的发行方式

股票的发行方式可分为两类：

第一，公开发行。通过中介机构，公开向社会公众发行股票。我国股份有限公司采用募集设立方式向社会公开发行新股时，由证券经营机构承销的做法，属于股票的公开间接发行。这种发行方式的发行范围广、发行对象多，易于足额募集资本；股票的变现性强，流通性好；股票的公开发行还有助于提高发行公司的知名度和扩大其影响力。但这种发行方式也有不足，主要是手续繁杂，发行成本高。

第二，定向发行。不公开对外发行股票，只向少数特定的对象直接发行，不需经中介机构承销。我国股份有限公司采用发起设立方式和以不向社会公开募集的方式发行新股的做法，即属于股票的定向发行。这种发行方式弹性较大，发行成本低；发行范围小，股票变现性较差。

（5）普通股融资的优缺点

与其他筹资方式相比，普通股融资有如下优点：

第一，永久资本，无到期日，不需归还。这对保证公司对资本的最低需要、维持公司长期稳定发展很重要。

第二，筹资风险小。发行普通股筹资没有固定的股利负担，股利的支付与否和支付多少，视公司有无盈利和经营需要而定，经营波动给公司带来的财务负担相对较小。

第三，发行普通股筹集的资本是公司最基本的资金来源。它反映了公司的实力，可作为其他方式筹资的基础，尤其可为债权人提供筹资保障，增强公司的举债能力。

第四，抵御通货膨胀的影响。由于普通股的预期收益较高，且在通货膨胀期间，普通股也随之升值，因此有较好的防通胀效应。

与其他筹资方式相比，普通股融资有如下缺点：

第一，普通股的资本成本较高。从投资者的角度讲，普通股风险较高，相应地要求有较高的投资报酬率。对于筹资公司，普通股股利从税后利润中支付，不具抵税作用，且发行费用一般也高于其他证券。关于普通股成本的计算，我们将在第九章中介绍。

第二，股权稀释。普通股筹资增加新股东，分散公司的控制权。此外，新股东分享公司现有的积累盈余，降低老股东的每股净收益。

【资料7-1】 IPO绿色通道与乡村振兴

党的十九大首次提出实施乡村振兴战略，“产业兴旺、生态宜居、乡风文明、治理有效、生活富裕”这20个字勾勒出未来乡村美丽图景。党的二十大报告提出全面推进乡村振兴，强调要“加快建设农业强国，扎实推动乡村产业、人才、文化、生态、组织振兴”。资本市场在乡村振兴中能够充分发挥融资功能，促进涉农公司通过上市融资做大做强，引导地区优势产业发展，壮大区域经济，加速农业现代化，推进乡村振兴。同时，与乡村振兴相关的债券类产品的发行也能够接续推动脱贫地区发展和乡村全面振兴。

2016年9月，证监会发布《关于发挥资本市场作用服务国家脱贫攻坚战略的意见》，提出对全国592个贫困县企业IPO、新三板挂牌、发行债券、并购重组等开辟绿色通道。也就是，这些满足要求的企业在申请上市时可以得到证监会的快速审核，不用排队等候，即报即审、审过即发。陕西盘龙药业集团股份有限公司（简称“盘龙药业”）抓住机会合理运用这一政策红利，用最短的时间完成上市申请与审核流程，于2017年11月16日成功在深圳证券交易所中小企业板挂牌交易，成为陕西商洛第一家挂牌的本地公司，也由此成为陕西省内首个享受证监会对贫困地区公司的IPO“即报即审”绿色通道政策的挂牌公司。最初，很多人质疑该政策，认为这可能是对此类企业审核标准的放宽，也造成了一定程度的不公平，甚至对盘龙药业的上市提出重重疑问。

从上市后的表现来看，盘龙药业创新多种方式参与精准扶贫。其依托产业优势，多措并举，一方面发展中药产业，带动农民脱贫致富，另一方面为家乡铺路建设投入200万元资金支持，在很大程度上改变了陕西省石泉县的交通状况，也帮助很多当地的贫困学生圆了大学梦。实际上，盘龙药业的成功上市经历也是IPO绿色通道上市企业支持家乡经济建设、带动家乡就业和经济增长的一个例子。盘龙药业通过绿色通道成功上市不仅使自身从一家曾濒临破产的小药厂成长为全国百强的医药工业企业，而且对陕西省贫困地区起到了重要的帮扶作用，打破了之前的种种质疑，有力证明了IPO绿色通道这一资本市场助力脱贫攻坚重要尝试的可行性。2020年5月，中共中央、国务院发布《关于新时代推进西部大开发形成新格局的指导意见》，提出西部贫困地区企业IPO、新三板挂牌、发行债券、并购重组等适用绿色通道政策，以IPO绿色通道为代表的资本市场支持乡村振兴的手段有了更多的内涵。

2.优先股融资

所谓优先股，是指依照《公司法》，在一般规定的普通种类股份之外，另行规定的其他种类股份，其股份持有人优先于普通股股东分配公司利润和剩余财产，但参与公司决策管理等权利受到限制。

（1）优先股的特征

优先股常被看成是一种介于股票与债券之间的混合证券。发行优先股对于优化公司资本结构和股本结构，提高公司的效益水平，增强公司财务弹性具有重要意义。

发行优先股是公司获得股权资本的方式之一。利用优先股股票筹集的资本称为优先股股本。优先股与普通股相比，在分配公司收益方面具有优先权，一般按约定的股息率向优先股股东分派股息后，普通股股东才能分派红利。因此，优先股股东承担的风险较小，收益相对稳定可靠。不过，由于股息率固定，即使公司的经营状况好，优先股股东也不能分享公司利润增长的额外利益。如果公司破产清算，优先股对剩余财产有优先的请求权。优先股股东的优先权只能优先于普通股股东，但次于公司债券持有者。从控制权角度看，优先股股东一般没有表决权，无权过问公司的经营管理情况。发行优先股一般不会稀释公司普通股股东的控制权。

从公司的最终所有者——普通股股东的立场看，优先股是一种可以利用的财务杠杆，可视为一种永久性负债。公司有时也可以赎回发行在外的优先股，当然这要付出一定的代价。从债权人的立场来看，优先股又是构成公司主权资本的一部分，可以用作偿债的保障。

我国优先股制度的雏形出现在20世纪80年代，当时的股份形式兼具股票和债券的特征，投资者既可以获得固定的投资回报，又可以参与公司盈利的分红。1992年5月15日，国家体改委发布的《股份有限公司规范意见》第二十三条规定“公司设置普通股，并可设置优先股”。但是，1993年的《公司法》没有对优先股作任何具体规定，优先股的发展陷入了沉寂。尽管在条文上，《公司法》给优先股的发行留出了余地，但是，由于没有明确规定优先股制度，优先股的发展还缺乏相应的立法保障。

2013年11月末，国务院发布《关于开展优先股试点的指导意见》（国发〔2013〕46号）（以下简称《指导意见》），奠定了优先股的制度框架，标志着优先股在我国正式落地。该《指导意见》主要从优先股股东的权利与义务、优先股发行与交易、组织管理和配套政策三个方面明确了相关内容。《指导意见》施行后，证监会、原银监会和保监会，以及沪深交易所就优先股的发行和交易等事项，陆续发布了一系列监管法律法规，不断完善了A股优先股的市场机制。在此之后，陆续有沪深交易所市场和新三板市场的企业发行优先股融资。

《公司法》第131条指出，“国务院可以对公司发行本法规定以外的其他种类的股份，另行做出规定”，明确了优先股的法律地位。

（2）优先股的种类

根据公司与优先股股东的约定不同，优先股可以划分为多种类型。

第一，累积优先股与非累积优先股。累积优先股是指可以将以往营业年度公司拖欠未付的优先股股息累积起来，由以后营业年度的盈利偿付的优先股股票。非累积优先股是指公司对过去年度拖欠的股息不再补付的优先股股票。

实践中，大多数公司发行的优先股为累积优先股，这体现了公司管理层对于未来盈利的信心，也便于优先股营销。累积优先股对公司的财务压力较大。需要注意的是，在分派公司股利时无论是以前年度优先股股息补付，还是当年的优先股股息的支付，都优先在普通股红利之前支付。

第二，参与优先股与不参与优先股。不参与优先股是指优先股股东只按优先股约定的固定股息率取得股息收入，不能参与剩余盈利的分配；而参与优先股除了按照固定股息率获得股息外，还有权与普通股股东一起参与本期剩余盈利分配。参与优先股又可以分为全部参与优先股和部分参与优先股。全部参与优先股的股东有权与普通股股东一起等额分享本期的剩余盈利，其收益没有上限。部分参与优先股的股东有权在一定额度内与普通股股东一起分享本期的剩余盈利。

第三，可转换优先股与不可转换优先股。可转换优先股是指优先股的持股人可在特定条件下，把优先股股票转换成普通股股票或公司债券。一般说来，对这类优先股股票都规定了转换的条件、时间和比例。对于发行公司而言，发行可转换优先股，为持股人提供了优惠，公司可相应调低股息率，从而节约财务开支。

第四，可赎回优先股与不可赎回优先股。可赎回优先股是指发行公司可以按一定价格赎回发行在外的优先股股票，即优先股股票的票面上有公司可提前赎回的条款，如在公司发行优先股5年后，公司可按优先股面值的110%的价格赎回。发行可赎回优先股使得发行公司在未来年度有了调整股本结构的主动权，增强了公司的财务弹性。公司可在市场利率不断下跌的情况下赎回优先股，另以较低的资本成本融资，减轻公司的财务负担。无上述规定条款的优先股为不可赎回优先股。可转换优先股与可赎回优先股分别给予股东和公司以选择权。前者的选择权在股东手中，对股东有利；后者的选择权在公司手中，对公司有利。

第五，有投票权优先股与无投票权优先股。有投票权优先股是指当公司在一定时期内始终未能发放优先股股息时，可以获得一定投票权的优先股。赋予优先股投票权是为了保护优先股股东的利益，有些优先股则不能获得这一权利，就是无投票权的优先股。

（3）优先股融资的优缺点

优先股融资的优点包括三个方面：

第一，固定股息支付水平，有助于公司控制融资成本。如果公司资金报酬率大于优先股股息率，就可以提高普通股股东的每股收益。

第二，放大财务杠杆能力。优先股一般没有到期日，可以把优先股看成一种永久性负债，但不需要偿还本金。优先股股东是公司的所有者，优先股股本是公司的自有资本，发行优先股能提高公司的举债能力，减小公司的破产风险。公司可以发行可转换的优先股和可赎回的优先股，以增强公司财务的机动性。

第三，避免股权稀释的不良效应。由于优先股股东一般没有投票权，发行优先股不会引起普通股股东的反对，因此其筹资能够顺利进行。当使用债务融资风险很大、利率很高，发行普通股又会产生控制权问题时，优先股是一种最理想的筹资方式。有些国家的税法对于公司购买优先股的股息有部分免税的政策优惠，有利于发行公司降低融资成本和顺利发行。

优先股融资的缺点也表现在三个方面：

第一，融资成本高于债券。对于发行公司来说，通常优先股股息不能税前扣除，这一点与普通股类似。由于债券利息可以税前扣除，因此，在利率相同的情况下，优先股的筹资成本高于债务融资成本。

第二，优先位序次于债券。优先股在股息分配、资产清算等方面拥有相对于普通股的优先权，但次于债券。当公司经营好的时候，优先股收益有限；当公司经营不好的时候，特别是公司面临倒闭清算时，优先股股东的优先权名存实亡。

第三，财务运用的灵活性限制。当公司快速扩张时，由于必须优先支付优先股股息，公司留存资金受到挤压，往往面临再筹资的压力。当公司盈利下降时，优先股的股息可能会成为公司一项沉重的财务负担。

【资料7-2】　　优先股在全球的发展

在美国，优先股的快速发展开始于20世纪90年代。根据2009年标准普尔的统计，优先股市场规模从1990年的530亿美元到2005年的1 930亿美元，一直稳步增长。

对美国公司而言，发行优先股可以降低资本成本。根据《1986年税收改革法案》的规定，公司法人投资者获得的优先股股利可以享受70%的税收减免。此外，美国国内税务署规定母公司通过信托优先股发行的债务可以享受税前列支的税收优待，从而承认信托优先股的避税处理。所谓信托优先股，也被称为“信托优先证券”（Trust Preferred Securities，TPS），是指通过特设一家信托而发行的优先股。具体设计是：母公司专门设立一个信托，由该信托对外发行优先股，同时母公司对信托定向发行债务证券，信托则以优先股的收入购买母公司发行的债务证券。

在2008年全球金融危机爆发后，优先股作为一种特殊的注资方式，成为实施金融救援计划的主要金融工具。例如，2008年10月，美国政府宣布用1 250亿美元购入花旗、摩根大通等九家主要银行的优先股，提升了市场信心。

——根据百度文库《优先股制度的探讨》资料整理.

二、债务融资

1.中、长期贷款

（1）中、长期贷款的定义

中、长期贷款是指贷款期限在一年以上（不含一年）的贷款，包括：技术改造贷款、基本建设贷款、项目贷款和房地产贷款等。

中、长期贷款通常是抵押贷款，要求企业以特定的抵押品作为担保。抵押品可以是设备和建筑物等固定资产；也可以是股票、债券和应收票据（或账款）等有价证券。银行也会对某些信誉良好的企业发行无须担保的信用贷款。

（2）中、长期贷款的特点

相对于在资本市场上的直接融资，银行贷款的特点如下：第一，弹性大。贷款条款由商业银行与贷款人协议确定。第二，融资速度快。银行贷款经过银行内部的审贷程序，获得通过，即可发放。第三，发行成本低。通过资本市场发行证券需要审批，需要专业的证券中介机构代销证券，需要聘请律师、审计师和评估师出具报告等，银行贷款的审批和发放则不发生此类外部成本。

（3）中、长期贷款的利率

中、长期贷款的利率有固定利率和浮动利率两种。固定利率贷款在贷款期间内利率保持不变，浮动利率贷款的利率通常根据贷款期间内通货膨胀、基准利率或其他因素的变化进行相应调整，利率的调整根据协议中的规定执行，通常是每年调整一次。

（4）中、长期贷款的成本

决定贷款成本的因素包括宏观因素和微观因素。

贷款成本的宏观决定因素：

第一，社会平均利润率。利息产生于借贷资本向生产资本转化的成果，利息是利润的组成部分。一国一定时期内的平均利润率决定了利率水平的上限。

第二，预期通货膨胀率。通货膨胀会引起货币贬值，为了弥补借贷资金本息的价值损失，必须相应提高贷款利率。

第三，货币政策。当中央银行实行扩张性货币政策时，利率会下降；实行紧缩性货币政策时，利率会上升。

第四，国际利率水平及其变动趋势。一般来说，国际利率下降会降低国内利率水平或抑制国内利率上升的程度，反之亦然。一国的经济、金融开放程度越高，受国际利率水平影响就越大。

第五，历史利率水平。在调整利率时，历史利率水平是一个重要的参考依据。

贷款成本的微观决定因素：

第一，资金成本。这是银行获得可贷资金所需支付的成本，也是银行资金运用的机会成本，这是贷款利率的最低限。

第二，非资金性经营成本。这是银行等贷款机构的非利息运营成本，包括人员工资、设备成本及其他未被补偿的相关费用。

第三，风险溢价。信贷的风险溢价包括违约风险、期限风险及其他相关风险。根据不同信用等级的借款客户违约率、违约损失率和风险敞口，估计客户的预期损失即风险成本。

第四，预期收益。这是银行等金融机构经营管理贷款所应取得的目标利润。

综合考虑上述因素，贷款利率的计算公式如下：

贷款利率=资金成本+非资金性经营成本+风险成本+目标利润

对于同一个借款人来说，通常长期贷款利率高于短期贷款利率；对于不同借款人来说，借款人的信用等级越高，借款的成本越低。除利息外，借款人通常还必须支付其他费用。例如，与银行签订贷款协议所产生的法律费用、循环贷款协议下可能出现的承诺费，以及由补偿性余额条款所产生的间接费用等，都会增加长期借款的成本。

（5）中、长期贷款的信用条件

信贷资金发放往往带有一些信用条件。

第一，信贷额度。信贷额度是借款人与银行在协议中规定的允许借款人借款的最高限额。一般来讲，企业在批准的信贷限额内，可随时使用银行借款。但是，银行并不承担必须提供全部信贷限额的义务。如果企业信用恶化，也可能得不到借款。银行不会为此承担法律责任。

第二，周转信贷协定。周转信贷协定是银行从法律上承诺向企业提供不超过某一最高限额的贷款协定。在协定的有效期内，只要企业的借款总额未超过最高限额，银行必须满足企业任何时候提出的借款要求。企业利用周转信贷协定，通常要就贷款限额的未使用部分付给银行一笔承诺费。承诺费是借款企业获得贷款的一种附加条件。

【例7-1】某银行给企业的周转信贷协定额度为1 000万元，承诺费率为0.5%，借款企业年度内使用了600万元，剩余额度400万元。企业该年度需要向银行支付多少承诺费？

企业向银行支付的承诺费总额=400×0.5%=2（万元）

第三，补偿性余额。补偿性余额是银行要求借款企业在银行中保持贷款限额或实际借用额一定百分比（一般为10%~20%）的最低存款余额。从银行的角度讲，补偿性余额可降低贷款风险，补偿可能遭受的贷款损失。对于借款企业来讲，补偿性余额实际上提高了借款的实际利率。

【例7-2】某公司银行贷款的名义利率是5%，借款200万元。银行要求保留20%的补偿性余额。公司借款的实际利率是多少？

公司实际借款额=200×（1-20%）=160（万元）

$$\text{补偿性余额贷款的实际利率}=\frac{\text{名义利率}}{1-\text{补偿性余额比率}}\times 100\%$$

$$=5\%\div(1-20\%)\times 100\%=6.25\%$$

第四，贴现法贷款。贴现法贷款是银行向企业发放贷款时，先从本金中扣除利息部分，到期时，借款企业要偿还贷款全部本金的一种计息方法。采用这种方法，企业可利用的贷款额只有本金减去利息部分后的差额，因此，贷款的实际利率高于名义利率。

【例7-3】某企业从银行取得借款10 000元，期限一年，年利率为8%，按贴现法付息，该企业的实际利率是多少？

利息额=10 000×8%=800（元）

企业实际可利用的贷款=10 000−800=9 200（元）

贷款的实际利率=800÷（10 000−800）×100%=8.7%

第五，贷款担保。贷款担保是指银行在发放贷款时，要求借款人提供担保，以保障贷款债权实现的法律行为。贷款担保的方式有保证、抵押和质押。贷款人应当依据有关的法律、法规和银行的有关规定，严格审查担保的合法性、有效性和可靠性。抵押品通常包括各类有价证券和房地产，以及货物的提单、栈单或其他各种证明物品所有权的单据。贷款到期，借款者必须如数归还，否则银行有权处理抵押品，将变价收入用于还贷。银行接受抵押品后，将根据抵押品的面值决定贷款金额，一般为抵押品面值的30%~90%。这一比例的高低，取决于抵押品的变现能力和银行的风险偏好。企业向贷款人提供抵押品，会限制其财产的使用和将来的借款能力。

第六，还款条件。贷款的偿还有到期一次偿还和在贷款期内定期（每月、季、年）等额偿还两种方式。我们在讲到"时间价值"时提到过，如果银行贷款按月或按季度还款，那么企业实际承担的利率水平要高于银行报出的名义利率，即年度百分率。

（6）长期借款的保护性条款

长期借款的期限较长，借款企业受未来宏观经济和市场变化的影响大，风险难以预计。贷款人为了规避长期借款的风险，除了在借款合同中约定必要的基本条款外，还附有各种保护性条款。保护性条款大致分为一般性保护条款和特殊性保护条款。

一般性保护条款的内容包括：

①对借款企业流动资金保持量的规定。

②对支付现金股利和再购入股票的限制。

③限制其他长期债务。

④借款企业定期向银行提交财务报表。

⑤不准在正常情况下出售较多资产。

⑥如期缴纳税费和清偿其他到期债务。

⑦不准以任何资产作为其他承诺的担保或抵押。

⑧不准贴现应收票据或出售应收账款。

⑨限制租赁固定资产的规模。

特殊性保护条款的内容包括：

①贷款专款专用。

②不准企业投资于短期内不能收回资金的项目。

③限制企业高级职员的薪金和奖金总额。

④要求企业主要领导人在合同有效期内担任领导职务。

⑤要求企业主要领导人购买人身保险。

(7) 中、长期贷款融资的利弊

中、长期贷款的优点包括：

①灵活性。由于中、长期贷款是由借贷双方协商确定的，贷款的安排能够满足借款人的需要，可以根据借款人的资金变化灵活调整。

②便捷性。中、长期贷款只需借贷双方达成协议即可获得贷款，筹资速度快、借款弹性大。

③成本低。借款的利息支付是可以在税前扣除的，而且，协议贷款便捷、高效，降低了筹资成本。

中、长期贷款的缺点包括：

①财务风险大。中、长期贷款带给企业定期还本付息的压力，增加了陷入财务危机和破产的可能性。

②贷款限制。贷款合同通常附加严格的限制性条款，比如，严格限制贷款的投向等，在一定程度上可能影响企业运用资金的灵活性。

③资金有限。贷款人根据借款人的资信状况等条件确定对借款人的贷款额度和贷款利率。由于额度限制，企业通过长期贷款筹集的资金有限，很难像股票、债券那样筹集巨额资金。

2.中、长期债券

债券是社会各类经济主体为筹集资金而向债券投资者出具的、承诺按一定利率定期支付利息，并到期偿还本金的债权债务凭证。

(1) 债券的种类

第一，附息债券和零息债券。零息债券发行时按低于票面金额的价格发行，在兑付时按照票面金额兑付，其利息隐含在发行价格和兑付价格差额之间。零息债券的最大特点是避免了投资者所获利息的再投资风险。附息债券是按照债券票面载明的利率及支付方式支付利息的债券。附息债券一般会在偿还期内按期付息，如每半年或一年付息一次。

第二，固定利率债券和浮动利率债券。固定利率债券是指在发行时规定票面利率，并在整个偿还期内不变的债券。固定利率债券不考虑市场变化因素，因而其筹资成本和投资收益可以事先预计，不确定性较小。但是，债券发行人和投资者必须承担市场利率波动的风险。如果未来市场利率下降，发行人的债务成本上升，投资者则获得了债券资产的增值利益；反之，如果未来市场利率上升，发行人的筹资成本相对较低，投资者则要蒙受资产减值的风险。浮动利率债券在偿还期内利率可以进行变动和调整。浮动利率债券的利率通常根据市场基准利率加上一定的利差来确定。

第三，附权债券和不附权债券。附权债券包括可转换债券、可赎回债券和可回售债券等。可转换债券可以转换为债券发行公司的股票，通常具有较低的票面利率。从本质上讲，可转换债券是在公司债券的基础上，附加了一份期权，并允许购买人在规定的时间内将其购买的债券转换成指定公司的股票。可赎回债券是指发行人有权在特定的时间按照某个价格强制性地从债券持有人手中将其赎回，也称为可买回债券。在市场利率跌至比可赎回债券的票面利率低得多的时候，债务人如果认为将债券赎回并且按照较低的利率重新发行债券，比按现有的债券票面利率继续支付利息要合算，就会将其赎回。可回售债券是一种附带了看跌期权的债券，债券持有人可以按照特定价格在债券到期日之前强制卖给债券发行人。卖出价格通常为债券面值。当市场利率较高时，投资人可以将债券卖回并将所得资金投资于其他债券来获得更高的收益。由于该条款对投资人有利，作为补偿，投资人往往愿意接受较低的票面利率。

第四，抵押债券和无担保债券。抵押债券是指债券发行人在发行一笔债券时，通过法律上的适当手续将债券发行人的部分财产作为抵押，一旦债券发行人出现偿债困难，则出卖这部分财产以清偿债务。抵押债券具体来说又可分为一般抵押债券和实物抵押债券。信用债券、次级债券和收益债券是典型的无担保债券。信用债券是指没有抵押品，完全靠公司良好的信誉而发行的债券。通常只有经济实力雄厚、信誉较高的公司才有能力发行这种债券。

第五，投资级债券和垃圾债券。在国际金融市场上，投资级债券是指信用级别为标准普尔公司BBB级（穆迪公司Baa级）或以上的债券，这类债券的违约风险较低。垃圾债券是指信用级别为标准普尔公司BB级（穆迪公司Ba级）或以下的债券。垃圾债券向投资者提供高于其他债务工具的利息收益，因此，垃圾债券也被称为高收益债券，但这种高收益是以承担高风险为代价的。

（2）债券的基本要素

债券作为证明债权债务关系的凭证，必须载明的信息如下：

第一，债券面值。债券的面值是债券票面标明的货币价值，是债券发行者承诺在债券到期日偿还给债券持有人的金额。债券面值包括两个基本内容：一是币种，二是票面金额。债券的发行者根据需要和资金市场情况选择特定的币种。票面金额大小不同，可以适应不同的投资对象，也会产生不同的发行成本。票面金额定得较小，有利于中小投资者，购买持有者分布面广，但债券本身的印刷及发行工作量大，费用可能较高；票面金额定得较大，有利于少数大额投资者认购，且印刷费用等也会相应减少，但由于提高了债券的参与门槛，购买持有者分布面较窄。因此，债券票面金额的确定也要根据债券的发行对象、市场资金供给情况及债券发行费用等因素综合考虑。

第二，债券的到期期限。债券到期期限是指债券从发行之日起至偿清本息之日止的时间。债券还本期限的长短，主要取决于发行者对资金需求的时限、未来市场利率的变化趋势和证券交易市场的发达程度等因素。

第三，票面利率。票面利率又称名义利率，是债券票面载明的利率。债券利率分为固定利率和浮动利率两种。债券利率一般为年利率，面值与票面利率相乘就是年利息。债券利率的影响因素主要有：市场利率水平、发行者的资信状况、债券的偿还期限和资金市场的供求情况等。一般来说，期限较长的债券流动性差，风险相对较大，票面利率应该定得高一些；期限较短的债券流动性强，风险相对较小，票面利率就可以定得低一些。票面利率直接关系到债券的收益。

第四，债券价格。债券价格是指债券发行价格或交易价格。债券因票面利率、期限、面值、偿付方式和市场利率的波动等因素的影响，其价格会表现出平价、溢价和折价三种情况。平价就是债券价格等于面值；溢价就是债券价格高于面值；折价就是债券价格低于面值。

第五，偿还方式。债券还本方式分一次还本和分期还本，还本方式也应在债券票面上注明。

第六，债券发行者。债券的发行者是债务主体，既明确了债券发行人应履行对债权人偿还本息的义务，也为债权人到期追索本金和利息提供了依据。

此外，债券票面事项还包括一些其他要素，如是否记名、记名债券的挂失办法和受理机构、是否可转让、税收条件、可赎回条款、回售选择权、可转换条款、新股认购条款等。

（3）债券的评级

公司债券信用评级是对具有独立法人资格公司所发行的某一特定债券，按其还本付息的可靠程度进行评估，并标示其信用程度的等级。信用评级为投资者购买债券和证券市场债券的流通转让提供必要的信息服务。

国际金融市场上，主要的信用评级机构有“标准普尔公司”（Standard & Poor）和“穆迪公司”（Moody），它们的评级一般分为三等九级。中国人民银行为规范信用评级机构在银行间债券市场和信贷市场信用评级的执业行为，也提出了信用评级标准。各评级标准见表7-1。

表7-1　**国际著名信用评级机构的评级标准及国内评级标准**

标准普尔公司		穆迪公司		国内评级标准[①]	
AAA	最高级	Aaa	最高质量	AAA	偿债能力极强
AA	高级	Aa	高质量	AA	偿债能力很强
A	上中级	A	上中质量	A	偿债能力较强
BBB	中级	Baa	下中质量	BBB	偿债能力一般
BB	中下级	Ba	具有投机因素	BB	偿债能力较弱
B	投机级	B	通常不值得正式投资	B	违约风险很高
CCC	完全投机级	Caa	可能违约	CCC	违约风险极高
CC	最大投机级	Ca	经常违约	CC	基本不能保证偿还债务
C	未能付息级	C	最低级	C	不能偿还债务

国内银行间债券市场短期债券信用等级划分为四等六级，分别是：A-1、A-2、A-3、B、C、D。等级含义为：[①]

A-1级：最高级短期债券，还本付息能力最强。

A-2级：还本付息能力较强，安全性较高。

① 《中国人民银行信用评级管理指导意见》银发〔2006〕95号.

A-3级：还本付息能力一般，安全性受不良环境变化的影响。

B级：还本付息能力较低，有一定的违约风险。

C级：还本付息能力很低，违约风险较高。

D级：不能按期还本付息。

3.债券融资的优缺点

债券融资的优势表现为：

第一，资金成本低。债券利息在税前支付，与股票相比发行债券的成本较低。

第二，保障股东控制权。债券持有人无权参与发行公司的经营管理决策，可以保障股东控制权，避免股权稀释，增强财务结构的主动调节能力。

第三，发挥财务杠杆的作用。适当地利用财务杠杆，可以增加股东财富和公司的价值，我们在第八章将对这一问题进行详细讨论。

第四，筹措大额长期资金。公司债券融资规模一般较大，且期限较长。

第五，有效配置社会资源。运作良好的企业利用公司债，以较低的利率募集较大规模的资金，实现社会资源的合理配置。

第六，收益稳定。公司债券定期偿付利息，正常情况下，投资者可以获得稳定的投资收益。

债券融资的劣势表现为：

第一，财务风险高。债券有固定的到期日，要承担还本付息义务。当经营不善时，会给公司带来沉重的财务负担，甚至导致企业破产。

第二，限制条件严格。在金融市场上，通常只有那些实力强、经济效益好的公司，方可采用债务融资方式。而且，债务融资还有明确的限制性条款。根据《公司债券发行与交易管理办法》[①]，发行公司债券，应当符合下列规定：

①具备健全且运行良好的组织机构；

②最近三年平均可分配利润足以支付公司债券一年的利息；

③具有合理的资产负债结构和正常的现金流量；

④国务院规定的其他条件。

三、租赁融资

租赁是按照租赁合同，资产租用者定期向资产所有者支付一定数额的租金，从而获得资产使用权的经济行为。

1.租赁的传统分类

传统的会计操作中，通常把租赁分为经营性租赁和融资租赁两类。

（1）经营性租赁。经营性租赁也叫服务性租赁，这种租赁在为企业或个人提供融资便利的同时，还为企业提供资产的维修服务。经营性租赁属于短期的、承租人可以随时解除合约的租赁。在经营性租赁中，出租人承担与租赁资产有关的主要风险；租金可以

① 《公司债券发行与交易管理办法》，2015年1月15日证监会令第113号公布，2021年2月26日证监会令第180号修订。

作为费用在税前列支，有较好的税盾效应。

（2）融资租赁。融资租赁也叫资本租赁或财务租赁，由出租人融通资金，为承租人提供所需设备，是集信贷、贸易、技术革新于一体的新型金融工具。融资租赁属于长期的、承租人不可以随时解除合约的租赁。融资租赁中，承租人承担与租赁资产有关的主要风险。

融资租赁更多地表现为杠杆租赁。杠杆租赁的特征如下：第一，杠杆租赁涉及出租人、承租人和贷款人三方。出租人既是债权人，又是债务人。第二，出租人购买租赁资产的价款中自有资金一般占设备价款的20%~40%，其余款项主要是以租赁资产作抵押从金融机构借款取得。第三，出租人用承租人的租金向债权人还本付息，并从中获取一定比例的佣金。

融资租赁遵循如下程序：第一，找租赁公司办理租赁委托；第二，确定购货协议；第三，签订租赁合同；第四，办理验货和保险；第五，支付租金；第六，合同期满处理设备。

售后租回是租赁的一种变形，公司将自有资产出售给租赁公司，之后，再从出租人手中把资产租赁回来，保留资产的使用权。公司出售资产获得现金，缓解了资金的流动性困难。在租赁期，承租人支付租金，偿还资产价款，并给出租人提供了收益。

2.租赁存在的原因

租赁作为一种融资方式，有很多好处：

（1）如果租赁双方的实际税率不同，通过租赁可以起到避税的作用。

（2）租赁是有效的融资工具。

（3）通过租赁可以降低交易成本。

（4）通过租赁合同减少未来经营的不确定性。

3.新会计准则对融资租赁的界定

2018年12月7日财政部发布了新的租赁准则。新准则要求境内外同时上市的公司于2019年1月1日开始实施，其他企业于2021年1月1日开始实施。新租赁准则不再要求承租人采用“两租分离”的会计处理方式，转而采用“两租合一”使用权模型进行处理，要求企业将经营租赁纳入表内进行资本化处理。

4.新会计准则下租赁的会计处理

（1）初始确认

对于承租人而言，新准则重述了租赁的定义。根据新的定义，承租人需要明确租赁合同和服务合同之间的区别。承租人可以根据是否涉及可识别资产、是否获得使用期收益、基于已识别资产的存在是否主导资产的使用，来区分合同是否租赁或包含租赁。除12个月以下的短期租赁和低价值租赁外，承租人应确认相应的使用权资产和租赁负债。

（2）初始计量

新准则要求经营租赁业务确认相应的使用权资产和租赁负债。承租人应当在租赁期开始日，按照尚未支付的租金的债务现值确认租赁负债，并按照租赁内含利率计算现值，无法确定利率则按照承租人的增量借款利率计算。使用权资产的初始确认，应当按照取得的成本计量，该成本应当包括租赁负债的初始金额、承租人的初始直接费用、预付租金的金额以及拆除或者修复租赁资产的费用。

（3）后续计量

新租赁准则要求承租人参照固定资产折旧方法，对使用权资产采用计提折旧的方式计量，具体折旧方法应体现未来使用权资产消耗模式。如果租赁期限届满，资产的所有权转移，则使用权资产应当按照尚可使用年限为折旧年限；租赁期限届满，所有权不转移的，使用权资产的年限按照可使用年限和租赁期中较短的期限计提折旧。

新租赁准则要求租赁负债应使用摊余成本法进行后续计量，采用实际利率法进行摊销，每个报告期内发生的利息费用计入当期损益。

【例7-4】假设SH公司租入某栋大楼作为办公场所，合同约定租赁期为2022年1月1日至2026年12月31日，租金2 000万元/年，于每年年初缴纳当年租金。假定该租赁的内含利率为5%。

则1月1日，交付第一笔租金后，该笔租赁初始计量需要在资产负债表中计入如下项目：

使用权资产：9 091.90万元[①]；

租赁负债：7 091.90万元。

在接下来的租赁期内，使用权资产需按期计提折旧，未支付的租赁负债需按实际利率法计算利息费用，见表7-2。

表7-2 **租赁的后续计量**

年度	租赁负债				使用权资产		
	期初余额	租赁付款额	利息费用	期末余额	期初余额	折旧	期末余额
2022	7 091.90		354.60	7 446.50	9 091.9	1 818.38	7 273.52
2023	7 446.50	2 000	272.32	5 718.82	7 273.52	1 818.38	5 455.14
2024	5 718.82	2 000	185.94	3 904.76	5 455.14	1 818.38	3 636.76
2025	3 904.76	2 000	95.24	2 000.00	3 636.76	1 818.38	1 818.38
2026	2 000.00	2 000	0.00	0.00	1 818.38	1 818.38	0.00

5. 租赁-购买决策

从前面的会计处理来看，进入资产负债表的租赁本质上就是一种借贷，作为融资的租赁是长期负债的替代，每期支付的租赁费，相当于每期归还的贷款本息额。因此，租赁-购买决策主要是确定两种方案何者成本更小。当然，如果租赁允许退租，则意味着承租方拥有了一项卖出期权，从而影响租赁的价值，这一点，在本书的第十三章中会进行探讨。

在方案比较时，首先要确定租赁方案和购买方案对公司现金流出的影响，在此基础上确定两个方案现金流出的现值。

第三节 经营杠杆与财务杠杆

一、杠杆原理

杠杆是一个物理学的概念。在公司理财中引入杠杆原理，旨在揭示市场变化导致公

① 使用权资产中包括当期已经支付的2 000万元租金。

司销售收入的变化，进而引起息税前收益变化的放大效应，以及息税前收益的变化进一步引起每股收益变化的放大效应。

【例7-5】某公司生产销售一种产品，预期未来市场售价16元，未来市场的情况估计有三种可能：市场表现好的概率为30%，销售量可达到50 000件；市场表现一般的概率为40%，销售量可达到40 000件；市场表现差的概率为30%，市场销售量为30 000件。该公司现有两种生产方案：A方案需要120 000元固定成本，单位产品的可变成本为8元；B方案需要200 000元固定成本，单位产品的可变成本为6元。请分析该公司应该采用哪种生产方案。

A、B两种方案的息税前收益计算见表7-3。

表7-3 A、B两种方案的息税前收益计算表

方案	A			B		
市场情况	好	中	差	好	中	差
概率	30%	40%	30%	30%	40%	30%
销售量（件）	50 000	40 000	30 000	50 000	40 000	30 000
销售额（元）	800 000	640 000	480 000	800 000	640 000	480 000
固定成本（元）	120 000	120 000	120 000	200 000	200 000	200 000
占总成本的比重	23%	27%	33%	40%	45%	53%
变动成本（元）	400 000	320 000	240 000	300 000	240 000	180 000
占总成本的比重	77%	73%	67%	60%	55%	47%
EBIT（元）	280 000	200 000	120 000	300 000	200 000	100 000

$E(EBIT)_A=30\%\times280\ 000+40\%\times200\ 000+30\%\times120\ 000=200\ 000$（元）

$$\sigma_A=\sqrt[2]{30\%\times(280\ 000-200\ 000)^2+40\%\times(200\ 000-200\ 000)^2+30\%\times(120\ 000-200\ 000)^2}$$
$$=61\ 967(\text{元})$$

$E(EBIT)_B=30\%\times300\ 000+40\%\times200\ 000+30\%\times100\ 000=200\ 000$（元）

$$\sigma_B=\sqrt[2]{30\%\times(300\ 000-200\ 000)^2+40\%\times(200\ 000-200\ 000)^2+30\%\times(100\ 000-200\ 000)^2}$$
$$=77\ 460(\text{元})$$

可见，A、B两个方案的EBIT期望值相同，但方案B的标准差大于方案A的标准差，故方案A优于方案B。

方案B的固定成本占总成本的比重高于方案A。成本构成比例不同的两种生产方式(固定资产政策)，使公司在相同的市场条件下，产生了EBIT的不同变化，如在市场条件好的情况下，A方案的EBIT为280 000元，B方案的EBIT为300 000元；在市场条件不好的情况下，A方案的EBIT为120 000元，B方案的EBIT为100 000元。固定成本高，EBIT的波动性大。

这种由于市场原因引起的EBIT的波动性称为经营风险。由于固定成本投入大，引起EBIT相对于销售收入的更大幅度的变化，就是经营杠杆效应。

【例7-6】某公司计划投资20万元建设新项目。现有三种融资方案：（1）发行20万股普通股，每股面值1元；（2）其25%利用债务融资，债务成本为8%，其余是股权融

资；（3）其40%利用债务融资，债务成本为8%，其余是股权融资。三种方案的财务杠杆影响见表7-4。

表7-4 三种方案的财务杠杆影响表 单位：万元

	方案1	方案2	方案3
债务融资比率	0	25%	40%
债务	0	5	8
股权	20	15	12
总资产	20	20	20
DFL[注1]	1	1.25	1.47
EBIT	2	2	2
净利润	2	1.61	1.36
普通股数（万股）	20	15	12
EPS（元）	0.1	0.107	0.113
ROE（%）	10	10.7	11.3
EBIT	4	4	4
净利润	4	3.6	3.36
EPS（元）	0.2	0.24	0.28
ROE（%）	20	24	28
EPS增长率（%）[注2]	100	124	148
EBIT	1	1	1
净利润	1	0.6	0.36
EPS（元）	0.05	0.04	0.03
ROE（%）	5	4	3
EPS增长率（%）[注3]	-50	-63	-89

注1：DFL为财务杠杆度，反映财务杠杆效应的大小。

注2：EPS增长率EBIT=4时，与基本状况EBIT=2下相比较的EPS变化率。

注3：EPS增长率EBIT=1时，与基本状况EBIT=2下相比较的EPS变化率。

由上可知，如果EBIT从2万元增长到4万元，增长100%，在方案1下，没有杠杆的作用，EPS也增长100%；在方案2下，每股收益增长率为124%，放大了1.24倍；在方案3下，EPS增长了148%，放大了1.48倍。

三种方案由于债务水平的不同，高负债条件下，EBIT的变化引起EPS和ROE更大幅度的变化。这种由于债务水平不同，在EBIT变动时引起股东收益更大幅度的变化，就是财务杠杆效应。

二、经营杠杆与经营风险

经营风险是企业不考虑负债使公司面临的风险，单纯考虑经营活动所面临的风险。影响企业经营风险的因素包括产品产量、产品售价、产品可变成本和固定成本的比重等，其中固定成本是最基本的因素。通常用经营杠杆（Degree of Operating Leverage，DOL）来描述经营风险的大小，定义为营业收入变化所引起利润变化的幅度，也就是息税前收益对销售额的弹性。用公式表示如下：

$$DOL=\frac{\frac{\triangle EBIT}{EBIT}}{\frac{\triangle S}{S}}=\frac{(P-V)Q}{(P-V)Q-F}=\frac{EBIT+F}{EBIT} \tag{7-2}$$

式中：EBIT为息税前收益；S为销售收入；P为产品售价；Q为销售数量；V为变动成本；F为固定成本。

从式中可以看出，如果DOL大，单位销售量的变化对收入变化的影响就大，故谓之杠杆。同时，影响杠杆度大小的决定因素是固定成本，且固定成本与DOL成正比。现实中，公司固定成本越高，应对市场调整的难度越大，风险就越高。

三、财务杠杆与财务风险

财务风险是由于负债经营给公司股东带来的风险。影响企业财务风险的最基本因素是债务利息和本金。通常用财务杠杆（Degree of Financial Leverage， DFL）来描述财务风险的大小，定义为利润变化所引起每股收益变化的幅度，即每股收益对息税前利润的弹性。用公式表示如下：

$$DFL=\frac{\frac{\triangle EPS}{EPS}}{\frac{\triangle EBIT}{EBIT}}=\frac{\triangle EBIT}{EBIT-I}\times\frac{EBIT}{\triangle EBIT}=\frac{EBIT}{EBIT-I} \tag{7-3}$$

式中，EBIT为息税前收益；EPS为每股收益；I为利息支出。

这里：

$$EPS=\frac{(EBIT-I)\times(1-T)}{N}$$

$$\triangle EPS=\frac{\triangle EBIT\times(1-T)}{N}$$

$$\frac{\triangle EPS}{EPS}=\frac{\frac{\triangle EBIT\times(1-T)}{N}}{\frac{(EBIT-I)\times(1-T)}{N}}=\frac{\triangle EBIT}{EBIT-I}$$

式中：N为流通在外的普通股；I为债务利息费用。

从式（7-3）可以看出，如果DFL大，单位EBIT的变化对EPS的影响就大，故谓之杠杆。同时，影响杠杆度大小的决定因素是利息费用，且利息费用与DFL成正比。现实中，公司对债务到期还本付息的法律义务，给公司负债经营带来还本付息的财务压力，当市场环境发生变化时，企业可能面临财务困境，甚至有破产的风险。

四、复合杠杆

负债企业股东面临的总风险是经营风险与财务风险的总和，一般用复合杠杆来表示。复合杠杆（Degree of Total Leverage，DTL），指股东所获每股收益受公司销售收入影响的大小，即每股收益对销售收入的弹性。用公式表示如下：

$$DTL=\frac{\frac{\triangle EPS}{EPS}}{\frac{\triangle S}{S}}=DOL\times DFL=\frac{EBIT+F}{EBIT-I} \tag{7-4}$$

复合杠杆综合反映了公司总风险的大小，公式（7-4）表明：企业股东面临的总风险是经营风险与财务风险的乘积。复合杠杆反映出经营风险与财务风险相互影响、共同作用的性质。

经营风险是由于资产经营缺乏效率而使公司收益表现出不确定性。财务风险是因公司使用债务而产生的由股东（或公司资本投入者）承担的附加风险，这种附加风险主要包括两个层次的内容：一是公司可能丧失偿债能力的风险；二是由于举债而导致公司股东的利益遭受损失的风险。

复合杠杆有三层含义：

（1）负债使最低必要的单位股权的报酬水平增加。我们把公司全部资产分为两种来源，一部分为债务资本，一部分为权益资本，相应出现债权人和股东两类利益相关者。在一般情况下，债权人按照合同约定取得固定利息收入和到期收回本金，无权干涉公司的经营。公司管理者接受股东的委托运用全部资本进行经营，因此，EBIT的变异性代表了全部资本承担的经营风险，在这个层面上不存在财务风险的问题。EBIT扣减固定的资本成本利息后，再减去所得税即为净利润，净利润的变异性可视为股东承担的风险。显然，由于所得税税率基本稳定，且净利润为负时没有所得税，因此，所得税对股东承担的风险没有影响。债权人依合同约定取得固定利息，在一般情况下不承担风险。我们必须注意到，在公司经营中，债务资本同权益资本没有区别，作为总资本的一部分也承担着经营风险。因此，债务资本承担的经营风险实际上转嫁给了权益资本，这就是财务风险的来源。

（2）负债放大了股东承担的风险。资本承担经营风险，股东因为公司负债而承担的风险超过了债务资本转嫁给权益资本的经营风险，公司负债使得股东承担了全部经营风险之外的额外风险，也就是说债务资本承担的经营风险在转嫁给权益资本时被放大了。由此可见，无负债公司的股东只承担公司面临的经营风险，有负债公司的股东除了要承担权益资本的经营风险之外，还要承担债务资本所面临的部分经营风险，以及由负债引起的额外风险。

（3）财务风险的大小与公司经营风险成正比。虽然负债导致公司发生代理成本（如监督费用和投资的机会成本等）和财务危机成本，但不能认为财务风险是仅仅由此而增加的公司破产风险。实际上，只要公司的经营风险足够小，这种增加的破产风险将一直是潜在的或隐含的。财务风险归根到底来源于公司的经营风险。经营风险在很大程度上是公司的外生影响因素，公司能够控制的程度不大，对经营风险的评估，是确定资本结构和做出债务筹资的前提条件。公司财务风险的管理应针对经营风险变化的特点制定相应的策略。如果不考虑经营风险与财务风险在管理上的协同性，无论投资决策还是筹资决策都可能不是最优的，从而背离公司价值最大化目标。

公司经营风险与财务风险在产生机制上的相互依存性深刻地影响着公司的财务管理决策。

本章小结

公司融资活动是一个动态的过程。在公司发展的不同阶段，公司的融资行为表现出不同的特征。合理的融资行为将形成优化的融资结构，不合理的融资行为则会导致融资结构的失衡。本章的主要内容包括：

1. 融资结构是指公司从不同渠道筹措的资本占总资本的比例。按资本来源，融资结构可以划分为内源融资和外源融资；按资本属性，融资结构可以划分为债务融资和权益融资；按占用时间的长短，融资结构可以划分为长期融资和短期融资；按融资对象的性质，融资结构可以划分为货币资本融资、实物资本融资和无形资本融资。资本结构是指公司取得的各项长期资本来源及其相互关系。

2. 公司融资决策的目标是寻求融资成本最小化的资本结构。融资成本是指资本使用的代价，包括融资费用和用资费用，不同类型的融资来源，其成本也不相同。现实中的企业通过多种渠道、采用多种方式筹集资本，而各种资金来源的成本不同，为了综合考察企业的总体融资成本，需要采用加权平均融资成本（WACC）。风险是指公司财务损失的机会，一般来说，公司的债务融资的风险要高于权益融资的风险；流动负债的风险大于长期负债；直接融资与间接融资的风险也不同。

3. 企业的长期融资方式有两类，包括股权融资和债务融资。股权融资的主要载体是股票；债务融资的载体是债券、长期贷款和租赁等。股权融资工具分为普通股和优先股，两者权利有所不同。债务融资包括中长期贷款、中长期债券。

4. 公司运营过程中存在两种风险放大的机制，分别是经营杠杆和财务杠杆。经营杠杆用来描述经营风险的大小，定义为营业收入变化所引起利润变化的幅度，也就是息税前收益对销售额的弹性。财务杠杆用来描述财务风险的大小，定义为利润变化所引起每股收益变化的幅度，即每股收益对息税前利润的弹性。负债企业股东面临的总风险是经营风险与财务风险的总和，一般用复合杠杆来表示。

重点概念

融资结构　内源融资　外源融资　直接融资　间接融资　资本结构　融资成本　融资费用　加权平均资本成本　普通股　优先股　租赁　经营杠杆　财务杠杆　复合杠杆

复习思考

1.什么是资本结构？资本结构与融资结构有哪些异同？

2.对于公司来说，债务融资风险大于股权融资风险的主要原因是什么？

3.普通股融资的优缺点各是什么？

4.如果同一笔租赁业务既可以按照经营租赁入账，又可以按照融资租赁入账。请比较两种入账方式对企业资产负债率、税后利润、ROA、ROE、现金流等的影响。

5.试述公司经营风险与财务风险产生的机理及其相互关系。

6.债券的票面利率和必要报酬率的区别在哪里？

7.债券的保护性条款有哪些？

8.在一个有效的资本市场中，对带有赎回条款和不带有赎回条款的债券进行定价时，赎回条款不会带来优势，也不会带来劣势。这个说法是否正确？

9.按照新的会计准则，企业需要将经营性租赁按照融资租赁的入账原则计入资产负债表，这对企业的财务状况会产生怎样的影响？

分析计算

1.选择题

（1）下列关于资本结构与融资结构的表述正确的是（　　）。

A.资本结构与融资结构是同一概念的不同表述

B.资本结构是公司资产负债表右边项目的结构

C.融资结构是长期资本项目之间的比例

D.从内容上看公司的资本结构只是融资结构的一部分

（2）下列关于权益融资与债务融资表述正确的是（　　）。

A.作为外源融资，权益融资与债务融资都不需要对外支付融资成本

B.债务融资的成本一般高于权益融资，但融资风险却低于权益融资

C.权益融资没有固定偿还日期

D.债务融资成本是不断变化的

（3）下列属于债券融资特点的是（　　）。

A.可发挥财务杠杆的作用　　B.债券融资成本高

C.稀释控股权　　D.收益不稳定

（4）假定某企业权益资本与债务资本的比例是7：3，据此可断定该企业（　　）。

A.只存在经营风险　　B.经营风险大于财务风险

C.经营风险小于财务风险　　D.同时存在经营风险和财务风险

（5）降低经营杠杆系数，从而降低企业经营风险的途径是（　　）。

A.节约可变成本　　B.节约固定成本

C. 提高资产负债率　　　　　　　　　　D. 降低资产负债率

（6）某企业某年的财务杠杆系数是2，息税前利润的计划增长率是8%，其他因素不变，则该年普通股每股收益的增长率为（　　）。

A. 4%　　　　B. 16%　　　　C. 8%　　　　D. 10%

（7）在市场利率大于票面利率的情况下，（　　）。

A. 债券的发行价格大于其面值　　　　B. 债券的发行价格等于其面值

C. 债券的发行价格小于其面值　　　　D. 债券的发行价格大于或等于其面值

（8）融资决策中总杠杆具有如下性质（　　）。（本题为多项选择）

A. 总杠杆能够起到财务杠杆和经营杠杆的综合作用

B. 总杠杆能够估计出销售额变动对每股收益的影响

C. 过多使用总杠杆的公司将为此付出较高的固定成本支出

D. 总杠杆系数越大，企业经营风险越大

（9）A汽车公司拥有1 000万元的资产，其中200万元通过债务筹集，800万元通过权益筹集。如果该公司目前的β系数为1.2，公司所得税税率为40%，则无杠杆β系数为（　　）。

A. 1.3254　　　　B. 0.9856　　　　C. 1.0435　　　　D. 1.2134

（10）假设甲公司的固定成本占总成本的比例高于乙公司固定成本占总成本的比例，且两家公司具有相似的周期性和资本结构，以下说法正确的是（　　）。

A. 甲公司的贴现率低于乙公司的贴现率

B. 甲公司的贴现率高于乙公司的贴现率

C. 甲公司的贴现率等于乙公司的贴现率

D. 无法判断

2. 某公司财务杠杆系数为2，税后利润为450，所得税税率为25%。公司全年固定成本和利息总额为3 000万元，公司当年发行了面值总额为5 000万元五年期的固定利率债券，该债券年利息为当年利息总额的20%。要求计算：

（1）当年税前利润。

（2）当年利息总额。

（3）当年息税前利润总额。

（4）当年利息保障倍数。

（5）当年经营杠杆系数。

第八章　资本结构分析

◇教学目的与要求

- 了解资本结构理论研究的主要问题
- 掌握MM定理分析资本结构与企业价值的框架与结论
- 掌握其他资本结构理论
- 能够利用资本结构理论对现实问题进行分析

【引导案例】

万科可谓中国企业与资本结缘的“先驱”，它的资本运作甚至早于中国股市的诞生。1984年，改革开放春潮初动，王石在深圳成立了一家名为“深圳现代科教仪器展销中心”的公司，这就是万科的前身。成立不久，公司就在《深圳特区报》上刊登了招股通函，这成为中国第一份按照国际惯例在报纸上公开刊登的招股通函。

上市之后，万科综合运用各种可能的融资方式获取发展资金，但不同的融资方式对股票价格的影响却有所不同。

2002年6月13日至2002年6月19日，万科发行了面值为15亿元的万科转债。该转债自2002年12月13日起可转换为公司A股股份，转换期自2002年12月13日（含当日）起至2007年6月12日（含当日），初始转股价格为每股人民币11.9元。万科董事会在公告中表示，为了保护万科转债持有人的利益，避免转股价格过度偏离公司股票的实际价格，在万科转债的存续期间，当公司A股股票收盘价格连续20个交易日不高于当时转股价格的80%时，公司董事会有权以不超过20%的幅度降低转股价，并且降低后的转股价格不低于降低前一个月公司A股股票价格（收盘价）的算术平均值。董事会此权利的行使在12个月内不得超过一次。在转债发行之后，万科的股价一路下跌。12月9日万科A股收盘价为9.80元，离初始转股价11.9元的80%的9.52元仅一步之遥，而万科转债每百元收盘价为95.70元，万科转债持有人无论转股还是不转，投资万科转债账面上都是亏损累累。

2007年8月24日至8月29日期间，万科A以31.53元的高价实施了增发。8月29日，该股创下36.89元的历史最高价后就开始一路下滑。在实施增发后，万科A走势完全弱于市场整体走势。2007年9月11日，在几大利空的合力作用下，上证指数大跌241点，上百只个股跌停。而万科A收盘价30.78元，创下了在5 000点之上本轮牛市的高位上跌破增发价的纪录。

2008年9月18日，万科发行的59亿元公司债在深交所上市，有担保债券（08万科

G1）和无担保债券（08万科G2）分别出现5.3104%和5.8145%的惊人涨幅。其中，08万科G1票面利率为5.5%，当日开盘就冲到105元以上，最终收在105.1元。无担保的08万科G2由于票面利率达7%，当日开盘就飙升到了106.7元，收盘价为105.55元。同时，股价在短期内小幅上涨，9月18日的A股收盘价为5.17元/股，相隔一个月，10月20日收盘价就上升到了7.14元/股。这次债券发行帮助万科度过了金融危机的地产最低迷时期。

——根据新浪财经《二十年崛起市场孕育万科样本》、百度文库《万科资产结构》等资料整理.

从万科这几轮资本结构的调整中我们可以看出，一般情况下，公司发行股票，股价会下跌；公司发行债券，股价会上升；公司发行转债，股价可能会下跌。当然，也会有个别企业有不同甚至相悖的情况出现，这可能是由其股票或债券发行的特殊背景或其他因素造成的。但不可否认的是，企业的融资行为和资本结构对公司价值有着直接的影响。

资本结构主要是指企业负债与权益之间的比例关系，它是现代公司理财研究中最重要的，也是最复杂的问题之一，它关系到企业的投资决策以及筹资决策，对能否实现企业股东财富最大化、利益相关人是否可以得到与其所承担风险相对应的收益水平等都有直接影响。本章重点介绍经典的资本结构理论，并结合中外公司的实际情况，讨论现实中影响资本结构的因素。

第一节 资本结构理论概述

资本结构理论是公司财务理论的核心内容之一，也是资本结构决策的重要理论基础。从资本结构理论的发展来看，主要经历了古典资本结构理论、MM资本结构理论以及现代资本结构理论等发展阶段。

一、资本结构理论研究的主要问题

企业的资本结构通常指企业负债总额与企业总资产的比例（B/V），或企业总负债与股东权益的比例（B/S）。准确地讲，企业的资本结构应定义为有偿负债与股东权益的比例。资本结构理论研究的主要内容是，不同长期资本（债务资本和权益资本）的比例关系及其对企业价值的影响。

只有当改变企业资本结构能够增加公司价值时，股东才会因此而获益；只有当改变企业资本结构能够减少公司价值时，股东才会因此而受损。企业的决策者应当选择能够使公司价值最大的资本结构，因为公司股东将因此而获益。然而，我们面临的根本问题是，资本结构与企业价值之间是否存在相关性？下面我们举例来说明。

假设在一个简单的、无税收的经济环境中，一个完全由权益资本投资的A公司可能面临三种经济前景，分别是衰退、正常、扩张，在这三种情况下，息税前收益（EBIT）分别是1 000元、2 000元、3 000元。假设A公司考虑引入债务资本替代部分权益资本，具体的相关数据见表8-1。

表8-1　　杠杆状态与无杠杆状态的对比

项目	无杠杆状态	杠杆状态
资产	20 000	20 000
负债	0	8 000
权益资本	20 000	12 000
负债与权益比	0	2/3
利息率	N/A	8%
股票数量	400	240
股票价格	50	50

表8-2和表8-3列出了A公司在不负债的情况下和负债情况下（用8 000元年利息率为8%的债务资本替换了同样数量的权益资本），在不同经济前景下的经营成果。

表8-2　　全部资本为权益资本（无杠杆）

	衰退	正常	扩张
EBIT	1 000	2 000	3 000
Interest	0	0	0
Net Income	1 000	2 000	3 000
EPS	2.50	5.00	7.50
ROIC	5%	10%	15%
ROE	5%	10%	15%

注：全部权益资本状态下有普通股400股。

表8-3　　引入财务杠杆

	衰退	正常	扩张
EBIT	1 000	2 000	3 000
Interest	640	640	640
Net Income	360	1 360	2 360
EPS	1.50	5.67	9.83
ROIC	5%	10%	15%
ROE	3%	11%	20%

注：引入财务杠杆后有普通股240股；表中ROIC为全部投资的回报率。

对比表8-2和表8-3可以看出，在用债务资本替换部分权益资本之后，虽然在正常和扩张的经济前景下公司股东的收益率高于资本结构变化之前，但在衰退的经济前景下，公司股东的收益率却低于资本结构变化之前。财务杠杆对EPS的影响如图8-1所示。

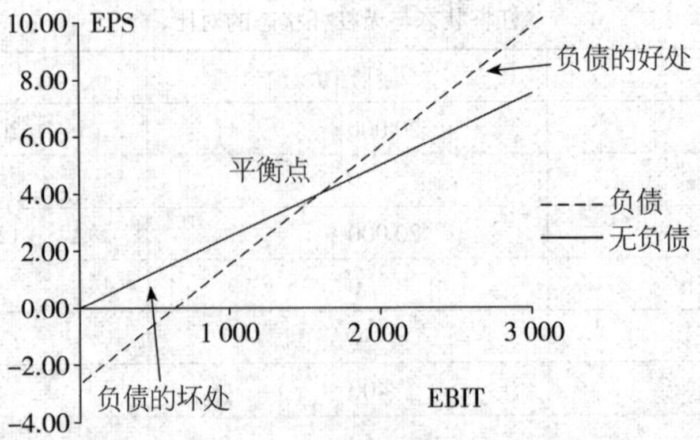

图8-1 财务杠杆与EPS

尽管在正常和扩张的经济前景下，通过负债经营提高了平均的EPS和ROE，但股东所面临的风险也随之增大，所以不能直接得出随着资本结构中引入负债，公司股东权益价值增大的结论。但至少我们可以肯定一点，资本结构可能会影响企业价值。

二、古典资本结构理论

美国学者将20世纪50年代以前的资本结构理论归纳为“古典资本结构理论”。1952年，美国经济学家大卫·杜兰特（David Durand）把当时对资本结构的见解划分为三种：净收益理论、净营业收益理论和介于两者之间的传统折中理论。

（一）净收益理论

该理论假定：

（1）当企业融资结构变化时，负债的资本成本和权益的资本成本均不变，且公司获取资本的来源和数量不受限制。

（2）由于债权的投资报酬率固定且债权人有优先求偿权，所以债权投资风险低于股权投资风险，债务融资的税前成本比股票融资成本低。

根据以上假定，当企业增加债务融资比重时，融资总成本会下降。由于降低融资总成本会增加企业的市场价值，所以，随着债务融资数量的增加，企业的加权平均资本成本将趋于下降，企业市场价值会趋于提高。如图8-2所示。

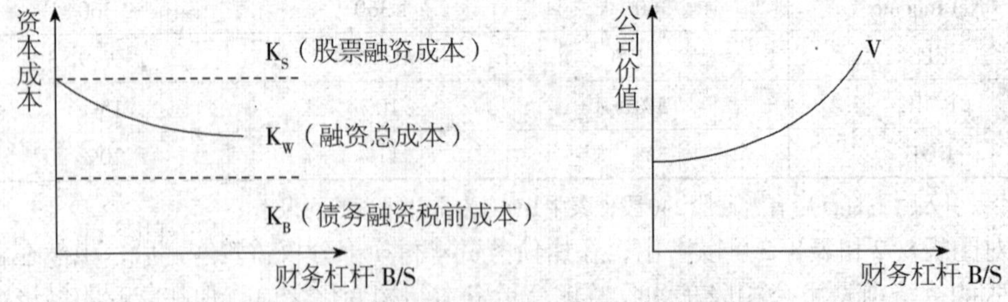

图8-2 净收益理论下的资本成本与公司价值

净收益理论显然不符合实际情况。该理论只考虑到了财务杠杆利益，却忽略了财务风险。如果企业的负债率过高，财务风险就会较大，债权人和股东要求的收益率会随之提高，公司价值反而下降。

（二）净营业收益理论

该理论假定，不论企业财务杠杆如何变化，债务融资成本和加权平均资本成本是不变的，企业的总价值也是固定不变的。但是，当企业增加债务融资时，权益融资的成本就会上升。原因在于，债务资本的增加，使企业风险增大，促使股东要求更高的回报。这样一升一降，加权平均资本成本不会因负债比率的提高而降低，而是保持不变。也就是说，融资总成本不会随融资结构的变化而变化。从而，资本成本以及企业价值与资本结构无关，不存在最佳资本结构问题，此时决定企业价值的是净营业收益。如图8-3所示。

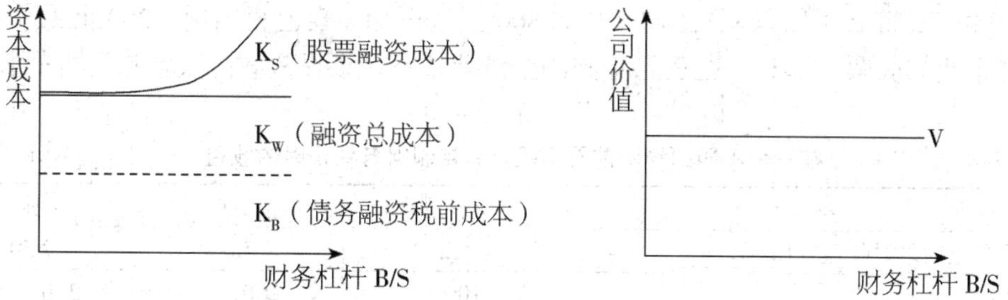

图8-3 净营业收益理论下的资本成本与公司价值

净营业收益理论是另一种极端的资本结构理论。这种观点虽然认识到债务资本比例的变动会产生财务风险，也会影响到权益资本成本，但实际上企业的加权平均资本成本不可能是一个常数，而且企业的价值也不会仅仅取决于净营业收益。

（三）传统折中理论

净收益理论和净营业收益理论都是极端的资本结构理论，早期的资本结构理论中，还有一种介于这两种极端观点之间的折中观点，我们称之为传统折中理论。该理论认为，负债的增加尽管会导致权益成本（K_S）增大，但在一定的负债水平内并不会明显增加企业的财务风险，债务资本成本（K_B）保持相对稳定。因此，在一定范围内低成本的债务资本的比例增加会使企业加权平均资本成本（K_W）下降，企业总价值上升。但是，当债务比例超过一定水平时，财务风险增大，权益成本的上升就不能被债务的低成本抵消，加权平均资本成本就会上升，公司价值下降。如图8-4所示，企业价值呈倒U形。

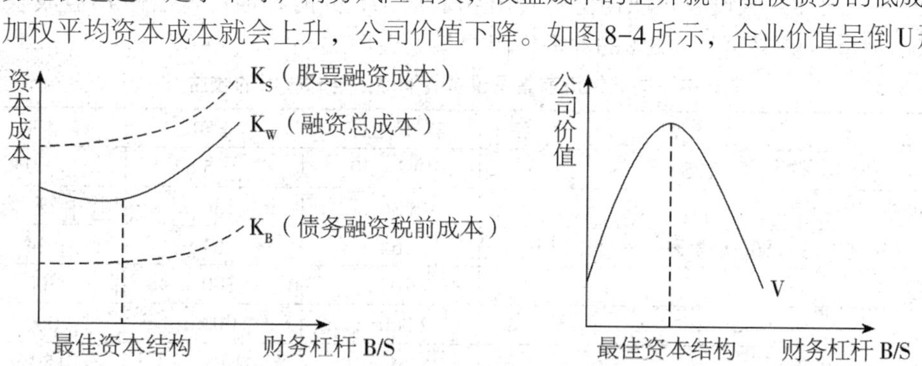

图8-4 传统折中理论下的资本成本与公司价值

传统折中理论考虑到了财务风险，结论比较符合实际经济情况。但由于没有严密的证明，无法根据企业的实际情况求解出最优资本结构。

上述理论各有其片面性和缺陷，对资本结构还没有形成系统的认识。

第二节 MM定理

我们仍然接着上节的例子来研究。从A公司投资者的角度出发考虑：他们是否更愿意持有杠杆公司的股份呢？假设上述公司并没有引入债务融资，但是有部分股东希望能够用债务资本替换权益资本，以利用杠杆提高期望回报率，他们期望公司的资产负债率为40%。在这种情况下，他们可以通过个人复制财务杠杆来实现投资有负债公司的目的。比如，投资者可以以8%的利率借入800元，再加上自己投入的1 200元买进40股无杠杆企业的股票，那么，在三种不同的经济前景下，该投资者的收益状况可如表8-4所示。

表8-4 **在三种不同的经济前景下投资者自制财务杠杆时的收益** 金额单位：元

	衰退	正常	扩张
无杠杆企业的每股收益（EPS）	2.50	5.00	7.50
40股的投资收益	100	200	300
减去以8%利率借入800元债务的利息支出	-64	-64	-64
净利润	36	136	236
净投资	1 200	1 200	1 200
投资收益率（ROE）	3%	11%	20%

不难看出，这一结果与我们直接购买杠杆企业的股票的收益结果完全相同。这表明，即使A公司不改变其资本结构，希望投资负债公司的股东仍然可以通过自身的借贷复制出与负债经营公司股东完全相同的投资收益出来。当然，要实现相同的收益，必须保证个人的负债比例与杠杆公司的负债比例完全相同。在本例中，个人的负债比例等于800÷1 200=2/3，与杠杆公司负债状况相同。

相反，如果投资者投资的是一个杠杆公司，但是却希望公司降低财务杠杆，成为无负债公司。同样，假设股东现在持有公司40股股票，此时，他可以出售16股股票，收回800元现金，并将其按照8%的利率借出。参见表8-5。

表8-5 **在三种不同的经济前景下投资者消除财务杠杆时的收益** 金额单位：元

	衰退	正常	扩张
有杠杆企业的每股收益（EPS）	1.50	5.67	9.83
24股的投资收益	36	136	236
加上以8%利率借出800元债务的利息支出	64	64	64
净收益	100	200	300
净投资	2 000	2 000	2 000
投资收益率（ROE）	5%	10%	15%

同样，投资者可以复制出与无杠杆公司完全相同的负债状况。不论公司是否负债经营，投资者都可以根据自己的需要创造出同样的收益模式。因此，在上述简单的经济环境中，公司资本结构与公司价值或者股东财富没有关系。实际的经济情景远比上述简单经济环境复杂，那么，公司的资本结构与公司价值之间到底会有怎样的关系呢？如果资本结构影响公司价值或者股东财富，那么就可能存在一种最优的资本结构。

1958年，美国经济学家莫迪利亚尼和米勒（Modigliani and Miller）在《美国经济评论》（American Economic Review）上发表了《资本成本、公司财务以及投资理论》（The Cost of Capital，Corporation Finance and the Theory of Investment）一文。这篇文章讨论了完美市场、没有税收等的假设下，资本结构对公司价值的影响，这就是著名的MM定理。随着研究的推进，莫迪利亚尼和米勒对初始的MM定理进行了修正，将税收等因素加入到对资本结构的讨论中，从而使MM定理更符合现实状况。下面我们就介绍他们的这一重要理论。

一、无公司所得税的MM定理

（一）MM定理的基本假设

（1）一致性预期（Homogeneous Expectations）：现在和将来的投资者对企业未来的息税前利润（EBIT）估计完全相同，即投资者对企业未来收益和这些收益风险的预期是相等的。

（2）同一商业风险等级（Homogeneous Business Risk Classes）：企业的经营风险是可以用息税前利润（EBIT）的标准差来衡量的，有相同经营风险的企业处于同类风险等级。

（3）永久性现金流量（Perpetual Cash Flows）：所有现金流量都是年金，即企业增长率为零，预期的EBIT不变。

（4）完善的资本市场（Perfect Capital Markets）：股票和债券在完全竞争（Perfect competition）的市场上进行交易，这意味着无税收（No taxes）、无交易成本（No transaction costs），投资者可以同等地获得所有相关信息（Equal access to all relevant information），并且企业和个人可以按照同一利率借入/借出资金（Firms and investors can borrow/lend at the same rate），且债务无风险，所以，所有的债务利率均为无风险利率，且不受借款数额的影响。

（二）无公司所得税时的MM命题I

在上述假设下，莫迪利亚尼和米勒提出了无公司所得税时资本结构和公司价值的命题I：企业的价值由其预期EBIT按照其风险等级所对应的贴现率贴现后决定，与其资本结构无关。即：

$$V_L = V_U = \frac{EBIT}{r_{WACC}} = \frac{EBIT}{r_0} \tag{8-1}$$

式中：V_U是无负债公司的价值；V_L是负债公司的价值；r_{WACC}是负债公司的加权平均资本成本；r_0是无负债公司普通股的权益资本；EBIT是公司的息税前收益。

很显然，MM命题Ⅰ解释了这样一层含义：公司的市场价值（即债权的市场价值+股权的市场价值，不含政府的税收价值）与公司的资本结构无关，而只与其盈利水平有关，这说明未来具有完全相同的盈利能力的公司市场价值相同。在没有公司所得税的情况下，公司的息税前收益最终分配在股东的现金股利和债权人的利息上。因此，公司资本结构的不同只影响EBIT在股东和债权人之间的分配，而不影响EBIT本身的数额，从而对公司价值不产生影响。正如图8-5所示，公司有无负债只影响权益价值和负债价值在圆饼中的比重，而不影响圆饼的大小，不管公司做出怎样的选择，总价值依然不变。

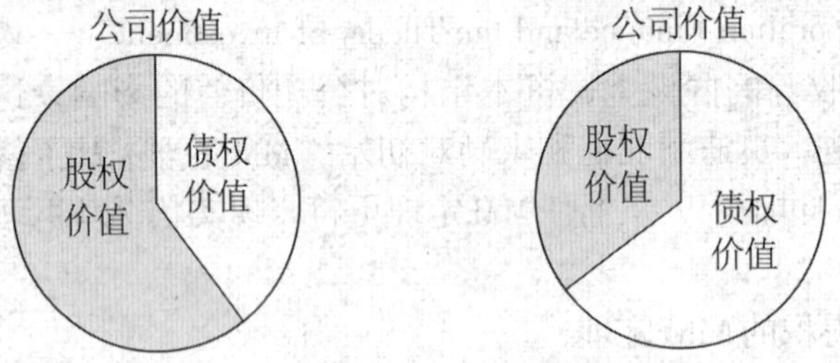

图8-5 资本结构与公司价值（无税）

我们还可以用以下方法对无税时MM命题Ⅰ进行推导。

假设有U、L两家公司，除资本结构之外，两者各方面的情况都完全相同，公司U为无负债公司，价值为$V_U = S_U$，公司L为有债务B的负债公司，且税前债务利率为固定值r_B，公司价值为$V_L = S_L + B$。

对于负债公司来说，股东的收益为$EBIT - r_B B$，债权人的收益为$r_B B$，则属于股东和债权人的总收益为$(EBIT - r_B B) + r_B B$，这一现金流的现值为V_L。同时，显然可以看出$(EBIT - r_B B) + r_B B = EBIT$，这一现金流的现值为无负债公司的价值$V_U$。所以，必有$V_L = V_U$。

（三）无公司所得税时的MM命题Ⅱ

MM命题认为，权益的期望收益率与财务杠杆正相关，因为权益持有者的风险随着财务杠杆而增加。具体来说，负债企业的权益资本成本等于同风险等级的无负债企业的权益资本成本加上一定数量的风险报酬，即：

$$r_S = r_0 + \left(\frac{B}{S_L}\right)(r_0 - r_B) \tag{8-2}$$

式中：r_B是债务成本；r_S是有杠杆后的权益收益率；r_0是无杠杆时的权益资本成本；B是债务的价值；S_L是负债时权益的价值。

MM命题Ⅱ揭示了公司权益资本成本和资本结构之间的关系，随着企业负债的增加，企业的权益资本成本也随之增加，其增加值恰好抵消了债务的低成本带来的好处，从而使企业的加权平均资本成本不变，因此企业的价值也不会变化。

无公司所得税时MM命题Ⅱ也可以通过以下方法进行推导：

假设有U、L两家公司，除资本结构之外，两者各方面的情况都完全相同，公司U为无负债公司，公司L为有负债公司。

$$r_{WACC}=\frac{B}{B+S_L}\times r_B+\frac{S_L}{B+S_L}\times r_S$$

由无税时MM命题I，负债公司的加权资本成本等于无负债公司的权益资本成本，即：

$$r_{WACC}=\frac{EBIT}{V_L}=\frac{EBIT}{V_U}=r_0$$

则有：

$$\frac{B}{B+S_L}\times r_B+\frac{S_L}{B+S_L}\times r_S=r_0$$

两边同乘以$\frac{B+S_L}{S_L}$，得到下列等式：

$$\frac{B+S_L}{S_L}\times\frac{B}{B+S_L}\times r_B+\frac{B+S_L}{S_L}\times\frac{S_L}{B+S_L}\times r_S=\frac{B+S_L}{S_L}r_0$$

化简得到：

$$\frac{B}{S_L}\times r_B+r_S=\frac{B+S_L}{S_L}r_0$$

移项则为：

$$r_S=r_0+\frac{B}{S_L}(r_0-r_B)$$

MM命题II给出了一条非常重要的金融/财务学原理：资本的成本取决于资本的使用而不是资本的来源。由此可知，在对资产所产生的现金流量进行折现时，其折现率取决于资产的用途。在金融市场上，如果有两个金融资产所产生的现金流量特性完全相同，而其折现率却有所不同，则它们的市场价值就会不同，就存在无风险套利机会，而这是不允许的。这就是经济学上的一物一价规律。无公司所得税时MM命题II可用图8-6来描述。

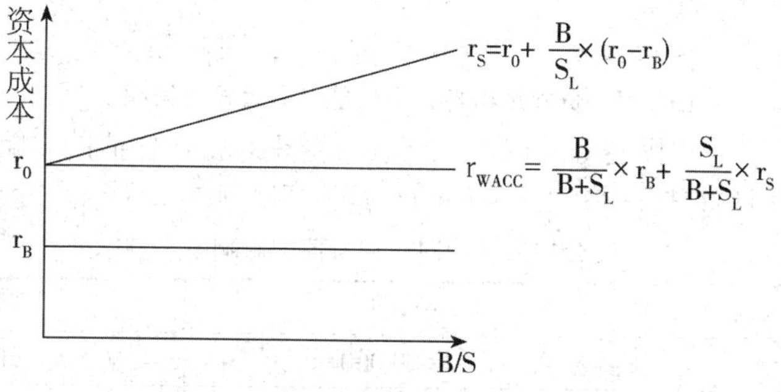

图8-6 资本结构与资本成本（无税）

综合来看，其实无税的MM的基本理论非常简单：在不存在公司所得税的条件下，公司的资本结构对企业的价值和资本成本不产生任何影响。负债带来的好处完全被其同时带来的风险所抵消，即其他条件一定时，负债公司的价值等于与其同风险等级的无负债公司的价值。

二、有公司所得税的MM定理

上述关于资本结构与公司价值的论述是建立在一系列理想假设的基础上的，但现实远比MM的假设复杂。在现实中，公司显然是必须交纳所得税的，而所得税是在公司的税前利润中扣除的，因此，企业的息税前收益转变为由股东、债权人和政府三者分享。那么，在这种情况下，公司的价值是否又会发生某种变化呢？有公司所得税的MM理论集中讨论了这一问题。

（一）有公司所得税时的MM命题I

公司价值随着财务杠杆（负债）的增加而增加。负债经营的企业的价值等于具有同等风险程度的无负债企业的价值加上因负债经营而产生的税收屏蔽（Tax Shield）价值。税收屏蔽价值等于企业的负债总额乘以公司所得税税率，即：

$$V_L = V_U + T_C B \tag{8-3}$$

式中：V_U是无负债公司的价值；V_L是负债公司的价值；T_C是公司所得税税率；B为负债公司的债务资本价值。

事实上，在引入公司所得税之后，息税前收益由债权人、股东、政府来分配，在EBIT不变的情况下，调整资本结构可以改变政府在EBIT中分得的数额。当公司增加债务资本，债务利息的税收屏蔽作用增强，政府在EBIT中分得的数额减少，增加了债权人和股东分得的价值之和，从而增加了公司的价值。同样，我们可以通过图8-7来说明这一问题。

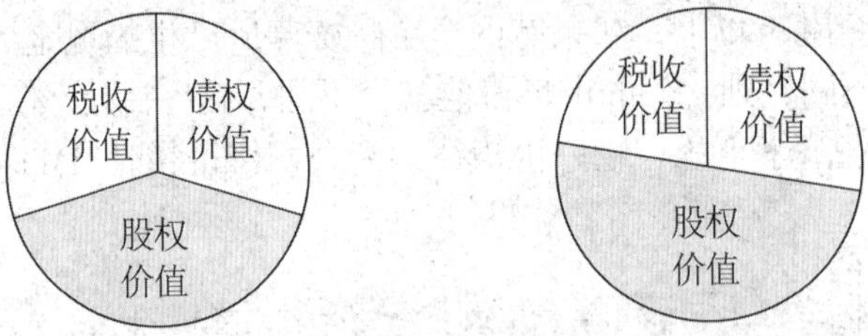

图8-7　资本结构与公司价值（有公司所得税）

通过下面这个例子，我们可以进一步理解所得税对公司价值的影响。公司U和公司L分别是无杠杆公司和有杠杆公司，它们的经营成果如表8-6所示。

表8-6　**公司所得税对企业价值的影响**　金额单位：元

	公司U	公司L
EBIT	2 000 000	2 000 000
利息支出	0	500 000
税前利润	2 000 000	1 500 000
所得税（税率40%）	800 000	600 000
税后利润（股东收益）	1 200 000	900 000
债权人与股东收益合计	1 200 000	1 400 000
公司债的税收屏蔽利益	0	200 000

显然，由于债务的作用，L公司的投资收益要比U公司多出200 000元，且均来自公司债务的税收屏蔽利益。

有公司所得税时的MM命题I也可以通过以下方法来推导：

沿用之前关于杠杆公司和无杠杆公司的假设，对杠杆公司来说，股东的收益为$(EBIT-r_BB)\times(1-T_C)$；债权人的收益为r_BB；属于股东和债权人的总收益为$(EBIT-r_BB)\times(1-T_C)+r_BB$，这一现金流的现值是$V_L$。显然：

$$(EBIT-r_BB)\times(1-T_C)+r_BB = EBIT\times(1-T_C)-r_BB\times(1-T_C)+r_BB$$
$$= EBIT\times(1-T_C)+r_BBT_C$$

第一项的现值为V_U，第三项的现值为T_CB。所以，必有以下等式成立：

$$V_L = V_U + T_CB$$

（二）有公司所得税时的MM命题II

权益资本的收益随着公司财务风险的增加而上升，但债务利息的税收屏蔽效应会产生一定的反向作用，使得权益资本成本上升的速度下降。即：

$$r_S = r_0 + (B/S_L)\times(1-T_C)\times(r_0-r_B) \quad (8\text{-}4)$$

式中：r_B是债务成本；r_S是有杠杆后的权益收益率；r_0是无杠杆时的权益资本成本；B是债务的价值；S_L是负债时权益的价值。

在（8-4）式中，由于$(1-T_C)$小于1，所以考虑公司所得税后负债企业的权益资本成本的上升幅度要小于无公司所得税时，从而导致了企业价值的上升。考虑公司所得税后，负债公司的加权平均资本成本与无负债公司相比也下降了，如图8-8所示。

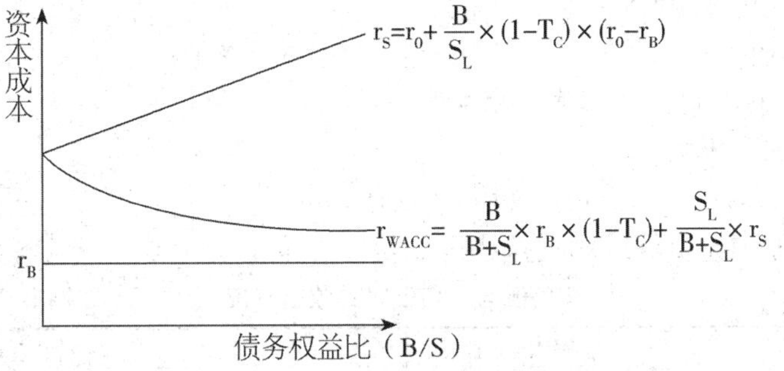

图8-8 资本结构与资本成本（有公司所得税）

因为税收屏蔽效应的存在，企业的加权平均资本成本不再是一条水平线，而是随着负债与权益比的增加而下降，与此同时，负债企业的价值也随着负债权益比的上升而上升。

与无公司所得税时MM命题II类似，有公司所得税时的MM命题II也可以进行如下推导：

首先，我们可以从有公司所得税时的MM命题I开始，即$V_L=V_U+T_CB$。

因为对负债和无负债公司，分别有如下等式：

$$V_L = S_L + B \Rightarrow S_L + B = V_U + T_CB$$

$$V_U = S_L + B(1-T_C)$$

两边的现金流量应该相等，则有：

$$S_L r_S + B r_B = V_U r_0 + T_C B r_B$$
$$= [S_L + B(1 - T_C)] r_0 + T_C B r_B$$

等式两边同时除以S_L得：

$$r_S + \frac{B}{S_L} r_B = [1 + \frac{B}{S_L}(1 - T_C)] r_0 + \frac{B}{S_L} T_C r_B$$

化简后有：

$$r_S = r_0 + \frac{B}{S_L} \times (1 - T_C) \times (r_0 - r_B)$$

【例8-1】已知某无负债公司的总资产价值为10 000元，发行在外的普通股股票500股，息税前收益EBIT为2 000元，公司所得税税率为40%。显然，该公司的税后净利润为1 200元，股东的权益收益率为12%。该公司决定发行价值5 000元、年利息率8%的公司债赎回同等价值的公司股票。试计算股票的赎回价格和赎回后公司的价值及其资本成本。

根据MM定理，资本结构变化后的公司价值V_L为：

$V_L = V_U + T_C B = 10\,000 + 0.4 \times 5\,000 = 12\,000$（元）

权益收益率为：

$$r_S = r_0 + \frac{B}{S_L} \times (1 - T_C) \times (r_0 - r_B)$$
$$= 12\% + (5 \div 7)(12\% - 8\%)(1 - 0.4) = 13.7\%$$

股票价格为：

$$P_E = \frac{V_L}{500} = 12\,000 \div 500 = 24\text{（元）}$$

赎回的股票数量为：

$N = 5\,000 \div 24 = 208$（股）

加权平均资本成本为：

$WACC = (7 \div 12) \times 13.7\% + (5 \div 12) \times 8\% \times (1 - 0.4) = 10.0\%$

该公司有负债与无负债时的收益状况如表8-7所示。

表8-7 **有负债与无负债时的收益状况** 金额单位：元

	无负债	有负债
息税前收益（EBIT）	2 000	2 000
利息支出	0	400
税前利润	2 000	1 600
所得税（40%）	800	640
税后净利润	1 200	960
权益收益率	12%	13.7%
每股收益（EPS）	（1 200÷500）=2.4	（960÷292）=3.29
加权平均资本成本	12%	（7÷12）×13.7%+（5÷12）×8%×（1−0.4）=10%

三、MM定理的意义

无税收的MM定理指出，如果MM条件成立，改变资本结构不会改变企业的价值。然而在现实经济中，MM的一些假设条件是不成立的。典型的“摩擦”有：

- 存在公司所得税
- 存在个人所得税
- 公司财务杠杆与个人财务杠杆的性质有所不同，不能完全相互替代
- 存在证券交易成本
- 存在委托代理问题
- 公司与个人的信用状况不同，借贷利率不同，投资方向上所受到的限制也不同

……

上述种种“摩擦”将妨碍无风险套利的实现。因此，通过调整资本结构，利用现实社会中存在的“摩擦”，可以影响企业的价值，进而影响股东财富的价值。MM命题的意义就在于，让我们了解现实中哪些因素不符合其基本假设，这些因素就可能影响企业的价值。

尽管如此，MM理论仍然存在很大的局限性，主要有以下几点：

1.基本假设过于苛刻

MM理论的基本假设过于苛刻，且与现实差距过大，许多假设条件在现实生活中并不存在或无法实现。如MM理论假设个人和企业可以同一利率借款，并可相互替代。但实际上，个人借款远比企业借款成本高，且负无限责任，个人举债风险远大于企业。MM理论假定交易成本为零，但实际运行中，各类交易费用不可避免，资本市场的套利活动也因此受到限制。

2.MM理论的分析缺乏动态性

MM理论主要是从静态角度分析，未考虑到外界经济环境与企业自身生产经营条件变化对资本结构的影响。事实上，影响资本结构的诸多因素都是变量。譬如，当整个社会经济由繁荣步入衰退时，企业即应适当减少负债，以减轻企业承受的风险。

3.无实证检验的支撑

国内外学者对影响资本结构的因素及最优资本结构的构成做了大量的实证研究，但结果发现相关变量的解释效果并不明显，也就是说，实证检验的结果并不能给MM理论以有力的支持，这是MM理论一个较严重的缺陷。

四、MM定理的发展——Miller（米勒）模型

考虑公司税的MM模型包括了公司赋税因素，但却没有考虑个人所得税的影响。1976年米勒在美国金融学会年会上提出了一个把公司所得税和个人所得税都包括在内的模型，用以估算负债杠杆对公司价值的影响。

（一）Miller模型基本介绍

MM理论的所有假设不变，在考虑公司和个人所得税的情况下，无负债企业的公司价值为：

$$V_U = \frac{EBIT(1-T_C)(1-T_S)}{R_{SU}}$$

式中：T_C为公司所得税税率；T_S为个人股票所得税税率。

这里需要注意的是：股票收益包括股利和资本利得两个部分，所以T_S为加权平均的股利和资本利得税率；所有的债券收入均为利息，利息按个人利息的最高税率课税。在上述公式中，分子表明无负债企业的收入在扣除公司所得税和投资者的股本所得税后的公司净利。很明显，与不考虑个人所得税时的模型相比，公司净利变小了，个人赋税降低了投资者的实际可得收入，在其他条件不变的情况下，这些课税会降低无负债企业的价值。

对于负债企业来说，

$$V_L = V_U + [1 - \frac{(1-T_C)(1-T_S)}{1-T_B}] \times B \quad (8\text{-}5)$$

式中：T_B为债券所得税税率。

（8-5）式就是估算有负债企业价值的米勒模型。米勒模型有如下几个十分重要的含义：

（1）$[1-\frac{(1-T_C)(1-T_S)}{1-T_B}] \times B$代表负债杠杆效应，即负债所带来的公司价值的增加额，它相当于仅考虑公司税时MM模型中的T_CB。

（2）如果忽略所有的税率，则上式的结果与MM理论无公司税时的情形一样。

（3）如果忽略个人所得税，即$T_S=T_B=0$，则上式与有公司所得税的MM模型相同。

（4）如果有个人所得税，但$T_S=T_B$，与有公司所得税的MM模型也相同。

实际上，米勒模型用个人所得税对修正的MM理论进行了校正，认为修正的MM理论高估了负债的好处，实际上个人所得税在某种程度上抵消了个人从投资中所得的利息收入，他们所交个人所得税的损失与公司追求负债、减少公司所得税的优惠大体相等。于是，米勒模型又回到最初的MM理论中去了。

（二）Miller模型的进一步分析

米勒模型反映了企业借款可以产生节税利益与个人拥有债权获取利息收入后要多缴个人所得税的矛盾。

从上述模型中可以看出：当$1-\frac{(1-T_C)(1-T_S)}{1-T_B}>0$时，企业负债融资可增加企业价值。

具体地说，当债权收益税率为零或股权收益税率大于或等于债权收益税率时，该不等式显然成立，此时企业负债融资可增加企业的总价值；当股权收益税率低于债权收益税率且债权收益税率为非累进税率时，如果此时不等式仍然成立，那么企业负债融资可增加企业价值；当股权收益税率低于债权收益税率且债权收益税率为累进税率时，如果此时不等式仍然成立，那么要使投资者愿意购入债权，企业只有提高债权的利率，使投资者购入债权获得的课税后收益大于或等于购买股权并进行风险因素调整后获得的课税后收益。

企业负债融资越多，投资者的利息收入越高，课税等级也越高，税负也越重。最后T_B的升高使$1-\frac{(1-T_C)(1-T_S)}{1-T_B}>0$不再成立，此时企业负债融资产生的节税收益已不能抵补负债的利息开支，企业就会放弃负债融资，否则，企业的总价值就会下降。这样，企业负债与股权的均衡状态就形成了。这个均衡状态是由企业所得税税率、债权收益税率、股权收益税率以及投资者的课税等级所决定的，即当边际节税利益等于边际个人所得税时，资本结构处于均衡状态。

第三节 权衡理论与利益相关人理论

鉴于MM定理只是单方面考虑了债务给公司带来的减税收益，没有考虑债务可能带来的成本，难以解释现实的资本结构现象，后续学者在MM定理的基础上，进一步放宽假设，拓展研究，产生了权衡理论（Trade-off Theory）、利益相关人理论、融资优先顺序理论等资本结构理论的分支。

一、权衡理论

MM定理中，由于税收这一“摩擦”因素的存在，资本结构将影响公司的价值，增加负债将提高公司的价值。而且负债越高，公司价值越高。但这一结论显然与现实不符。现实中，不但存在“摩擦”因素，而且存在风险因素，风险因素同样会影响公司的价值。企业的负债是有风险负债，且风险随负债比率的增加而增大，这会导致债务成本随负债比率的增加而上升，进而导致公司价值的降低。财务危机成本与代理成本就是负债导致的主要成本。下面先介绍财务危机成本，代理成本稍后我们会在信息不对称理论中提到。

（一）财务危机与财务危机成本

财务危机是指，企业在履行偿债义务方面遇到了极大的困难，暂时或永久无法履行某些偿债义务。财务危机风险对应财务危机成本。财务危机成本是财务危机的成本，而不是财务危机风险降低了企业的价值。企业发生财务危机乃至破产的可能会对企业价值产生负面影响。财务危机的成本将由公司股东承担。

财务危机成本包含的项目很多，主要分为直接成本和间接成本。直接成本是指企业破产、进行清算或重组所发生的法律费用和管理费用，一般只占公司价值的很小部分。[①]间接成本主要有三个方面：一是当企业陷于财务困境时，由于客户担心服务受到影响及信心丧失通常会转向其他企业，致使公司经营能力受损，如销售收入减少。二是企业一旦陷入财务困境，债权人为了保护自身利益不受损失纷纷上门讨债，此时企业被迫采取一些短期行为，如变卖长期资产、为节约成本而降低产品质量等。这些行为将有

---

① White，Altman & Weiss估计财务危机的直接成本大概是公司价值的3%。WHITE M J.Bankruptcy Costs and the New Bankruptcy Code [J]. Journal of Finance，1983（5）；ALTMAN E I.A Further Empirical Investigation of the Bankruptcy Cost Question [J]. Journal of Finance，1984（9）；WEISS A.Bankruptcy Resolution：Direct Costs and Violation of Priority of Claims [J]. Journal of Financial Economics，1990（27）.

损企业长期发展潜力，降低企业价值。三是当公司负担债务时，股东和债权人之间就产生了利益冲突，这时股东会寻求利己的策略，给公司带来代理成本的增加。接下来我们描述股东用于损害债权人的三种利己策略。

假设A公司正面临财务危机，它的资产负债表见表8-8。

表8-8 **财务困境企业的资产负债表** 单位：万元

资产	账面价值	市场价值	负债与权益	账面价值	市场价值
现金	2 000	2 000	长期负债	3 000	2 000
固定资产	4 000	0	权益	3 000	0
总计	6 000	2 000	总计	6 000	2 000

如果企业今天就清算，则债权人得到2 000万元，股东一无所有。

损害策略一：选择更大的风险项目。

选择高风险项目期初所需投资为2 000万元（公司的全部现金），投资要求的收益率为50%，收益情况如表8-9所示。

表8-9 **高风险项目的收益分布** 单位：万元

项目	概率	收益
成功	10%	10 000
失败	90%	0

则：项目的期望现金流量=10 000×0.10+0=1 000（万元）

$$NPV=-2\,000+\frac{1\,000}{1.50}=-1\,333\text{（万元）}$$

从项目中得到的期望现金流量分别为：

债权人：3 000× 0.10+0 =300（万元）

股东：（10 000−3 000）×0.10+0=700（万元）

不进行投资时债权的现值：2 000万元

不进行投资时股票的现值：0

进行投资时债权的现值约为：$\frac{300}{1.5}$=200（万元）

进行投资时股票的现值约为：$\frac{700}{1.5}$=467（万元）

显然，股东会接受这个具有很高风险、净现值为负的项目（即逆向选择）。

损害策略二：投资不足。

假设有一个政府资助的项目保证在一期后有3 500万元的收益，投资成本为3 000万元，由于公司只有2 000万元的现金，公司股东需要提供另外1 000万元的现金，项目要求的回报率为10%。则：

$$NPV=-3\,000+\frac{3\,500}{1.10}=181.8\text{（万元）}$$

股东是否应该采纳这个项目呢？

债权人和股东从项目中获得的期望现金流量如下：

债权人：3 000万元

股东：3 500−3 000 =500（万元）

不进行项目投资时债权的现值为：2 000万元

不进行项目投资时股票的现值为：0

进行项目投资时债权的现值约为：$\frac{3\ 000}{1.1}$=2 727.3（万元）

进行项目投资时股票的现值约为：$\frac{500}{1.1}$−1 000=−545.5（万元）

显然，股东会放弃这个净现值为正的项目。

损害策略三：抽取财产（败德问题）。

在财务困境中，股东与债权人之间利益不一致的矛盾会非常突出，这时，如果股东仍然掌握公司控制权，就可能会采取转移资产等方式将本来应该属于债权人的资产转移给公司股东或其他利益相关人。抽取财产的方式包括：

（1）清算股利。假设公司支付2 000万元的现金股利给公司股东，这将导致公司消亡，债权人一无所有，但公司原股东得到了好处。这种做法通常是债务合同所禁止的。

（2）增加股东或管理层的非现金收益。这种方式比直接支付股利隐蔽，但同样会对债权人的利益造成直接的损害。

（二）资本结构的权衡

1.权衡理论

从上述财务危机成本可以看出，债务给企业带来了税收屏蔽收益，但同时也给企业带来了陷入财务危机的风险。在财务危机成本和税收屏蔽之间存在着一定的替代关系。所谓权衡理论，就是综合考虑税收屏蔽作用和财务危机成本后，确定企业价值最大化时的最佳资本结构。

权衡理论可以用图8-9表述。

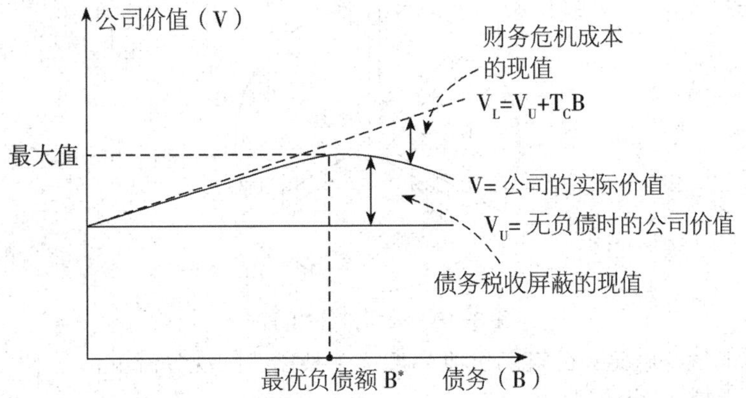

图8-9　权衡理论

由于债务利息的抵税收益，负债会增加企业价值，这是负债的第一效应；随着债务比率的增加，财务危机成本和代理成本的现值也增加，这是负债的第二效应。如图8-9所示，在负债总额达到B^*之前，边际杠杆收益大于边际财务成本；在B^*点，边际杠杆收益等于边际财务成本，企业价值达到最大，此时的资本结构最优；B^*点之后，边际杠杆收益小于边际财务成本，企业价值加速下降。

上述公司价值与资本结构的关系也被称为静态的资本结构理论。它告诉我们，权衡负债的收益与成本后，企业有一个最佳的资本结构，在这一资本结构下，企业价值达到最大。但是，在财务管理实践中，我们却很难根据权衡模型准确计算出企业的最佳资本结构。这是因为，虽然我们可以通过MM定理大致计算出负债的收益，但对企业来说，财务危机成本和代理成本的具体价值是无法精确计算的。

尽管如此，我们还是可以从中得到以下启示：

（1）所得税税率高的企业可以多负债。因为在其他条件不变的情况下，所得税税率越高，负债的税盾效应就越大。

（2）经营能力强的企业可以多负债。经营能力越弱，经营风险就越大，从而负债发生财务危机的概率越高，财务危机成本和代理成本就越大。

（3）拥有有形资产较多的企业可以多负债。当发生财务危机时，专用的无形资产比有形资产更容易贬值。这与实际情况也是相符的，房地产企业的负债率就普遍较高。

所以，根据权衡理论，企业可以把其目标资本结构制定在某一范围内，平衡债务的成本和收益，实现企业价值最大化。

2.公司价值分配

税收和财务危机成本也可以看作对公司现金流量的某种请求权。此时，有权参与现金流量分配的利益团体变成了四个：股东（股权价值）、债权人（债权价值）、政府（所得税价值）和潜在诉讼当事人（财务危机成本），如律师。公司价值的分配如图8-10所示。令G和L分别为付给政府的税收和财务危机时的支出。则公司价值可表示为：

$$V_T=S+B+G+L$$

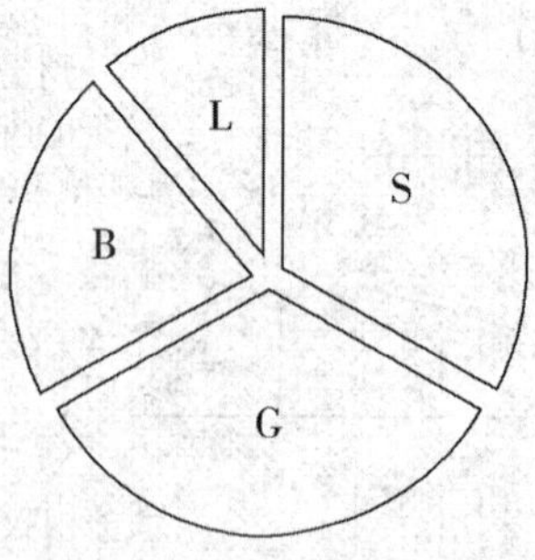

图8-10 公司价值的分配

MM命题的核心就是：公司的价值V_T取决于其创造的现金流量；资本结构只影响到怎样分割（分配）现金流量。

在上述四种索取权中，我们把股东与债权人的索取权称为市场性索取权（Marketable Claim），把政府与潜在诉讼当事人的索取权称为非市场性索取权（Nonmarketable Claim）。市场性索取权可在金融市场上买卖，而非市场性索取权不能在市场上流通交易。两者的这种区别很重要。公司的股东和债权人向公司投入资金，从而得到在未来收取股利或利息的权利。但是政府和潜在诉讼当事人却没有为收取税收或财务危机费用而支付任何代价，所以最优资本结构就是使股东以及债权人索取权的价值最大，使其他索取权价值最小的资本结构。

当我们谈到公司价值时，我们一般仅指市场性索取权的价值V_M，而不包括非市场性索取权的价值V_N。因此，虽然资本结构不影响企业总价值，但市场性索取权价值V_M通常会随着资本结构的变化而变化，也就是说，V_M的任何增加必定意味着V_N的等量减少。这时，最佳的资本结构就是使市场性索取权价值最大，非市场性索取权价值最小的资本结构。①

二、利益相关人理论

基于股东-债权人利益冲突的权衡理论可以解释为何新兴成长性公司使用较少的负债。因为债务的存在会扭曲公司的投资行为，债权人不愿意向这些公司借款。但是，对于很多大公司而言，它们的问题不是不能借债，而是不愿意借债。也就是说，在股东-债权人利益冲突之外还有可能存在其他的财务危机成本。在决定公司的资本结构时，除了要考虑权衡理论中提到的债务的收益和成本外，还要考虑以下问题：

- 财务危机是否会影响公司经营的盈利性
- 财务危机是否会使得公司损失其客户
- 财务危机是否会影响公司吸引关键雇员的能力
- 财务危机是否会影响公司供应商的服务质量

这些问题就是决定公司最佳资本结构的另一个重要因素，即利益相关人，包括与企业有关联的各方，如客户、雇员、供应商等。利益相关人理论，就是公司及其利益相关人之间的相互作用是决定公司最优资本结构的重要决定因素。在考虑利益相关人对公司的看法之后，公司的资本结构决策就必须被置于公司总体战略中来考虑，如图8-11所示。

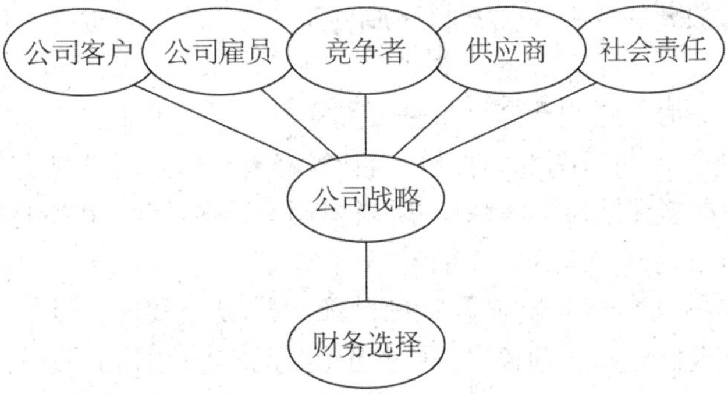

图8-11 公司财务决策中的利益相关人

① 斯蒂芬 A L，等. 公司理财［M］. 吴世农，等译. 8版. 北京：机械工业出版社，2009：314.

三、基于信息不对称的资本结构理论

（一）融资优先顺序理论（Pecking-Order Theory）

1.融资优先顺序

20世纪60年代，许多学者对公司的筹资问题进行了广泛的实际调研，结果发现它们与MM定理和权衡理论有许多不一致的地方。调研结果显示，一般企业的筹资顺序为：

（1）企业首先愿意利用内部资金，即优先使用保留盈余和折旧。

（2）如果内部资金无法满足需要，则进行外部筹资，筹资顺序首先是发行普通债券，其次是发行可转换债券，最后才选择发行普通股。

上述发现与权衡理论不一致。权衡理论认为，企业筹资应该按照最优负债权益比进行，而上述经验却给出了一个筹资的选择次序：先内后外，先债后股。

2.融资优先顺序的解释

Myers和Majluf（1984）等学者由此提出了一种新的理论，即融资优先顺序理论，也称为啄食理论。学者对于该理论的解释主要有以下几点：

（1）税收和交易成本解释，即利用内源资金的成本比外源资金低。

（2）经理层激励，即经理人个人可以从公司较低的负债率中获得好处。因为较低负债率的公司比负债率高的公司更容易获得投资所需资本，从而为经理人创造了更多的机会。在这种情况下，公司经理层往往会将公司盈利保留在公司内部而不是作为红利发放，并且可能偏好发行股票，除非股票发行需要董事会批准从而面临更严格的审查。

（3）信息不对称解释，即逆向选择问题。在信息不对称条件下，如果投资者对公司资产的价值知道得比公司内部人少，权益的价值就可能被市场低估。如果公司要发行权益为新项目融资，低估的权益使新投资者获得超过项目净现值的收益，却使原有的股东遭受净损失。在这种情况下，即便投资项目的净现值为正，也会遭到股东的拒绝。此时，公司可通过内部融资、发行无风险或低风险债券融资，避免引起股票价格的下跌。这暗示公司将趋向于内部融资和低风险债券融资。

下面我们通过股票、债券、优先股三种融资方式的对比来做进一步详细的说明。

①利用股票融资。

当公司发行股票时，逆向选择会带来较大的成本。如果能够让投资者确信，公司将要投资的项目是一个极佳的项目，那就可以让投资者相信公司股票没有被高估。但是逆向选择问题并不一定会得到完全解决，所以公司有时会放弃NPV>0的项目，因为其不愿意发行价值被低估的证券来为项目融资。

如果由于信息不对称导致当前股票价值被低估，从公司现有股东利益最大化角度出发，公司管理层需要比较实施项目后的股份价值与不实施项目的股份价值。

$$\text{实施项目后的股份价值}=\frac{\text{当前资产PV}+\text{新项目PV}}{\text{初始股份数}+\text{新发行股份数}}$$

$$不实施项目的股份价值=\frac{当前资产PV}{初始股份数}$$

如果新项目PV相对于必须发行的股份数较低时，就有可能降低公司原有股东持股的内在价值。

【例8-2】假设公司经理人认为公司资产价值为10 000万元，发行在外的股份为100万股。如果不进行新的投资，公司股份的内在价值为100元/股。如果由于信息不对称，公司股票当前市价为70元/股，因此，为了筹集投资所需的7 000万元，需要发行100万股股票，该项目现值为9 000万元。很容易算出，在实施项目后，股份的内在价值为：

（10 000+9 000）÷（100+100）=95（元/股）

因此，公司股票内在价值从100元下降到95元。尽管该项目NPV>0，但是为该项目融资这一行为的净现值为-2 500万元（设公司经理人对内在价值的判断正确）。-2 500万元是由于将价值9 500万元的股份以7 000万元的价格出售。

②利用债务融资。

如果项目可以用无风险债务来融资，那么只要该项目净现值为正，就可以实施，这时：

$$股票内在价值=\frac{原有资产价值+新项目NPV}{股份数}$$

不过，如果公司必须发行风险债券，从而可能遭受财务困境成本，那么它仍然可能放弃净现值为正的项目。在这样的情形中，必须比较具体项目的NPV和偏离最优资本结构的成本以及相关的财务困境成本。这样，有些NPV大于零的项目也不会被实施。同样，可以证明，如果公司可以发行价值被高估的股票，那么公司有可能实施净现值为负的项目。由于有这样的动机，股票发行应被视为公司股票是否被高估的指示器，因此，股票发行有负的价格效应。

这一讨论表明，在拥有利好的私人信息时，经理人偏好债务融资。但如果借款人不愿借钱给公司，或公司由于财务困境成本而不愿意借债更多，那么，价值被低估的公司会放弃净现值为正的项目。

综上可见，如果必须发行折价股票，那么公司可能放弃净现值为正的项目。由于债务有固定的未来现金流，因此，公司债券被大大低估的可能性较低。因此，公司可能偏好用债务资金来为新项目融资。而如果财务困境和逆向选择成本都很高，公司最好是放弃NPV为正的项目。

③利用优先股融资。

上面提到的稀释和财务困境问题，可以由发行优先股来解决。优先股与债券类似，有固定支付，不过如果公司不能按要求支付股息，也不会导致破产。所以，优先股不会有财务困境成本问题。此外，由于优先股是固定支付，其价值被低估的可能性弱于普通股，因此，发行折价股的稀释成本小于普通股。

当公司面临财务困难并且自认为是短暂现象时，如果投资者没有了解到这一点，那么公司普通股可能会被严重低估，此时发行普通股会稀释股东的利益。在这种情况下，公司也没有太多应税收益，债务融资缺乏吸引力。而且，更多的债务融资会导致公司信用评级下降，这可能给公司的非财务利益相关人带来问题。

因此我们可以认为，如果公司正处于财务困境，由于许多原因会偏好股权融资，而不选择债务融资。在这样的环境中，债务的税收好处可能很小，而其潜在的财务危机成本却很大。同时，由于发行股票向市场传递的负面信息，此时发行普通股也不可行。因此，在这样的环境中，优先股是一种最好的资本来源。

（4）利益相关人理论的解释。大多数的利益相关人喜欢看到公司发行股票。比如对雇员来说，如果公司负债率较低，那么雇员的安全感会上升，而且在与公司谈判时也更有讨价还价的能力。当然，这并不必然表示公司利益相关人认为发行股票是最符合他们利益的。同时，盈利能力较强的企业预期在未来会扩张，因此，愿意维持较低的财务杠杆水平以吸引最好的员工和战略合伙人。盈利能力较差的企业希望收缩规模，因此，可能会与供应商和员工重新协商供货协议和劳务合同，而企业如果有较高的杠杆率，在这样的谈判中可能会比较占优势，有利于要求对方让步。

（5）债权人-股东利益冲突。公司债权人和股东对发行股票持有不同态度。负债率很高的公司，在经历了长期的损失之后，不愿意发行股票。如果破产成本主要由公司债权人负担，那么股东从新的股权融资中得到的好处就很小。一般情况下，当公司用股权代替负债时，股票的价格会下降，因为杠杆率的下降会提高公司债权人的价值，从而导致财富从股东向债权人转移。

3.融资优先顺序理论的推论

从以上分析中可以看出，融资优先顺序理论与前面的权衡理论不同，它认为：

（1）没有最优的目标负债权益比。根据权衡理论，每个企业都应该平衡负债的节税利益与负债的相关成本。当负债的边际利益与负债的边际成本相等时，企业达到最优资本结构。与权衡理论相比，融资优先顺序理论则说明没有最优的目标负债权益比，相反，每个企业根据各自的资金需要来选择资本结构。企业首先从留存收益中筹措项目所需资金。这可能降低资本结构中的债务比率，因为前景好的项目由企业内部筹资，可以使权益资本的账面价值和市场价值都增加。额外的资金需要通过举债来获得，这无疑会使负债比率上升。当企业的债务容量在某一点被耗尽时，可以由发行股票来取代，这又会使债务权益比下降。因此，债务比重将根据所投资的项目而定，没有最优的目标负债权益比。

（2）盈利公司可以少借债。盈利的企业由内部产生现金，这意味着外部融资的需求较少。公司需要外部融资时，首先依靠债务，因此盈利的公司将使用较少的债务。而权衡理论认为，盈利较好的公司有较多的现金流，有较高的负债能力，这些公司会利用负债能力来获取税盾和财务杠杆的其他好处。

（3）公司希望保持财务灵活性，即企业偏好闲置的财务资源。融资优先顺序理论的基础是企业以合理的成本获取资金的难易程度。假如管理者试图发行更多的股票，由于信息不对称，投资者会认为目前股票的价值被高估了，从而导致股票价格的下跌。但发行债务时，企业向外部传递了有能力偿还债务的信号，因而债务的市场价值不会下跌，所以管理者首先依靠外部债务融资。当然，举债的极限就是财务危机的发生。所以，企业管理者在财务危机发生之前应该提前准备好现金。这就是闲置财务资源所隐含的观点。由于企业管理者知道在将来的不同时期，他们必须为有利可图的项目筹措资金，所以要积累盈余，这样就不至于在项目出现时被迫求助于资本市场。然而，企业能够积累的资金额度也是有限的，因为过多的自由现金可能诱发管理者的挥霍行为。

【资料8-1】 **融资优先顺序理论**

Myers和Majluf（1984）撰文①指出，在有效的市场中，证券总是以公允价格出售。因此，出售证券的净现值为零，因为筹集到的资金正好与所形成的负债的现值平衡。在这样的环境中，企业会接受所有NPV>0的项目。但在现实的市场上，由于信息不对称导致的逆向选择问题，企业可能会放弃净现值为正的项目。

文章有如下基本假设：

- 公司拥有投资者不知道的信息，而经理人和投资者都知道这一事实
- 公司拥有资产和一个投资额为I的投资机会
- 公司持有的现金+可出售证券=S
- 如果公司不在t=0时进行投资，那么投资机会将不复存在
- 如果S<I，则需要发行的股权价值为E=I−S
- 市场对于公开信息是有效的，发行股票无交易成本
- 投资者在0期不知道公司的真实价值，而具体信息是在t=1时才公开

基于上述假设，作者构造了如下的三期模型（t=−1，0，1）：

（1）在t=−1时，市场与经理人拥有同样信息；t=0时，经理人得到关于公司现有资产和投资机会的额外信息，并据此更新对企业价值的评价；但投资者要到t=1时才能知道该信息。

（2）t=−1时，现有资产价值是其未来实现值的期望，$\bar{A}=E(\tilde{A})$，管理层在0时得到实现值a。NPV是$\bar{B}=E(\tilde{B})$，经理人在t=0时得到实现值b。

（3）经理人最大化老股东的利益，即那些在t=0时刻拥有公司股份的人，其利益为：

$V_0^{old}=V(a,b,E)$

P′为老股东所持股份在t=0时刻的市场价值（如果发行股票），P是不发行的市价。

（4）S是确定的，是投资者和经理人的共同知识。

表8-10显示了管理者和投资者能获得的信息情况。

① MYERS S C，MAJLUF N S. Corporate financing and investment decisions when firms have information that investors do not have［J］. Journal of Finance Economics，1984（6）：188-222.

表 8-10　　管理者和投资者能获得的信息

	t=-1（对称信息）	t=0（经理人有信息优势）	t=1（对称信息）
经理人	$\bar{A},\bar{B}$的分布，S	a，b，S	a，b，剩余的S
市场	$\bar{A},\bar{B}$的分布，S	$\tilde{A},\tilde{B}$的分布，S；E，E=0或E=I-S	a，b，剩余的S

作者用一个数字例子来说明文章的主要思想。

经济存在两种可能的状态，如表8-11所示。真实状态在0时刻被管理层发现，而在1时刻投资者才知道。设S=0，I=100。

表 8-11　　资产价值与投资项目净现值

	状态1	状态2
现有资产	a=150	a=50
投资项目NPV	b=20	b=10

假设在两种状态下都发行股票筹资并投资项目，这样$P'=115=\bar{A}+\bar{B}$。

在状态1中：

公司的真实价值 $V=V^{old}+V^{new}=270$

市场价值为 $P'+E$

$$V^{old}=\frac{P'}{P'+E}\cdot V=\frac{115}{215}\times 270=144.42$$

$$V^{new}=125.58$$

在状态2中：

$$V=160$$

$$V^{old}=\frac{P'}{P'+E}\cdot V=\frac{115}{215}\times 160=85.58$$

$$V^{new}=74.42$$

两种状态下的支付矩阵如表8-12所示。

表 8-12　　两种状态下的支付矩阵

支付	发行并投资	不作为
状态1	144.42	150
状态2	85.58	50

因此，最优选择是在状态1时不作为，而在状态2时发行股票。但是如果公司采用这种行为，而市场也知道公司的行为逻辑（这一过程中，假设市场和经理人对于所有的支付情况都是知道的），那么就可以得到如表8-13所示的结果——均衡状态下的支付矩阵。

表 8-13　　均衡状态下的支付矩阵

支付	发行并投资	不作为
状态1	—	150

状态2	60	—

公司在状态1时放弃了一个NPV=20的项目，其市场价值在状态1时为150，状态2时为60，平均为105，小于事前（t=-1）的公司价值。

一般而言，公司是否决策发行且投资，依赖于a、b在两种情况下的相对价值，如果有表8-14所示的假设，这时，按照前面同样的思路和方法，可以证明，两种状态下均发行股票并投资是市场均衡。

表8-14 **资产价值与投资项目净现值的另一种假设**

	状态1	状态2
现有资产	a=150	a=50
投资项目NPV	b=100	b=10

此外，如果公司拥有充足的内部资金从而可以不借助外部股权融资就能投资项目，比如在上例中，假设S=100，那么同样也可以证明，不管在何种状态下，都应该利用内部资金投资净现值大于零的项目。可以得到老股东扣除了现金投资后的支付矩阵，见表8-15。公司在两种状态时均投资，而事前的公司真实资产价值为115，比前面提高了10，因为在状态1时公司没有放弃净现值为20的项目。

表8-15 **S=100时的支付矩阵**

支付	发行并投资	不作为
状态1	170	150
状态2	60	50

（二）基于代理问题的资本结构理论

在完全信息条件下，委托人实施代理是无成本的，不对称信息是代理成本存在的主要原因。公司的股东、债权人和经理人之间存在着利益冲突，为解决这些冲突和冲突本身引起的公司价值的损失称为代理成本。

1. Jensen和Meckling的代理成本理论

1976年，Jensen和Meckling在Journal of Financial Economics上发表了题为《企业理论：管理行为、代理成本与所有权结构》的著名论文，从此拉开了这一领域研究的序幕。在这篇论文中，Jensen和Meckling指出，现代企业里通常存在着两种冲突：一种是外部股东和管理者（内部股东）之间的冲突，另一种是债权人和股东（包括外部股东和内部股东）之间的冲突。伴随着这两种冲突的是相应的外部股权的代理成本与负债的代理成本。

外部股东和管理者之间的冲突是由现代公司的所有权、控制权分离引起的。只要管理者拥有的剩余索取权低于100%，那么管理者付出的努力就不能获得全备的回报，而所有努力的成本都是由管理者承担的，因此，管理者就有动机反其道而行之，为企业付出较少的努力，甚至利用企业的资源来谋取其个人的好处。举例来说，管理者可以以公司的名义为自己营造奢侈的办公环境、建造个人“帝国”等。因此，由于原本身份合一的所有者——管理者出售了自己的部分股权导致企业不再为自己独有，从而在为自己代理的同时也成为外部股东的代理人，并由此产生所谓的外部股权的代理成本，这种成本将随着管理者持股比例的减少而增加。为了减少外部股权的代理成本，一个显而易见的办法就是提高管理者在企业中持股的绝对份额，从而提高其持股比例。另外一个办法是，假设企业的全部融资额固定以及管理者在企业中的绝对持股份额不变，则通过在企业的资本来源中引入债务，从而变相提高管理者的持股比例。当然也可以两种方法并举。

债权人和股东之间的冲突来源于债务的有限责任使得股东具有冒险的动机，即倾向于将企业的资本投资于风险较高的项目而放弃风险较低的项目，这也就是常说的“资产替代效应”。具体地说，由于股东对企业债务仅承担有限责任，因此，当企业投资于风险较高的项目时，如果项目成功，债权人只得到事先约定的支付，并不因风险项目成功获得高额收益而得到额外的支付，但是股东却得到了全部的超额收益。如果项目失败，股东充其量以其在企业的全部投资额赔偿债权人，而不管债权人的损失是大是小。事实上，如果将企业的股票看成是一种以企业本身为标的资产的看涨期权，该期权的执行价格等于债务的本息和，并只能在债务到期日执行，则全体股东共同持有一份在某一指定日以约定价格购买的企业的期权。由于期权的价值与标的资产的方差成正比，因此，项目的风险越高，企业的风险就越高，股票的价值也就越高，对股东也就越有利，进而股东就越倾向于将企业的资本投资于风险较高的项目——即使他们有机会选择风险较低而期望盈利相同甚至更高的项目。企业的债务越多，股东的这种动机越强。股东的这种动机降低了企业债务的价值，或者说股东从债权人手中攫走了部分财富。然而，如果在债务发行之时债权人能够预期到股东的这种动机，则债权人将要求更苛刻的贷款条件如较高的利率、资金使用的限制、流动资本的规定等。因此，股东将因为自己的机会主义行为而承担这些原本想让债权人承担的成本，从而降低了股权的价值。这种股权价值的降低是由于债务融资而引起的，因此通常被称为债务融资的代理成本。

由于外部股权融资具有代理成本，而债务融资具有降低股权融资代理成本的功效，因此企业在对外融资时似应全部利用债务融资，但因债务融资本身也具有代理成本，所以，Jensen和Meckling认为，企业的最佳资本结构应该是如前所说的债务融资的收益与债务融资代理成本之间的权衡。进一步地，Jensen和Meckling预测，企业的资本结构将会呈现这样一些特征：首先，债务契约可能会包含一些阻止资产替代行为发生的条款，如利息保障倍数要求、禁止企业投资于不相关的业务等。其次，在其他条件相同的情况下，不容易发生资产替代行为的行业将拥有较高水平的债务，如受管制的公用事业单位、银行业和成熟产业中拥有较少增长机会的企业。最后，拥有较多现金流入而又缺乏增长机会甚至增长为负的企业应拥有较高的债务水平。

2. Jensen和Meckling之后的代理成本理论

继Jensen和Meckling之后，众多的经济学家参与到这一领域的研究，并取得了极为丰硕的成果。综观这些文献可以发现，后来的研究者都是针对Jensen和Meckling提出的两类冲突展开论述的。其具体内容主要是围绕债务融资的好处、债务融资产生的代理成本以及如何减轻两种代理成本而展开。

（1）外部股东和管理者之间的冲突

在对外部股东和管理者之间的冲突进行研究的论文中，最有代表性的是Harris和Raviv（1990）与Stulz（1990）的两篇论文。与Jensen和Meckling不同的是，在Harris和Raviv以及Stulz的文章中，外部股东和管理者之间的冲突都是源于两者在企业经营决策上的意见不一致，但在具体的决策内容上这两篇文章又有显著的不同。此外，他们在论述债务是如何减轻冲突问题、债务融资的不利之处以及最优资本结构的确定等方面也是迥然不同的。具体地说，在Harris和Raviv的文章中，作者假定管理者总是要继续公司当前的经营——即使在外部股东看来当前对企业进行清算是最优的；而在Stulz的文章中，作者假定管理者总是想要将企业的自由现金用于对外投资——即使在外部股东看来应将企业的自由现金发放给他们。对于这两种情形，两篇文章还都假定冲突是不能通过事先建立对企业未来的现金流支出和投资支出予以某些限定条款的契约来解决的。于是，在Harris和Raviv的模型中，作者认为，负债可以提高企业的清算价值，理由是通过在企业引入债务并且赋予债权人在企业现金流不足的情况下可以对企业强行进行清算的权利，债务能够缓和外部股东和管理者之间的冲突。同样，在Stulz的模型中，作者也认为企业可以通过引入债务缓和冲突问题，但其理由是定期的债务偿还减少了管理者支配的自由现金。与Jensen和Meckling不同的是，两篇文章没有再考虑企业引入债务时由资产替代行为导致的代理成本，而是指出了企业负债的其他可能的成本。Harris和Raviv认为，由于债权人在要求对企业进行破产清算时，必须对企业进行详尽的调查以及提供企业未来发展情景的信息，这就势必带来一定的调查成本或信息搜寻成本，而这些都将降低企业的价值。Stulz认为，企业负债的成本是债务的定期偿还可能会消耗企业过多的“自由”现金，从而减少了企业可用于投资盈利项目的资金，使企业失去了增加价值的机会。

如前所述，由于负债会提高企业清算决策的可能性，且企业的债务水平越高，清算决策的可能性越大，这就有可能避免管理者与外部股东之间关于企业是否继续经营的冲突。但是，清算决策要发生一定的调查成本，且与清算决策的次数成正比。因此，Harris和Raviv在文章中同时指出，企业的最优资本结构应是通过负债提高企业清算决策的可能性与清算决策带来的调查成本之间的权衡。进一步地，Harris和Raviv根据其模型所得的结论推测认为，拥有较高清算价值的企业，比如那些拥有较多的有形资产和（或）有较低的调查成本的企业，将会有较多的债务以及较大的违约可能性。而且，这类企业比那些拥有较低的清算价值和（或）较高的调查成本的企业具有更高的市场价值。由于企业在发生债务违约时，除了可能被清算还有可能被重组，因此，Harris和Raviv在文章的后半部分对这一问题也一并进行了探讨。通过其设计的模型，他们证明了重组的概率与清算价值成反比，与调查成本无关。此外，利用规模报酬不变的假设，他们证明了基于企业预期收入的债务水平、违约概率、债券收益和重组概率均与企业规模无关。综合这些研究结果，Harris和Raviv认为，高杠杆更有可能与更高的企业价值、基于预期收入的更高债务水平以及源于债务违约而发生的重组的低概率正相关。

在Stulz的模型中，作者认为，由于债务的定期支付需要消耗企业的现金，因此，负债既可能阻止管理者投资于减少企业价值的项目，也可能阻止管理者投资于增加企业价值的项目，进而，企业的最优资本结构应是由前者带来的成本与后者带来的收益之间的权衡。因此，拥有很多好的投资机会的企业相对于处于成熟的、增长缓慢的、现金充裕的行业中的企业将被预期具有较低的债务水平。进一步地，Stulz认为，一般而言管理者主观上不愿意去努力达到最优债务水平，但实际上往往又这样去做了，原因很大程度上是接管的威胁。于是，Stulz又推论出，在其他条件相同的情况下，有较大可能沦为接管目标的企业将被预期拥有更多的债务，但是那些拥有反接管措施的企业则可能会有较少的债务。最后，Stulz指出，如果企业拥有的增加其价值的投资机会创造的价值比拥有的减少其价值的投资机会损害的价值更多，则该企业将比情况刚好相反的企业拥有更少的债务，原因是这些企业主要关心的是不能失去创造价值的投资机会——宁可错过，不可放过。

（2）债权人和股东之间的冲突

在对债权人和股东之间的冲突进行研究的论文中，最有代表性的是Diamond（1989）、Hirshleifer和Thakor（1989）这两篇论文。与Jensen和Meckling不同的是，在Diamond和Hirshleifer与Thakor的文章中，债权人和股东之间的冲突——资产替代问题，即杠杆化的股东（Levered Equity Holders）有动机去选择高风险、净现值为负的投资项目——是通过声誉解决的。Diamond模型和Hirshleifer-Thakor模型最根本的区别是关注声誉的主体不同，Diamond模型考虑的是企业的声誉，即企业在对具有不同风险的项目进行选择时同时考虑到了到期保证偿还债务的许诺。假设有两个可能的投资项目：一个是安全的、净现值为正的项目；另一个是有风险的、净现值为负的项目，即风险项目面临着"成功"和"失败"的两种可能。两个项目的初始投资相同且都必须通过负债融资。所要考察的企业可能是下列三种类型中的一种：风险厌恶型的，只接受安全的项目；风险偏好型的，只接受风险的项目；风险中性型的，两种项目都愿意接受。又假设贷款人事先无法辨别企业到底属于哪一种类型，即贷款人只能凭主观判断。由于贷款人对企业的类型判断不同，其所愿意提供的贷款利率也就不同，因此初始的贷款利率反映了他们对企业所选项目风险的信念。模型的最后一个假设是，来自安全项目的收益足够支付债权人（即使贷款者认为企业没有安全项目，只有风险项目），但是来自风险项目的收益只有在成功时才足够支付债权人。

由于存在资产替代问题，在企业有机会对多个项目进行选择的时候，缺乏远见的股东价值最大化（如在企业只存续一期的情况下）将引导企业去选择风险项目。如果企业能够说服贷款人相信它只有安全的项目，则它将享受一个较低的贷款利率。由于贷款人只能观察一个企业的债务违约历史，因此一个企业有可能通过从不违约来建立向来只是选择安全项目的声誉。从而，一个企业按时偿债的历史越长，它的声誉就越好，贷款成本也就越低。因此，已经建立起声誉的老牌企业将会发现，选择安全项目而不进行资产替代以免失去声誉价值是其最优选择。但是，年轻的企业由于几乎没有声誉价值，就很有可能选择风险项目。结果，有较长发展历史的企业比起那些发展历史较短的企业，通常会有较低的违约比率和较低的负债成本。需要指出的是，虽然在Diamond模型中假设两个企业的债务总量是固定且相同的，但是，在其他条件相同的情况下，放松这个条件，一个扩展的模型能够证明，年轻的企业比老牌企业通常拥有更少的债务。

与Diamond模型不同，Hirshleifer-Thakor模型考虑的是管理者的声誉。由于管理者考虑到他们自身的声誉，因此就有动机去追求相对安全的项目。一个管理者有安全项目和风险项目两个项目可供选择，每个项目都有两种结果——成功与失败。对经理而言，无论哪个项目失败，结果都相同。但是从股东的角度来说，高风险高收益项目将会产生较高的预期回报，并且如果项目成功的话实际回报比预期回报更高。然而，从管理者的声誉角度来说，两个项目的成功是相同的结果，因为经理人市场只能区分“成功”与“失败”，而不能区分成功或失败的程度。这样，在估计股东能够接受的预期收益的项目中，管理者将会选择成功概率最高的项目，而不是预期收益更高的项目，即使这个项目对股东来说更好。管理者的这种行为降低了债务的代理成本。因此，Hirshleifer和Thakor得出结论，相比那些管理者对其自身声誉不太重视的企业，管理者对其自身声誉比较敏感的企业将会拥有更多的债务。Hirshleifer和Thakor还指出，更有可能成为接管目标的企业的经理人对其自身声誉更为敏感，因此，这些企业更可能拥有较高的债务。相反，在其他条件相同的情况下，那些已采取了反接管措施的企业将拥有较少的债务。

3.代理成本理论的启示

资本结构的代理成本理论，无论是对于其后的其他理论研究，还是就其本身关于资本结构的决定因素的探讨，给予我们的启示都是相当丰富的。这里，我们将这一理论本身的研究结论做一下归纳。

这些模型预测：财务杠杆与企业价值、违约概率、受管制程度、自由现金流、清算价值、企业成为接管目标的可能性呈正相关；财务杠杆与增长机会的大小、利息的保障倍数、来自企业当前资产状况及未来发展情景的调查成本以及源于债务违约而被重组的概率呈负相关。一些其他的预测包括：债务契约将包含对股东所投项目的风险程度的限制条款，有较长信贷历史的老牌企业将拥有较低的违约比率和较低的债务成本。值得说明的是，企业价值与财务杠杆正相关的结论源于这样的事实：随着一些因素（如盈利能力、产品市场的特征等）的变化，这两个内生因素向相同的方向变化。因此，这些外生因素的某一个变化将导致资本结构变化，从而带来财务杠杆的上升（或下降）以及随后股票价格的上升（或下降）。

（三）基于信号的资本结构理论

信号传递理论探讨的是在信息不对称条件下，企业选择何种方式向市场传递企业价值信息。其中最具代表性的是罗斯（Ross）模型。1977年，罗斯通过建立负债权益比这一信号模型来分析企业资本结构问题，并创造性地将经理人激励机制引入信号传递模型，提出了资本结构信号传递理论。模型中，在保留了完全信息以外的所有假定前提的情况下，假设企业经营者比投资者更多地了解和把握企业内部的经营信息，投资者只能通过经营者输出的信息间接地评价企业市场价值。在不对称信息条件下，企业经理人为了使自身收益最大化，在选择融资方案时权衡价值与激励报酬，运用企业负债率向市场传递企业利润分布信号，由于破产概率与企业质量呈负相关、与企业负债率呈正相关，而低质量的企业通常不敢用过度负债方式模仿高质量企业，因此投资者会将较高的负债率视作企业高质量的表现，资本结构成为信号传递工具，投资者会根据资本结构的变化来评价企业，并决定是否进行投资。信号传递理论明确了企业市场价值与资本结构相关，但未提出防止经营者向外输送错误信号的内在约束机制。

（四）基于控制权的资本结构理论

随着20世纪80年代企业间并购活动的日益增加，资本结构理论开始与公司控制权理论相结合，出现了基于公司控制权的资本结构理论，其中，Harris-Raviv模型、Stulz模型和Israel模型最具代表性。Harris-Raviv（1988）模型认为，普通股股东享有表决权，债务人则不享有，管理者对负债-权益比率的不同选择将会影响到公司表决的结果，且决定了谁能掌握公司资源的控制权。最优的所有权份额是掌握控制权带来的任何个人收益与自有股份的资本价值损失相权衡的结果。与之不同，Stulz（1988）模型认为，最优资本结构由股东利益最大化决定，而不是由经理人员利益最大化决定，其结论是：对于成为并购目标的企业，其最优负债水平是使外部投资者股份价值最大化的负债水平；成为敌意并购目标的企业将比非目标企业拥有更多的债务。Israel（1991）认为，根据债务契约，债权人享有固定数额的接管收益，目标企业股东与收购企业股东只能就事先未承诺支付给债权人的那部分收益讨价还价，最优负债水平是目标企业股东的预期并购收益与并购发生可能性之间权衡的结果。

第四节　企业资本结构的优化

适当利用负债可以降低企业资本成本，但当债务比例过高时，杠杆利益会被债务成本抵消，企业面临较大财务风险。因此，企业应该确定其最佳的资本结构，使企业加权平均资本成本最低，企业价值最大。但由于每个企业的经营条件和外部经济环境不同，且经常发生变化，因而确定最佳资本结构十分困难。本节主要关注现实中的其他因素对企业资本结构选择的影响。

一、影响企业资本结构的因素

我们把影响企业资本结构的因素归结到表8-16中。

表8-16 影响资本结构的因素

影响因素	说明
企业经营状况的稳定性和成长性	稳定性好——企业可较多地负担固定的财务费用 成长率高——可以采用高负债的资本结构，以提升权益资本的报酬（EPS）
企业的盈利能力	盈利能力强： （1）可产生大量的税后利润，内部积累可以基本满足资金需求，负债较少 （2）具有较强的债务融资能力，若股东偏好高水平的利润分配，则会拥有较高的负债比率
企业的风险状况	息税前收益稳定、营业风险低——可以有较高的债务权益比率
企业的财务状况和信用等级	财务状况良好、信用等级高——容易获得债务资本
企业资产结构	拥有大量固定资产的企业——主要通过长期负债和发行股票筹集资金 拥有较多流动资产的企业——更多地依赖流动负债筹集资金 资产适合于抵押贷款的企业——负债较多 以技术研发为主的企业——负债较少
企业投资人和管理者的态度	从所有者角度看： 如果企业股权分散——可能更多采用权益资本筹资以分散企业风险 如果企业为少数股东控制——为防止控股权稀释，一般尽量避免普通股筹资，采用优先股或债务资本筹资 从管理者角度看： 稳健的管理者偏好选择低负债比例的资本结构
行业特征和企业发展周期	行业特征： （1）产品市场稳定的成熟产业可提高负债比重 （2）高新技术企业可降低债务资本比重 企业发展周期： （1）初创阶段——经营风险高，应控制负债比例 （2）成熟阶段——经营风险低，可适度增加债务资本比重 （3）收缩阶段——经营风险逐步加大，应逐步降低债务资本比重
经济环境的税务政策和货币政策	如果所得税税率高，则债务资本抵税作用大，企业应充分利用这种作用以提高企业价值 如果货币政策是紧缩的，则市场利率高，企业债务资本成本增大

此外，影响企业资本结构的因素还有：

（1）公司规模。多数学者都认为公司规模会影响资本结构，但至于如何影响，并没有得出一致的结论。在均衡理论中，直接的破产成本是固定的，随着公司规模的增大，它们只占公司价值的很小一部分。另外，公司规模越大，多元化经营可能性就越大，从而更加有效地分散了风险。在其他条件给定的情况下，大公司破产的概率要小于小公司。根据这些观点，公司的规模越大，其财务杠杆也将越高。但是，Rajan和Zingales（1995）认为，由于大公司相对小公司而言，信息的披露会更充分，大公司的信息不对称问题相较不严重，因此它们会更倾向于选择权益融资而不是债务融资。融资优先顺序理论也认为，公司规模越大，就越容易进行内部融资，因此在公司规模和财务杠杆之间存在一个负向的关系。

（2）负债容量。这是指保持企业的筹资灵活性。企业筹资灵活性是指企业在需要资金时从不同筹资渠道筹措资金的能力。企业从每一筹资渠道所能筹措的资金数量是有限的，而且各筹资渠道也是相互影响的。因此，企业当前的筹资决策及资本结构的确定必然会对未来的筹资方式和筹资渠道产生影响。比如，企业当前以负债方式筹措资金使其负债权益比率上升，偿债能力减弱，可能会使企业在今后一段时间内无法利用债务融资，或以较高的债务成本进行融资。因此，重要的一点是保持一定数量的债务容量，以便一有好的投资机会，便可以不失时机地筹集到所需资本。

（3）企业的控制权。对企业的老股东来说，增发新股会减少他们在公司中的持股比例，进而减弱他们对公司的控制能力，而借债筹资对其控制权的影响则相对较小。因此，如果股东不愿意减弱他们对公司的控制权，又没有足够的财力投入新的权益资金，则这类企业的负债率会较高。

（4）非债务性税盾。一些投资项目不管它们所使用的资金来源如何，都可能会为公司带来一些税收上的好处，如固定资产折旧的税收减免和投资税收减免，这种现象通常被称为非债务性税盾（Non-Debt Tax Shields）。DeAngel和Masulis（1980）认为，非债务性税盾可以取代债务融资的好处。在他们构建的一个资本结构模型中，非债务性税盾取代利息费用发挥了抵减公司税收的作用，非债务性税盾越多的公司，其债务融资就越少。因此，在非债务性税盾和公司财务杠杆之间应该是负相关关系。在实证研究中，Wald（1999）用折旧同总资产的比例来衡量非债务性税盾；Chaplinsky与Niehaus（1993）用折旧费用加上投资税收抵免再除以总资产来衡量非债务性税盾，他们都得出非债务性税盾规模同财务杠杆高低成负相关的结果。

（5）关于财务杠杆的度量。尽管人们通常倾向认为账面值只有会计上的意义，市值才是重要的，但是也有观点认为，市值与账面值的选用没有什么差别，至少，从估计结果上来看，不能分辨孰优孰劣。然而有很多实证研究者，如Toy等（1974）发现，公司的财务主管们通常只考虑公司的账面资本结构，而不是从市场价值的角度来考虑。由账面价值和市场价值计算的负债比率可能明显不同。一般而论，账面价值法会高估负债比率。

二、现实的资本结构选择

最优资本结构的确定一直以来都是理论界的研究热点，也是一个难点。从MM定理、权衡理论到融资优先顺序理论，都无法为现实中的企业提供一个确定资本结构的规则。因为无法运用某个公式来准确测定一个企业的最优资本结构，只能借助有关方法推定一个相对较好的资本结构。

（一）EBIT–EPS分析法

EBIT–EPS分析法即息税前收益–每股利润分析法，也被称为每股利润无差别点法，是指将企业的盈利能力与负债对股东财富的影响结合起来，去分析资本结构与每股利润之间的关系，进而确定合理资本结构的方法。根据这一分析方法，可以分析判断在什么样的息税前收益水平下适于采用何种资金结构。这种方法确定的最佳资金结构亦即每股利润最大的资本结构。该方法的关键就是找到EPS无差别点，即EPS不受融资方式影响的EBIT水平。

【例8–3】假设F公司目前有资金75万元，现在因为生产发展需要，准备再筹集25万元资金，这些资金可以通过发行股票来筹集，也可以利用发行债券来筹集。相关数据见表8–17。

表8–17 **F公司筹资方案** 金额单位：元

目前资金		需筹集资金	
750 000		250 000	
方案1：发行公司债券		年利率	
		8%	
方案2：发行普通股	股数（股）	面值	发行价
	10 000	10	25

应用EBIT–EPS方法分析如下：

（1）列出两方案实施后的资本结构，见表8–18。

表8–18 **F公司资本结构情况变化表** 金额单位：元

资金来源	原资本结构	增加筹资后的资本结构	
		增发债券	增发普通股
公司债券（利率8%）	100 000	350 000	100 000
普通股（面值10元）	200 000	200 000	300 000
资本公积	250 000	250 000	400 000
留存收益	200 000	200 000	200 000
资金总额合计	750 000	1 000 000	1 000 000
普通股股数（股）	20 000	20 000	30 000

（2）列出各方案的EPS。

用EPS_b和EPS_s分别代表债务融资和股权融资的EPS。

$$EPS_b=\frac{(EBIT-350\,000\times 8\%)\times(1-50\%)}{20\,000}$$

$$EPS_s=\frac{(EBIT-100\,000\times 8\%)\times(1-50\%)}{30\,000}$$

（3）计算两个方案的筹资无差别点。

令$EPS_b=EPS_s$，即$\frac{(EBIT-350\,000\times 8\%)\times(1-50\%)}{20\,000}=\frac{(EBIT-100\,000\times 8\%)\times(1-50\%)}{30\,000}$

解得，EBIT=68 000元，此时$EPS_b=EPS_s=1$（元）。

（4）确定最优筹资方式。

当EBIT>6.8万元，$EPS_b>EPS_s$，采取债务融资。

当EBIT=6.8万元，$EPS_b=EPS_s$，EPS债券=EPS股票，两种融资方式无差别。

当EBIT<6.8万元，$EPS_b<EPS_s$，采取股票融资。

（5）考虑风险的影响。

财务经理还应该评价未来的EBIT水平降到无差别点水平以下的可能性。在给定公司期望收益和期望收益波动性（标准差）的情况下，财务经理就可以估计EBIT降到6.8万元以下的概率。若EBIT大大超过无差别点，则EBIT下降到这一点以下的概率就很小，小到可以忽略不计，应支持债务筹资方案；若EBIT只稍稍高出无差别点，而EBIT下降到这一点之下的概率就很大，财务经理就有理由认为债务筹资方案的风险太高。

EBIT-EPS分析法是一种较为常用的方法，也易于操作。但是，正如本章前面介绍资本结构时所指出的，不同的资本结构会影响EPS的分布，但公司价值或股东权益价值不仅取决于收益水平，还取决于收益的风险，因此，只考虑收益的大小来决定最优资本结构从理论上讲肯定是不全面的。

（二）资本成本比较法

资本成本比较法是计算不同资本结构（或筹资方案）的加权平均资本成本，并以此相互比较进行资本结构决策的方法。企业的资本结构决策，可分为初始资本结构决策和追加资本结构决策两种情况。

1.初始资本结构决策

企业对拟定的筹资总额，可以采用多种筹资方式来筹集，同时每种筹资方式的筹资数额也可以有不同安排，由此形成若干个资本结构（或筹资方案）可供选择。现举例说明。

【例8-4】B企业初创时有三个筹资方案可供选择，有关资料经测算列入表8-19中。

表8-19　**B企业的三个初始筹资方案的有关资料**　金额单位：万元

筹资方式	筹资方案1		筹资方案2		筹资方案3	
	筹资额	资本成本（%）	筹资额	资本成本（%）	筹资额	资本成本（%）
长期借款	40	6	50	6.5	80	7
债券	100	7	150	8	120	7.5
优先股	60	12	100	12	50	12
普通股	300	15	200	15	250	15
合计	500	—	500	—	500	—

下面分别测算三个筹资方案的加权平均资本成本，并比较其高低，从而确定最佳筹

资方案亦即最佳资本结构。

• 方案1：

①各种筹资方案占筹资总额的比重

长期借款：40÷500=0.08（万元）

债券：100÷500=0.2（万元）

优先股：60÷500=0.12（万元）

普通股：300÷500=0.6（万元）

②加权平均资本成本

0.08×6%+0.2×7%+0.12×12%+0.6×15%=12.32%

• 方案2：

①各种筹资方案占筹资总额的比重

长期借款：50÷500=0.1（万元）

债券：150÷500=0.3（万元）

优先股：100÷500=0.2（万元）

普通股：200÷500=0.4（万元）

②加权平均资本成本

0.1×6.5%+0.3×8%+0.2×12%+0.4×15%=11.45%

• 方案3：

①各种筹资方式占筹资总额的比重

长期借款：80÷500=0.16（万元）

债券：120÷500=0.24（万元）

优先股：50÷500=0.1（万元）

普通股：250÷500=0.5（万元）

②加权平均资本成本

0.16×7%+0.24×7.5%+0.1×12%+0.5×15%=11.62%

以上三个筹资方案的加权平均资本成本相比较，方案2的最低，在其他有关因素大体相同的条件下，方案2是最好的筹资方案，其形成的资本结构可确定为该企业的最佳资本结构。企业可按此方案筹集资金，以实现其资本结构的最优化。

2.追加资本结构决策

企业在持续的生产经营过程中，由于扩大业务或对外投资的需要，有时需要追加筹资。因追加筹资以及筹资环境的变化，企业原有的资金结构就会发生变化，而且原定的最佳资本结构也未必仍是最优的。因此，企业应在资本结构的不断变化中寻求最佳结构，保持资本结构的最优化。

一般而言，按照最佳资本结构的要求，选择追加筹资方案可有两种方法：一种方法是直接测算比较各备选追加筹资方案的边际资本成本，从中选择最优筹资方案；另一种方法是将备选追加筹资方案与原有最优资本结构汇总，测算各追加筹资条件下汇总资本结构的综合资本成本，比较确定最优追加筹资方案。下面举例说明：

【例8-5】上述B企业在创立之后，有两个追加筹资方案可供选择。根据表8-20所列资料，计算两个追加筹资方案的边际资本成本。

表8-20 **B企业的两个追加筹资方案** 金额单位：万元

筹资方式	追加筹资方案1		追加筹资方案2	
	追加筹资额	资本成本（%）	追加筹资额	资本成本（%）
长期借款	50	7	60	7.5
优先股	20	13	20	13
普通股	30	16	20	16
合计	100	—	100	—

方案1：50÷100×7%+20÷100×13%+30÷100×16%=10.9%

方案2：60÷100×7.5%+20÷100×13%+20÷100×16%=10.3%

可见，两个追加筹资方案相比，方案2的边际资本成本低于方案1，因此，追加筹资方案2优于方案1。

考虑B企业原有的资本结构为：长期借款50万元，债券150万元，优先股100万元，普通股（含留存利润）200万元，资本总额500万元。现将其与追加筹资方案1、筹资方案2汇总列示。见表8-21。

表8-21 **初始筹资方案和追加筹资方案的有关资料** 金额单位：万元

筹资方式	原资本结构		追加筹资方案1		追加筹资方案2		追加筹资后资本结构	
	资本额	资本成本（%）	追加筹资额	资本成本（%）	追加筹资额	资本成本（%）	方案1	方案2
长期借款	50	6.5	50	7	60	7.5	100	110
债券	150	8	—	—	—	—	150	150
优先股	100	12	20	13	20	13	120	120
普通股	200	15	30	16	20	16	230	220
合计	500	—	100	—	100	—	600	600

若采取方案1，追加筹资方案的综合资本成本计算为：

50÷600×6.5%+50÷600×7%+150÷600×8%+100÷600×12%+20÷600×13%+200÷600×15%+30÷600×16%=11.35%

若采用方案2，追加筹资方案的综合资本成本计算为：

50÷600×6.5%+60÷600×7.5%+150÷600×8%+100÷600×12%+20÷600×13%+200÷600×15%+20÷600×16%=11.25%

以上计算中，根据同股同利原则，原有普通股应按新普通股的资本成本计算其加权平均数。这里假定股票的成本与报酬等价。

比较两个方案追加筹资后两个新资本结构下的综合资本成本，结果是方案2追加筹资的综合资本成本低于方案1追加筹资的综合资本成本，因此，追加筹资方案2优于方案1。

由此可见，该企业追加筹资后，虽然改变了资本结构，但经过科学的测算，做出了正确的筹资决策，企业仍可保持其资本结构的最优化。

资本成本比较法的测算原理容易理解，测算过程简单，但是仅以资本成本率最低为决策标准，没有具体测算财务风险因素，其决策目标实质上是利润最大化而不是公司价值最大化，一般适用于资本规模较小、资本结构较为简单的非股份制公司。

（三）公司价值比较法

公司价值比较法是在充分反映公司财务风险的前提下，以公司价值的大小为标准，经过测算确定公司最佳资本结构的方法。与资本成本比较法和每股利润分析法相比，公司价值比较法充分考虑了公司的财务风险和资本成本等因素的影响，进行资本结构的决策以公司价值最大为标准，更符合公司价值最大化的财务管理目标，但其测算原理及测算过程较为复杂，通常用于资本规模较大的公司。

1.公司价值的测算

根据资本结构理论，公司价值等于其债务价值和股票价值之和，公式表示为：

$$V=B+S$$

式中：V为公司的总价值；B为公司长期债务的价值；S为公司股票的价值。

这里，为简化测算起见，设债务的现值等于其面值（或本金）；股票的价值按未来收益的折现现值测算。

2.公司资本成本率的测算

在公司价值测算的基础上，如果公司的全部长期资本由长期债务和普通股组成，则公司的全部资本成本率，即综合资本成本率可按下列公式测算：

$$K_W = K_B \times \frac{B}{V} \times (1-T) + K_S \times \frac{S}{V}$$

式中：K_W代表公司加权平均资本成本；K_B代表公司长期债务税前资本成本；K_S代表公司普通股资本成本；T为公司所得税税率。

在上列测算公式中，为了考虑公司筹资风险的影响，普通股资本成本率可运用资本资产定价模型来测算，即：

$$K_S = R_F + \beta (R_M - R_F)$$

3.公司最佳资本结构的确定

运用上述原理测算公司的总价值和综合资本成本率，并以公司价值最大化为标准比较确定公司的最佳资本结构。下面举例说明公司价值比较法的应用。

【例8-6】假设企业E无债务，每年的期望息税前收益EBIT为500万元，且固定不变；企业的税后净利润全部用于支付股利，股利增长率g为0，企业所得税税率T为33%；证券市场的有关数据为R_F=6%，R_M=15%；企业现有的普通股为100万股。又假设企业E的主管人员计划改变现有的资本结构，即增加负债和运用财务杠杆来提高企业价值。试计算企业E的最优资本结构。

首先测算不同负债水平下企业的债务成本和股权成本。很显然，随着负债规模的上升，债务成本会随之提高，同时由于股东面临更大的财务风险，股票的风险和股权资本成本也会升高。假设估算的资本成本数据见表8-22。

表8-22 **不同负债水平下企业的资本成本**

债务市场价值（万元）	债务成本（%）	股票的β_s值	股票成本（%）
0	6	1.0	15.0
400	7	1.06	15.5
800	7.5	1.11	16.0
1 200	8	1.78	22
1 600	12	2.22	26
2 000	20	2.66	30

在各种负债水平下，企业相关财务数据计算见表8-23。

表8-23 **不同负债水平下企业的财务数据**

债务市场价值（万元）	债务成本（%）	股本成本（%）	股本价值（万元）	企业价值（万元）	债务比例（%）	K_w
0	6	15	2 233	2 233	0.00	15.00
400	7	15.5	2 040	2 440	16.39	13.73
800	7.5	16	1 843	2 643	30.27	12.68
1 200	8	22	1 230	2 430	49.38	13.78
1 600	12	26	794	2 394	66.84	14.00
2 000	20	30	223	2 223	89.96	15.07

由此可以确定，E公司的长期债务资本为800万元时的资本结构为最佳资本结构。

● 本章小结

资本结构主要是指企业负债与权益之间的比例关系。本章重点介绍经典的资本结构理论，并结合中外公司的实际情况，讨论现实中影响资本结构的因素。具体而言，本章的主要内容包括：

1.对古典资本结构理论进行概要介绍，主要包括净收益理论、净营业收益理论和传统折中理论。

2.MM定理的背景、假设和主要观点。MM定理认为，在没有公司所得税的完备市场中，资本结构与企业价值无关；在有公司所得税的情况下，负债利息可以在税前抵扣，从而产生税收屏蔽的好处，使得负债公司的价值高于无负债公司。

3.资本结构的其他理论。除了MM定理以外，资本结构相关理论还包括权衡理论、融资优先顺序理论等。权衡理论指出，公司最优资本结构取决于负债融资好处和坏处的权衡，好处就是利息可以抵税，坏处就是财务杠杆的提高会带来财务危机成本。根据融资优先顺序理论，企业融资首先选择内部资金来源，然后是外部债务资金，最后才是外部股权资金。

4.资本结构的优化。在现实中，企业需要根据多方面的因素来选择自身的资本结构，常用的资本结构优化方法有：EBIT-EPS方法、资本成本比较法和企业价值比较法。

● 重点概念

资本结构　资本成本　MM定理　税盾效应　财务危机　财务危机成本　代理成本　融资优先顺序　逆向选择　利益相关人

● 复习思考

1.资本结构为什么会影响企业价值?

2.MM定理如何证明资本结构与企业价值无关?

3.在MM的框架下，公司所得税对企业价值有何影响?

4.什么是财务危机和财务危机成本，这一成本如何影响企业资本结构?

5.企业融资优先顺序理论的主要内容是什么？该理论与其他理论的差异在哪里?

6.除了本章所提到的影响资本结构的因素，现实中是否也存在对资本结构的影响或制约因素?

7.对本章的资本结构相关理论进行评价。

● 分析计算

1.在不考虑税收、交易成本和财务危机成本的情况下，判断下列说法的对错并解释。

（1）如果公司通过发行股票的方式来赎回其债务，那么之后的股票价格会上升，因为此时股东的风险下降了。

（2）适度负债不会显著增加公司陷入财务危机或破产的可能性。因此，适度负债不会提高股东所要求的回报率。

2.公司的股东永远都不会希望公司投资于净现值为负的项目，你是否同意这一说法并加以解释。

3.A公司正在对其现有资本结构进行评估。目前，公司完全由股东提供资金，发行在外的股票数目为1 000股。根据其EBIT的风险，股权投资者要求的回报率为20%。公司将所有的盈利都作为股利发放，而未来的盈利取决于公司未来的EBIT。公司未来的EBIT可能是1 000元、2 000元和4 200元，三种情况出现的概率分别为0.1、0.4和0.5，EBIT为永续现金流，在未来各期均保持不变。假定公司所得税与个人所得税均为0。

（1）根据以上条件计算：

a.公司的价值；b.普通股的市场价值；c.期望的每股盈利；d.在每一种可能的经济情形中，普通股的回报率；e.公司的平均资本成本。

（2）假定公司的总经理认识到如果公司引入负债，并使得债务资金与权益资金的比例相等，对公司股东是有好处的。因此，他提出发行价值为7 500元的利息率为10%的债券，利用发行债券的所得回购公司股票。利用MM的框架，分析这一方案下的相关价值与成本：

a.新公司价值；b.债权的价值；c.股权的价值；d.每股股票的价格；e.股东所要求的回报率，即r_e；f.公司的平均资本成本。

（3）作图：

a.公司的市场价值与公司债务权益比之间的关系；b.平均资本成本与债务权益比之间的关系。

（4）假设公司所得税税率为40%，利用MM的框架，不考虑公司破产风险，公司所得税如何影响公司的市场价值？如果公司破产风险必须考虑，那么结论会有什么变化？

4.B公司目前市场价值为1 700 000元，其中包括价值为500 000元的负债。假设未来每一期的EBIT保持不变。债务利率（税前）为10%，公司所得税税率为40%。如果公司完全由股东提供资金，那么股东所要求的回报率为20%。求公司的净利润。如果公司完全由股东提供资金，那么公司的价值是多少？

5.C公司债务利息为200 000元，债务的税前成本为8%，股权成本为12%。税息前收益（EBIT）为120 000元，公司所得税税率为40%。求公司的总价值。

6. D公司普通股的市场价值为20 000 000元，其负债价值为10 000 000元。无风险利率为10%，期望的市场风险溢价为10%。公司股票的β值等于1。

（1）求A公司的资产负债率。

（2）利用CAPM求A公司股票的期望回报率。

（3）不考虑公司所得税，如果公司准备投资一个风险与目前资产大致相当的项目，估计该项目的要求回报率。

7.E公司完全由股东提供资金，公司所得税税率为30%，股东要求回报率为20%。最初公司的市场价值为3 500 000元，发行在外的股份数量为175 000股。现在公司发行了价值为1 000 000元的债券，利息率为10%。利用发行债券的所得，公司回购了部分股票。假设不存在财务困境的成本，根据MM理论，现在公司每股股票的市场价值是多少？

8.F公司是一家无负债公司，其每年税息前收益是10 000元，股东要求的权益回报率为16%。M公司所得税税率为35%，但没有个人所得税，假设所有交易都是在完善资本市场中进行。问：

（1）M公司的价值是多少？

（2）如果M公司借入面值为无负债公司价值一半的利率为10%的债务并用于赎回股票，其他情况不变，M公司的价值将变为多少？此时，股东所要求的回报率变为多少？

9.G公司目前流通在外的股票为100万股，市价为6元/股，此外还有200万元利率为6%的债券。G公司正在考虑一个投资额为300万元的项目，有三种筹资方案可供选择：a.全部使用每股6元的普通股融资；b.按利率8%发行债券；c.按利率9%发行优先股。

（1）如果投资后的期望EBIT为100万元，计算各种筹资方案下的EPS。假定税率为25%。

（2）计算各方案间的无差异点，构造一张EBIT-EPS图。

（3）G公司预期在项目投资后的EBIT为100万元，有2/3的概率在60万元至140万元之间。此时应选择哪种融资方案？

10.有两个公司——L公司（负债公司）和U公司（无负债公司），除资本结构外，其他各方面完全相同。L公司负债400万元，利率为7.5%；U公司只有权益资本。两个公司的EBIT均为90万元，两个企业处于同一经营风险等级。假设初始时两个公司的股东权益收益率相等，均为10%。请问这是否是一个均衡？如果不是均衡，套利行为应当如何进行？（假设公司增长率为0）

11.下列关于MM理论的说法中，正确的是（　　）。

A.在不考虑企业所得税的情况下，企业加权平均资本成本的高低与资本结构无关，仅取决于企业经营风险的大小

B.在不考虑企业所得税的情况下，有负债企业的权益成本与负债比例无关

C.在考虑企业所得税的情况下，企业加权平均资本成本的高低与资本结构有关，随负债比例的增加而增加

D.一个负债企业在有企业所得税的情况下的权益资本成本要比无企业所得税情况下的权益资本成本高

12.在信息不对称和逆向选择的情况下，根据融资优序理论，选择融资方式的先后顺序应该是（　　）。

A.普通股、优先股、可转换债券、公司债券

B.普通股、可转换债券、优先股、公司债券

C.公司债券、可转换债券、优先股、普通股

D.公司债券、优先股、可转换债券、普通股

13.下列关于资本结构理论的表述不正确的是（　　）。

A.根据MM理论，当存在企业所得税的时候，企业负债比例越高，企业价值越大

B.根据权衡理论，平衡债务利息的抵税收益与财务困境成本是确定最优资本结构的基础

C.根据代理理论，当负债程度较高的企业陷入财务困境时，股东通常会选择投资净现值为正的项目

D.根据融资优序理论，当存在外部融资需求时，企业倾向于债务融资而不是股权融资

14.H公司今年产生的自由现金流量为400万元，预计此后自由现金流量每年按4%的比率增长。公司的无税股权资本成本为10%，税前债务资本成本为6%，公司所得税税率为25%。如果公司维持0.5的目标债务权益比，求：

（1）公司无负债时的企业价值。

（2）公司考虑所得税的权益资本成本。

（3）公司包括债务利息抵税的企业价值。

（4）公司债务利息抵税的价值。

15.M企业目前拥有资本1 000万元，其结构为：债务资本20%（年利息20万元），普通股权益资本80%（发行普通股10万股，每股面值80元）。现准备追加筹资400万元，有两种筹资方案可供选择：

方案1：全部发行普通股：增发5万股，每股面值80元。

方案2：全部筹集长期债务：利率10%，利息40万元。

企业追加筹资后，预计息税前利润160万元，所得税税率33%。要求计算每股盈余的无差别点及无差别点的每股盈余额，并判断应选择哪种方案。

16.I公司目前拥有资金2 000万元，其中：长期借款800万元，年利率10%，普通股1 200万元，上年支付的每股股利2元，预计股利增长率为5%，发行价格20元，目前价格也为20元，该公司计划筹集资金100万元，企业所得税税率为33%，有两种筹资方案：

方案1：增加长期借款100万元，借款利率上升到12%，假设公司其他条件不变。

方案2：发行普通股40 000股，普通股市价增加到每股25元。

根据以上资料：

（1）计算该公司筹资前的加权平均资本成本。

（2）用资本成本比较法确定哪种筹资方案较好。

第九章　资本成本和杠杆企业估价

◇教学目的与要求

- 理解资本成本的概念
- 掌握个别资本成本和加权平均资本成本的计算
- 掌握杠杆企业估值的三种主要方法
- 掌握相对估值法的原理和主要指标

【引导案例】

小李是一名刚刚毕业的金融学研究生，应聘到某知名证券公司担任证券分析师。上班第一天，领导交给他一份M公司的材料，让他根据材料中的信息，对M公司的价值进行评估。

M公司是一家即将上市的智能交通行业公司，拟定股票发行价为每股30元，发行市盈率为60倍，市净率为5.5倍。小李认为同行业的公司应该具有大致相同的估值水平，因此，选择了智能交通行业内与M公司规模相当的5家上市公司作为评估的参考。5家公司的估值水平见表9-1。

表9-1　**5家公司的估值水平**

公司	市盈率	市净率
A	68.64	4.75
B	46.27	9.15
C	62.35	3.72
D	69.00	6.63
E	70.23	9.17
平均	63.30	6.68

小李认为，作为智能交通行业公司，M公司的市盈率和市净率应该与这5家公司的平均市盈率和市净率相近。因此，从发行定价来看，M公司的定价水平略低，投资者可以适当申购。

在这个案例中，小李使用的估值方法是相对价值评估法。那么，这种方法的精确程度如何？在使用中应该注意哪些问题？有没有对杠杆企业进行估值的绝对价值评估方法？

针对上面的问题，本章第一节介绍资本成本的概念、估算方法以及资本成本在投资决策中的应用；第二节介绍估算杠杆企业价值的方法，包括绝对价值评估法和相对价值评估法。

第一节　资本成本

企业的资本是指企业需要向资金提供者直接提供回报的资金来源，包括权益资本和债务资本。权益资本是由企业的股东（所有者）投入的资金，包括普通股股本、资本公积、盈余公积，以及优先股股东投入的资金等。债务资本是企业所有需要支付利息的借入资金，包括企业发行的债券和各种银行贷款，但不包括各种不需要支付利息的应付账款。

资本成本是指投资资本的机会成本，是将资本投资于本项目所放弃的其他投资机会的收益，也称最低期望报酬率、投资项目的取舍率、最低可接受的报酬率。资本成本可以从两个角度来理解：一方面，资本成本与公司的筹资活动有关，是公司募集和使用资金的成本，即筹资的成本；另一方面，资本成本与公司的投资活动有关，是投资所要求的最低报酬率。因此，投资项目的资本成本和筹资项目的资本成本是同一个问题的两个方面，在讨论投资问题时我们强调的是投资收益，在讨论筹资问题时我们强调的是资本成本。

一、个别资本成本

个别资本成本是指各种筹资方式的成本，主要包括普通股成本、优先股成本、留存收益成本、债务成本和银行借款成本，前三者统称为权益资本成本，后两者统称为负债资金成本。

（一）普通股成本

普通股成本是指筹集普通股资金所需的成本。估算普通股成本模型有三种：折现现金流模型、资本资产定价模型和债券报酬率风险调整模型。

1.折现现金流模型

根据定义，普通股的资本成本由下式决定：

$$P_E = \sum_{t=1}^{\infty} \frac{DIV_t}{(1+R_E)^t} \tag{9-1}$$

式中：P_E为普通股市价；DIV_t为各期支付的股利；R_E为普通股的资本成本。

由于普通股每期支付的现金股利起伏不定，所以在实际应用中需要进行一些必要的假设和简化来重新估算普通股成本。

（1）固定现金股利

如果假设公司每年支付固定数额的现金股利DIV，则权益成本R_E为：

$$R_E = \frac{DIV}{P_E} \tag{9-2}$$

【例9-1】某公司发行普通股筹资，发行价格为每股10元，每年支付固定现金股利

2元，则该普通股的资本成本为：

$$R_E = \frac{DIV}{P_E} = \frac{2}{10} = 20\%$$

（2）固定现金股利增长率（股利增长模型）

假设公司股票的现金股利随时间的推移，按固定速率g增长，则权益成本R_E为：

$$R_E = \frac{DIV_1}{P_E} + g \qquad (9-3)$$

式中：DIV_1为第一期支付的现金股利；g为现金股利增长率。

【例9-2】某公司普通股的现金股利按照每年6%的固定速率增长，目前该公司普通股股票的市价为每股15元，DIV_1为每股1.5元。则该普通股的资本成本为：

$$R_E = \frac{DIV_1}{P_E} + g = \frac{1.5}{15} + 6\% = 16\%$$

利用上述公式估算普通股资本成本，需要估计长期平均增长率g，估计g可以采用历史增长率、可持续增长率、证券分析师预测等三种方法。

历史增长率法是根据过去的股息支付数据估计未来的股息增长率。股息增长率可以按几何平均数计算，也可以按算术平均数计算。几何平均数适合投资者长期持有股票的情况，而算术平均数适合在某一段时间持有股票的情况。如果过去的股利增长率相对平稳，并且预期这种趋势会继续下去，那么过去的增长率就可以作为未来增长的估计值。但是，通过长期观察各公司股利支付的情况发现，股利稳定增长的公司并不多见，有些公司甚至多年不支付股利。股利支付与企业所处的生命周期有关，在创业初期和成长期很少支付股利，进入成熟期以后才会有较多的股利支付。因此，历史增长率法很少单独应用，它仅仅是估计股利增长率的一个需要调整的基础。

可持续增长率法假设未来保持当前的经营效率和财务政策不变，根据可持续增长率可以确定股利的增长率。

$$g = b \times ROE$$

式中：g为股利增长率和可持续增长率；b为留存收益比率；ROE是股东权益收益率。

【例9-3】某公司预计未来经营效率和财务政策不变，预计的股利支付率为30%，股东权益收益率为8%，则股利的增长率为：

$$g = b \times ROE = (1 - 30\%) \times 8\% = 5.6\%$$

使用该方法需要满足以下重要条件：留存收益率不变；预期新投资的权益收益率等于当前预期报酬率；公司不发行新股；未来投资项目的风险与现有资产相同。如果这些假设与未来的状况有较大区别，则可持续增长率法不宜单独使用。

估计增长率的第三种方法是利用证券分析师的预测。证券机构的分析师经常发布大多数上市公司的增长率预测值。估计增长率时，可以将不同分析师的预测值进行汇总，求其平均值，也可以给重要的权威机构较大权重。

用对现金流进行简化的方法来估算普通股的资本成本具有简单明了的优点，但也存在一些限制。第一，只适用于派发现金股利的公司，若公司不派发或者派发很少的现金股利，这种方法就无法使用。第二，该方法对发放的股利数额，特别是对股利的增长速率的估计非常敏感。在股利增长模型中，现金股利按照固定速率增长，那么只要股利增长速率增加1%，则普通股资本成本增加1%。第三，这种方法是用历史数据对未来进行估算，如果未来状况发生很大变化，则该方法不再适用。第四，该方法没有考虑投资风险的大小对资本成本的影响。

因此，无论是固定现金股利假设还是固定现金股利增长率假设，都只对那些具有稳定现金股利的公司才适用。

2.资本资产定价模型

我们也可以采用资本资产定价模型（CAPM）来估算普通股的资本成本。按照CAPM模型，普通股的资本成本等于无风险利率加上风险溢价。

$$E(R_i)=R_f+\beta_{iM}\left[E(R_M)-R_f\right]$$

【例9-4】市场无风险报酬率为12%，市场回报率为17%，股票的β值为1.1，则该普通股的资本成本为：

$$E(R_i)=R_f+\beta_{iM}\left[E(R_M)-R_f\right]=12\%+1.1\times(17\%-12\%)=17.5\%$$

根据资本资产定价模型计算普通股的成本，必须估计无风险利率、权益的β值以及市场风险溢价。

（1）无风险利率的估计

无风险利率是无风险资产的收益率。无风险资产可以定义为投资者可以确定其预期报酬率的资产。通常认为政府债券没有违约风险，可以代表无风险利率。但在使用时需要注意以下几点：第一，由于普通股是长期的有价证券，且资本预算涉及的时间长，因此在计算公司资本成本时选择利率波动较小的长期政府债券的利率比较适宜。第二，由于不同时间发行的长期政府债券票面利率不同，付息期也不同，因此不能采用票面利率作为无风险利率，应当选择上市交易的政府长期债券的到期收益率作为无风险利率的代表。第三，在决策分析中，必须遵守一条原则，即含有通胀的现金流量要使用含有通胀的折现率进行折现，实际的现金流量要使用实际的折现率进行折现。政府债券的未来现金流是按含有通胀的货币支付的，据此计算出来的到期收益率包含通胀利率在内。实际操作中，一般使用含通胀的名义货币编制预计财务报表并确定现金流量，与此同时，使用含通胀的无风险利率计算资本成本。只有当存在恶性的通货膨胀或预测周期特别长时才使用不包括通货膨胀的实际现金流和实际折现率。

（2）权益的β值的估计

根据CAPM模型，我们知道β值是企业的权益收益率与市场收益率的协方差与市场收益率方差的比值：

$$\beta_{iM}=\frac{Cov(R_i,R_M)}{Var(R_M)}$$

在确定计算β值时，必须选择有关估计期间的长度和收益计量的时间间隔。一般来说，公司风险特征无重大变化时，可以采用比较长的估计期间；如果公司风险特征发生重大变化，应当使用变化后的年份作为估计期。对于收益计量的时间间隔，一般使用日收益率来提高回归中的数据量，但由于停牌导致股票收益率缺失的情况会降低回归的有效性，使用每周或每月的收益率就能显著地降低这种偏差，因此被广泛采用。

此外，我们使用的现金流量数据是面向未来的，而计算权益成本使用的β值却是历史的，因此使用历史数据来估计β值并计算资本成本是基于如下假设：未来公司的系统性风险与过去一致。如果有理由相信未来的业务与过去有本质或重要的区别，则历史β值是不可靠的。

（3）市场风险溢价的估计

市场风险溢价，通常被定义为在一个相当长的历史时期内，权益市场平均收益率与无风险资产平均收益率之间的差异。估计权益市场收益率最常见的方法是进行历史数据分析，分析时首先要注意选择时间跨度，由于较短的期间所提供的风险溢价比较极端，因此应选择较长的时间跨度。另外，平均收益率的计算方法也很关键，算术平均数和几何平均数的差异很大。

【例9–5】某证券市场最近两年的相关数据如表9–2所示，计算其平均收益率。

表9–2 **某证券市场指数收盘情况**

时间（年末）	价格指数	市场收益率
0	2 000	
1	3 000	（3 000–2 000）÷2 000=50%
2	2 400	（2 400–3 000）÷3 000=–20%

算术平均收益率=［50%+（–20%）］÷2×100%=15%

几何平均收益率=$(\sqrt{(1+50\%)(1-20\%)}-1)\times100\%=9.54\%$

利用CAPM方法估计普通股资本成本的优点有：一是明确考虑了相应的投资风险。二是可以适用于那些不具备股利稳定发放条件的公司。但这一方法的缺点也很明显：一是它需要对市场的风险报酬和股票的β系数进行估计，这种估计误差会使对普通股资本成本的估计也产生偏差。二是上述所有参数的估计都是用历史数据进行的，而我们要估计的资本成本是未来的，如果未来情况会发生很大的变化，则利用历史数据估计出的资本成本将无法代表未来的真实资本成本。三是对于非上市公司来说，我们无法估计它的β系数，需要用与其对应的上市公司的数据替代，但不一定能够找到相对完美的替代者。

3.债券报酬率风险调整模型

如果企业或投资者对资本资产定价模型的实用性缺乏信心，或因数据原因无法利用资本资产定价模型，也可以利用债券资本成本加一定风险溢酬的方法来估算普通股成本。我们知道，投资者承担的风险越高，要求的投资收益也越高。由于普通股的投资风险大于公司债券的投资风险，所以我们可以在公司债券收益的基础上附加一定的风险溢酬作为普通股股东所要求的投资收益，这也就是企业利用普通股筹资的资本成本。公式如下：

普通股资本成本=债券资本成本+风险溢酬 (9-4)

【例9-6】已知某公司债券的成本为8%，根据该公司普通股的风险状况，人们认为应在债券收益的基础上增加5%的风险溢酬，所以该公司普通股的资本成本为：

$$R_E = 8\% + 5\% = 13\%$$

在实际中，我们可以同时运用上述几种方法来估计普通股成本，如果几种方法得出的结果较为接近，则表明估计的结果较为合理；如果几种方法得出的结果相差较大，就需要对问题作进一步的分析，找出原因。

保留盈余是公司盈余的一部分，它是股东的投资收益未以现金的形式发放而保留在公司的资金，是股东对企业的追加投入。保留盈余是普通股权益资本的一部分，因此其成本就是普通股的资本成本。

（二）优先股成本

由于优先股每年支付的现金股利是固定的，又没有期限，是一种永续的融资，因此其成本最容易估计。优先股的成本就等于优先股的现金股利除以优先股的发行价格。用公式表示为：

$$R_P = \frac{DIV_P}{P} \tag{9-5}$$

式中：DIV_P为优先股股利；P为优先股当前价格。

【例9-7】某公司发行优先股，发行价格为12元，每股每年支付固定现金股利1.2元。则该优先股的成本为：

$$R_P = \frac{1.2}{12} \times 100\% = 10\%$$

与债券不同的是，由于优先股的股利是从公司税后利润中支付的，因此没有税收屏蔽作用。

（三）债务成本

企业的债务融资有银行借款和企业债券两种方式，估计债务成本就是确定债权人要求的收益率。当企业从银行取得借款时，其向银行支付的利息等于借款额乘上银行确定的利息率。因此，银行给企业规定的利息率就是企业的债务成本。当企业发行债券融资时，投资者要求的回报率由债券的到期收益率来反映，债券的资本成本就是它的到期收益率。一般来说，估计债务成本的方法有到期收益率法、可比公司法、风险调整法、财务比率法和税后债务成本法。

1. 到期收益率法

如果公司目前有上市的长期债券，则可以使用到期收益率法计算债务的税前成本。

根据债务估价的公式，到期收益率是使下式成立的K_D：

$$P = \sum_{t=1}^{n} \frac{I}{(1+K_D)^t} + \frac{B}{(1+K_D)^n} \tag{9-6}$$

式中：P为债券的市价；I为债券每年的利息收入；B为债券面值；K_D为到期收益率即税前债务成本；n为债务的剩余期限，通常以年表示。事实上，这里的K_D就是第四章中的内部收益率。通常求解K_D可以用“试错法”。

【例9-8】某公司8年前发行了面值为100元、期限为30年的长期债券，利率是7%，每年付息一次，目前市价为90元。

根据债券定价公式：

$$90=\sum_{t=1}^{22}\frac{100\times7\%}{(1+K_D)^t}+\frac{100}{(1+K_D)^n}$$

求解得到$K_D=7.98\%$。

2. 可比公司法

如果需要计算债务成本的公司没有上市债券，就需要找一个拥有可交易债券的可比公司作为参照物，计算可比公司长期债券的到期收益率，作为本公司的长期债务成本。

可比公司应当与目标公司处于同一行业，具有类似的商业模式。最好两者的规模、负债比率和财务状况也比较类似。

3. 风险调整法

如果本公司没有上市的债券，而且也找不到合适的可比公司，那么就需要使用风险调整法估计债务成本。按照这种方法，债务成本通过同期限政府债券的市场收益率与企业的信用风险补偿相加求得：

税前债务成本=政府债券的市场回报率+企业的信用风险补偿率　　(9-7)

关于政府债券的市场回报率，在股权成本的估计中已经讨论过，现在的问题是如何估计企业的信用风险补偿率。

信用风险的大小可以用信用级别来估计。具体做法如下：

（1）选择若干信用级别与本公司相同的上市公司债券（不一定符合可比公司条件）。

（2）计算这些上市公司债券的到期收益率。

（3）计算与这些上市公司债券同期的长期政府债券到期收益率。

（4）计算上述两个到期收益率的差额，即信用风险补偿率。

（5）计算信用风险补偿率的平均值，并作为本公司的信用风险补偿率。

4. 财务比率法

如果目标公司没有上市的长期债券，也找不到合适的可比公司，并且没有信用评级资料，那么可以使用财务比率法估计债务成本。

按照该方法，需要知道目标公司的关键财务比率，根据这些比率可以大体上判断该公司的信用级别，有了信用级别就可以使用风险调整法确定其债务成本。

财务比率和信用级别存在相关关系。可以通过收集目标公司所在行业各公司的信用级别及其关键财务比率，来计算各财务比率的平均值，编制信用级别与关键财务比率对照表来估计公司的信用级别，然后就可以按照前述的“风险调整法”估计其债务成本。

5.税后债务成本法

由于利息可从应税收入中扣除，因此，对企业而言，负债的成本需要考虑税收因素。利息的抵税作用使得负债的税后成本低于税前成本。税收的这种效应被称为税收屏蔽效应或税盾效应。

税后债务成本=税前债务成本×（1-所得税税率） （9-8）

由于所得税的作用，债权人要求的收益率不等于公司的税后债务成本。因为利息可以免税，政府实际上支付了部分债务成本，所以公司的债务成本小于债权人要求的收益率。

（四）发行成本对资本成本的影响

在公开发行债务和股权时，需注意发行成本的问题；而在私募融资和内源融资时，发行成本几乎可以忽略。

1.发行成本对债务成本的影响

如果在估计债务发行成本时考虑发行费用，则需要将其从筹资额中扣除。此时，税前成本K_D应使下式成立：

$$P_0\times(1-F)=\sum_{t=1}^{n}\frac{I}{(1+K_D)^t}+\frac{B}{(1+K_D)^n}$$

式中：P_0为债券发行价格；F为发行费用率。

【例9-9】B公司拟发行50年期的债券，面值1 000元，利率10%（按年付息），所得税税率30%，发行费用率为面值的2%，债券按面值发行。

将数据代入上述公式：

$$1\,000\times(1-2\%)=\sum_{t=1}^{50}\frac{100}{(1+K_D)^t}+\frac{1\,000}{(1+K_D)^{50}}$$

求解得到$K_D=10.22\%$。

税后债务成本为：10.22%×（1-30%）=7.15%

如果不考虑发行费用率，税后债务成本为：10%×（1-30%）=7%

在本例中，调整前后的债务成本差别不大。在进行资本预算时，预计现金流量的误差较大，远大于发行费用调整对资本成本的影响。需要注意的是，这里的债务成本是按照承诺收益计量的，没有考虑违约成本，违约风险会降低债务成本，可以抵消发行成本增加对债务成本的影响。因此，多数情况下没有必要进行发行费用的调整。实际上，除非发行成本很大，很少人会花大量时间进行发行费用的调整。

但如果发行费用率较高，如10%，经过调整的债务成本与未经调整的债务成本有很大区别，则此时应该考虑发行费用率对债务成本的影响，不能忽略。因此，在计算加权平均资本成本时，需要考虑发行费用的债务应与没有考虑发行费用的债务分开，分别计量它们的成本和权重。

2.发行成本对普通股成本的影响

新发行普通股的成本，也被称为外部权益成本。新发行普通股会发生发行成本，所以它比留存收益进行再投资的内部权益成本要高一些。

以股利增长模型为例，如果将筹资费用考虑在内，新发普通股成本的计算公式为：

$$R_E = \frac{DIV_1}{P_E(1-F)} + g$$

式中：F为普通股筹资费用率。

【例9-10】公司预计下一期的普通股股利为每股1元，股利增长率为5%，公司当期普通股股价为10元，普通股筹资费用率为2%。

将数据代入上述公式：

$$R_E = \frac{DIV_1}{P_E(1-F)} + g = \frac{1}{10 \times (1-2\%)} + 5\% = 15.20\%$$

二、加权平均资本成本

（一）加权平均资本成本的定义

加权平均资本成本（Weighted Average Cost of Capital，WACC）是指企业以各种资本在企业全部资本中所占的比例为权重，对各种长期资金的资本成本加权平均计算出来的资本总成本。加权平均资本成本的计算包含所有资金来源，主要包括普通股、优先股、长期负债等。加权平均资本成本WACC由下式决定：

$$WACC = \sum W_i \times R_i \qquad (9\text{-}9)$$

式中：W_i是第i种个别资本占总资本的比重；R_i是第i种资本的个别资本成本。

值得注意的是，从理论上讲，W_i应该用市场价值计算个别资本占总资本的权重，但是很多股票不上市，很难估计市场价值，所以实际中也常用账面价值计算权重。

【例9-11】根据表9-3中所示A公司资本结构和相关数据，计算该公司加权平均资本成本。

表9-3　**A公司资本结构**　金额单位：百万元

资本来源	账面价值		市场价值	
	金额	比重	金额	比重
长期负债	800	32%	720	14.8%
优先股	100	4%	130	2.7%
普通股	1 600	64%	4 000	82.5%
总计	2 500	100%	4 850	100%

假设该公司债务成本为10%，优先股成本为11.7%，普通股成本为15%，公司所得税税率为34%，则其以市场价值为基础的加权平均资本成本为：

$$WACC = 14.8\% \times 10\% \times (1-34\%) + 2.7\% \times 11.7\% + 82.5\% \times 15\% = 13.67\%$$

而以账面价值为基础的加权平均资本成本为：

$$WACC = 32\% \times 10\% \times (1-34\%) + 4\% \times 11.7\% + 64\% \times 15\% = 12.18\%$$

两种方法计算出来的结果差距较大，相差了1.5个百分点。

加权平均资本成本所代表的是在企业目前的资本结构下，为保证普通股投资者物有所值，企业利用现有资本所必须赚取的总体的资本回报率，同时也是企业进行与现有经营业务具有相同风险的投资的必要报酬率。因此，如果企业要对现有业务进行扩张，或者从事与现有业务相同风险的其他投资项目，就应该用加权平均资本成本作为项目的折现率。应将企业看作一个长期发展和长期生存的实体，从长远的角度，以加权平均资本成本作为计算投资项目净现值的贴现率或与内部报酬率进行比较的标准，而不是以某一次筹资的个别资本作为折现率或比较标准。

（二）影响加权平均资本成本的因素

从加权平均资本成本的定义来看，影响企业加权平均资本成本的主要因素有两个，一是个别资本成本，二是企业的资本结构。具体来讲，个别资本成本和资本结构又主要受到利率、市场风险溢价、税收政策、筹资政策、股利政策、投资政策等因素的影响。这些因素中，利率、市场风险溢价、税收政策是公司不可控的外部因素，而筹资政策、股利政策和投资政策则是公司内部因素。

1.外部因素

（1）利率

市场利率上升，公司的债务成本会上升，因为投资人的机会成本增加了，公司筹资时必须付给债权人更多的报酬。根据资本资产定价模型，利率上升也会引起普通股和优先股的成本上升。个别公司无法改变利率，只能被动接受。资产成本上升，投资价值会降低，抑制公司投资。利率下降，公司的资本成本也会下降，会刺激公司投资。

（2）市场风险溢价

市场风险溢价由资本市场上的供求双方决定，个别公司无法控制，根据资本资产定价模型，市场风险溢价会影响股权成本。股权成本上升时，各公司会增加债务筹资，并推动债务成本上升。

（3）税收政策

税率是政府政策，个别公司无法控制。税率变化直接影响税后债务成本以及公司加权平均资本成本。此外，资本性收益的税务政策发生变化，会影响人们对于权益投资和债务投资的选择，并间接影响公司的最佳资本结构。

2.内部因素

（1）筹资政策

在计算加权平均资本成本时，我们假定公司的目标资本结构已经确定。企业改变资本结构时，资本成本会随之改变。比如，增加债务的比重，会使平均资本成本趋于降低，同时会加大公司的财务风险。财务风险的提高，又会引起债务成本和权益成本上升。

（2）股利政策

股利政策影响净利润中分配给股东的比例。根据股利折现模型，它是决定权益成本的因素之一。公司改变股利政策，就会引起权益成本的变化。

（3）投资政策

公司的资本成本反映现有资产的平均风险。如果公司向高于现有资产风险的新项目大量投资，公司资产的平均风险就会提高，并使得资产成本上升。因此，公司投资政策发生变化时，资本成本就会发生变化。

三、边际资本成本

边际资本成本（Marginal Cost of Capital， MCC）是指新增加一单位资本所增加的成本。在筹资决策时，需要考虑的其实是新增资本的成本，因此边际资本成本更值得关注。根据资本市场的供需关系，筹资规模与资本成本之间正相关，所以，有可能在某些筹资点上，资本成本会随着筹资额的增加而上升，这些点被称为融资成本的临界点（Break Points）。

【例9-12】某公司的资金来源于公司债券和普通股，其中公司债券的税前成本根据发行规模而有所不同。发行量在500万元以内，成本为10%；发行量在500万元至1 000万元之间，成本为12%；发行量在1 000万元以上，成本为15%。普通股中留存收益的成本为15%，若发行新股，发行费用为发行收入的10%。公司目前的资本总额为1 000万元，公司债券和普通股的比例分别为40%和60%，即公司债券400万元，普通股600万元。公司所得税税率为33%。该公司下一年准备筹措新的资金，已知该公司预计可新增留存收益100万元。计算该公司不同筹资额所对应的加权平均资本成本。

计算公司筹措资金的加权平均资本成本可按下列步骤进行：

（1）确定目标资本结构。目标资本结构是企业认为较为理想的资本来源构成比例。在这个例子中，假设公司以目前的资本结构为目标资本结构，未来筹资总额是以40：60的比例来筹措债务资金和股权资金。

（2）计算个别资本成本，如表9-4所示。

表9-4 **个别资本成本及对应的筹资额**

资本来源	筹资额（万元）	筹资成本（税前）	筹资成本（税后）
公司债券	0～500	10%	6.7%
	500～1 000	12%	8.04%
	1 000以上	15%	10.05%
股东权益	0~100（使用留存收益）	15%	15%
	100以上（发行新股）	16.67%	16.67%

表9-4中，留存收益的成本和发行新股筹资的成本不同，原因是发行股票需要支付10%的发行费用，因此，其资本成本为$\frac{15\%}{1-10\%}=16.67\%$。

（3）计算筹资额的临界点。筹资额临界点由下式决定：

$$临界点筹资总额=\frac{某类资本在一定成本下的筹资额}{该类资本在资本总额中所占比例} \tag{9-10}$$

比如，公司债券在保持成本为6.7%的条件下最多可筹措500万元资金，则对应的筹资总额最多为：

筹资总额=500÷0.4=1 250（万元）

这就是说，如果筹资总额在1 250万元以下，按照目标资本结构的要求，公司债券的总额可保持在500万元以下，如果筹资额超过1 250万元，则按照资本结构的要求，公司债券的数量要超过500万元，从而导致其成本超出6.7%，将达到8.04%或更高。根据题意可知，目前公司已发行了400万元的公司债券，故按照6.7%的成本，其最多可再发行100万元的公司债券。下面，我们将按照新增资本额讨论该公司筹资额的临界点，见表9-5。

表9-5 **筹资额临界点**

资本类型（万元）	个别资本成本	筹资额临界点（万元）	筹资总额范围（万元）
公司债券：0～100	6.70%	100/0.40=250	0～250
100～600	8.04%	600/0.40=1 500	250～1 500
600以上	10.05%	—	1 500以上
普通股：0～100	15.00%	100/0.60=167	0～167
100以上	16.67%	—	167以上

（4）划分筹资范围，计算边际资本成本。根据上述筹资额临界点的计算，可划分出四个具有不同资本成本的资本总额筹资范围：0～167万元，167万元～250万元，250万元～1 500万元和1 500万元以上。各范围内的加权平均资本的计算见表9-6。

表9-6 **筹资范围与资本成本**

筹资总额范围（万元）	个别资本成本		加权平均资本成本（WACC）
	公司债券	普通股	
0～167	6.70%	15.00%	11.68%
167～250	6.70%	16.67%	12.68%
250～1 500	8.04%	16.67%	13.22%
1 500以上	10.05%	16.67%	14.02%

由表9-6可知，如果公司筹资总额在167万元以下，其加权平均资本成本为11.68%；如果筹资总额超过167万元，但小于250万元，其加权平均资本成本将变为12.68%；如果筹资总额在250万元至1 500万元之间，其加权平均资本成本为13.22%；如果筹资总额在1 500万元以上，则加权平均资本成本为14.02%。由以上分析可知，边

际资本成本也是加权平均资本成本，但它所反映的是公司每增加一单位资本所发生的加权平均资本成本。在一般情况下，边际加权平均资本成本呈递增趋势。筹资总额与边际资本成本的关系如图9-1所示。

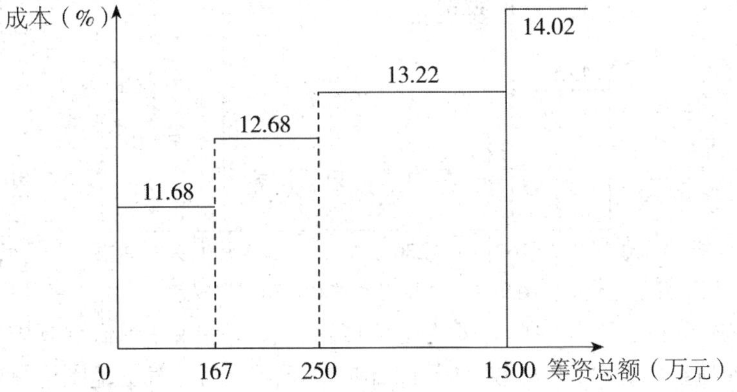

图9-1　筹资总额与边际资本成本的关系

四、资本成本与投资决策

加权平均资本成本经常被作为贴现率来计算项目的净现值或企业的价值。以加权平均资本成本作为贴现率的含义是，如果项目的资本来源中债务资本与权益资本各占一定的比例，则按照这一比例计算的加权平均资本成本就是这两类（或多类）投资者所要求的平均投资收益率。如果这个项目能产生足够的投资收益，既能满足债权人的投资收益要求，又能满足股东的投资收益要求，则这个项目按照加权平均资本成本贴现的净现值必然大于或等于零，这个项目就是可行的。

【例9-13】假设例9-12中的企业有如表9-7所示的几个互不相斥的投资项目可供选择，那么企业该选择哪些项目进行投资？

表9-7　备选投资项目的财务数据

项目	投资额（万元）	内部收益率
A	100	12.80%
B	150	12.50%
C	150	11.80%
D	50	13.40%
E	200	14.10%
F	100	13.00%

将这些投资项目与内部收益率从高到低的顺序排列画在边际资本成本图上，如图9-2所示。

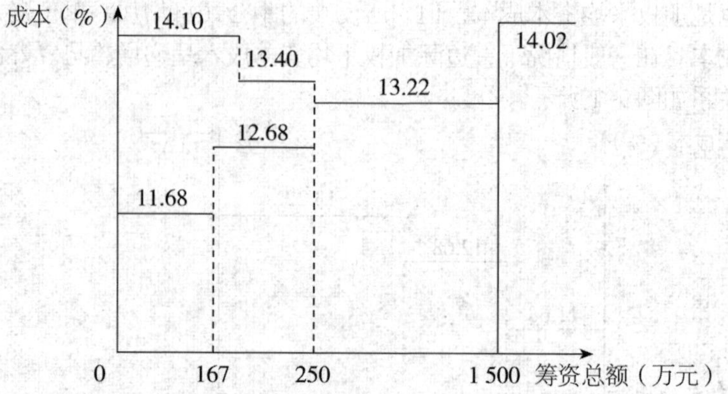

图9-2　边际资本成本与项目选择

图9-2由左至右、由高到低排列的是项目内部收益率线，由低到高排列的是边际资本成本线。容易看出，公司应该选择其内部报酬率高于同一筹资范围边际资金成本的投资项目。在这个例子中公司显然应该选择项目D和E，放弃项目A、B、C和F。这样，公司可以得到最大的投资净现值。

第二节　杠杆企业估值方法

企业价值评估的方法一般可以分为绝对估值法和相对估值法。

绝对估值法是指根据企业未来的现金流量和对应的资本成本以及企业生存年限对企业价值进行估值的一种方法，例如下面将介绍的加权平均资本成本法（WACC）、股权现金流量法（FTE）、调整现值法（APV）等。其主要的优点是评估的企业价值较为精确，主要的缺点是过程较为烦琐，所需时间长，计算量大。一般适用于审计单位的审计项目评估以及企业并购中对企业的估值等。

相对估值法是指根据被评估企业的资本结构、资本成本、盈利模式、所处行业和地位等特征，在现行市场上找到与被评估企业可比的公司，以可比公司的定价为基础，经过一系列的调整之后，得出被评估企业的价值。其主要的优点是评估过程简单、便捷，主要的缺点是评估的企业价值较为粗略。相对估值法一般作为绝对估值法的辅助估值方法，用来判断绝对估值方法的准确性。

一、加权平均资本成本法（WACC）

在第五章中，对项目进行评价时，我们采用加权平均资本成本来贴现项目税后现金流。使用WACC作为贴现率是因为，加权平均资本成本代表了公司必须支付给其投资者（股东和债权人）的税后综合回报，如果项目能够创造价值，那它应当产生至少等于公司加权平均资本成本的期望回报。当然，需要注意的是，我们贴现的现金流是不考虑负债的现金流，因为负债的节税效应已经通过WACC得到反映。

同样的思路也适用于企业价值评估，这就是杠杆公司价值评估的WACC方法。WACC方法的关键步骤如下：

（1）计算加权平均资本成本。

（2）计算不考虑负债的税后现金流。

（3）利用WACC作为贴现率计算项目或企业价值。

我们以一个例子来说明这种方法。

【例9-14】T公司按照市场价值核算的资产负债表见表9-8。为简单起见，假设负债均为付息债务，且年利率为10%，股东要求的必要报酬率为15%，公司所得税税率为40%。目前公司运行状况良好，息税前收益为900万元，预计这种状况将长期维持下去。与公司目前风险相适应的权益资本成本为$R_E=14\%$，公司目前发行在外的股票为200万股，市场价格为每股15元。

表9-8 **T公司资产负债表** 单位：万元

资产		负债与权益	
流动资产	1 000	负债	2 000
固定资产	4 000	权益	3 000
资产总计	5 000	负债与权益总计	5 000

首先计算T公司的加权平均资本成本。由于T公司当前的市场价值为5 000万元，所以其资产负债率为40%。因此，T公司的加权平均资本成本为：

$$WACC=0.4\times 10\%\times(1-40\%)+0.6\times 14\%=10.8\%$$

按照我们前面计算项目净现值的方法，我们用加权平均资本成本法来计算T公司的价值，以WACC为贴现率，用现值法来评估T公司的价值。

这里，我们计算不考虑负债的T公司税后现金流。不考虑负债时，该公司的税后现金流很容易就得到：

$$EBIT\times(1-t)=900\times(1-40\%)=540\text{（万元）}$$

且该现金流为永续现金流。

将这一永续现金流按照10.8%的贴现率贴现，其现值为：

$$PV=\frac{540}{10.8\%}=5\,000\text{（万元）}$$

在上述现值计算中我们的做法相当于将T公司作为一个全部由权益资本投资的企业进行考虑，在现金流量计算时完全没有涉及债务的利息支出和税收屏蔽的影响。但是，债务的税收屏蔽效应在这一计算中并没有被忽视，其影响已被包含在加权平均资本成本之中了。在计算WACC时，我们采用的是债务的税后成本，债务的税收屏蔽效应已从债务成本中扣除了。

二、股权现金流量法（FTE）

加权平均资本成本法不太容易理解，但下面要介绍的股权现金流量法则非常直观。顾名思义，股权现金流量只考虑流向股东的现金流，因此对这一现金流进行贴现无疑应该使用股东权益的报酬率或者股权资本成本。

FTE方法的基本步骤如下：

（1）确定股权资本成本R_E。

（2）计算流向股东的现金流。

（3）利用R_E贴现股权现金流，得到股东权益的市场价值。股东权益市场价值加上债权价值得到公司价值。

还是利用例9-14中的数据来计算T公司股东权益的价值。

假设该公司是所谓的“现金牛”公司，将所有税后利润全部作为红利分配，公司股东每年可以得到税后现金流为：

$$(EBIT-I)\times(1-t)=(900-200)\times(1-40\%)=420(\text{万元})$$

且上述现金流为永续现金流。

利用股权资本成本贴现上述现金流，得到T公司的股东权益市场价值为：

$$E=\frac{420}{14\%}=3\,000(\text{万元})$$

股东权益的价值E（3 000万元）与债务资本价值D（2 000万元）之和就是T公司的价值，与按照加权平均资本成本WACC计算的结果相同。这也证明了用WACC作为贴现率时确实将债务资本的税收屏蔽效应考虑在内了。

三、调整现值法（APV）

所谓调整现值法，是从完全按权益资本筹资所得到的现值中加上各种筹资活动带来的现值的增加，同时扣除其造成的现值的减少。用公式表示为：

$$APV=V_U+\text{债务筹资的价值效应} \tag{9-11}$$

式中：V_U为无杠杆企业的价值。

债务筹资的价值效应包括但不限于下列内容：

（1）债务的节税效应，即债务利息的税盾。

（2）债务的发行成本。

（3）财务困境的成本。

（4）债务融资的利息补贴。

利用APV方法计算杠杆企业价值的步骤如下：

（1）计算V_U，即用无杠杆企业的资本成本R_U对不负债公司的税后现金流进行折现。

（2）确定债务利息税盾的现值。

（3）将利息税盾加到无杠杆企业价值上，得到杠杆公司价值。

（4）继续考虑其他因素，如财务困境成本和债务融资利息补贴等。

可以看出，APV方法具有很强的灵活性，不仅考虑到了债务融资的好处，也可以反映债务融资的负面影响。下面，我们还是以例9-14来说明APV方法的简单应用。

假设T公司不负债，此时股权资本成本$R_U=12.857\%$。如果EBIT不变，则此时，公司的税后现金流为：

$$EBIT\times(1-t)=900\times(1-40\%)=540(\text{万元})$$

从而，$V_U = \frac{540}{12.857\%} = 4\,200$（万元）

接下来计算债务的利息抵扣效应。引入2 000万元负债之后，每年可在税前抵扣的利息为200万元，从而减少税收80万元，这笔节税现金流是永续无风险现金流，并且应当用债券收益率进行贴现，其现值为：

$$\frac{80}{10\%} = 800\text{（万元）}$$

则无杠杆企业价值加上税盾效应价值得到杠杆公司价值，即4 200 + 800 = 5 000（万元）。

四、三种估值方法的比较和适用性

（一）三种方法的比较

上述三种方法都是对杠杆企业进行价值评估，但其分析的思路各有不同。

APV方法是在全权益假设下对企业进行估价。在计算中，分子为全权益情况下的税后现金流量，也称无杠杆现金流；分母为全权益情况下的折现率，即负债为零时的股东权益成本。在此基础上加上负债融资的价值效应，具体包括：节税效应、发行成本、财务困境成本和利息补贴等。

WACC方法的分子是全权益融资情况下的税后现金流量，分母是综合考虑权益资本成本和负债资本成本的加权平均。使用该方法时，债务的影响没有反映在分子上，而是体现在分母上，分母中的债务资本成本为税后成本，反映了负债的节税效应。虽然WACC方法和APV方法分子都采用了同样的无杠杆税后现金流，但是APV方法首先计算出全权益资本成本折现得到无杠杆项目的价值，然后加上负债的节税效应现值，得到杠杆企业价值。WACC方法则直接用加权平均资本成本贴现现金流，得到杠杆公司的企业价值。因此，两种方法都通过调整无杠杆企业的基本价值来反映财务杠杆所带来的节税好处，其中APV方法可以直接进行调整，而WACC方法调整则比较微妙。

FTE方法是对有杠杆企业项目的税后现金流量中属于权益所有者的部分进行折现。由于这部分现金流明确归属于公司股东，所以其折现率是杠杆企业的权益资本成本。因此FTE方法最后得到的是杠杆企业的股东权益价值，加上负债的价值后得到企业的总价值。从评估主体的角度来看，FTE方法与上述两种方法不同。APV方法和WACC方法考虑的是企业总体价值，即股权价值加债权价值。而在FTE方法中，只考虑股东权益部分的价值。

（二）三种方法的适用性

如果某项目的风险在其整个寿命期内保持不变，就可以假设无杠杆企业权益资本成本保持不变。另外，如果负债–价值比在整个项目寿命期内保持不变，则杠杆公司股权成本和加权平均资本成本也将保持不变。在这种情况下，不论是FTE还是WACC都很容易计算。但是如果负债–价值比逐年变化，则杠杆公司股权成本和加权平均资本成本也会逐年变化，从而使相应的计算十分繁杂，误差也随之增大。所以，当负债–价值比随时间推移而不断变化时，用FTE和WACC方法计算很困难。

APV方法的计算以各期的负债绝对水平为基础。当未来各期的负债绝对水平能准确地知道时，用APV方法很容易计算；但当未来各期的负债绝对水平不确定时，这种方法就会出现问题。通常，比较适用APV方法的情况有：

（1）杠杆收购。在开始收购时，企业有大量的负债，但数年后会清偿，而在安排杠杆收购时，企业就拟好了偿债的时间表，所以很容易预测未来年份的税收屏蔽规模，便于计算APV。在这种情况下，由于负债价值比不固定，所以WACC和FTE方法难以运用。

（2）在存在利息补贴的情况下，APV方法更好用。

（3）在进行租赁还是购买决策时，APV方法更为方便。

因此，如果企业的目标负债-价值比适用于项目的整个寿命期，则可使用WACC方法或FTE方法。若项目寿命期内其负债绝对水平已知，则使用APV方法更便利。

五、相对估值法

现金流量折现法在概念上很健全，但是在应用时会碰到较多的技术问题。有一种相对容易的估价方法，就是相对估值法，也称价格乘数法或可比较交易价值法等。

相对估值法的基本做法是：首先，寻找一个影响企业价值的关键变量（如净利润）；然后，确定一组可以比较的类似企业，计算可比企业的相对估值指标的平均值（如平均市盈率）；最后，根据目标企业的关键变量（如净利润）乘以得到的平均值（平均市盈率），计算目标企业的评估价值。

相对估值法的关键就是找到一个或一组可比企业，此外，相对估值法的假设隐含在比率内部。因此，该方法看起来简单，实际应用时并不简单。

（一）相对估值模型的原理

1.市盈率模型

（1）基本模型

市价与净收益的比率，通常称为市盈率，其公式为：

$$市盈率=\frac{每股市价}{每股收益}$$

运用市盈率评估股票价值的模型如下：

目标企业每股价值=可比企业平均市盈率×目标企业的每股收益

该模型假设股票市价是每股收益的一定倍数。每股收益越大，股票价值越大。同类企业有类似的市盈率，所以目标企业的股权价值可以用每股收益乘以可比企业的平均市盈率计算。

（2）模型原理

根据股利折现模型，处于稳定增长状态企业的股权价值为：

$$P_0=\frac{DIV_1}{R_E-g}$$

两边同时除以当期的每股收益EPS_0，得到以当期每股收益计算的市盈率：

$$\frac{P_0}{EPS_0}=\frac{\frac{DIV_1}{EPS_0}}{R_E-g}=\frac{\frac{EPS_0(1+g)(1-b)}{EPS_0}}{R_E-g}=\frac{(1-b)(1+g)}{R_E-g} \quad (9-12)$$

式中：b为留存收益比率；g为增长率。

上述根据当前市价和同期每股净收益计算的市盈率，称为本期市盈率。这个公式表明，市盈率的驱动因素是企业的增长潜力、股利支付率和风险（股权资本的高低与其风险有关）。在这三个方面接近的企业，才会具有类似的市盈率。因此，选择的可比企业应当是这三个方面类似的企业，而同业企业不一定都具有这种类似性。

如果把公式两边同除的当前EPS_0，换为预期的下期EPS_1，其结果称为“内在市盈率”或“预期市盈率”，公式如下：

$$\frac{P_0}{EPS_1}=\frac{\frac{DIV_1}{EPS_1}}{R_E-g}=\frac{1-b}{R_E-g} \quad (9-13)$$

在影响市盈率的三个因素中，关键是增长潜力。所谓“增长潜力类似”，不仅指具有相同的增长率，还包括增长模式的类似性，如同为永续增长，还是同为高增长转为永续低增长。

（3）模型的适用性

市盈率模型应用广泛，在使用方面具有简便、直观、综合性强等优点。首先，计算市盈率的数据容易取得，并且计算简单；其次，市盈率把价格和收益联系起来，直观地反映投入和产出的关系；最后，市盈率涵盖了风险补偿率、增长率、股利支付率的影响，具有很强的综合性。

但市盈率模型在使用中也具有明显的局限性。首先，如果收益是负值，市盈率就失去了意义。其次，市盈率除了受企业本身基本面的影响之外，还受到整个经济景气程度的影响。在整个经济繁荣时市盈率上升，整个经济衰退时市盈率下降。由于不同企业的系统性风险大小不同，在市场波动时其估值水平的变动幅度也不一致，这也为市盈率方法的应用带来一定的难度。

【例9-15】某化妆品公司A今年的每股收益是0.5元，分配股利0.25元/股，该公司净利润和股利增长率都为5%，β值为0.8，政府长期债券利率为5%。股票市场的风险溢价为5%。求该公司的本期市盈率和预期市盈率。

假设该行业有一公司B与上述公司在各方面都非常类似，因此具有相近的市盈率。今年B公司实际每股净利润为0.8元，根据A公司本期市盈率对B公司估价，其股票价值是多少？B公司预期明年每股净利润是1.0元，根据A公司的预期市盈率对B公司估价，其股票价值是多少？

A公司的股利支付率=每股股利/每股收益

=0.25÷0.5

=50%

A公司股权资本成本=无风险利率+β×市场风险溢价

=5%+0.8×5%

=9%

A公司本期市盈率：

$$\frac{P_0}{EPS_0}=\frac{\frac{DIV_1}{EPS_0}}{R_E-g}=\frac{(1-b)(1+g)}{R_E-g}$$

$$=50\%\times(1+5\%)\div(9\%-5\%)=13.125$$

A公司预期市盈率：

$$\frac{P_0}{EPS_1}=\frac{1-b}{R_E-g}=50\%\div(9\%-5\%)=12.5$$

B公司股票价值=本期每股收益×可比公司本期市盈率

=0.8×13.125

=10.5（元/股）

B公司预期股票价值=预期每股收益×可比公司预期市盈率

=1×12.5

=12.5（元/股）

值得注意的是，在估价时，目标企业本期每股收益必须要乘以可比企业本期市盈率，目标企业预期每股收益必须乘以可比企业预期市盈率，两者必须匹配。这一原则不仅适用于市盈率，也适用于市净率和收入乘数。

2. 市净率模型

（1）基本模型

市价与每股净资产的比率，通常称为市净率。其公式为：

市净率=市价/每股净资产

这种方法假设股权价值是净资产的函数，类似企业有相同的市净率，净资产越大则股权价值越大。因此，股权价值是净资产的一定倍数，目标企业的价值可以用每股净资产乘以平均市净率计算。

股权价值=可比企业平均市净率×目标企业每股净资产

（2）市净率的驱动因素

如果把股利折现模型的两边同时除以同期股权账面价值 B_0，就可以得到本期市净率：

$$\frac{P_0}{B_0}=\frac{\frac{DIV_1}{B_0}}{R_E-g}=\frac{\frac{DIV_0(1+g)}{B_0}}{R_E-g}=\frac{\frac{DIV_0}{EPS_0}\cdot\frac{EPS_0}{B_0}(1+g)}{R_E-g}=\frac{ROE_0(1-b)\ (1+g)}{R_E-g} \tag{9-14}$$

该公式表明，驱动市净率的因素有权益报酬率ROE、股利支付率（1-b）、增长率和风险，其中权益报酬率是关键因素。这四个方面类似的企业，会有类似的市净率。不同企业市净率的差别，也是由于这四个比率不同引起的。

如果把公式中 B_0 换成预期下期的股权账面价值 B_1，则可以得出内在市净率，或称预期市净率。

$$\frac{P_0}{B_1}=\frac{\frac{DIV_1}{B_1}}{R_E-g}=\frac{\frac{DIV_1}{EPS_1}\cdot\frac{EPS_1}{B_1}}{R_E-g}=\frac{ROE_1\cdot(1-b)}{R_E-g} \tag{9-15}$$

（3）模型的适用性

市净率模型相对于市盈率模型具有如下优势：首先，净利润为负值的企业不能用市盈率进行估价，而市净率极少为负值，可用于大多数企业。其次，净资产账面价值的数据容易获取，并且容易理解。再次，净资产账面价值比净利润稳定，也不像利润那样经常被人为操纵。最后，如果会计标准合理并且各企业会计政策一致，市净率的变化可以反映企业价值的变化。

市净率模型也具有一些局限性：首先，账面价值会受会计政策选择的影响，如果各企业执行不同的企业会计标准或会计政策，市净率会失去可比性。其次，对于那些固定资产很少的服务性企业和高科技企业，净资产与企业价值的关系不大，其市净率没有什么实际意义。最后，少数企业的净资产是负值，市净率没有意义，无法用于比较。

因此，这种方法主要适用于需要拥有大量资产、净资产为正值的企业。

【例9-16】表9-9中列出了20××年某4家上市企业的市盈率和市净率，以及全年平均实际股价。请你用这4家企业的平均市盈率和市净率评价E公司的股价，哪一个更接近实际价格？为什么？

表9-9　同行业上市公司市盈率与市净率

公司名称	每股收益	每股净资产	平均价格	市盈率	市净率
A	1.2	5.6	15.5	12.92	2.77
B	0.8	4.8	12.4	15.50	2.58
C	0.9	3.2	11.6	12.89	3.63
D	0.7	3.5	10.3	14.71	2.94
平均				14.00	2.98
E	0.2	2	6.05		

按市盈率估价=0.2×14=2.8（元/股）

按市净率估价=2×2.98=5.96（元/股）

两种方法得到的估计结果相差很大，市净率的评价更接近实际价格，可能是因为该行业是一个需要大量资产的行业。由此可见，合理选择模型的种类对于正确评估股价是很重要的。

3. 市价/收入比率模型

（1）基本模型

市价/收入比率通常也被称为收入乘数，其公式为：

收入乘数=股权市价/销售收入=每股市价/每股销售收入

这种方法假设影响企业价值的关键变量是销售收入，企业价值是销售收入的函数，销售收入越大则企业价值越大。既然企业价值是销售收入的一定倍数，那么目标企业的价值可以用销售收入乘以平均收入乘数估计。

目标企业股权价值=可比企业平均收入乘数×目标企业的销售收入

（2）基本原理

如果将股利折现模型的两边同时除以每股销售收入S_0，则可以得出本期收入乘数：

$$\frac{P_0}{S_0}=\frac{\frac{DIV_0(1+g)}{S_0}}{R_E-g}=\frac{\frac{DIV_0}{EPS_0}\cdot\frac{EPS_0}{S_0}(1+g)}{R_E-g}=\frac{NPM_0\cdot(1-b)(1+g)}{R_E-g} \tag{9-16}$$

式中：NPM_0为0期的销售净利率。

根据上述公式可以看出，收入乘数的驱动因素是销售净利率、股利支付率、增长率和股权成本。其中，销售净利率是关键因素。这四个方面相同的企业，会有类似的收入乘数的计算公式。

同样，如果把公式中的当期每股销售收入S_0换为下期的每股销售收入S_1，则可以得到预期收入乘数或内在收入乘数。

$$\frac{P_0}{S_1}=\frac{\frac{DIV_1}{S_1}}{R_E-g}=\frac{\frac{DIV_1}{EPS_1}\cdot\frac{EPS_1}{S_1}}{R_E-g}=\frac{NPM_1\cdot(1-b)}{R_E-g} \tag{9-17}$$

（3）模型的适用性

收入乘数股价模型具有如下优势：首先，它不会出现负值，对于亏损企业和资不抵债的企业，也可以计算一个有意义的价值乘数。其次，它比较稳定、可靠，不容易被操纵。最后，收入乘数对价格政策和企业战略变化敏感，可以反映相关变化的影响。

收入乘数估价模型也具有一定的局限性，该方法不能反映成本的变化，而成本是影响企业现金流量和价值的重要因素之一。

因此，这种方法主要适用于销售成本率较低的服务类企业，或者销售成本率稳定的传统行业企业。

【例9-17】某公司20××年每股销售收入为80元，每股收益为5元，公司股利支付率保持在50%的水平上，预期利润和股利长期增长率为5%，β值为1.0，当期的无风险利率为5%，市场平均报酬率为10%。

根据上述条件，可以得到如下指标：

销售净利率=5÷80×100%=6.25%

股权资本成本=5%+1×（10%−5%）=10%

$$\frac{P_0}{S_0}=\frac{NPM_0\cdot(1-b)(1+g)}{R_E-g}=\frac{6.25\%\times50\%\times(1+5\%)}{10\%-5\%}=0.66$$

按收入乘数，股价=80×0.66=52.5（元/股）

(二)相对估值模型的应用

相对估值法应用的主要困难是如何选择可比企业。通常的做法是选择一组同业的上市企业，计算出它们的平均市价比率，作为估计目标企业价值的乘数。

以市盈率为例，该指标取决于增长潜力、股利支付率和风险(股权资本成本)。选择可比企业时，需要先估计目标企业的这三个指标，然后按此条件选择可比企业。在这三个因素中，最重要的驱动因素是增长率，应给予格外重视。处在生命周期同一阶段的同业企业，大体上有类似的增长率，可以作为判断增长率类似的主要依据。

如果符合条件的企业较多，可以根据规模的类似性进一步筛选，以提高可比性的质量。

但是，在实际评估企业价值时，经常找不到符合条件的可比企业，尤其是要求的可比条件比较严格，或者同行业的上市企业很少的时候。这时就需要对该方法进行修正。

【案例9-1】 杠杆企业的估价——国美电器

国美电器集团成立于1987年，并于2004年在香港上市，其曾经作为中国最大的电器零售商之一，与苏宁电器几乎垄断了中国的家电店面零售市场。

国美电器2007—2010年的资产负债表及利润表见表9-10、表9-11。那时的国美电器，在经历了与永乐电器、大中电器的并购，以及黄光裕时代的管理层改制之后，在电子商务建设(库巴网和国美网的双网络运行)、信息化建设(ERP系统上线)、差异化经营(高毛利产品占比大)方面焕然一新，并具有良好的供应商关系等。

表9-10 国美电器资产负债表 单位：百万元

项目＼年份	2007	2008	2009	2010
现金及现金等价物	6 269.996	3 051.069	6 029.059	6 232.450
交易性金融资产	0	0	0	0
抵押存款	6 614.725	4 840.456	8 796.344	6 268.130
应收款项	176.743	102.935	211.345	457.392
预付款项	2 211.998	1 384.355	1 701.884	2 446.051
存货	5 383.039	5 473.497	6 532.453	8 084.971
其他流动资产	181.058	30.399	1.635	0
流动资产合计	20 837.559	14 882.711	23 272.720	23 488.994
长期股权投资	0	0	0	0

续表

项目 \ 年份	2007	2008	2009	2010
固定资产	3 614.438	4 379.462	4 233.750	4 386.774
无形资产	3 486.879	3 497.253	4 140.180	4 131.138
预付租金	342.744	355.089	332.407	387.784
委托贷款	1 500	3 600	3 600	3 648
其他投资	55.873	780.589	184.123	167.223
资产总计	29 837.493	27 495.104	35 763.180	36 209.913
短期借款	300	170	350	100
应付票据及应付账款	13 556.550	12 917.960	15 815.260	16 899.680
其他应付账款	1 939.695	1 530.141	1 829.514	1 917.825
预收款项	0	0	0	0
其他流动负债	383.851	529.148	2 687.602	632.001
流动负债合计	16 180.096	15 147.249	20 682.376	19 549.506
可转换债券	3 264.734	3 647.822	3 278.338	1 925.217
负债合计	19 444.830	18 795.071	23 960.714	21 474.723
股本及资本公积	343.764	331.791	382.408	417.666
留存收益	9 959.215	8 228.043	11 420.060	14 317.520
归属于母公司的股东权益合计	10 302.979	8 559.834	11 802.468	14 735.186
少数股东权益	89.689	140.201	0	0
股东权益合计	10 392.668	8 700.035	11 802.468	14 735.186
负债及股东权益总计	29 837.498	27 495.106	35 763.182	36 209.909

国美电器的股价在2011年11月24日为1.98元/股，该价格是否充分反映了国美电器的内在价值？是否存在高估或者低估呢？（根据媒体披露的数据，国美电器的WACC为13.7%，其股份数为16 690百万股）

表9-11 **国美电器利润表** 单位：百万元

项目 \ 年份	2007	2008	2009	2010
销售收入	42 478.520	45 889.260	42 667.570	50 910.150
其他业务收入	2 546.876	3 266.244	3 131.646	3 441.628
营业收入	45 025.396	49 155.504	45 799.216	54 351.778
销售成本	38 383.280	41 381.220	38 408.040	44 991.360
营业税金及附加	0	0	0	0
营销费用	3 547.907	4 487.131	4 352.350	5 114.303
租赁费	0	0	0	0
管理费用	686.740	828.028	845.235	1 165.138
水电费用	0	0	0	0
装潢费用	0	0	0	0
其他支出	604.768	515.357	490.062	375.323
息税、折旧摊销前利润（EBITDA）	1 802.701	1 943.768	1 703.529	2 705.654
折旧	256.988	296.256	345.597	332.543
摊销	8.457	9.626	9.042	9.042
息税前利润（EBIT）	1 537.256	1 637.886	1 348.890	2 364.069
财务费用	−230.872	−228.899	7.760	102.782
资产减值损失（其他投资减值）	0	449.592	0	0
可转债之损失或利得	−505.483	−189.220	136.740	−93.340
营业外净收入	0	0	0	0
利润总额	1 528.097	1 533.849	1 832.509	2 509.532
所得税	360.262	435.156	406.310	547.878
净利润	1 167.835	1 098.693	1 426.199	1 961.654
少数股东损益	40.528	50.533	16.911	0
归属母公司股东的净利润	1 127.307	1 048.160	1 409.288	1 961.654
已发行普通股数（百万股）	3 319.489	12 758.760	15 055.330	16 689.760
红利	328.629	0	0	582.275
每股盈利	0.339603	0.082152	0.093607	0.117536
每股红利	0.099	0	0	0.034888

提示：假设销售收入、成本等都按历史增长率增长，由此估计出国美电器2011年的财务报表，然后调整为管理用财务报表，利用WACC法或股权现金流量法估计企业价值，或以苏宁电器作为可比企业，利用相对估值法估计国美电器的企业价值。

本章小结

本章讨论了资本成本和杠杆企业估值的问题。主要内容包括：

1. 资本成本可以从两个角度来理解：一方面，资本成本与公司的筹资活动有关，是公司募集和使用资金的成本，即筹资的成本；另一方面，资本成本与公司的投资活动有关，是投资所要求的最低报酬率。因此，投资项目的资本成本和筹资项目的资本成本是同一个问题的两个方面。

2. 企业的资金包括股权资金和债权资金，股权资本成本可以通过现金股利贴现法和CAPM等方法来估计，债券的资本成本则利用债权定价公式来计算。

3. 企业资金来源往往同时包括股权和债权，在股权资金中又可以分为普通股和优先股，因此对企业而言，更重要的是所有资金来源的综合成本，即加权平均资本成本。

4. 边际资本成本是增加一个单位资本时所付出的资本成本增量，由于受资金供求规律的影响，通常边际资本成本会随着筹资金额的增加而上升，而边际资本成本上升所对应的筹资规模就称为筹资额临界点。

5. 对杠杆企业估值有两类方法：绝对估值法和相对估值法。绝对估值法主要包括三种方法：WACC方法、FTE方法和APV方法。上述三种方法都是对杠杆公司进行价值评估，但其分析的思路和适用性各有不同。通常，如果企业的目标负债-价值比适用于项目的整个生命期，用WACC法或FTE法；若项目生命期内其负债绝对水平已知，则更适用APV方法。相对估值法首先寻找一个影响企业价值的关键变量；其次确定一组可以比较的类似企业，计算可比企业的相对估值指标的平均值；最后根据目标企业的关键变量乘以得到的平均值，计算目标企业的评估价值。常见的相对估值指标有市盈率、市净率和收入乘数。

重点概念

资本成本　个别资本成本　加权平均资本成本　边际资本成本　折现现金流模型　WACC方法　FTE方法　APV方法　相对估值法　市盈率　市净率　收入乘数

复习思考

1. 为什么要计算项目或公司的资本成本？
2. 资本成本与投资者要求的回报率之间是什么关系？

3. 发行费用对资本成本有什么影响？

4. 什么是加权平均资本成本？在进行投资决策时，加权平均资本成本按照什么进行加权？

5. 什么是边际资本成本？

6. WACC方法和APV方法的区别是什么？

7. 有哪些常用的相对价值评估指标？这些指标的适用性怎样？

分析计算

1. 某5年期债券，面值为1 000元，票面利率10%，发行价格为1 050元，发行成本为发行价格的5%，企业所得税税率为40%。求该债券融资的税后成本。

2. 公司准备增发普通股融资，该公司每股净资产账面价值为25元，刚刚分配的现金股利为每股2元，每股盈利和每股股利的持续增长率为10%，目前公司普通股的市场价格为每股50元。公司预计，如果增发新股，可以按照目前市场价格出售，但需要承担发行收入10%的发行成本。求公司普通股融资的成本。

3. 公司发行面值为100元的优先股，股利率为8%，发行价格为120元，发行成本为发行价格的10%。求优先股融资的成本。

4. S公司正在评估一个待投资项目，该项目每年有500 000元的现金销售收入，每年付现成本为销售收入的72%，项目初始投资为475 000元。公司所得税税率$T_C = 34\%$，如果项目资金全部为股权投资，则$r_0 = 20\%$。r_0是全权益企业的项目资本成本。如果该项目不引入负债，则该项目净现值为多少。

现在假设企业融资时借款126 229.50元，借款利率为10%，其余348 770.50元来自权益。使用三种方法评估目前该项目的净现值。

5. E公司今年的每股收益是0.6元，分配股利0.3元/股，该公司净利润和股利增长率都为5%，β值为0.7，政府长期债券利率为6%。股票市场的风险溢价为5%。该公司的本期市盈率和预期市盈率各为多少？

F公司与E公司是类似企业，今年实际每股净利润为1元，根据E公司本期市盈率对F公司进行估价，其股票价值是多少？F公司预期明年每股净利润是1.1元，根据E公司的预期市盈率对F公司估价，其股票价值是多少？

6. 某公司20××年每股销售收入为10元，每股收益为1元，公司采用固定股利支付率的政策，股利支付率40%，预期利润和股利长期增长率为5%，β值为1.2，当期的无风险利率为4%，市场平均报酬率为12%。求该公司的每股价格。

7. 假设20××年汽车制造业6家上市企业的市盈率、市净率以及全年平均实际股价如下表所示。请你用这6家企业的平均市盈率和市净率评价H汽车企业的股价。哪一个更接近实际价格？为什么？

公司名称	每股收益（元）	每股净资产（元）	平均价格（元）	市盈率	市净率
A	0.5	3.42	11.78	23.56	3.44
B	0.36	2.72	6.33	17.58	2.33
C	0.55	4.84	16.25	29.55	3.36
D	0.25	2.38	6.12	24.48	2.57
E	0.18	2.56	6.82	37.89	2.66
F	0.16	2.22	6.21	38.81	2.80
平均				28.65	2.86
H	0.08	1.92	6.05		

8. A公司正着手编制明年的财务计划，公司财务主管请你协助计算其加权平均资本成本。有关信息如下：

①公司银行借款利率当前是10%，明年将降为8%；②公司原有债券年末即将到期，公司按950元发行面值为1 000元、票面利率为8%、每半年付息、期限为3年、分期付息的公司债券，发行成本为市价的4%；③公司普通股面值为1元，本年派发现金股利0.35元，股票市价5.5元/股，预计每股收益增长率维持在7%，并保持25%的股利支付率；④公司当前的资本结构为：银行借款150万元，长期债券650万元，普通股400万元，留存收益420万元；⑤公司所得税税率为25%；⑥公司普通股β值为1.1；⑦当前国债收益率为5.5%；⑧市场平均风险溢价为8%。在上述假设下：

（1）计算银行借款的税后资本成本。

（2）计算债券的税后成本。

（3）分别使用股票股利股价模型和资本资产定价模型估计内部股权资本成本，并计算两种结果的平均值作为内部股权成本。

（4）如果仅靠内部融资增加资金总额，明年不增加外部融资规模，计算其加权平均资本成本（以账面价值为权重）。

9. A公司正在研究如何调整公司资本结构。目前，公司发行在外的普通股为4 000万股，每股价格为20元。（以市场价值计）负债权益比为0.25。公司权益的β值为1.2，公司的债务评级为AAA，对应的市场利率基本等于目前8%的无风险利率水平，市场风险溢价为5%。公司所得税税率为25%。

以下计算除问题中所列变化外，均假设公司其他情况保持不变，债务均为永续债务。

（1）计算公司目前的加权平均资本成本。

（2）公司计划利用当前股票市场低迷的时机，发行新债2亿元用于股票回购。如果公司执行了股票回购计划，公司的股票价格将变为多少？

（3）接第（2）题，增加负债将直接导致公司的信用评级降为AA，对应的市场利率升为9%。如果公司执行了这一计划，加权平均资本成本变为多少？

（4）公司也可通过其他选择来提高财务杠杆比率，按照公司现有的发展规划，明年的资本投资额为2亿元，明年计划股息率为10%。如果公司完全通过举新债来解决明年的资本支出，预期明年的股价、负债权益比将变为多少？（红利在明年年底前已发放完毕）

10. 假设甲公司正在考虑收购其所在行业的另一家公司。预计此次收购将在第一年使得甲公司增加60万元的自由现金流量，从第二年起，自由现金流量将以4.8%的速度增长。甲公司协议收购价格为1 740万元。交易完成后，甲公司将调整资本结构以维持当前的债务与企业价值比率不变。甲公司的股权资本成本为10%，债务利息率为6%，公司始终保持债务与企业价值比率为0.4，公司所得税税率为25%。如果此次收购的系统风险与甲公司其他投资的系统风险相当，则利用加权平均成本法：

（1）计算被收购的目标企业的价值。

（2）计算此次收购的净现值。

（3）假设甲公司在保持债务与企业价值比率不变的前提下，请问必须为收购举借多少债务？收购成本中的多少要通过股权筹资来实现？

11. A公司是一家无杠杆公司，其预期有永续的税前收益，每年3 500万元。目前公司权益的必要报酬率为20%。该公司每年年末把所有的收益作为股利发放。公司在外发行的普通股股数为150万股。公司的所得税税率为35%。公司正在计划调整资本结构，按照该计划将发行4 000万元、利率永远为9%的债务，并用这些钱回购股票。

（1）计算资本结构调整计划公告前公司的价值。此时权益的价值是多少？公司每股价格是多少？

（2）使用APV法计算公司资本结构调整计划公告后的公司价值。此时权益的价值是多少？公司每股价格是多少？

（3）多少股票将被回购？回购完成后，权益的价值是多少？公司每股价格是多少？

（4）使用权益现金流量法计算公司资本结构调整后的公司权益的价值。

第四篇

公司股利政策

第十章 股利政策概述

◇教学目的与要求

- 了解公司利润的分配过程
- 掌握股利的分配程序
- 掌握股利的多种形式及其区别

【引导案例】

2022年4月28日，浦发银行（600000）发布了其年度报告。相关资料显示：2021年母公司共实现净利润503.09亿元，扣除2021年发放的浦发优1和浦发优2股息共15.59亿元、永续债派息37.94亿元后，可供普通股股东分配的当年利润为449.56亿元。公司拟按当年税后利润的30%提取任意盈余公积，共计150.93亿元；按照财政部《金融企业准备金计提管理办法》（财金〔2012〕20号）的规定，提取一般准备45亿元；向登记在册的全体普通股股东每10股派送现金股利4.1元人民币（含税）。

事实上，从1999年上市至今，浦发银行一直坚持现金分红，在中国A股市场上，是为数不多的持续分红的公司。浦发银行历年现金分红资料如表10-1所示。

表10-1 浦发银行历年现金分红

会计年度	分配方案
1999	每10股派现金1.5元（扣税后1.25元）
2000	每10股派现金1.5元（扣税后1.25元）
2001	每10股转增5股派现金2元（扣税后1.6元）
2002	每10股派现金1元（扣税后0.8元）
2003	每10股派现金1.1元（扣税后0.88元）
2004	每10股派现金1.2元（扣税后0.96元）
2005	每10股派现金1.3元（扣税后1.17元）
2006	每10股派现金1.5元（扣税后1.35元）
2007	每10股送3股派现金1.6元（扣税后1.14元）
2008	每10股送4股派现金2.3元（扣税后1.67元）
2009	每10股送3股派现金1.5元（扣税后1.05元）
2010	每10股送3股派现金1.6元（扣税后1.14元）

续表

会计年度	分配方案
2011	每10股派现金3元（扣税后2.7元）
2012	每10股派现金5.5元（扣税后5.225元）
2013	每10股派现金6.6元（扣税后6.27元）
2014	每10股派现金7.57元（扣税后7.1915元）
2015	每10股转增1股派现金5.15元
2016	每10股转增3股派现金2.00元
2017	每10股派现金1.00元
2018	每10股派现金3.50元
2019	每10股派现金6.00元
2020	每10股派现金4.80元
2021	每10股派现金4.10元

在每个会计年度结束后，公司通常会基于盈利水平，并综合考虑其他因素，确定当年的股利分配方案。股利政策是现代公司理财活动的核心内容之一。一方面，它是公司筹资、投资活动的逻辑延续，是公司理财行为的必然结果；另一方面，恰当的股利分配政策，不仅可以树立起良好的公司形象，而且能激发广大投资者对公司持续投资的热情，从而使公司获得长期、稳定的发展条件和机会。

第一节　利润分配

一、企业利润分配的一般程序

在第二章，我们已经介绍过利润表。利润表是反映企业某一会计期间财务成果的报表，是关于收入和费用的报表。相对于静态的资产负债表而言，利润表是一张动态报表，它可以提供企业月度、季度或年度内的盈利或亏损情况；从利润表中可以看到企业收入的构成和净利润的形成过程。利润是企业进行分配的物质基础，在进行分配时，企业需要遵循一定的程序。

（一）税前调整项目

按照现行财务制度和税收制度的规定，企业税前需要调整的项目主要包括：

（1）在规定期限内经批准可以用本年税前利润弥补的以前年度亏损。根据我国企业所得税法的规定，企业纳税年度发生的亏损，准予向以后年度结转，用以后年度的所得弥补，但结转年限最长不得超过5年。

（2）实行“先税后分”的办法后，企业对外投资分回的利润、股利等投资收益，在分回前已缴纳所得税的，应从税前利润总额中扣除。

（3）企业超过国家规定在所得税前列支的费用开支以及罚款、罚息、滞纳金等，在缴纳所得税前应对利润总额予以调整、追加，消除账面利润与应税利润之间的时间性差异和永久性差异。

（4）企业用于公益、救济性的捐赠中超过年度利润总额的12%的部分。

（二）所得税的计算与缴纳

根据前述税前利润调整项目调整后的企业利润总额，即应纳税所得额，乘上适用税率，得到应纳所得税额。我国企业所得税统一按25%的税率征收；符合条件的小型微利企业，减按20%的税率征收企业所得税；国家需要重点扶持的高新技术企业，减按15%的税率征收。在有些国家，如美国，企业所得税按累进税率征收，其税率如表10-2所示。

表10-2　**美国企业所得税的累进税率**

应税所得（美元）	税率（%）
0 ~ 50 000	15
50 001 ~ 75 000	25
75 001 ~ 100 000	34
100 001 ~ 335 000	39
335 001 ~ 10 000 000	34
10 000 001 ~ 15 000 000	35
15 000 001 ~ 18 333 333	38
大于18 333 333	35

按比例税率计算所得税的公式如下：

应纳税额=应纳税所得额×适用税率-减免税额-抵免税额　　(10-1)

减免税额和抵免税额，是指依照企业所得税法和国务院的税收优惠规定减征、免征和抵免的应纳税额。

按照我国企业所得税法的规定，我国企业所得税采用按年计征、按月或季预缴的办法。企业应当自月份或者季度终了之日起15日内，向税务机关报送预缴企业所得税纳税申报表，预缴税款；自年度终了之日起5个月内，向税务机关报送年度企业所得税纳税申报表，并汇算清缴，结清应缴应退税款。

（三）税后利润的分配

根据我国《公司法》和《企业财务通则》，企业税后利润除国家另有规定外，应按下列顺序分配：

（1）弥补以前年度亏损。

（2）提取10%的法定公积金。法定公积金累计额达到注册资本50%以后，可以不再提取。

（3）提取任意公积金。公司从税后利润中提取法定公积金后，经股东会或者股东大会决议，还可以从税后利润中提取任意公积金。

（4）向投资者分配利润。企业以前年度未分配的利润，并入本年度利润，在充分考虑现金流量状况后，向投资者分配。

我国法律规定，企业弥补以前年度亏损和提取盈余公积后，当年没有可供分配的利润时，不得向投资者分配利润，但法律、行政法规另有规定的除外。

【资料10-1】　浦发银行2021年度利润分配方案

浦发银行2021年度股东大会审议并通过了公司关于2021年度的利润分配方案。方案如下：

（1）按当年税后利润的30%提取任意盈余公积，共计人民币150.93亿元。

（2）提取一般准备人民币45亿元。

（3）以届时实施利润分配股权登记日普通股总股本为基数，向全体股东每10股派送现金股利人民币4.1元（含税）。

上述方案执行后，结余的未分配利润按照中国银保监会对商业银行资本充足的有关要求，留作补充资本。

——摘自浦发银行2021年年度股东大会决议公告.

二、股利分配的程序

公司在进行利润分配时，多采用现金股利、股票回购和股票股利等方式。不管采用何种方式，都应遵循相关规定，按照一定的程序进行。下面以现金股利为例，介绍公司股利分配的程序，参见图10-1。

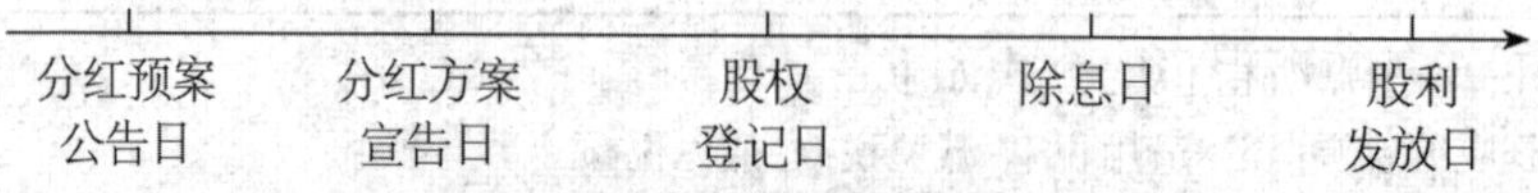

图10-1　股利分配程序示意图

（1）分红预案公告日。股份公司分红时，首先应由董事会制订分红预案，初步确定本次分红的数量、分红方式、分红时间安排等；同时，确定召开股东大会（或临时股东大会）的时间、地点和表决方式，并向社会公开发布以上内容。

（2）分红方案宣告日。董事会制订的分红预案必须经过公司股东大会讨论通过才能实施。股东大会讨论通过后，应对社会公布分红方案及实施时间。如果分红预案未能获得通过，则需要重新修改。按规定，公司召开股东大会讨论分红预案，公司股票应停止交易一天；公司公布分红方案，公司股票应停止交易半天。

（3）股权登记日。由于公司股票每天都可能进行交易，因此必须设定一个基准日来确定能够获得公司本次分红的股东名单，这就是股权登记日。只有在股权登记日在企业股东名册上有名字记录的股东，才有权参与分红，在该日收盘后才买入该公司股票的投资者则没有享受分红的权利。因此，在此日期收盘前的股票被称为“含权股票”或“含息股票”。在股权登记日下午收盘时持有该公司的股票由券商系统自动登记，交易所在该日收盘之后将认真核对有关资料，对享受分红配股权利的投资者进行核对后登记。全部过程均由交易所主机自动完成，不需要投资者去办理登记手续，这是证券无纸化交易的一个优点。

（4）除息日。股权登记日后的第一个交易日就是除息日，这一天购入该公司股票的股东不参与公司此次分红配股，因此除息日的股票也称为“除权股票”或“除息股票”。在除息日当天，股票价格会出现明显的下降，但这并不代表投资者的财富缩水，只是价格自然的除权或者除息。为了帮助投资者判断股票价格的真实涨跌，交易所通常在除权日计算一个除权参考价，作为前收盘价，为投资者提供参考，并以此作为确定涨跌停限制范围的一个基准价格，而除权日的开盘价仍以集合竞价的方式产生，由买卖双方的意愿决定。

【例10-1】浦发银行2012年度的分配方案为每10股派5.5元现金，股权登记日收盘价为10.47元。求其除权参考价。

除权参考价的公式为：

$$\text{除权参考价}=\frac{\text{股权登记日收盘价}+\text{配股价}\times\text{配股率}-\text{股利}}{1+\text{送股率}+\text{配股率}} \tag{10-2}$$

浦发银行此次分配不涉及配股和送股，因此很容易计算出其除权参考价为9.92元[①]。浦发银行在除权日这一天的开盘价为9.97元，相对于理论上的除权价有小幅上涨。

（5）股利发放日。股利发放日是股利正式发放给股东的日期，在这一天，证券交易所会将公司分派的完税后的现金红利记入股东账户。关于股利税收，可以参考【资料10-3】中的相关内容。

【资料10-2】 浦发银行2021年度分红派息实施方案

（一）董事会发布分红预案的时间

2022年4月26日，上海浦东发展银行股份有限公司第七届董事会第三十七次会议在上海召开，会议一致通过公司2021年度利润分配预案，并同意提交公司股东大会审议。

（二）通过利润分配方案的股东大会届次和时间

本次利润分配方案经上海浦东发展银行股份有限公司于2022年6月17日召开的2021年年度股东大会审议通过。

（三）具体实施日期

股权登记日：2022年7月20日

除权除息日：2022年7月21日

① 在计算除权参考价时，还应该考虑税收方面的问题，在下一章，我们将对此进行分析。

现金红利发放日：2022年7月21日

（四）派发红利对象

截至股权登记日下午上海证券交易所收市时，在中国证券登记结算有限责任公司（以下简称中国结算）上海分公司登记在册的本公司全体普通股股东。

（五）利润分配实施办法

1.实施办法

公司普通股的现金红利委托中国结算上海分公司通过其资金清算系统向股权登记日上海证券交易所收市后登记在册并在上海证券交易所各会员办理了指定交易的股东派发。已办理指定交易的投资者可于红利发放日在其指定的证券营业部领取现金红利，未办理指定交易的股东红利暂由中国结算上海分公司保管，待办理指定交易后再进行派发。

2.扣税说明

（1）对于持有公司普通股的自然人股东和证券投资基金股东，根据《财政部 国家税务总局 证监会关于上市公司股息红利差别化个人所得税政策有关问题的通知》（财税〔2015〕101号）和《关于实施上市公司股息红利差别化个人所得税政策有关问题的通知》（财税〔2012〕85号）的有关规定，公司在派发现金红利时，暂不扣缴个人所得税，每股派发现金红利人民币0.41元。持有公司普通股的自然人股东及证券投资基金股东在股权登记日后转让股票时，中国结算上海分公司根据其持股期限计算实际应纳税额，由证券公司等股份托管机构从个人资金账户中扣收并划付中国结算上海分公司，中国结算上海分公司于次月5个工作日内划付公司，公司在收到税款后向主管税务机关申报缴纳。具体税负为：持股期限在1个月以内（含1个月）的，其股息红利所得全额计入应纳税所得额，实际税负为20%；持股期限在1个月以上至1年（含1年）的，其股息红利所得暂减按50%计入应纳税所得额，实际税负为10%；持股期限超过1年的，其股息红利所得暂免征收个人所得税。

（2）对于持有公司普通股的合格境外机构投资者（QFII）股东，公司将根据《国家税务总局关于中国居民企业向QFII支付股息、红利、利息代扣代缴企业所得税有关问题的通知》（国税函〔2009〕47号）的规定，由公司按照10%的税率代扣代缴企业所得税，扣税后实际发放现金红利为每股人民币0.369元。如合格境外机构投资者（QFII）股东涉及享受税收协定（安排）待遇，按照《国家税务总局关于发布<非居民纳税人享受协定待遇管理办法>的公告》（国家税务总局公告2019年第35号）、《国家税务总局关于中国居民企业向QFII支付股息、红利、利息代扣代缴企业所得税有关问题的通知》的规定执行。

（3）对于香港联合交易所有限公司投资者（包括企业和个人）投资上海证券交易所本公司A股股票（简称“沪股通”），其股息红利将由公司通过中国结算上海分公司按A股股票名义持有人（香港中央结算有限公司）账户以人民币派发。公司根据《财政部 国家税务总局 证监会关于沪港股票市场交易互联互通机制试点有关税收政策的通知》

（财税〔2014〕81号）的规定，按照10%的税率代扣所得税，并向主管税务机关办理扣缴申报，扣税后实际派发现金红利为每股人民币0.369元。沪股通投资者中属于其他国家税收居民且其所在国与中国签订的税收协定规定股息红利所得税率低于10%的，按照《国家税务总局关于发布〈非居民纳税人享受协定待遇管理办法〉的公告》（国家税务总局公告2019年第35号）和《财政部 国家税务总局 证监会关于沪港股票市场交易互联互通机制试点有关税收政策的通知》的规定执行。

（4）对于属于《中华人民共和国企业所得税法》项下居民企业含义的其他普通股股东（含机构投资者），其所得税自行申报缴纳，实际派发现金红利为每股人民币0.41元（含税）。

——摘自浦发银行2021年年报、2021年股东大会决议公告、2021年年度普通股分红派息实施公告.

第二节 股利的主要形式

股利发放形式多种多样，各具特点。常见的股利发放形式有：现金股利、股票股利、财产股利、负债股利和股票回购。不同的股利发放形式，对公司的股票价格、现金流量以及将来的发展等都会产生重大影响。

一、现金股利

现金股利是最普遍的股利发放方式，是指公司以货币资金的形式向股东发放股利。上市公司分配现金股利有两种来源：一种是从税后利润中分配，另一种是以盈余公积分配。根据我国《公司法》的规定，公司当期实现的净利润，加上年初未分配利润和盈余公积补亏后的余额，为可供分配的利润。

前面已经提到，如果公司经营亏损，当年没有可供分配的利润，则不能向投资者分配利润。但有时为了保持投资者对公司及其股票的信心，维护公司形象，公司也可用盈余公积支付股利。《企业会计制度》第八十三条规定："企业的盈余公积可以用于弥补亏损、转增资本（股本）。符合规定条件的企业，也可以用盈余公积分派现金股利。"盈余公积是上市公司现金股利分配的特殊来源。按照相关规定，公司用盈余公积支付现金股利时应满足以下三个条件：一是该项分配方案需经公司股东大会特别决议；二是支付股利后留存的法定盈余公积不得低于股利支付前注册资本金的25%；三是股利支付比率不应超过股票面值的6%。

公司采用现金股利形式，主要是为了满足大多数投资者希望得到一定数额现金收入的投资需求。董事会在制定股利政策时又必须考虑股东的意见，因此，现金股利便成了股利发放最基本、最普遍的一种方式。

现金股利有两个明显的缺点：一是采用现金股利形式，意味着公司在一个较短的时期内将要支付大量现金，这势必会增加公司的现金流压力，影响公司资金的正常周转，降低公司的短期偿债能力；二是股东需要缴纳个人所得税，会减少股东的实际利益。

二、股票股利

股票股利是公司经股东大会批准同意，以增发股票的方式，按股东持有股份的比例向股东发放股票，以代替现金股利发放的一种股利分红方式。股票股利是目前我国上市公司所采用的一种常见的股利发放形式。发放股票股利时，公司将留存收益和盈余公积金转为股本，并按增加股票的比例派送给股东。如公司的股利政策是每10股送1股，即持有10股股票的股东可以无偿分到1股股票。发放股票股利，对公司而言，资产、负债和股东权益的总额不变，但股东权益的内部结构发生了改变，留存收益（未分配利润和盈余公积）转化为股本；对股东而言，股东持有的股票数量增加，但是持股比例不变。

根据国家税务总局相关文件的规定，上市公司分派股票股利时，个人股东和证券投资基金应以派发红股的股票票面金额为应纳税所得额计征所得税，并由上市公司履行扣缴义务。

此外，用资本公积金转增股本属于资本性账户的内部结转，不具有利润分配的性质。国税发〔1997〕198号《国家税务总局关于股份制企业转增股本和派发红股征免个人所得税的通知》第一条规定："股份制企业用资本公积金转增股本不属于股利、红利性质的分配，对个人取得的转增股本数额，不作为个人所得，不征收个人所得税。"应该注意的是，这里的"资本公积金"仅指股票溢价发行收入所形成的资本公积金。

我国上市公司通常将利润分配方案与资本公积金转增股本方案并列披露。与利润分配或盈余公积转增股本发放股票股利相比，资本公积金转增股本可得到类似结果，即股东权益总额不变，但结构发生变化，公司股票数量增加，每股收益和每股净资产摊薄，每股市价下降。由以上分析可知，按照我国现行税收法规的规定，资本公积金转增股本不仅可使股东免缴最高20%的个人所得税，而且公司不必补缴印花税。这是我国上市公司经常采用资本公积金转增股本的重要原因之一。

股票股利有两个明显的缺点：一是在公司盈利不变的情况下，由于股数增加，每股净收益相应减少，从而会引起公司股价下跌；二是股票股利通常会传递一种不利的信息，即公司的盈利能力下降，现金流减少，这种不良的预期和判断会导致股票价格下跌。

【例10-2】A公司于20××年5月1日宣布发放10%的股票股利。若股票当时的市价为10元，股票面值为1元，流通在外的普通股为10 000 000股。公司发放股票股利后股东权益分布有什么变化？

该公司应增发股数=10 000 000×10%=1 000 000（股）

从留存收益中转为资本的数额=1 000 000×10=10 000 000（元）

其中1 000 000元为股本，9 000 000元转入资本公积金。发放股票股利前后，公司股东权益分布情况见表10-3。

表10-3 分红前后的公司资产负债表

公司股东权益：分红前		公司股东权益：分红后	
普通股股本（面额1元）	10 000 000	普通股股本（面额1元）	11 000 000
资本公积	50 000 000	资本公积	59 000 000
留存收益	100 000 000	留存收益	90 000 000
权益合计	160 000 000	权益合计	160 000 000

【资料10-3】 股利红利税差别化征收

2015年9月7日，《财政部 国家税务总局 证监会关于上市公司股息红利差别化个人所得税政策有关问题的通知》（财税〔2015〕101号）发布。经国务院批准，自2015年9月8日起，个人从公开发行和转让市场取得的上市公司股票，持股期限超过1年的，股息红利所得暂免征收个人所得税；持股期限在1个月以内（含1个月）的，其股息红利所得全额计入应纳税所得额；持股期限在1个月以上至1年（含1年）的，暂减按50%计入应纳税所得额；上述所得统一适用20%的税率计征个人所得税。

根据上述规定，个人股息红利税差异化征收分为三个时段，分别为持股1个月以内、1个月到12个月、12个月以上。持股期限在1个月以内的，将执行国家法定税率，持股期限较长的，税率将大幅度降低。根据《财政部 国家税务总局 证监会关于实施上市公司股息红利差别化个人所得税政策有关问题的通知》的规定，凡股权登记日在2013年1月1日之后的，个人投资者取得的股息红利所得应按差别化税收政策执行。对2013年1月1日之前个人投资者证券账户已持有的上市公司股票，其持股时间自取得之日起计算。

个人转让股票时，按照先进先出法计算持股期限，即证券账户中先取得的股票视为先转让。持股期限按自然年（月）计算，持股1年是指从上一年某月某日至本年同月同日的前一日连续持股；持股1个月是指从上月某日至本月同日的前一日连续持股。持有股份数量以每日日终结算后个人投资者证券账户的持有记录为准。

财政部给出了一个简单示例来细化持股期限。例如：小张于2012年5月15日买入某上市公司股票8 000股，2013年4月3日又买入2 000股，2013年6月6日又买入5 000股，共持有该公司股票15 000股。2013年6月11日卖出其中的13 000股。按照先进先出的原则，视为依次卖出2012年5月15日买入的8 000股，2013年4月3日买入的2 000股和2013年6月6日买入的3 000股。其中，8 000股的持股期限超过1年，2 000股的持股期限超过1个月不足1年，3 000股的持股期限不足1个月。

个人投资者持股时间越长，税负越低，以鼓励长期投资，抑制短期炒作，从而促进我国资本市场的长期健康发展。

——根据财政部相关文件整理.

三、财产股利

财产股利是公司以现金以外的资产作为股利分配给股东的一种股利发放形式。常见的财产股利有实物股利和证券股利两种形式。实物股利是指公司以实物形态的资产（如产成品等）作为股利支付给股东。采用实物股利支付形式，并不会增加公司的现金流出，适宜在公司现金支付能力较低时采用。证券股利是指公司以其他公司发行的有价证券作为股利支付给股东。证券股利是财产股利中最常见的一种形式。对股东来讲，由于有价证券流动性和安全性较好，获利能力可能超过现金，因而一般愿意接受；对公司来讲，将有价证券作为股利发放给股东，既发放了股利，保持了股利政策的稳定性，又维持了公司的现金支付能力，可谓“一举两得”。

四、负债股利

负债股利是公司以应付票据、公司债券等作为股利来代替现金发放给股东的一种股利发放形式。公司采用负债股利发放形式，股东既是投资者又是债权人。采用负债股利发放形式对公司来讲，虽然推迟了支付现金的时间，但也有负面影响，即增加了利息支出和到期还本付息的偿债压力，故一般情况下公司很少采用。

五、股票回购

（一）股票回购的定义

股票回购是上市公司利用现金等方式，从股票市场上购回本公司发行在外的一定数额股票的行为。一般情况下，公司在证券市场上购回自己发行在外的股票，会使发行在外的普通股股数减少。在公司盈余不变的情况下，每股收益必然相应增加，股价上涨，股东获得资本收益，从而成为代替现金的一种股利支付形式。

【例10-3】A公司拥有1 100万元的剩余现金，目前准备用这笔资金作为额外股利发放给股东。公司预计发放股利后，年度利润为2 200万元，流通在外的普通股1 100万股，每股收益2元，市盈率5倍，因此该公司发行股利后股票的市场价格为10元。由于每股股利为1元，发放股利前，公司股票的市场价格为11元。

现在，公司决定用剩余现金回购股票。如果公司按照11元每股的价格回购股票，公司将回购100万股，这样，发行在外的股份将降至1 000万股，由于股份减少，每股收益将增至2.2元。无论是发放现金红利还是股票回购，公司面临的经营风险和财务风险相同，因此，市盈率仍为5，回购后股票市场价格将为每股11元。

如果不考虑交易成本和税收等因素，股东对发放现金红利和股票回购并没有偏好，在公司发放现金红利的情况下，持有1股股票的股东将拥有价值10元的股票和1元现金，总价值为11元。这和公司回购股票情况下股东出售股票所得价款或持有股票拥有的价值完全相同。可见，对股东来说，股票回购是对现金分红的一种替代。

（二）股票回购的法律规定

出于严格的资本保全要求，我国《公司法》规定：“公司不得收购本公司的股份。”公司只有在以下几种情形下才能回购本公司的股份：

（1）减少公司注册资本；

（2）与持有本公司股份的其他公司合并；

（3）将股份用于员工持股计划或者股权激励；

（4）股东因对股东大会做出的合并、分立决议持异议，要求公司收购其股份；

（5）将股份用于转换上市公司发行的可转换为股票的公司债券；

（6）上市公司为维护公司价值及股东权益所必需。

股票回购后要在规定之日内将其转让或者注销。根据《公司法》第一百四十二条的规定，公司收购本公司股份后，属于第（1）项情形的，应当自收购之日起十日内注销；属于第（2）项、第（4）项情形的，应当在六个月内转让或者注销；属于第（3）项、第（5）项、第（6）项情形的，公司合计持有的本公司股份数不得超过本公司已发行股份总额的百分之十，并应当在三年内转让或者注销。

英美公司法采用授权资本制，公司成立时，并不要求其一次认购全部核准的股份。但公司重新取得自己的股份时，视同公司把这部分取得股份的对价金额分配给了原股东，从而既增加了股东的实际收入，又减少了公司的真实价值。美国修订后的《标准商事公司法》规定，重新取得自有股份是公司进行分配活动的一种形式。如果公司均依照同一确定的比例重新取得每位股东的部分股份，其结果等同一次股利分配。

资本维持作为公司资本制度的一项基本原则，在维护债权人利益方面功不可没，必须予以坚持，但股份回购并不必然构成对资本维持原则的侵犯；相反，在许多情况下，股份回购是股东行使股权、实施公司财务运营的必要手段。

（三）股票回购的方式

在成熟的股票市场上，常见的股票回购方式有以下三种：

（1）公开市场购买，即上市公司通过经纪人在公开市场上购回发行在外的股票。

（2）投标出价购买，即公司按某一特定价格向股东购买股票，为了吸引股东出售其持有的股票，投标出价往往高于当时的市价。

（3）议价购买，即公司以协商定价的方式，直接向一个或一个以上的大股东购回股票。

我国《上市公司章程指引》第二十四条规定："公司收购本公司股份，可以通过公开的集中交易方式，或者法律、法规和中国证监会认可的其他方式进行。"

（四）股票回购的目的

对公司而言，进行股票回购有诸多考虑，但最终目的是谋求公司价值的增加。公司进行股票回购的目的可能包括：

（1）向市场传递股价被低估的信号。股票回购有着与股票发行相反的信号作用。股票发行被认为是公司股价被高估的信号；股票回购则被市场解读为股价被低估了。通过股票回购，向市场传递积极信息。股票回购的市场反应通常是提升股价，有利于稳定公司股票价格。

（2）减少自由现金流。公司用自由现金流回购股票，有助于提升每股盈利水平。股票回购减少了公司自由现金流，起到了降低管理层代理成本的作用。管理层通过股票回购试图使投资者相信公司的股票具有投资吸引力，公司没有把股东的钱浪费在收益不好的投资项目上。许多步入成熟期的企业不再片面追求增加设备投资、扩大企业规模，而日益重视剩余资金的高效率运作。这就是美国和日本的诸多公司在20世纪七八十年代频繁实施股票回购的原因之一。比如，美国联合电信器材公司1975—1986年期间，一直采用股票回购政策，使公司股票价格从每股4美元上涨到每股35.5美元。据统计，1986—1989年期间，IBM公司用于回购本公司股票的资金达到56.6亿美元，共回购了4 700万股股票，平均红利支付率为56%。[①]

（3）优化财务结构。如果公司认为资本结构中权益资本的比例较高，可以通过股票回购提高负债比率，改善公司的资本结构，有助于降低加权平均资本成本。特别是通过发行债券融资回购公司股票，可以快速提高负债比率，防止潜在的敌意收购。因为拥有大量未使用的债务融资能力的公司，往往容易受到敌意并购者的青睐和袭击。

（4）降低被收购的风险。通过股票回购，可以减少外部流通股的数量，提高股票价格，某种程度上可以降低公司被收购的风险。

（五）股票回购的不利影响

股票回购对上市公司的不利影响表现在以下三个方面：

（1）削弱公司流动性。股票回购需要大量资金支付回购成本，容易造成资金紧张，降低资产流动性。我国《上市公司回购社会公众股份管理办法（试行）》规定，上市公司回购股份期间不得发行股份募集资金。

（2）侵蚀债权人利益。股票回购在一定程度上削弱了对债权人的利益保护。我国《上市公司回购社会公众股份管理办法（试行）》规定，上市公司自公布回购股份方案之日起至回购股份完成之日后的30日内不得公布或者实施现金分红方案。这就是出于对债权人权益的保护。

（3）容易导致公司操纵股价。为了防止股价被操纵，我国相关法规对回购股票有禁止性规定。《上市公司回购社会公众股份管理办法（试行）》规定，我国上市公司在以下期间不得回购股份：①上市公司定期报告、业绩预告、业绩快报公告前10日内；②自可能对本公司股票交易价格产生重大影响的重大事项发生之日或者在决策过程中，至依法披露后两个交易日内。此外，上市公司不得在以下交易时间进行股票回购：开盘集合竞价、收盘前半小时内。

由于各种股利支付形式各有利弊，因此，公司在确定股利支付形式时，一方面，要严格遵守法律的有关规定，充分考虑股东的诉求；另一方面，公司的分红政策要以公司在特定时期的财务状况为依据，并考虑分红的市场效应。

本章小结

本章对股利政策进行了概述，介绍了公司利润的分配过程和分红流程，并着重介绍

① 援引内容参见每日经济新闻，2012-11-10.

了分红的不同形式。本章主要内容如下：

1.利润是企业进行分配的物质基础，在进行分配时，企业需要遵循一定的程序。首先是弥补以前年度亏损，其次是提取法定公积金和任意公积金，最后才是向投资者分配利润。

2.公司在进行利润分配时，应遵守相关规定，按照一定的程序进行。一般在分红时，要先后经历分红预案公告日、分红方案宣告日、股权登记日、除息日、股利发放日。只有在股权登记日在企业股东名册上有名字记录的股东，才有权参与分红，在该日收盘后才买入该公司股票的投资者则没有享受分红的权利。股权登记日后的第一个交易日就是除息日。

3.股利发放形式多种多样，常见的股利发放形式有：现金股利、股票股利、财产股利、负债股利和股票回购。不同的股利发放形式对公司的股票价格、现金流量以及将来的发展等会产生重大影响。

重点概念

所得税　税后利润　股权登记日　除息日　除权参考价　现金股利　股票股利　财产股利　负债股利　股票回购

复习思考

1.简述发放股利的利与弊。

2.简述我国上市公司发放股利的流程。

3.计算除权参考价时需要考虑哪些因素?

4.简述我国相关公司分红的税收政策。

5.股票回购对投资者和市场可能产生什么样的影响?

6.12月8日（星期二），A电力公司董事会宣布，将在1月17日（星期三）向1月4日（星期四）登记在册的股东发放2元/股的股利。请问除息日是哪一天？如果股东在这一天之前购买股票，买方和卖方谁会得到这些股利?

分析计算

1.选择题

（1）以本公司持有的其他公司发行的有价证券或政府债券作为股利发放的股利支付方式属于（　　）。

A.现金股利　　B.负债股利　　C.股票股利　　D.财产股利

（2）在我国，除息日的股票价格与股权登记日的股票价格相比（　　）。

A.较低　　B.较高　　C.一样　　D.不一定

（3）公司股利分配方案中将有权领取股利的股东有资格登记截止日称为（　　）。

A.股利宣告日　　B.股利支付日　　C.股权登记日　　D.除息日

（4）股利分配涉及的方面很多，如股利支付程序中各日期的确定、股利支付比率的确定、股利支付形式的确定、支付现金股利所需资金的筹集方式的确定等。其中，最主要的是确定（　　）。

A.股利支付程序中的各日期　　B.股利支付比率

C.股利支付形式　　D.支付现金股利所需资金

2.某股票股权登记日的收盘价是24.75元，每10股送3股。求其除权参考价。

3.某股票股权登记日的收盘价为18元，每10股配3股，配股价为每股6元。求其除权参考价。

4.某股票股权登记日的收盘价为20.35元，每10股派发现金红利4.00元，送1股，配2股，配股价为5.50元/股。求其除权参考价。

第十一章　股利政策选择

◇教学目的与要求

- 理解股利政策与企业价值的相关性
- 掌握主要的股利政策理论
- 了解现实中的股利政策类型

【引导案例】

2011年5月9日，全球品牌与广告研究巨头Millward Brown发布了全球最具价值品牌100强。其中，成功推出了iPhone和iPad的苹果公司品牌价值为1 530亿美元，超越此前雄踞榜首4年的谷歌，成为全球品牌价值最高的公司。

苹果公司早在1976年由斯蒂夫·沃兹尼亚克（Stephen Wozniak）和史蒂夫·乔布斯（Steve Jobs）两人在位于北加利福尼亚的“硅谷”创建，并且在1977年苹果Ⅱ代电脑推出后就获得了巨大的成功。1980—1986年，苹果公司净利润的年增长率达到53%，但是在此期间，苹果公司始终没有发放股利。

苹果公司的首次股利发放发生在1987年，当年4月23日，苹果公司宣布了它的首季度股利：每股0.12美元，同时进行2∶1的股票拆细。股票市场对苹果公司首次股利发放的反应非常强烈，股利宣布当天，股价上升了1.75美元，并且在接下来的4个交易日里上涨了约8%。

苹果公司为何在创立10年之后才开始分红？为何要进行股票拆细？这些都是公司财务管理中需要思考的重要问题。

——根据百度文库“股利政策案例”中的资料整理.

从财务管理的角度分析，税后利润是企业重要的内部资金来源。企业的利润分配决策实质上就是企业是否将税后利润用于再投资，以及将多少税后利润用于再投资的问题。因此，与股利政策相关的理论分析也大致遵循了和资本结构相似的思路和框架。本章将主要介绍股利政策无关论、“在手之鸟”理论、税差理论、信号传递理论、客户效应理论、代理理论等与股利政策相关的理论，以及现实中企业的股利政策选择。

第一节　股利政策与企业价值

一、股利政策与企业融资

企业的资金分为内源资金和外源资金。内源资金主要由留存收益构成，外源资金则包括外源股权资金和外源债务资金。企业资金的用途分为两个方面，一是投资，二是分配。因此，企业的资金来源与使用关系（见图11-1）在公司财务上表现为三种重要的决策，即投资决策、筹资决策和利润分配决策，三者之间相互关联、相互影响。企业的利润分配政策在很大程度上决定了内源资金的多少，从而影响到企业的外部资金需求。因此，很多时候，我们也把企业的利润分配视为企业筹资决策的一个组成部分，而相关研究也是在大致相同的框架下进行的。

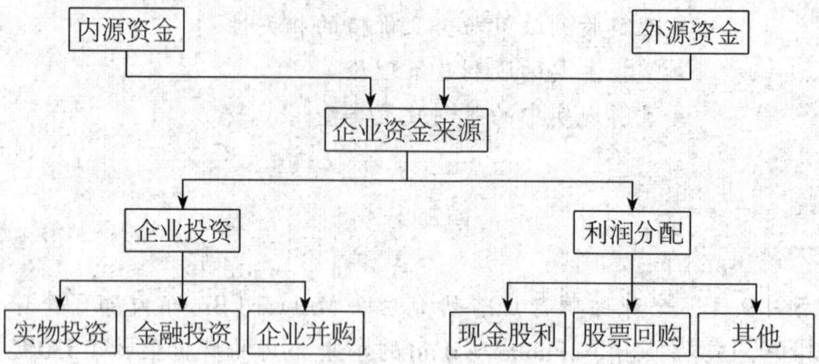

图11-1 利润分配与企业资金来源

二、股利政策与公司价值

作为公司重要的财务管理活动，股利政策同样应当以最大化股东财富为目的。因此，我们从股票定价模型开始进行讨论。假设股票红利保持稳定增长，且增长率为g，那么当前股票价格为：

$$P_0 = \frac{D_1}{k-g}$$

式中：D_1为下期红利；k为投资者要求的回报率；g为持续增长率。

简单来看，似乎增加分子上现金红利的数额，可以提高股票价格，增加股东财富。但是，股利政策不仅会影响分子上的红利水平，而且会影响分母中的持续增长率g，从而使股票政策与股票价值之间的关系变得复杂。一般而言，如果企业的持续增长完全依靠自身积累，那么[①]：

$$g = b \times ROE$$

式中：b为保留盈余比率；ROE为股东权益回报率。

通过简单的数学推导，可以得到如下结论：

（1）如果k>ROE，那么，保留盈余比率越高（即现金股利分配比率越低），股票价格越低。

（2）如果k<ROE，那么，保留盈余比率越高（即现金股利分配比率越低），股票价格越高。

（3）如果k=ROE，那么，保留盈余比率或现金股利分配比率的高低与股票价格没有关系。

---

① 此处公式的形式与第二章中的公式有所不同，原因是这里的ROE被定义为当期净利润与期初净资产的比值。

【例11-1】A、B两家公司的财务数据和股利政策如表11-1所示。两家公司目前账面价值相等，均为每股10元。两家公司的盈利能力不同，A公司的ROE为18%，B公司的ROE为12%。同时，两家公司在股利分配方面也存在明显差异，A公司的分配政策相对保守，将大部分（2/3）的利润留在企业当中进行再投资；B公司的分配政策则相对激进，将大部分（2/3）的利润作为红利发放给股东。两家公司的持续增长率分别为12%和4%。

表11-1　**A、B两家公司的财务数据和股利政策**

财务指标	A公司	B公司
每股账面价值B（元）	10	10
股东权益回报率ROE（%）	18	12
期末每股收益B×ROE（元）	1.80	1.20
保留盈余比率b	2/3	1/3
持续增长率g（%）	12	4

如果两家公司的股票投资者要求回报率（k）均为15%，则A公司和B公司的股票价格分别为：

$$P_A = \frac{D_1}{k-g} = 20$$

$$P_B = \frac{D_1}{k-g} = 7.3$$

那么，B公司是否可以通过模仿A公司的红利分配政策，提高保留盈余比率，从而达到提升股价的目的呢？

通过测算不同保留盈余比率下A、B公司的股票价格，得到如表11-2所示的结果。对A公司而言，提高保留盈余比率确实可以进一步提升股价，但对B公司而言，提高保留盈余比率的效果却恰恰相反。在表11-2中，我们引入了C公司，该公司的ROE=15%，对这家公司来说，保留盈余比率的变化并未影响股票价格。

表11-2　**保留盈余比率与股票价格**

b	0	20%	40%	60%	80%	83%	99%
A	12	12.63	13.85	17.14	60.00	510.00	—
B	8	7.62	7.06	6.15	4.44	4.05	0.38
C	10	10	10	10	10	10	10

基于上述例子的简单分析，我们可以看到，股利分配政策对股东财富的影响会通过多种渠道来体现，其直接影响体现在股东所获得的红利水平上，其间接影响则体现在公司的长期增长率上。在该例子中，我们假设企业的长期增长完全依靠内源资金的积累。

因此，股利分配政策需要考虑税后利润在企业和股东之间分配的效率，也就是谁能够更加有效地利用这部分资金。如果k>ROE，说明股东对资金的利用效率高于企业，因此，企业应当尽可能多地将税后利润分配给股东；如果k<ROE，说明股东对资金的利用效率不如企业，因此，企业应当尽可能将税后利润留在企业中进行再投资。

现实中，企业的发展资金除了可以来自内部外，还可以来自外部，只要企业在需要资金时总是能够以公允的价格获得，那么内源资金的多少就不会影响企业的投资决策。在这种环境中，股利分配政策对企业价值的影响可能比较小。但是，企业从外部筹资时，面临的往往是一个不太有效的金融市场，可能存在各种各样不可忽视的交易成本和融资限制，这时，内源资金的多少可能会对企业的生存与发展产生决定性影响，进而影响企业价值和股东财富。

此外，从市场形象上看，维持适度的股利分配额有利于提升股东对企业的满意程度和企业的市场形象，但股利过高，现金流出过多，也会使投资者对企业的长远发展产生怀疑。

根据上述分析，如何确定可分配利润中股利分配和企业留存收益的比例，是股份公司分配政策的核心所在。在确定了盈利中用于分配的比例，即红利支付率之后，企业要确定合适的分红形式，是采用现金股利还是通过回购股票的方式将现金分配给股东。最后，长期来看，企业是否应当维持稳定的股利政策，也是需要关注的重要问题。

第二节　MM股利政策无关论

这一理论建立在Miller和Modigliani（简称MM）两人在1961年所发表的《Dividend Policy，Growth and the Valuation of Shares》一文中开创性工作的基础上。所谓无关论，就是指公司的股利分配政策与其价值无关，即股利分配政策的变化不会影响公司股票的价值。当然，这一结论的得出需要建立在一定的基本假设前提之上。

一、无关论的基本假设

（1）完美市场。在股利政策无关论的分析中，完美市场特指公司和个人都不需要缴纳所得税，股票的发行和交易也无须费用。

（2）投资者对股利收益与资本利得收益具有同样的偏好，而且投资者与公司管理人员对企业未来的投资机会拥有同样的完全信息。

（3）公司的投资政策已经确定，不会随着股利政策的改变而改变。

二、无关论的基本原理

在了解了基本假设之后，我们用一个简单的例子对这一理论的基本原理加以说明。

【例11-2】某公司是一家已经经营了30年的全权益公司，公司的财务经理得知公司将在一年后清算。财务经理可以准确预测公司的现金流量：当前现金流10万元，下一年现金流也是10万元，目前公司没有其他净现值为正的项目可供投资。

下面用两种不同的股利政策来分析公司的价值是否随股利政策的改变而发生变化。

政策1：股利等于现金流。

在这样的股利政策下，每个时点的股利都将为现金流10万元。根据股票定价的基本原理，对股利折现即可算出公司的股票价值。因此在本例中，公司的股票价值可以表示为：

$$V_0 = D_0 + \frac{D_1}{1 + r_s}$$

式中：D_0和D_1是支付的现金股利；r_s是折现率。

我们假设r_s=5%，则公司的价值为：

$$10 + \frac{10}{1 + 5\%} = 19.524\text{（万元）}$$

假设该公司对外发行的股票数量为1万股，则每股的价格为19.524元。

在我们假设的市场环境中，除息日这一天公司的股价将立即下跌至9.524元（19.524−10）。

政策2：首期股利大于现金流。

在这种政策下，公司希望当前发放总额为11万元的股利。由于公司的现金流只有10万元，公司必须通过其他途径来筹集额外的10 000元现金。最简单的方法就是发行规模为10 000元的股票或者债券。这里以发行股票为例。

假设公司以发行股票的方式筹集了10 000元，并且新进股东期望在一年中可以得到5%的回报率，那么，新股东在下一年要求得到的现金流即10 500元，因此下一年的10万元现金流中留给老股东的就只有89 500元了。那么对老股东来说，公司股利的现值为：

$$110\,000 + \frac{89\,500}{1 + 5\%} \approx 195\,238 \approx 19.524\text{（万元）}$$

由此可见，对老股东来说，在两种不同的股利政策下，公司的价值并没有发生变化。仔细分析后我们不难发现，对老股东来讲，公司的价值没有发生变化，是由于新股东在这一过程中进行的是一个净现值为0的投资，对应着公司的融资行为净现值也为0。老股东在当年收到一笔额外的资金，但是在下一年则需要将本金和适当的报酬支付给新股东。所以，当前发行新股的决策既不会提高也不会降低老股东持股的价值。

在MM股利政策无关论的框架下，公司的股利分配政策与企业价值和股东财富无关。投资者也不会对公司的股利政策表现出不同的偏好，因为他们可以通过自制股利的方式来满足自己的要求。

【例11-3】我们继续上述公司的例子。假设个人投资者F希望公司按照政策1来发放股利，这样他每年都能取得每股10元的股利；但是公司管理层实行的股利政策是政策2。这样F在两个时点的股利收入就变成了每股11元和8.95元，与他的偏好不相符。不过由于二级市场的存在，F可以在收到第一笔股利时，将多出的1元股利继续投资于该公司股票，那么在下一年，这1元将得到5%的收益，于是他同样可以获得每股10元（8.95+1.05）的现金流。

与此相反，若个人投资者M偏好政策2，而公司实行政策1，那么他可以在收到第一笔股利时通过卖出价值为1元的股票，得到期望的现金流11元，而他在下一年的现金流则变为8.95元（10-1.05）。

三、无关论的政策含义

MM股利政策无关论告诉我们，股利政策只是某一时间的股利与另一时间股利的权衡。某一时点股利的减少不会影响所有股利的现值。在MM设定的理想世界里，股利政策是无关的。这一理论在现代公司理财研究中具有相当的影响。

经过前面的分析我们发现，通过发行新股来增加股利对股东手中的股票价值并没有影响。同样，通过回购股票来减少股利也是没有影响的。那么，我们是否可以通过减少资本性支出来提高股利支付水平呢？答案是否定的。

在前面的章节中我们讲过，公司应该接受所有净现值大于零的项目，否则将会降低公司的价值。因此，公司任何时候都不应该放弃净现值大于零的项目，以支付股利。正如我们在前文所提到的，MM股利政策无关论的基本假设之一是："公司的投资政策已经确定了，不会随着股利政策的改变而改变。"

MM股利政策无关论实质上再次间接地说明了这样一个道理：公司股票的价值取决于公司的投资决策，而与公司如何筹措投资所需的资金无关。

第三节　股利政策有关论

MM股利政策无关论虽然是公司股利政策的经典理论，但是它忽略了许多现实因素。MM股利政策无关论的基本假设是没有税收，没有交易成本，没有不确定性。但是，现实市场中，这些假设都是不成立的，于是就很难得出股利政策无关的结论了。在这一节中，我们将介绍几个具有代表性的股利政策有关论。

一、"在手之鸟"理论

"在手之鸟"理论源于谚语"双鸟在林，不如一鸟在手"，它可以说是流行最为广泛和最持久的股利理论。其初期表现为股利重要论，后经Williams（1938）、Lintner（1956）、Walter（1956）和Gordon（1959）等的发展成为"在手之鸟"理论。

（一）基本假设

"在手之鸟"理论是较为贴近现实市场的股利政策理论，相比MM股利政策无关论，它的基本假设可以归纳为：

（1）投资者对股利收益与资本利得收益的偏好是不同的。

（2）投资者一般均为风险厌恶型。由于未来资本利得比现在的现金股利具有更高的风险，因此，未来资本利得的折现率高于现金股利。

（3）K_s与现金股利成反比，K_s=股利收益率+股利增长率（或资本利得收益率）=$(\frac{D_1}{P_0})+g$。

（二）基本原理

由上面的假设我们可以推论出：由于股票价格波动幅度较大，厌恶风险的投资者们更希望得到现金股利而不是不确定的资本利得。这个理论把现金股利特别是正常现金股利比作手中之鸟，是投资者有把握按时、按量得到的收入；资本利得则要在出售股票之后才能得到，而股票价格是时刻在波动的，如果股价下跌，资本利得就会大幅减少甚至发生损失。因此，在这个理论中，资本利得就好比林中之鸟，虽然看上去很多，但却不一定能抓到。

股利收益率与股利增长率看上去可以相互替代，但实际上二者的风险不同。股利收益率的风险小于股利增长率的风险，所以投资者偏好现金股利。由于资本利得的风险远大于现金股利的风险，因此人们更喜欢现金股利。在这样的情况下，如果公司提高其股利支付水平，投资者所面临的风险就会降低，那么投资者就能够要求较低的必要报酬率，公司的股票价格就会上升；相反，如果公司降低现金股利支付水平或者延期支付股利，投资者就会因为风险增加而必然要求较高的必要报酬率，从而导致公司股价下跌。

（三）政策含义

由上述分析可知，“在手之鸟”理论认为股利政策的变化影响公司价值。股利支付越多，股价越高，公司价值越大。根据“在手之鸟”理论，公司在制定股利政策时，必须采取高股利支付率政策，才能使企业价值最大化。

但是，人们对“在手之鸟”理论对股利政策的解释存在着一定的疑问。

一方面，从长远来看，不论是现金股利还是资本利得，都需要有公司实际业绩的支撑才能真正实现。因此，尽管公司可以在短期内通过资金调度满足现金股利的发放需求，但是如果没有长期经营业绩的支持，现金股利的发放就不能得到长久的保证；相反，如果公司能够长期保持良好的经营业绩，尽管市场在短期内可能没有充分认识到公司股票的价值，但从长期来看，企业的实际价值一定会在股票价格上得以体现。

另一方面，人们认为发放高股利的公司风险低。那么，究竟是高股利使公司的风险低，还是因公司风险低而发放高股利呢？一般情况下，高风险公司大多处于成长期，通常会通过留存收益来满足其成长所需的资金需求。处于成长期的公司未来利润不确定性较大，管理层多倾向于实行低股利政策，以避免投资失败而被迫减少股利。因此，风险与股利之间的因果关系应该是：高风险导致低股利。

二、税差理论

MM股利政策无关论在其前提假设下，基本上被理论界所接受。但是，人们在实际观察中发现股价与股利政策却是相关的。“在手之鸟”理论放开了MM股利政策无关论“投资者对股利收益与资本利得收益拥有同样的偏好”的假设，得出了股利有关的结论。而税差理论，则是放开了“完美市场”的假设，因为，在现实中，人们必须缴纳各种税赋。

（一）基本假设

（1）人们需要缴纳个人所得税，并且不同来源的收入所得税税率有所不同。

（2）股利收入的所得税税率高于资本利得的税率。

（3）投资者可以通过延迟实现资本利得而延迟缴纳资本利得所得税。

（二）基本原理

首先，现金股利收入的所得税税率比资本利得的税率要高，这就意味着相同数量的现金股利和资本利得所要缴纳的税赋是不同的，现金股利缴税更多。由于现实中多数投资者都要纳税，所以他们的投资目标应是在特定风险下使税后收益最大化。以美国税制为例，在1986年税制改革以前，个人投资者的股利收入视同普通收入，最高税率可达70%，而投资期达6个月以上的投资者出售股票的资本利得只按其40%征收所得税。因此，对一个边际所得税税率为50%的投资者来说，如果他通过出售长期持有的股票而实现资本利得，他只需按20%（50%×40%）的税率缴纳所得税；如果他得到的是现金股利，则要按50%的税率缴纳，是资本利得缴税额的2.5倍。

【例11-4】假设有A、B两种股票，价格都是100元，总收益都是20%。其中，A股票为收入型股票，股利收益率为15%，资本利得收益率为5%；B股票为增长型股票，股利收益率为5%，资本利得收益率为15%。股利适用的税率为30%，资本利得适用的税率为12%。我们来看表11-3中两者的税后收益情况。

表11-3　**A、B股票税后收益的比较**

		股利	资本利得	合计
A股票	税前收益	15	5	20
	所得税	-4.5	-0.6	-5.1
	税后收益	10.5	4.4	14.9
B股票	税前收益	5	15	20
	所得税	-1.5	-1.8	-3.3
	税后收益	3.5	13.2	16.7

另外，还有一个方面不应忽视，投资者对现金股利的收取是被动的，取决于公司管理层决定何时发放股利，投资者在收到现金股利的当期就需要缴纳个人所得税。而资本利得不同，资本利得的实现是掌握在投资者手中的，投资者可以通过继续持有股票来延缓资本利得的实现，从而推迟纳税时间，享受到递延纳税的好处。因此，在其他条件不变的情况下，相对于现金股利，投资者更偏好资本利得。

世界各国（地区）资本利得税与股息红利税的标准是不同的，这里选取几个国家进行比较，见表11-4。

按照我国税法的规定，上市公司向股东派发现金股利要按照20%的税率代扣代缴个人所得税。2005年6月13日，个人投资者从上市公司取得的股息红利暂减按50%计入个人应纳税所得额（现金股利的实际税率为10%）。虽然自2013年1月1日起，对个人从公开发行和转让市场取得的上市公司股票，股息红利所得按持股时间长短实行差别化个人所得税政策，但股东得到的现金股利依然必须缴纳个人所得税。如果股东靠出售股票获取资本利得，则需支付必要的交易费用和印花税，不必缴纳个人所得税。我国印花税税率从2008年4月24日起调整为1‰；自2008年9月19日起，印花税单边征收。所以，从税收的角度看，在我国派发现金股利对股东来说是不利的。

表11-4　　各国资本利得税与股息红利税的比较

国家	资本利得税	股息红利税
澳大利亚	公司一个年度的净资本利得计入公司所得额，按正常所得税率征税。个人转让持有时间不超过12个月的资产所实现的资本利得，全额计入应纳税所得额；超过12个月的，按50%计入	股息收入实行归集抵免制度，在缴纳个人所得税时，可以用公司税已缴纳的部分相抵，仅限于居民。支付给非居民的股息需缴纳预提税，税率为30%
奥地利	出售外国公司股份（需超过该公司股份的25%）所获资本利得，在某些情况下可以免征奥地利公司所得税。若资产从奥地利转移到其他欧盟国家，则所获资本利得可以延迟到资产最终转移到欧盟以外的国家时再纳税。居民的短期资本利得低于440欧元的部分免税	居民的股息要缴纳25%的预提税，若纳税人适用的平均税率低于25%，可以退税
比利时	转让股票所获的资本利得免税	股息需缴纳25%的预提税
加拿大	资本利得的1/2是应纳税资本利得，按一般税率纳税。资本损失可以扣除，但是只能用于抵销资本利得。居民个人处置符合条件的农用财产以及符合条件的小型经营公司的股份实现的资本利得，最多可以有500 000加元的资本利得免税	—
法国	资本利得视同一般所得征收所得税，标准税率为33%，公司持有两年以上的股票销售时所获资本利得的税率为8%。个人居民税率为16%	对红利收入征收10%的附加费，但是居民销售基本不动产取得的资本利得免税
德国	长期资本利得（股票的持有时间为超过12个月）免税	股息按20%缴纳预提税，投资者可以享有1 370欧元的投资补贴和51欧元的费用扣除，已婚夫妇合并申报个人所得税时可以双倍扣除
俄罗斯	资本利得按照普通税率征收所得税	股息收入按9%的税率征收（低于13%的个人所得税税率）
西班牙	资本利得按18%的税率征税（低于个人一般所得适用的24%的税率）。公司资本利得按标准税率缴纳公司所得税	股息适用18%的税率，居民每年不超过1 500欧元（非居民为1 000欧元）的部分免税
英国	资本利得适用一般税率	个人所得不超过2 150英镑的部分，股息税率与一般税率相同，都为10%；超过2 150英镑至33 300英镑的部分，一般税率为22%，股息税率仍为10%；超过33 300英镑的部分，一般税率为40%，股息税率为32.5%

资料来源　国家税务总局税收科学研究所．外国税制概览［M］．3版．北京：中国税务出版社，2009．

（三）政策含义

由上面的分析我们可以看出，按照税差理论，公司管理层在制定股利政策时，必须采取低股利支付政策。这一点与“在手之鸟”理论的结论正好相反。

实际上，税差理论也存在着一定的缺陷。由于收入差距的存在，个人所得税税率也有很大的差异，低收入投资者的现金股利收益可能只需缴纳税率很低的个人所得税，甚至不需要缴纳个人所得税。一些机构投资者，如退休和养老基金，甚至既不需要对股利纳税，也不需要对资本利得纳税。因此，适用税率较低的投资者可以投资现金股利发放较多的公司，适用税率较高的投资者可以投资少发甚至不发现金股利的公司。只要各类投资者的数量足够多，公司就可以找到相应的筹资对象，就不存在现金股利与资本利得孰优孰劣的问题。

三、信号传递理论

在前面对“在手之鸟”理论和税差理论的分析中，我们分别放开了MM股利政策无关论的一个前提假设。现在我们放开另一个前提假设——“投资者与公司管理层对企业未来的投资机会有同样的完全信息”，而现实中，投资者与公司管理层之间的信息是不对称的。于是，我们得到了信号传递理论。

（一）基本假设

（1）投资者与公司管理层之间存在信息不对称。

（2）公司管理层拥有更多关于公司实际情况和发展前景方面的内部信息。

（二）基本原理

由于所有权和经营权的分离，投资者了解公司经营状况的途径非常有限。一般情况下，投资者只能通过公司的财务报告和其他公开信息来了解公司的经营状况和盈利能力，并据此判断股票价格是否合理。但是，财务报告可以在一定程度上进行美化，公司甚至可能提供虚假信息。而外部审计对公司管理层故意提供的虚假信息也很难鉴别。因此，公司财务报告的可信度是有限的，投资者还需要从其他渠道获取信息，而公司的股利政策就是一条极为重要的信息渠道。

对盈利能力不足和资金匮乏的公司来说，制定长期稳定的现金股利政策是有困难的。因此，投资者可以根据管理层是否发放现金股利来判断公司的经营情况。通常，增加现金股利发放被投资者视为经营状况良好、盈利能力充足的象征，公司增加现金股利往往会使股价上升；相反，现金股利的减少被视为公司经营状况恶化、盈利能力不足的象征，往往会导致股价的下降，而且下降的幅度要大于股利增加同等数量而引起的股价上升的幅度。

另外，从公司的角度来看，公司管理层也把股利当作向外界传递内部信息的一种手段。如果管理层预计公司发展前景良好，未来业绩有望大幅增长，就会通过增加股利的方式来告知股东和潜在的投资者；相反，如果公司发展前景堪忧，未来业绩持续困难，管理层就会倾向于维持甚至降低现有的股利水平，以此向股东和潜在投资者发出信号。

（三）政策含义

信号传递理论告诉我们，股利能够传递关于公司未来盈利能力的信息，因此能够对股价的变化施加影响。当股利支付水平上升时，公司的股价也会上升；当股利支付水平下降时，公司的股价也会下降。但是我们应该注意的是，股利变化引起股价变化并不是直接的，而是以股利所传递的关于盈利的信号作为媒介的。也就是说，并不是股利的增加改变了公司的价值，而是公司未来盈利能力的变化改变了公司的价值。

信号传递理论也具有局限性，该理论在某种程度上是一种事后判断，公司股利政策调整后，股价的反应取决于市场对该行为背后动机的推测。同样是现金股利上升，虽然一般可以认为是公司盈利前景向好的信号，但也可能意味着公司内部没有更好的投资机会；反过来，一家持续不分红的企业也可能是因为它有更好的投资机会，将利润留存，为股东创造更多的收益。

四、客户效应理论

客户效应理论也叫追随者效应理论，是税差理论的进一步发展，可以说是广义的税差理论。在介绍税差理论时，我们提到了税差理论存在着一定的缺陷，它仅仅引入了对个人所得税的探讨，而没有考虑到现实中不同投资者所适用的所得税税率不同。而这一点就是客户效应理论将要讨论的。

（一）基本假设

（1）不同投资者所处的税收等级不同。

（2）任何公司的股利政策都不能满足所有投资者对股利的要求。

（二）基本原理

由于每个投资者所处的税收等级不同，他们对待股利的态度也不一样。对收入较高的投资者来说，他们所面临的所得税税率较高，因此偏好于低股利支付率的股票，甚至是不支付股利的股票。而对于低边际税率的投资者，如养老基金等，就比较偏好高股利支付率的股票。

公司的管理层由于了解这一点，因此他们会据此调整自己的股利政策，以使股利政策能够符合大多数投资者的偏好。在市场达到均衡时，持有高股利支付率公司股票的主要是低边际税率等级的投资者，持有低股利支付率公司股票的主要是高边际税率等级的投资者。这种投资者集中投资于满足各自股利偏好的公司的效应就称为客户效应，也叫追随者效应。这些有着不同的股利政策偏好的投资者就是追随者。

（三）政策含义

由于公司的任何股利政策都不可能满足所有股东对股利的要求，因此，公司股利政策的变化只是吸引了偏好这一股利政策的投资者前来投资，而不满意这一政策变化的投资者将会卖出股票。因此，当市场上偏好高股利的投资者的比例高于发放高股利公司的比例时，该类股票处于短缺状态，于是股价将会上涨，这种上涨将持续到两者比例相同才会停止，市场恢复均衡。当市场达到均衡之后，股利政策再有变化，也只会使偏好者买进，非偏好者卖出，依然是动态的均衡，股价不发生变化。因此，一旦市场处于均衡状态，就没有公司可以通过改变股利政策来影响股价了。这实际上从另一个角度证明了股利政策无关论。

第四节 公司股利政策

一、股利政策制定的影响因素

公司在制定股利政策时，除了要考虑理论分析中所提到的各种因素外，还要考虑许多关系到公司自身利益的现实因素，这些因素往往在很大程度上左右着公司管理层对股利政策的制定。影响公司股利政策的因素包括以下几个方面：

（一）各类约束

公司在制定股利政策时并不是随心所欲的，管理层要受到来自各方面因素的制约。这些制约既有来自外界环境的，也有来自公司内部的。

1.法律约束

法律约束是影响公司股利政策最基本的外部约束。为保护债权人和股东的利益，各国的法律对公司的股利分配进行了一系列的限制，包括利润分配顺序、资本充足率等方面都有所规范。

我国《公司法》规定，公司只能使用当期利润或留存利润来分配股利，而不能使用公司的资本（包括股本和资本公积）发放股利。这样的规定是为了保全公司的股东权益资本，以保护债权人的利益。

公司在分配当年的税后利润时，应当提取利润的10%列为公司法定盈余公积，只有公司的盈余公积累积余额达到公司注册资本的50%以上，才可以不再提取。盈余公积的积累是为了提高公司抵御风险的能力，以保护股东的利益。

另外，公司只有在以前年度的亏损全部得到弥补之后，才能用剩余利润分配股利，否则不能分配股利。

2.契约约束

契约约束来自公司的债权人，尤其是长期债务的债权人。为了防止公司过多地发放股利而影响其偿债能力、增加债务风险，债权人通常以契约的形式对公司的股利分配进行限制，主要包括：对每股股利金额的最高数额加以限制；规定公司的流动比率、速动比率、利息保障倍数等重要财务指标低于一定数额时不得分配现金股利等。如果公司发行了优先股，那么优先股股东也会对公司普通股股利的发放有所限制。

3.现金流约束

公司的经营活动必须有充足的现金支持，否则就会发生支付困难。如果公司由于现金股利分配而影响了自身现金的充裕性，那么公司的经营运转就会出现问题，公司未来的股利分配也就不可能持久而稳定。因此，公司在分配股利时，必须考虑到公司的现金流约束。

（二）公司的投资机会

我们在MM股利政策无关论的政策含义中阐述过，公司任何时候都不应该放弃净现值大于零的项目以支付股利。这里的净现值大于零的项目就是公司的投资机会。当公司的投资机会多时，对资金的需求量大，这时公司可以考虑减少现金股利的发放，将资金用于公司的投资和发展；相反，在公司的投资机会较少时，可以多发放现金股利。因此，公司在制定股利政策时，首先要对其未来的发展趋势和投资机会做出分析和判断。这也是处于成长期的公司往往采取低股利政策，而处于稳定期或衰退期的公司往往采取高股利政策的原因。

（三）资本成本

公司应当保持相对合理的资本结构和资本成本，由于股利政策实质上是在处理利润分配和保留盈余的关系（内部筹资的一种重要方式），因此公司对资本成本的定位也左右着股利政策的选择。如果公司的股利政策选择不当，将导致公司的资本结构失衡，资本成本上升。因此，公司应尽量使自己的股利政策与理想的资本结构和资本成本保持一致。

（四）举债能力

公司的现金股利分配是将公司的利润分配给股东，而不用作未来投资。我们前面提到，公司在制定股利政策时需要考虑未来的投资机会。但是未来的投资机会是不确定的，有时不可预见。一旦公司将利润分配给了股东，而后又出现了预期之外的绝佳投资机会，公司就需要举债来进行投资。因此，公司在制定股利政策时，还应该考虑自身的举债能力如何。如果公司的举债能力较强，在资金缺乏时能够较容易地从市场上筹得资金，那么公司就可以制定较为宽松的股利政策；相反，如果公司的举债能力较差，就应当采取比较谨慎的股利政策，少发放现金股利，避免公司资金链断裂。

（五）盈余波动

从上一节的信号传递理论中我们看到，公司的股利政策可以传递出公司经营情况和盈利能力的信息。因此，投资者通常希望看到公司的股利政策能够传递出公司经营蒸蒸日上的信号——股利政策保持稳定或者逐渐向好。为了实现这一点，公司管理层需要对未来的盈余做出预测。而盈余波动较小的公司，未来盈余比较容易预测，而且比较稳定，因此可以采取较为稳定的股利政策，发放较高的现金股利；盈余波动较大的公司，未来盈余难以把握，因此股利政策应该较为谨慎，不应贸然发放高股利，以防止盈余下降而面对股利下调、股价下降的风险。

（六）对公司的控制权

如果公司的大股东担心自己的控制权会被稀释，他们就不希望公司在资本市场上发行新股。但是如果公司发放了大量的现金股利，就可能造成公司未来经营资金短缺，未来，公司就不得不通过资本市场来筹集资金。为了避免这种情况发生，公司倾向于注重内部积累，少发股利。

另外，公司的规模也会影响股利政策。研究表明，大公司比中小公司更倾向于高股利政策。当然，这种现象也可能与我们前面提到的公司成长性有关。

二、基本股利分配政策

在综合考虑了上述影响因素之后，公司一般都会确定自己的股利政策。而公司通常采用的股利政策有以下几种：

（一）Lintner模型

1956年，John Lintner发现了两个重要的股利政策现象：

（1）在实践中，公司通常会设定一个长期的股利支付目标，当公司现金流充裕且投资机会较少时，设定的股利支付率较高；当公司现金流不足且投资机会较多时，设定的股利支付率就会较低。

（2）公司管理层知道在利润变化中只有部分是永久的，并且需要一定的时间来评估利润变化的永久性。因此，股利变化通常要落后于利润变化。

基于上述两个现象，Lintner提出了一个关于股利分配的模型：

$$DIV_1 - DIV_0 = s(t \times EPS_1 - DIV_0)$$

式中：DIV_1和DIV_0分别表示下一年度和本年度的股利支付；EPS_1表示下一年度的每股收益；s表示股利对目标值的调整率；t表示目标股利支付率。

在这个模型中，股利政策就取决于s和t两个参数。

当目标股利支付率t确定时，下一年度的股利支付目标值就已经确定，为$t \times EPS_1$，但由于公司管理层知道这些利润的变化只有部分是永久性的，他们不愿意为了非永久性的利润变化而过分调整股利，因此，公司会对目标股利变化额作一个微小的调整，就是在$(t \times EPS_1 - DIV_0)$前面乘以系数s，以使股利尽量平滑。

s=0和s=1是该模型的两个极端情况。当s=0时，下一年度的股利与本年度相等，股利没有变化，公司此时采用的是固定股利政策；当s=1时，实际股利变化就等于目标股利变化，公司采用的是固定股利支付率政策。在实际中，公司一般将s设定在0到1之间。

（二）固定股利政策

固定股利政策是指公司各年度发放的现金股利数量固定不变。Lintner模型中s=0时就是这种情况。实行这一政策的公司大都支持股利相关论，认为公司的股利政策会对股价产生影响。因此，他们将确定的现金股利作为利润分配的首要目标，有时为了维持稳定的股利水平，甚至会将某些投资方案延期，或使公司资本结构暂时脱离目标。他们认为，即使放弃一些投资项目也要比减少股利发放有利，因为突然降低股利水平会使投资者认为公司经营出现困难而使股价下跌。

实行固定股利政策有以下两点好处：

（1）根据信号传递理论，固定的股利可以传递给市场和股东一个公司经营稳定、风险很小的信息。这样可以使投资者要求的必要报酬率降低，有利于公司股价的上升。当公司利润下降而现金股利保持不变时，人们对公司的信心要比股利也同时下降要强。但是，如果公司的亏损状况无法在短期内好转，这样的股利政策是很难维持下去的。

（2）许多长期投资者希望公司股利能够成为其稳定的收入来源，以便预先合理安排消费和其他各项支出。根据客户效应理论，固定股利政策有利于公司吸引和稳定这部分投资者。

这种股利政策虽然有稳定股利的优点，但是它要求公司对未来的支付能力做出较好的预测和判断。如果判断失误，公司盈利下降或者资金出现紧张，维持这种股利政策就会给公司造成较大的财务压力。因此，这种股利政策一般只适合经营处于成熟期的公司，并且公司确定的稳定股利也不应太高，要留有余地，以免造成公司的支付困境。

（三）固定股利支付率政策

这是一种变动的股利政策，它要求公司每年以固定比例从税后利润中支付现金股利。Lintner模型中s=1时所阐述的股利政策就是这种。支持这种股利政策的人认为，只有维持固定的股利支付率，才是对每一个股东都公平的政策。从公司支付能力的角度看，这是一种真正稳定的股利政策，股利随公司的经营业绩而变化，不会给公司造成财务困难。

但也正是由于这种股利政策使股利由公司业绩决定，公司每年度的股利分配额可能变化较大，容易传递给外界一个信号，即公司经营不稳定，从而使股票价格产生较大的波动，不利于公司稳定股价。因此，很少有企业采用这一股利政策。

（四）稳定增长额股利政策

这一政策要求公司各年发放的现金股利保持一个稳定的增长额。一般情况下，只有当公司对未来盈利的增长确有把握，并且这种增长被认为不会发生逆转时，才会实施这种股利政策。实行这种股利政策的公司也是支持股利相关论的，它们认为公司稳定增长的股利支付会给外界传递一个公司运营十分健康的信号，有利于公司股价的稳定增长。

这种股利政策与固定股利政策相似，都是十分稳定的股利政策。因此，它也一样会给公司带来财务上的压力，在实行这种股利政策之前一定要做出谨慎的判断。

（五）剩余股利政策

MM股利政策无关论告诉我们，公司任何时候都不应该放弃净现值大于零的项目以支付股利。剩余股利政策就是指公司应该在发放股利之前，首先满足公司的投资项目资金需求，若税后净利润中还有剩余，再用于股利分配。这是一种投资优先的股利政策。

公司若采用剩余股利政策，那么它必须有良好的投资机会，并且该投资机会的预期报酬率要高于公司的资本成本。实行这一股利政策时，公司需要按如下步骤来确定股利分配额：

（1）确定本公司的目标资本结构。

（2）根据选定的投资方案确定所需资金总额。

（3）按照目标资本结构确定投资总额中所需的股东权益数额。

（4）将公司税后净利润首先用于满足步骤（3）中的数额需求，剩余部分用来发放本年度的现金股利。

公司采用这样的股利政策，主要是为了尽量使用内部筹资来满足资金需求，以维持理想的资本结构。但是采用这种股利政策会使公司即使在盈利稳定的情况下也很难有稳定的股利发放，因为每年度的投资计划是不同的，这样容易给投资者留下公司股利支付不稳定的印象，给公司股价带来负面影响。

举一个简单的例子：L公司有1 000元盈利，其目标债务权益比为0.5。假设公司有500元的债务，那么股权应该为1 000元。如果公司将所有盈利都留在企业内部用于投资，那么股东权益增加1 000元。为了维持目标资本结构，公司可以借入额外的500元。因此，在不出售新股票并维持目标资本结构不变的情况下可以获得的最大资金数额是1 500元。如果计划的资本开支是900元，小于1 500元，那么公司可以支付红利。而为了维持目标资本结构，900元的资本开支中应该有300元的债务融资，600元由公司盈利来提供。而剩余的盈利为400元，也就是说在剩余红利政策下，可以发放400元的红利，红利支付率为40%。

三、现实的股利政策

由于股利政策有信息传递效应，可以传递出有关公司经营业绩优劣的信息，对投资者对公司的信心以及股票价格都会产生影响，因此，国外的股份公司都非常重视公司股利政策的制定。

股利政策随各国的具体情况不同而有所差别，典型的股利政策有美国、日本和德国三种模式。

（一）美国的股利政策

美国绝大多数公司实行的是高股利支付率的稳定股利政策，股利支付率一般在50%左右。在纽约证券交易所上市的公司1992—1996年间的平均股利支付率分别为76.0%、56.9%、46.6%、52.1%、50.1%。

形成这样的股利政策主要是由美国公司分散化的股权结构决定的，这与美国的法律体系有着直接的关联。1940年美国《投资公司法》禁止机构集中持股，要求共同基金持股必须分散。这就导致了其机构投资者的行为与日本、德国有着本质上的差异。美国机构投资者在投资目的和行为上与个人投资者相似，对股利和股价十分敏感。公司为了保持股价稳定，不得不实行稳定的股利政策，并支付较高的股利；否则，一旦股价表现不理想，股东就会“用脚投票”，这将导致公司被收购或者接管。

另外，由于美国公司国际化程度较高，海外公司的委托代理问题较国内更加严重，股东更容易受到损失，因此股东要求的股利支付率就比较高，以降低代理成本。

（二）日本的股利政策

日本大多数公司一直实行低股利支付率的稳定股利政策，股利支付率一般在35%以下。在东京证券交易所上市的公司1992—1996年间的平均股利支付率分别为40.8%、32.4%、34.15%、32.4%、35.0%，明显低于美国。

日本形成这样的股利政策的主要原因是法人交叉持股的股权结构。日本公司的股权结构非常稳定，在法人交叉持股的情况下，法人的投资目的主要是在生产经营上与被持股企业建立起长期稳定的业务关系，而并非如普通个人投资者那样要求股利回报，这也是与美国机构投资者的本质差异。而且，在法人交叉持股的情况下，股利实际上是互相支付、相互抵消的，受益的只是个人股东，而对法人公司来说只是增加了分红的压力而已。

另外，日本公司更注重追求公司的长期发展，在利润分配上就普遍表现为重积累而轻分配。在税收方面，日本税法规定个人资本利得在销售某种股票达到20万股以上时才缴纳个人所得税，于是投资者就更加偏好资本利得。

（三）德国的股利政策

德国大多数公司实行稳定的股利政策，股利支付率介于美国和日本之间。1992—1996年间，德国公司的平均股利支付率分别为54.8%、50.1%、48.7%、41.2%、40.3%。

德国形成这样的股利政策主要原因是以银行为中心的公司治理结构。德国法律对银行持股没有严格限制，从19世纪开始，德国的银行就从公司的债权人逐步发展成为大股东。因为银行成为大股东以后依然是债权人，所以它们希望减少股利支付，使公司有能力偿还贷款。

另外，德国公司中监事会是权力核心，通常股东代表和员工代表分别占50%，公司员工通过选举员工代表可以实现公司的共同治理。这种模式使德国的公司行为既不同于美国的股东支配式，也不同于日本的法人主导式，而是德国自身的平衡式。因此，德国公司在股利政策上能平衡内部积累与股东的股利要求，综合考虑股东利益和公司的长远发展，股利支付率也介于美国公司和日本公司之间。

（四）我国的股利政策

我国上市公司的股利分配形式主要包括现金股利、股票股利、现金加股票股利、现金股利加转增股本、现金股利加股票股利再加转增股本、不分配等。2000年以前，我国倾向于不发或少发股利，即使发股利，也偏好发放股票股利。这主要是由于我国资本市场还不成熟，投资者大多偏好资本利得。2000年年底，证监会为了规范上市公司的配股行为，提出将现金分红作为上市公司再筹资的必备条件，于是，很多上市公司为了取得再筹资资格，开始对投资者发放现金股利，但很多只是象征性的。据统计，1996—1999年，每年大约只有30%左右的公司进行现金股利分配；2000年以来，这种情况受政策影响有所改观，每年实施现金股利分配的公司比例保持在50%～65%的水平。

当然，我国的上市公司中也存在股利分配的反常现象。某些大股东控股比例高的公司，本身经营状况不佳，但大股东希望以现金股利的方式从上市公司套现。这些上市公司用于股利分配的资金主要来自银行贷款和增发配股所募集的资金。这同样是资本市场发展过程中的不规范行为。

第五节 股票股利、股份分割与回购

一、股票股利

上一章介绍过，公司发放股利除了可以采取现金股利的方式以外，还可以采取股票股利的方式。股票股利是指公司在派发股利时不直接发放现金，而是采取向股东赠送股票的方式，在我国也称为“送红股”。在这种方式下，公司的本年利润并没有以现金的形式流出，而是转化为公积金或者股本金，股东权益账面价值的总额不发生变化。这样，公司就可以保留大量的现金用于再投资，有利于公司的长期发展。

但是对股东来说，发放股票股利之后，公司发行在外的普通股股票数量就增多了，导致每股股东权益价值减少。而且对公司来讲，若要在今后维持原有的股利水平，未来的总股利支付就会增加，势必会加重公司的财务负担。

【例11-5】维尼公司对外发行的股票为100 000股，每股价格50元。去年，公司从金融危机的阴影中走出，获得了激动人心的业绩，并且还有很多优秀的项目在等待投资。因此，公司宣布派发10%的股票股利。股利发放后，公司发行在外的股票就变成了110 000股。

在股利发放之前，维尼公司资产负债表的权益部分见表11-5。

表11-5 **维尼公司股利发放之前的资产负债表（部分）** 单位：元

普通股股本（面值为1元）	100 000
股本溢价	2 000 000
留存收益	3 000 000
所有者权益总额	5 100 000

新增10 000股后，股本增加10 000元，由于市场价高出面值49元（50-1），因此股本溢价增加490 000元，同时，留存收益减少500 000元。发放股票股利之后，维尼公司资产负债表的权益部分见表11-6。

表11-6 **维尼公司股利发放之后的资产负债表（部分）** 单位：元

普通股股本（面值为1元）	110 000
股本溢价	2 490 000
留存收益	2 500 000
所有者权益总额	5 100 000

由于没有实际的现金流出，所有者权益总额并没有发生改变，仅仅是每股所代表的所有者权益价值发生了稀释，由股利派发之前的51元下降为46.36元，因此，维尼公司股票的市场价格也会在股票股利发放之后有所下跌，并且从理论上讲，市场价的下跌幅度也应该与股票的稀释程度相当，为10%。但是实际上，市场价的下跌幅度与市场的反应程度有关，并不一定就为10%。

二、股票拆细与合并

（一）股票拆细

股票拆细，又叫拆股，也称为股票分割，是指公司用某一特定数额的新股按一定比例交换一定数额的流通在外的股份。例如，三股换一股（也叫一拆三），是指三股新股换一股旧股。

从概念上讲，股票拆细与股票股利相似。但是从会计角度看，这两种行为又有所区别。股票拆细对公司的资本结构、所有者权益的各个账户（普通股股本、股本溢价、留存收益等）都不产生影响，而仅是每股代表的账面价值下降。

【例11-6】假设维尼公司宣布进行一拆二的股票拆细，则其股票数量将增加至200 000股。维尼公司拆股前后所有者权益见表11-7。

表11-7 维尼公司拆股前后所有者权益 单位：元

拆股前	
普通股股本（面值1元，100 000股）	100 000
股本溢价	2 000 000
留存收益	3 000 000
所有者权益总额	5 100 000
拆股后	
普通股股本（面值0.5元，200 000股）	100 000
股本溢价	2 000 000
留存收益	3 000 000
所有者权益总额	5 100 000

由【例11-6】可以看出，拆股以后，除了每股面值和总股数发生变化以外，其他数值均未发生改变。理论上，股票股利和股票拆细都是既不会改变公司的现金流量，也不会改变公司的价值，那么为什么还要进行此类活动呢？这里我们不得不提到一个合理价格范围的概念。

通常，进行股票拆细的公司都认为股票存在一个合理的价格范围，股价高于这个水平时，投资者就很难在市场上正常购买一手股票（100股为股票买卖的一个交易单位，称为一手）。因此，对股票进行拆细，可以降低股票价格到合理价格范围内，便于股票交易，提高股票的流动性。

另外，还有一个原因支持公司进行股票股利发放或者拆股，那就是这种行为可以向投资者传递这样一种信息，即公司目前不但经营状况良好，还有十分广阔的发展前景，股票价格有可能在目前的高价位上进一步上升，以此来增强投资者对公司的信心。

（二）股票合并

股票合并也叫合股，又称反向拆细，是与拆股方向相反的一种操作，即公司用一股新股换取两股以上的旧股，如一股换三股（也叫三合一）。合股将使得流通在外的股票数量减少，每股股票的面值将会提高，股票的市场价格也会随之上升。同拆股类似，理论上，股票合并也没有改变公司的价值。

在实际中，股票合并主要基于以下三个原因：

（1）合股之后，股东的交易成本将下降。

（2）合股使股价上升至合理交易范围，将改善股票的流动性。

（3）股价过低会使投资者对公司经营水平的信心不足，因此通过合股将改善公司的形象。

三、股票回购

股票回购是公司向股东分配股利的另外一种方式，通常是指上市公司按一定的程序用现金从股东手中买回已发行的股票，可以在二级市场公开进行，也可以与部分投资者协商后直接购回。

【例11-7】穆里公司流通在外的股票数量为100 000股，目前公司有200 000元现金可用于发放额外股利或者回购股票。公司预计发放股利后，本年度利润总额为550 000元，即每股收益5.50元。假设同类公司市盈率为10，因此，股利发放后穆里公司股票市场价为55元。

若将这笔现金用于回购股票，回购后利润不发生变化，仍为550 000元。由于回购后流通股数量变少，因此每股收益将提高，在市盈率不变的情况下，股价因此也将上升。一般为了保证回购价格的合理性，公司在回购之前需要预测回购后市场价格的变化，并按照这一价格回购股票。

设回购价格为P_1，回购股票数量为N_1，回购后每股收益为EPS_1，那么我们有：

$$EPS_1 = \frac{550\,000}{100\,000 - N_1}$$

$$\frac{P_1}{EPS_1} = 10$$

$$P_1 \cdot N_1 = 200\,000$$

解上面的方程组可以得到：$P_1 = 57$元，$N_1 = 3\,508$

上述整个过程我们可以用表11-8来表示。

表11-8 **穆里公司发放现金股利和股票回购的比较**

	公司总额（元）	每股股票
发放现金股利		（在外发行100 000股）
现金股利额	200 000	2
发放股利后年度利润	550 000	5.5
发放股利后股票市价	5 500 000	55
股票回购		（在外发行96 492股）
回购后年度利润	550 000	5.7
回购后股票市价	5 700 000	57

由此我们可以看出，如果忽略交易成本和税收，发放股利和回购股票对股东来讲是

一样的。在发放股利的情况下，股东将获得每股2元的股利和价值55元的股票，总价值为57元。这一结果与回购以后的情况是完全相同的，因为公司的回购价格和回购以后的股价都为57元。

但当我们考虑税收时，回购股票这种方式就可能比现金股利更具有优势。例如，现金股利按普通收入征税，那么对需要缴纳30%的个人所得税的投资者来说，分配到100元现金股利就意味着需要缴纳所得税30元。但是如果回购100元股票，卖出股票的投资者只需要缴纳很少的税金，因为只有资本利得才需要缴税。假设该投资者这只股票的购买成本是65元，那么只有35元是需要计税的部分。而且，资本利得的税率一般都低于普通收入税率，因此投资者在参与回购过程中所需缴纳的税额要比直接发放现金股利少很多。

回购有时候也并不一定被当作一种股利。当公司管理层认为本公司的股票价格暂时被低估，并且非金融性资产的投资机会很少时，公司会将回购股票作为一种投资。这样既可以避免错投项目，又可以将现金交付给股东使其更好地利用资金，还可以向外界传递公司股价被低估的信号。研究表明，市场对股票回购公告的反应通常是积极的。20世纪80年代中后期，纽约股票市场股价暴跌，市场持续低迷，美国企业纷纷大量回购本公司股票，其目的就是抑制股价暴跌，刺激股价回升。2008年，由于我国股市进入熊市周期，很多上市公司也在政策允许的范围内公布了股票回购计划。

另外，还有一种特殊的回购称为目标回购，也可以叫作定向股票回购。在这种回购中，公司向特定的投资者回购股票。公司进行目标回购的原因有很多，既包括为了保护继续持有股票的股东的利益，也包括为了反收购而进行的“绿票讹诈”(Greenmail)。

【案例11-1】 **阿里巴巴20亿回购股票**

2008年，随着全球金融海啸的蔓延，大部分上市公司的股价严重缩水，其中就包括2007年的“新股之王”阿里巴巴B2B公司。11月11日，阿里巴巴B2B公司抛出了20亿港元的巨额股票回购计划。国际投资机构称，巨额回购公司股票显示了阿里巴巴对电子商务未来长期看好的信心，同时也坚定了投资者的信心。据分析，阿里巴巴此举表明，该公司对自身业务的发展非常乐观，或将继续扩大市场投入，“到风暴结束时，阿里巴巴可能已经站到了山顶”。

作为国内最大的电子商务平台，阿里巴巴2008年第三季财报显示，其收入及利润增长依然持续强劲，总营业收入为7.802亿元人民币，比2007年同期增长37%；净利润为3.086亿元，比2007年同期增长49%。阿里巴巴同时披露，公司已获董事会批准，通过了一项购回总值最多达20亿港元的公司股份回购计划，公司将视市场因素酌情实施。

“回购股份计划显示了董事们对公司业务基础的信心。”时任阿里巴巴B2B公司CEO的卫哲认为：“现在正是进行股份回购的适当时机。由于我们拥有稳健的现金流，我们将留有非常充裕的现金作营运及未来的业务发展之用，包括保持足够能力以把握机会，做出有助于自然及非自然增长的举措。”

这份财报显示，阿里巴巴财务状况非常稳健，该公司经常性经营自由现金流量为4.1亿元人民币，而现金及银行存款金额超过61亿元人民币，且没有负债。不久前，阿里巴巴曾推出旨在改善买家体验的“优质供货商计划”和有助于将付费企业商铺服务拓展至更多出口供货商的新入门级产品“出口通”，用于提升阿里巴巴国际交易市场众多买家及供货商带来的优势。

据业内人士分析，回购股票大都因为公司认为目前市场股价不能反映公司的真正价值，而希望通过回购给投资者传达正面的信息。如1987年10月19日纽约股票市场股价暴跌，股市处于动荡之中，当时美国大部分上市公司回购本公司股票的主要动机是稳定和提高本公司股票价格，防止因股价暴跌而出现经营危机。据统计，当时在两周之内就有650家公司发布大量回购本公司股票的计划，其目的就是抑制股价暴跌，刺激股价回升。

而香港股市自2008年9月15日起，短短2个月跌幅就超过3成，股市估值大幅下降。对于阿里巴巴规模如此巨大的回购计划，分析人士认为，这是坚定投资者信心的一个很好举措，同时显示了阿里巴巴在全球经济格局及中国经济结构面临调整的趋势下，对电子商务释放出的长期正面效应。

资料来源　作者根据《中华工商时报》与和讯网的公开资料整理。

本章小结

本章重点阐述了公司的股利政策问题，包括经典的MM股利政策无关论、“在手之鸟”理论、税差理论、信号传递理论、客户效应理论、股利政策制定的影响因素、基本的股利政策等内容。

1.MM股利政策无关论认为，公司的股利分配政策与其价值无关，即股利政策的变化不会影响公司股票的价值。股利政策只是某一时间的股利与另一时间股利的权衡，某一时点股利的减少不会影响所有股利的现值。其实际上再次间接地说明了这样一个道理：公司股票的价值取决于公司的投资决策，而与公司如何筹措投资所需的资金无关。

2.“在手之鸟”理论认为，资本利得的风险远大于现金股利的风险，因此人们更喜欢现金股利。如果公司增加其股利支付，投资者就会要求较低的必要报酬率，公司的股票价格就会上升。

3.税差理论认为，当所得税存在时，相对于现金股利，投资者更偏好资本利得。

4.信号传递理论的观点是，股利能够传递公司未来盈利能力的信息，因此能够对股价的变化施加影响。当股利支付水平上升时，公司的股价也会上升；当股利支付水平下降时，公司的股价也会下降。

5.客户效应理论也叫追随者效应理论，是税差理论的进一步发展，由于每个投资者所处的税收等级不同，他们对待股利的态度也不一样。

6.股利政策制定的影响因素包括法律约束、契约约束、现金流约束、投资机会、资本成本、举债能力、盈余波动、对公司的控制权等。

7.基本股利分配政策包括Lintner模型、固定股利政策、固定股利支付率政策、稳定增长额股利政策、剩余股利政策等。

8.股利政策随各国的具体情况不同而有所差别，典型的股利政策有美国、日本和德国三种模式。

9.股票股利是指公司在派发股利时不直接发放现金，而是采取向股东赠送股票的方式，在我国也称为“送红股”。股票拆细，又叫拆股，也称为股票分割，是指公司用某一特定数额的新股按一定比例交换一定数额的流通在外的股份。股票合并也叫合股，又称反向拆细，是与拆股方向相反的一种操作。股票回购是公司向股东分配股利的另外一种方式，通常是指上市公司按一定的程序用现金从股东手中买回已发行的股票，可以在二级市场公开进行，也可以与部分投资者协商后直接购回。

重点概念

内源资金　外源资金　股利　现金红利税　资本利得税　股票股利　股票分割　股票合并　股票回购　信号传递　代理成本　交易成本　股利支付率

复习思考

1.MM股利政策无关论需要建立在哪些假设的基础上？

2.为什么税差理论与“在手之鸟”理论的结论相反？

3.公司应该在什么情况下分配股利？

4.与现金股利相比，股票股利有哪些优点和不足？

5.公司回购股票有哪些作用？

6.鉴于近期CPI超过了警戒线，C国有关部门希望通过控制工资和物价来防止出现严重的通货膨胀，因此召集了一些投资基金和工会组织来讨论有关政策制定问题。讨论过程中，双方都提到了股利水平问题。投资基金认为，股价等于预期股利的现值，因此任何削减股利的行为都会导致股价下降，既提高了公司资本成本，又不利于市场稳定。而工会组织则认为，股利是股东的工资，如果削减了工人的工资，那么为了公平起见，也应该削减股利。这个讨论中有哪些不当之处？

分析计算

1.潘尼公司现有发行在外的流通股500 000股，计划发放1 000 000元现金股利。公司分红后的EPS为5元，除息日后股价为50元。若公司改为用这笔现金来回购股票，回购价格为多少？应回购多少股？

2.谢尔公司现有发行在外的普通股1 000万股。当前公司股票的市价为30元。本年度，公司计划以10送1的比例发放股票股利，那么股利发放后股价会变为多少？若一个投资者本来拥有500股谢尔公司股票，那么股利发放以后他的股票价值是多少？

3. 罗斯拥有W公司0.9%的普通股，在W公司宣布一拆二之前，W公司股票的市价为118元，W公司现有发行在外的普通股300 000股。拆股后，假设股价同比下降，罗斯的财产状况将怎样变动？若股价只下降了45%，那么罗斯的收益将是多少？

4. 爵士公司遵循严格的剩余股利政策，它的目标债务权益比率是2.5。

（1）如果公司本年度盈余240万元，在不增发新股的情况下，公司最大的资本性支出可能是多少？

（2）如果公司下一年计划的资本性支出为900万元，那么爵士公司会派发现金股利吗？

5. 紫金印象公司资产负债表的所有者权益部分如下：

普通股股本（每股面值1元）	100元
股本溢价	1 500元
留存收益	7 500元
所有者权益总额	9 100元

紫金印象公司目前市场股价为20元，公司宣布发放10%的股票股利。那么公司应该分配多少新股？对所有者权益有何影响？

6. 如果忽略不完美因素和税收的影响，当股票除息时，我们认为预期价格下跌幅度等于所派发股利的金额。然而，一旦我们考虑税收的影响，这就不一定是正确的。在这种情况下，除息价格可由下列模型决定：

$$\frac{P_0 - P_X}{D} = \frac{1 - T_P}{1 - T_G}$$

式中：P_0是股票除息前的价格；P_X是除息价格；D是每股股利；T_P是个人边际税率；T_G是资本利得的有效边际税率。

（1）如果$T_P=T_G=0$，股票除息时价格将下跌多少？

（2）如果$T_P=20\%$，$T_G=0$，价格将下跌多少？

（3）如果$T_P=30\%$，$T_G=20\%$，价格将下跌多少？

7. 天时股份有限公司发行在外的普通股股数为120万股，该公司2017年的税后利润为3 600万元，共发放现金股利1 200万元，该公司2018年实现税后利润预计4 000万元，预计该公司在2019年有良好的投资机会，需要追加投资5 000万元。该公司的资本结构为：资产权益率60%，目前的资本结构为企业最佳资本结构。

（1）如果该公司采取剩余股利政策，那么2018年将发放的现金股利是多少？如果追加投资需要10 000万元，那么2018年将发放的现金股利为多少？

（2）如果该公司采取低正常股利加额外股利政策，低正常股利为每股1元，额外股利以2017年的税后利润为基数，按照税后净利润每增长1元股利增长0.5元的原则发放，那么该公司2018年应发放的股利为多少？

8.A公司原股东权益结构如下表所示：

股本 （面值2.5元，发行200 000股）	500 000元
资本公积	150 000元
未分配利润	1 600 000元
股东权益合计	2 250 000元

已知当时的市价为20元/股，本年盈余为450 000元（假设已包含在未分配利润1 600 000元中）。请分别考虑发放6%的股票股利和按1：2的比例进行股票分割两种情况来计算：

（1）发放股票股利及股票分割后股东权益各项目有何变化？

（2）发放股票股利及股票分割后公司每股市价、每股利润各为多少？

9.某股份有限公司有关资料如下：

（1）公司本年初未分配利润余额为181.92万元，本年息税前利润为800万元。适用的所得税税率为25%。

（2）公司流通在外的普通股60万股，每股面值1元，每股溢价发行，发行价格为10元；公司负债总额为200万元，均为长期负债，平均利率10%，假定公司筹资费率为0。

（3）公司股东大会决定本年度按10%的比例计提法定公积金，按5%的比例计提任意公积金。本年按可供投资者分配利润的16%向普通股股东发放现金股利，预计现金股利以后每年增长6%。

（4）据投资者分析，该公司股票的贝塔系数为1.5，无风险收益率8%，市场所有股票的平均收益率为14%。

根据上面的资料，回答如下问题：

（1）计算该公司本年度净利润、本年度应计提的法定盈余公积金、法定公益金和年末可供投资者分配的利润。

（2）计算该公司每股支付的现金股利。

（3）计算该公司现有资本结构下的财务杠杆系数和利息保障倍数。

（4）计算该公司股票投资者要求的必要投资收益率，并利用股票估价模型计算该公司股票价格是多少时投资者才愿意购买。

10.A公司本年实现税后净利润2 000万元，年初未分配利润为250万元，下一年需增加投资资本1 000万元。目标资本结构为权益与负债之比5：5，公司发行在外的普通股为1 000万股，采用剩余股利政策进行股利分配，按10%的比例提取法定公积金，现在每股市价20元。

（1）计算可供分配利润以及提取法定公积金的数额。

（2）计算本年应发放股利、每股股利、每股收益和年末未分配利润。

（3）假设发放股票股利后盈利总额不变，市盈率不变，欲通过发放股票股利将股价维持在16~18元/股的理想范围之内，则股票股利发放率应是多少？

11.ABC公司2015年全年实现净利润1 200万元，经营现金流量净额为600万元，没有优先股，普通股股数没有变动，年末股东权益账户余额如下：

股本（每股面值2元）	1 000万元
资本公积	2 000万元
盈余公积	500万元
未分配利润	1 500万元
合计	5 000万元

求解以下互不相关的问题：

（1）若公司决定发放20%的股票股利（按照市价折算），股票目前市价为5元/股，按发放股票股利后的股数支付现金股利每股0.1元：

①计算股利支付率、股利保障倍数、现金股利保障倍数。

②计算发放股利后的股本、资本公积和留存收益。

③假设发放股票股利后净利润不变、市盈率不变，计算发放股票股利后的每股收益；发放股票股利前，A股东持有1 200股，计算发放股票股利前后的持股比例及其股票的市场价值。

（2）假设按照2股换成1股的比例进行股票合并，合并后净利润不变、市净率不变，计算合并后的每股面额、普通股股数、每股账面价值、每股收益和每股市价。

12.某公司2015年年终利润分配前的股东权益项目资料如下：

股本——普通股（每股面值2元）	1 000万元
资本公积	4 000万元
未分配利润	2 000万元
所有者权益合计	7 000万元

公司股票的每股现行市价为14元。计算并回答下述三个互不关联的问题：

（1）如若按1股换4股的比例进行股票分割，计算股东权益各项目数额、普通股股数。

（2）假设利润分配不改变市净率，公司按每10股送1股的方案发放股票股利，并按新股数发放现金股利，且希望普通股市价达到每股12元，则每股现金股利应是多少？

（3）假设2015年净利润为500万元，期初未分配利润为1 500万元，按规定本年应该提取10%的公积金，计算最高可分配的每股股利额。

第五篇

公司理财专题

第十二章　公司流动性管理

◇教学目的与要求

- 理解流动资产管理的内容和特点
- 理解流动负债管理的内容和特点
- 认识流动性管理对公司价值的影响
- 掌握流动性风险评价的基本方法

【引导案例】

2010年11月5日，发展势头不错的电子商务专营网站——“米粒商城”突然关闭。米粒商城从2007年开始运作，于2008年年底正式上线，至2010年11月5日关闭，正好两年时间。这家专营化妆品的电子商务网站曾火爆一时。米粒商城的商品购进渠道是国际免税集团，线上化妆品均是北美和欧洲的正牌货甚至是原厂货。在2009年消费者最满意的TOP100评选中，米粒商城脱颖而出。在倒闭前，米粒商城曾与招商银行、中国工商银行、中国银行、交通银行和中国民生银行签订了积分兑换和分期付款协议。一家具有如此优势基础的公司，原本应该拥有蓬勃的发展势头，是什么原因造成其“昙花一现”呢？

网站倒闭一个多月后，原米粒商城CEO卢九洲公开揭秘公司倒闭的重要原因，就是对公司流动性管理缺乏足够的认识，引爆点正是公司流动性管理不善引发的资金链断裂。

根据业内相关专家的分析，电商创业初期最核心的问题是围绕正的现金流做好流动性管理。在当时B2C普遍还不具备盈利能力的情况下，在供应链管理层面，如果网站每月销售额达100万元，供货商有两个月的账期，物流一个月内能结账，那么，这一个月的时间差可以利用100万元的销售现金流周转活下去。所以，电商B2C要注意对公司流动性的管理，按照手中的资金额度去匹配资源。

如果公司业务在短期内急剧放大，公司的流动性管理没有跟上公司发展的步伐，随之而来的就是财务危机，甚至是公司覆灭。

——何晓春. 电子商务网站败走麦城［EB/OL］.［2022-11-01］. https://www.tech-sir.com/a/201302/13025.htm. 经整理.

公司流动性管理通常也被称为公司营运资本管理。营运资本是指在公司日常生产经营活动中投入的资本，是流动资产和流动负债的差额。公司流动性管理在公司日常管理中越来越重要。如果说公司利润是100万元，那么公司的流动性管理就是两个“0”前面的“1”。公司财务负责人的工作重点之一就是维持和管理公司流动性。公司流动性管理比较复杂，涉及包括财务部门在内的采购、生产、销售和信息处理等部门的配合与努力。

公司流动性管理根据流动性的来源和构成分为流动资产管理和流动负债管理。本章根据流动资产和流动负债的存在形态，具体阐述流动资产和流动负债管理的主要内容，结合实际案例讨论流动性风险的发生机制、风险的评价和管理的基本内容。

第一节 流动资产管理概述

一、流动资产的内容

流动资产是指可以在一年内或超过一年的一个营业周期内变现或耗用的资产。流动资产包括现金、短期证券投资、应收账款、预付账款和存货等。

现金通常指库存现金和银行活期存款，此外也把流动性强的票据，如本票和国库券作为现金的二级准备。现金是流动资产中流动性最强的。拥有大量现金的公司具有很强的偿付能力和承担风险的能力。流动性和盈利性成反比，现金不会带来报酬，因此，公司通常会尽量压缩现金储备。

短期证券投资是指对各种随时可出售变现的有价证券的投资。短期证券投资，一方面为公司带来了一定的收益，另一方面也增强了公司资产的流动性。因此，适当持有一定数量的短期有价证券被视为较好的公司财务管理策略。

应收及预付款项是指公司在生产经营过程中所形成的应收而未收及预先支付的款项，包括应收账款、应收票据、其他应收款和预付货款等。

存货是指公司在日常生产经营活动中持有以备出售的产成品或商品、处在生产过程中的在产品，以及在生产过程或提供劳务过程中耗用的材料、物料等。存货在流动资产中所占的比重较大。因此，加强存货管理和控制，使存货数量保持在最优水平上，便成为公司财务管理者的一项重要工作内容。

二、流动资产的特点

流动资产具有以下特点：

（1）短期性。投资于流动资产的资金一般在一年或超过一年的一个营业周期内收回。流动资产投资所需要的资金一般可以通过商业信用、短期银行借款等流动性负债方式加以解决。

（2）流动性。流动资产在周转循环过程中经过供产销三个阶段，其占用形态不断变化，即按现金—材料—在产品—产成品—应收账款—现金的次序转化。这种转化在企业生命周期中不断地循环往复。流动资产的流动性与其变现能力相关，如遇意外情况，可迅速变卖流动资产以获取现金，满足财务上的临时性或突发性资金需求。

（3）并存性。在流动资产的周转过程中，每天不断有资金流入，也有资金流出，流入和流出总要占用一定的时间，从供产销的某一瞬间看，各种不同形态的流动资产同时存在。因此，合理地分配流动资产内部各项目的比例，是保证流动资产得以顺利周转的必要条件。

（4）波动性。用在流动资产上的投资并非一个常数，随着公司供产销情况的变化，流动资产占用的资金数量时高时低、起伏不定。不仅季节性公司如此，非季节性公司也通常如此。随着流动资产占用资金数量的变动，流动负债也会随之变动。

三、影响流动资产投资需要量的因素

1. 流动资产周转效率

流动资产周转效率通常用流动资产周转天数来衡量，它由流动资产各组成部分的周转天数组成，其中主要项目是现金、存货和应收账款的周转天数。流动资产的周转天数越长，需要的流动资产投资越多。如果销售额和成本水平确定，就可以根据流动资产周转天数计算出所需的流动资产投资额。

流动资产周转天数的决定因素有：（1）行业和技术特征。不同行业的流动资产/收入比率相差悬殊。例如，机械制造公司比超市需要更多的流动资产；同一行业不同细分市场的公司，流动资产投资需求也不同，如食品超市比五金超市需要较少的流动资产投资，因为食品的保质期决定了公司的流动资产周转天数较短；同一细分市场上的公司，因不同采购方式、生产技术和销售模式，其流动资产投资需求也不同，如采用自动化流水生产线生产需要较少的存货，而分步骤生产则需要较多的存货。不同公司所处的行业、采用的技术和经营模式不同，决定了它们的流动资产周转天数不同。（2）公司所处的外部经济环境。不同国家的类似公司流动资产周转天数有显著差异，经济发达地区和欠发达地区相同公司流动资产周转天数也有显著差别，如订货至到货的时间与公司所处的环境就有很大关系。（3）管理流动资产周转的效率。同一地点、技术特点相同的公司，其流动资产/收入比率也有差别。例如，存货管理水平差的公司，流动资产/收入比率高于同行业平均数。采用计算机管理信息系统的公司可以加快采购和销售订单的处理速度，有效节约流动资产投入。

2. 销售规模

在公司管理效率一定的情况下，销售额越大，流动资产需要量越大。销售额增长，需要更多的现金、存货和应收账款支持，从而引起流动资产投资需求的增加。

3. 销售成本

当公司的管理效率和销售额一定时，成本水平上升需要更多的流动资产投入。流动资产的投资需求取决于流动资产周转水平、销售额和成本水平三个要素。

$$\begin{aligned}\text{总流动资产投资} &= \text{流动资产周转天数} \times \text{每日成本流转额} \\ &= \text{流动资产周转天数} \times \text{每日销售额} \times \text{销售成本率}\end{aligned} \tag{12-1}$$

四、现金持有规模的确定

现金是在公司生产经营过程中暂时停留在货币形态的资金，包括库存现金和银行存款，以及流动性很强的银行本票和银行汇票等。现金用来满足公司生产经营开支的各种需要，也是还本付息和履行纳税义务的保证。因此，拥有足够的现金对降低公司的财务风险、增强公司资产的流动性和债务的可清偿性有着重要意义。但是，现金盈利性差，现金持有量过多会导致较高的机会成本。

可交易证券是公司现金的一种替代形式。可交易证券变现能力较强，可以随时兑换成现金。当公司有多余现金时，常用来购买有价证券，以获得一定的投资收益；当现金流出量大于现金流入量，公司现金不足时，再将持有的有价证券出售换回现金。可交易证券成为公司流动性的二级准备。

（一）现金管理的目标

企业现金管理的目标是在资产的流动性和盈利性之间做出抉择，以获取最大的长期收益。

企业缺乏必要的现金，就不能应付业务开支，使企业蒙受损失，由此导致的成本称为短缺现金成本。短缺现金成本包括：丧失购买机会、造成信用损失以及丧失折扣好处等。如果企业持有过量现金，又会因这些资金不能投入周转无法取得盈利而遭受损失。一般情况下，流动性强的资产收益性较低，企业应尽可能避免闲置资金或将资金用于低收益资产。

（二）现金的持有动机

公司持有一定数量的现金，主要出于以下三个方面的原因：

1.交易动机。交易动机也称支付动机，是公司为满足日常生产经营活动的需要而保有现金的动机。公司为了保证日常生产经营活动的顺利开展，必须随时保有一定数量的现金，用于购买原材料、支付工资、缴纳税款、偿还到期债务和派发现金股利等。由于公司每天的现金收入量与现金流出量在时间和数量上通常存在一定的差异，因此，公司应持有一定数量的现金以应对频繁支付。一般说来，公司为满足交易需要持有的现金数量主要取决于该公司的生产销售水平。公司生产销售规模越大，其出于交易动机所持有的现金也就越多。

2.预防动机。预防动机是公司为预防意外支出而持有现金的动机。市场行情的瞬息万变和其他各种不确定因素的存在，使得公司通常难以对未来的现金流入量和流出量做出准确的预测，一旦公司对现金流量的预期与实际情况发生偏离，必然会对公司的正常生产经营活动产生不利影响。因此，在正常生产经营活动所需现金量的基础上，追加一定数量的现金来应对未来现金流出和流入的随机波动，是公司在确定必需现金持有量时应当考虑的因素。公司为应对意外情况持有现金数量的多少主要取决于三个因素：一是公司愿意承担风险的程度；二是公司临时举债能力的强弱；三是公司对现金流量预测的可靠程度。

3.投机动机。投机动机是公司为了抓住各种稍纵即逝的市场机会获取最大的利益而持有现金的动机。如利用证券市场大幅下跌时购入有价证券，在价格上涨时卖出，进而实现资本利得。投机动机只是公司确定现金持有数量时所需考虑的次要因素，其持有量的多少往往与公司在金融市场上面临的投资机会和对待风险的态度有关。

除了上述三个方面的原因外，公司还要考虑一些具体因素：第一，公司会为满足将来某一特定需求而持有现金，如为在银行维持补偿性余额而持有现金。第二，公司在确定现金数额时，应该综合考虑各方面的需要。由于各种动机所需要的现金通常可以相互调剂，公司所持有的现金总数并不等于各种动机所需现金的简单加总。第三，上述各种动机所需维持的现金数量，并不要求必须是货币形态，也可以是能够随时变现的有价证券以及能够随时转换成现金的其他各种资产，如可随时借入的银行信贷资金等。

（三）确定现金持有量

如何确定最佳的现金持有量，经济学家给出了多种模式，包括现金周转期模式、成本分析模式、因素分析模式、存货模式和随机模式。这里以成本分析模式为例确定最佳现金持有量。成本分析模式是根据持有现金的相关成本，分析预测其总成本最低时现金持有量的一种方法。运用成本分析模式确定最佳现金持有量，只考虑因持有一定量的现金而产生的机会成本和短缺成本，不考虑转换成本。在与现金相关的成本中，管理成本是一种固定成本，与现金持有数量不存在显著的线性关系，属于决策无关成本；机会成本是因持有现金而丧失的投资收益，它与现金持有量成正比。它们之间的关系可以用如下公式表示：

$$机会成本=现金持有量\times有价证券收益率 \tag{12-2}$$

短缺成本与现金持有量是负相关关系，现金持有量越大，短缺成本就越小；反之，现金持有量越小，短缺成本就越大。也就是说，在成本分析模式下，最佳现金持有量就是持有现金而产生的机会成本与短缺成本之和最小时的现金持有量。

上述成本同现金持有量的关系如图12-1所示。

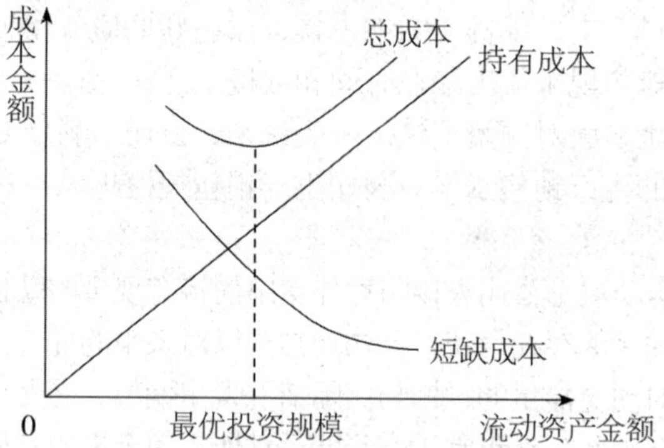

图12-1　成本模式分析图

图12-1显示的只是理论上的情况，在现实中，企业通常会按照预期的流动资产周转天数、销售额及其增长、成本水平和通货膨胀等因素确定最优流动资产投资规模。

在实际工作中，运用该方法确定最佳现金持有量分三步：首先，根据不同水平的现金持有量测算并确定有关成本数值；其次，按照不同现金持有量及有关成本资料编制最佳现金持有量测算表；最后，在测算表中找出总成本最低时的现金持有量，就是该公司的最佳现金持有量。

五、流动资产管理策略

流动资产投资政策的核心是确定流动资产投资的相对规模，即流动资产占总收入的比率，该比率是流动资产周转率的倒数，也称1元销售占用的流动资产。其公式如下：

$$流动资产收入比率=\frac{流动资产}{销售收入} \tag{12-3}$$

流动资产投资政策分为宽松型、适中型和紧缩型三类。宽松的流动资产投资政策要求保持较高的流动资产收入比率；反之，紧缩的流动资产投资政策则要求保持较低的流动资产收入比率。

1.适中的流动资产投资政策

在销售额不变的情况下，公司安排较少的流动资产投资，可以缩短流动资产周转天数，节约投资成本。但是，投资不足可能引发经营中断，增加短缺成本，给公司带来损失。公司为了减少经营中断的风险，在销售不变的情况下需要增加流动资产投资，延长流动资产周转天数。但是，投资过量会出现流动资产的闲置，增加持有成本。因此，公司需要权衡得失，确定最佳需要量，也就是选择短缺成本和持有成本之和最小化的投资决策，即适中的流动资产投资政策。

短缺成本是指随着流动资产投资水平的降低而增加的成本。例如，因流动资产投资不足发生现金短缺，需要出售有价证券并承担交易成本；出售有价证券不足以解决问题时，需要紧急借款并承担较高的利息；借不到足够的款项就可能违约并承担违约成本，或者被迫紧急销售存货并承担低价出售损失。又如，因流动资产投资不足出现存货短缺，会打乱原有的生产经营计划或停工待料，需要重新调整生产并承担生产准备成本，或者需要紧急订货而承担较高的交易成本，或不能及时补充存货而失去销售机会，造成一部分客户的流失。

投资过度则需要承担额外的持有成本，该成本随着流动资产投资水平的上升而增加。持有成本主要是指与流动资产相关的机会成本，这些投资如果不使用流动资产，可用于其他投资机会并获取收益。流动资产投资的机会成本低于公司加权平均资本成本，也低于总资产的平均收益率，通常也不会高于短期借款的利息。

适中的流动资产投资政策要求确定一个最优的流动资产保有规模，在这样的流动资产保有规模上，短缺成本和持有成本之和达到最小化。其中，公司流动资产短缺成本随着流动资产投资量的增加而减少，公司流动资产的持有成本则随着公司流动资产投资量的增加而增加。当边际持有成本和边际短缺成本的绝对量相等时达到最优规模（如图12-1所示）。

2.宽松的流动资产投资政策

如果上述影响流动资产投资的各个因素都是确定并已知的，公司所需要的流动资产规模便较易确定。这样的流动资产规模可以满足公司生产经营活动的正常进行，保证公司按时偿付到期债务，及时供应生产材料，准时向客户提供产品。

但是，现实世界中的公司流动资产周转天数、销售额及其增长和成本水平都是不确定的，因此对流动资产的需求也就不稳定。

【例12-1】假设A公司预计销售收入为2 000万元，存货/收入比率为20%，存货投资需求为400万元，公司据此储备了存货。分析在不同的实际销售额下的公司损益。

（1）如果实际销售额为1 500万元，有效存货则为300万元，公司过量存储了100万元的存货。假设风险投资的资本成本为15%，则公司损失了15万元（100×15%）。

（2）如果实际市场需求为3 000万元，由于存货不足，实际销售额为2 000万元，丢掉销售收入1 000万元，假设销售利润率为5%，则公司损失了50万元（1 000×5%）。

面对这种不确定性，公司应如何来确定流动资产投资呢？这就需要权衡与其相关的收益与成本。流动资产管理的核心问题就是如何应对投资需求的不确定性。

在宽松的流动资产投资政策下，公司需要持有较多的现金、有价证券和充足的存货，提供给客户宽松的付款条件并保持较高的应收账款水平。宽松的流动资产投资政策表现为较高的流动资产/收入比率，需要承担较高的流动资产持有成本，主要是资金的机会成本，有时还包括其他持有成本。但公司中断经营的风险很小，短缺成本较小。

3. 紧缩的流动资产投资政策

紧缩的流动资产投资政策是指公司持有尽可能少的现金和有价证券；存货保有量较少；实行较为严格的销售信用政策，甚至禁止赊销。紧缩的流动资产投资政策通常表现为较低的流动资产/收入比率，可以节约流动资产的持有成本；同时，公司也会承担较大的风险，如承担生产经营中断和损失销售收入等短缺成本。

可见，紧缩的流动资产投资政策容易造成公司的流动资金紧张，带来流动性危机；宽松的流动资产投资政策给公司带来宽裕的流动性，但是，流动资产占用的机会成本上升。所以，公司决定采取什么样的营运资金管理政策，要在风险和收益之间做出权衡。

第二节　流动负债管理概述

流动负债是指需要在一年或者超过一年的营业周期内偿还的债务，通常又被称为短期融资，具有成本低、偿还期限短等特点。公司财务工作人员必须加强对流动负债的管理，在有效降低资金使用成本的同时，降低企业的偿债风险。

一、流动负债的分类

根据不同的标准，可以将流动负债做如下划分：

（一）按应付金额是否确定分类

根据应付金额是否确定，可将流动负债划分为应付金额确定的流动负债和不确定的流动负债。应付金额确定的流动负债是指那些根据相关的法律条文，到期必须偿付、有确定支付金额的流动负债，如短期借款、应付账款、应付票据等。应付金额不确定的流动负债是指那些根据公司的生产经营状况，在将来某一时期才能确定的流动负债，或者应付金额需要估计的流动负债，如应交税金、应缴利润、应付产品质量保证金等。

（二）按流动负债的形成情况分类

根据流动负债的形成情况，可将流动负债划分为自发性流动负债和主动性流动负债。自发性流动负债是指不需要主动安排，由于结算等原因形成的那部分自然负债。在公司的生产经营过程中，由于结算程序的原因，一部分款项的支付时间会晚于形成时间，这部分已形成的尚未支付的款项就构成公司的自发性流动负债。从性质上看，自发性流动负债属于自然融资，包括应付票据、应付账款、预收账款和应计费用等。主动性流动负债是指公司财务人员根据公司的短期资金需求，通过主动安排形成的流动负债，如银行短期借款、应付短期融资券等。

二、流动负债的特点

流动负债具有以下特点：

（1）筹资速度快。通常，对于长期负债，债权人为了保护自身利益，在其提供长期信用时，往往要对债务人进行全面的财务调查，因而筹资所需时间一般较长。流动负债在较短的期限内即可偿还，故债权人顾虑较少，容易取得。

（2）筹资富有弹性。举借长期负债，债权人或有关方面经常会向债务人提出很多限定性条件或管理规定；而流动负债的管理和控制则相对宽松，使得资金使用有了更大的灵活性。

（3）筹资成本较低。一般来说，期限较短的借款利率通常低于期限较长的借款利率，流动性负债期限较短，利率相对较低，故公司的筹资成本较低。

（4）筹资风险高。流动性负债需要在短期内偿还，因而要求公司在短期内准备足够的资金偿还债务。若公司暂时资金安排不当，就会陷入财务危机。此外，流动性负债的利率波动较大，某段时期高于长期负债的利率也有可能。

三、短期筹资管理策略

短期筹资管理的重点是筹资期限的搭配。合理的短期筹资管理策略需要财务人员综合考虑公司的举债能力，权衡短期筹资的成本、风险及其对公司盈利的影响。

1.短期筹资的成本分析

根据利率期限结构理论，公司债务的到期期限越长，筹资成本越高，故公司有短贷长用的融资倾向。此外，公司使用短期资金具有较好的弹性，如果公司的资金使用呈现季节性特征，采取短期筹资方式，资金利用效率高，公司可以随着资金需求量的周期性减少而逐步偿还短期债务。

2.短期筹资的风险分析

对贷款人而言，贷款期限越长，风险越大；对借款人而言，公司债务期限越短，其不能偿付到期本金和利息的风险就越大。公司债务到期时，需要按借款偿付计划如期偿付，或者举新债还旧债。这两种选择都具有不确定性：公司有可能因生产和市场波动无法如期获得现金流；筹措新债务也取决于市场银根状况和贷款人对借款人的重新评估；短期借贷市场的利率波动不确定性大，公司无法预计未来短期资金市场的利率水平，从而面临再融资风险。

3.短期筹资对盈利的影响分析

短期负债占总资产的比率反映了总资产中有多大比例是依靠短期融资形成的。当短期负债占总资产的比例上升时，企业总体的融资成本下降，利润上升。但是，企业的平均债务期限缩短，大量负债将在短期内到期，企业清偿风险加大。当短期负债占总资产的比例下降时，企业总体的融资成本上升，利润下降。但是，企业的负债期限结构延长，企业的清偿压力减缓。

短期负债占总资产的比例以多少为最优呢？它取决于管理者的风险观、公司的经营状况、所处的行业和经济环境等。在实际操作中，企业采取的短期筹资策略分为保守、适中和激进三种，它们的成本、收益和风险关系不同。保守的短期融资策略将长期资金用于满足所有长期资产和部分或全部流动资产的需要，公司只用少量的短期资金应付高峰期的资金需要，是一种比较安全、风险较小的融资政策。适中的短期融资策略力求使资产的期限与资金的期限相匹配，即流动资产用短期资金来融通，而永久性的流动资产及固定资产用长期负债或股东权益提供融资。激进的短期融资策略用短期资金来为部分永久性的流动资产甚至固定资产提供融资，用长期资金满足固定资产的需要。

在财务管理中，流动资金的融资政策也分为适中型、激进型和保守型三类。不同的流动资金融资政策下的风险收益关系不同，也影响公司价值，见表12-1。

表12-1 **流动资金融资政策与权益收益率的关系**

项目	激进型政策	适中型政策	保守型政策
（1）流动资产	600	700	800
（2）固定资产	500	500	500
（3）总资产	1 100	1 200	1 300
（4）流动负债	700	500	300
（5）长期负债	0	300	600
（6）股东权益	400	400	400
（7）负债与权益合计	1 100	1 200	1 300
（8）营运资本净额（1）-（4）	−100	200	500
（9）销售额	2 000	2 000	2 000
（10）销售成本和费用	1 700	1 700	1 700
（11）息税前利润	300	300	300
（12）利息	35	49	63
（13）所得税（25%）	66.25	62.75	59.25
（14）净利润	198.75	188.25	177.75
（15）权益回报率（14）/（6）	49.69%	47.06%	44.44%
（16）投资收益率（14）/（3）	18.07%	15.69%	13.67%
（17）流动资产占总资产的比重	54.55%	58.33%	61.54%
（18）流动比率	0.86	1.4	2.67

注：假设短期负债的平均利率为5%；长期负债的平均利率为8%。

不同的融资政策对公司的风险与收益的影响不同。从表12-1中可以看出，在息税前利润相同的情况下，激进型政策的投资收益率比适中型和保守型政策高，但其流动比率最低。在保守型政策下，流动资产占总资产的比重最高，但流动性高的代价是投资收益率的下降。

在激进型融资政策下，公司用短期借款支持部分永久性流动资产；在保守型融资政策下，公司用长期资金支持部分波动性流动资产；在适中型融资政策下，公司用长期资金匹配永久性流动资产，用短期资金匹配波动性流动资产。具体参见图12-2。

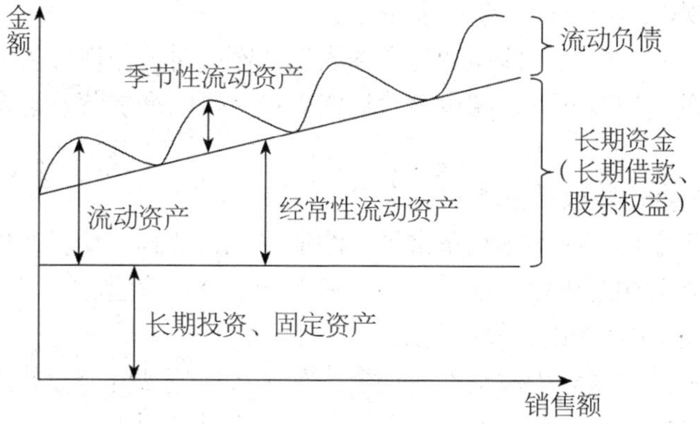

A. 适中型政策

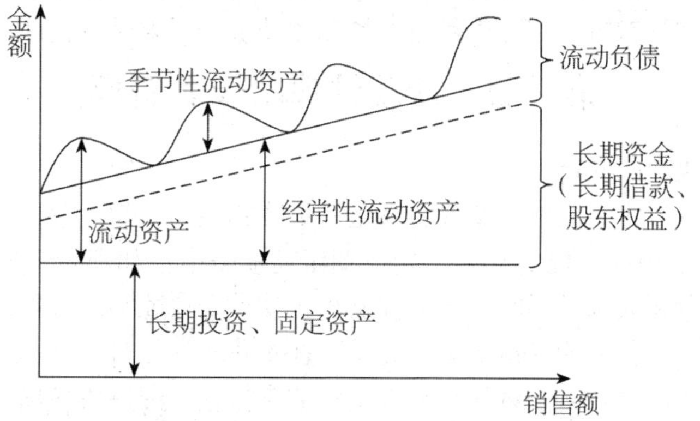

B. 激进型政策

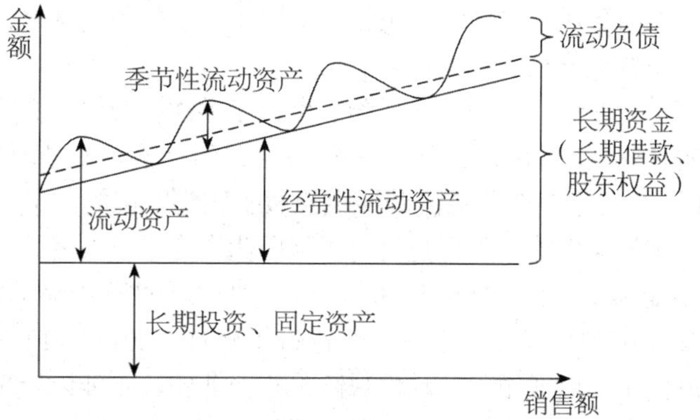

C. 保守型政策

图 12-2　三种融资政策的影响

四、流动性管理策略与公司价值

公司流动资产投资的策略通常与公司的融资政策联系在一起，进而对公司价值产生影响。在分析流动资产投资时，我们通常假设：在不影响正常利润的情况下，节约流动资产投资可以增加公司价值。

1. 流动资产规模影响公司营业现金净流量

当年流动资产的净投入，即净营运资本的追加额是对公司现金流的占用和消耗。在不影响公司正常盈利的情况下，减少净营运资本投资可以增加营业现金净流量，从而增加公司价值。

2. 流动资产投资影响权益资本收益率

根据杜邦分析原理，在不影响正常盈利的情况下，节约流动资产投资，可以提升总资产周转率，提高公司的权益资本收益率，从而增加公司价值。

3. 流动负债政策影响风险-收益关系

公司的流动资产可以分为波动性流动资产和永久性流动资产。波动性流动资产是指受季节性和周期性影响的流动资产；永久性流动资产是指用于满足公司长期、稳定需要的流动资产。与流动资产的占用特征相适应，流动资金的需求也有短期和长期之分。短期流动资金需求通常对应短期负债融资，长期流动资金需求对应长期负债和权益融资。

第三节　流动性风险及其管理

一、流动性风险的界定

流动性，可以界定为获取现金或者现金等价物的能力，是企业重要的生存资源。流动性资源可以用于预期的现金支出，如按期偿还债务本金和利息、按时支付供应商货款、支付租金、分配股利。同时，流动性资源也使得企业能够以合理的成本去应对预期外的债务或偶然事件导致的支付需求。此外，在企业实现自身价值增值的过程中，流动性也是非常必要的，企业必须依靠流动性资源的支持，才能完成各项长期投资计划，实现企业价值最大化。

流动性风险属于财务风险的范畴，根据企业财务活动的不同环境，可以将财务风险划分为筹资风险、投资风险和流动性风险。

金融机构特别是商业银行的流动性风险受到较多关注，银保监会将强化对银行流动性风险管理工作的指导和监督作为重要工作内容，给予高度重视。2009 年，银监会（现银保监会，下同）对金融企业的流动性风险做了较为明确的定义，认为商业银行等金融机构即使有一定的清偿能力，但是仍有可能因为资金匮乏或者无法以计划成本获取资金，导致资产不能及时增长或无力偿还债务，这类风险被称为流动性风险。2014 年，银监会对《商业银行流动性风险管理办法》进行了修订，2017 年 12 月该管理办法再次被修订。该管理办法中的商业银行流动性风险是指商业银行不能以合理成本及时获得充足资金，用于偿付到期债务、满足日常业务开展的各项资金需求、履行其他支付义务的风险。

参考金融机构的流动性风险界定，我们可以把一般企业的流动性风险定义为那些因资金匮乏导致企业发生损失的风险。因此，流动性风险是企业在支付与清偿环节的财务风险，是财务风险的一种表现形式。

二、流动性风险的影响因素

企业的流动性水平取决于资金的供需关系。当资金供给不能满足其需求时，流动性风险随之提升，此时企业需要通过资产变现、增加借款等方式来弥补资金的不足。所以，流动性风险的影响因素可以从资金供需两个方面进行分析。

1.资金需求角度

根据企业发展周期，处于成长阶段的企业需要不断扩大自身规模，以此来获得更好的发展，因此短期内对投资资金的需求量较大。处于成熟阶段的企业，为了巩固市场地位或者寻找新的增长机会，可能会实施积极的并购战略，也可能形成较高的投资资金需求。

债务偿还也是企业的资金需求动机，甚至是部分企业主要的资金需求动机。在企业实施扩张战略阶段，如果采取了较为激进的融资方式，如大量举债和发行债券等，就会进一步加剧企业的偿债压力。偿债资金需求主要取决于债务规模和债务期限结构。相同条件下，企业的负债越高，短期负债占比越高，则企业的偿债压力越大，流动性风险水平越高。

2.资金供给角度

企业资金供给包括内源融资和外源融资。留存收益是企业的主要内源融资来源，这部分资金的多少往往取决于企业盈利水平的高低与股利分配政策。同时，内源融资水平还与资产变现能力相关，通常流动性资产的变现难度较小，而非流动性资产的变现难度较大，因此企业的资产结构也会影响其流动性风险。

企业外源融资可以分为外源债务融资和外源股权融资，前者包括经营负债融资和金融负债融资。债务融资对发行人的信用状况有较高要求。股权融资特别是面向公众的股权融资有着非常严格的条件，而投资者重点考察发行企业的前景。因此，信用状况和成长性是影响企业外源融资从而影响流动性风险的重要因素。

流动性风险根源于企业的资金需求大于资金供给的矛盾，而资金的需求与供给也受到外部因素的影响，这些因素主要是市场环境因素和金融环境因素。市场环境是企业发展的基础，当市场环境有利时，企业盈利状况也比较好，能够创造充足且稳定的现金流，有利于降低流动性风险；但在利好的市场环境下，特别是政府发布相关激励政策和扶持政策时，企业的管理层容易过度自信，做出错误的战略决策，也可能导致企业的流动性风险增加。金融环境直接决定了企业流动性的高低。如果企业处于宽松的金融环境中，企业的融资成本较低，此时企业的资金需求可以较快得到补充，企业的流动性风险也同样较低。

三、对流动性风险的评价

对流动性风险的评价主要基于财务指标中的流动性比率或借助于财务风险预警模型进行衡量。

企业的财务状况是评价流动性风险的基本出发点。企业要清楚自身的资产、负债和资产负债表外现金流量的基本情况，并形成对企业流动性的总体认知。由于流动性问题主要表现为缺乏短期资金，因此那些能够反映短期资产和负债状况的指标就成为评价流动性风险的重要指标。通过对这些指标的纵向趋势和横向对比分析，可以识别企业的流动性状况及潜在的流动性风险。表12-2总结了主要的企业流动性指标。

表12-2 **企业流动性指标**

序号	指标	公式
1	营运资金总额	流动资产+流动负债
2	净营运资本	流动资产-流动负债
3	流动资产	现金+可变现证券+应收票据+存货+现金等价物
4	流动负债	短期负债+长期负债的流动部分+应付账款
5	营运资金比率	净营运资金/资产总额
6	流动比率	流动资产/流动负债
7	速动比率	（流动资产-存货）/流动负债
8	现金比率	（现金+可变现证券）/流动负债
9	流动性偿债能力系数	（流动资产-存货）/平均的日常营业费用
10	流动负债比率1	流动负债/权益
11	流动负债比率2	流动负债/资产总额
12	流动负债比率3	流动负债/负债总额
13	平均应付账款到期（天数）	（365×平均应付账款）/购买额
14	应付账款平均周转率	购买额/年平均应付账款
15	平均应收票据回收期（天数）	（365×平均应收票据）/销售额
16	应收票据平均周转率	销售额/年平均应收票据
17	资本支出支付能力	营业现金流量/资本支出

资料来源　班克斯. 流动性风险——企业资产管理和筹资风险［M］. 褚韵.译. 北京：经济管理出版社，2021.

由于非金融企业在流动性风险方面没有系统性的测量模型，所以许多企业借助财务风险预警模型来衡量流动性风险，一般来说，企业的流动性风险越大，企业的财务风险也越大。财务风险预警模型中最著名的就是Altman的Z-score模型。该模型的具体计算公式为：

$$Z=0.012X1+0.014X2+0.033X3+0.006X4+0.999X5 \quad (12-1)$$

判断准则如下：

Z<1.8，企业极有可能破产；

1.8≤Z<2.99，灰色区；

Z>2.99，企业较为安全。

Z值越小，企业破产的可能性越大，Z值小于1.8的企业很可能破产。

但是，Altman构建Z-score模型采用的研究样本是1968年美国的33家生产企业，一是数据太过老旧，二是未必适用于全行业，三是未必适合我国国情。因此这一模型对我国现有企业而言，仅具有参考意义，需要基于我国经济体系、金融市场的实际情况对Z-score模型进行修正，从而构建出适用于我国国内市场的财务风险预警模型。

四、流动性风险管理

对流动性风险进行管理，首先需要明确流动性风险与企业投资回报之间的平衡。这两者之间的平衡与金融学中风险收益权衡的基本理论一致，企业和投资者想要得到更大的回报必须承受更大的风险。

从企业价值最大化的目标出发，确定企业最优的流动性水平非常复杂。在流动性风险管理方面，存在两种极端的做法：一种极端是具有完美流动性的企业，这类企业不会陷入财务困境，但是不能给股东提供充足的回报；另一种极端是流动性较差，并且在某些情况下可能使企业陷入财务困境，但能提供较高投资回报水平的企业。较好的做法应该是在流动性和回报之间寻找一种平衡，保持适当的流动性水平，具有稳健的流动性风险管理能力，并且能够给投资者提供恰当的回报[①]。

企业在平衡流动性时，可以建立一个成本效益分析框架。其中，维持流动性的成本包括：降低资产的收益、保持财务灵活性而付出的代价（如为确保得到备用贷款而支付的承诺费用）。维持流动性的收益包括降低（或者消除）陷入流动性危机的可能性，从而避免被迫以高成本借贷或者折价变卖资产。在不同的流动性状况下企业的成本和收益见表12-3。

表12-3　**在不同的流动性状况下企业的成本和收益**

	完美流动性	适度流动性	缺乏流动性
成本	较低的投资回报	潜在的财务困境	有可能存在财务困境
收益	没有财务困境	合理的投资回报	较高的投资回报

在具体操作方面，由于流动性风险源于资产和负债两方面，出现流动性问题的企业有很多同时出现了资产端（资金运用）和负债端（资金来源）方面的问题。因此，流动性风险管理也需要从这两方面着手，制定合理的企业战略，避免盲目扩张和过度投资，优化企业融资结构，合理使用财务杠杆。同时，还要构建流动性风险评价体系，完善流动性风险的内部管理制度。

本章小结

公司流动性管理通常也被称为公司营运资本管理。营运资本是在公司日常生产经营

① 班克斯. 流动性风险——企业资产管理和筹资风险［M］. 褚韵.译. 北京：经济管理出版社，2021.

活动中投入的资本，是流动资产和流动负债的差额。本章介绍了流动资产管理的相关内容。

1.流动资产是可以在一年内或超过一年的一个营业周期内变现或耗用的资产。流动资产包括现金、短期证券投资、应收账款、预付账款和存货等。流动资产具有短期性、流动性、并存性、波动性等特点。

2.流动资产投资政策的核心是如何确定流动资产投资的相对规模，具体而言，包括适中的流动资产投资政策、宽松的流动资产投资政策和紧缩的流动资产投资政策。其中，适中的流动资产投资政策要求确定一个最优的流动资产保有规模，在这样的流动资产保有规模上，短缺成本和持有成本之和达到最小化。影响公司流动资产投资需要量的因素主要有：流动资产周转效率、销售规模和销售成本等。

3.流动资产投资政策分为宽松型、适中型和紧缩型三类。宽松的流动资产投资政策要求保持较高的流动资产收入比率；反之，紧缩的流动资产投资政策则要求保持较低的流动资产收入比率。

4.流动负债是指需要在一年或者超过一年的营业周期内偿还的债务。流动负债具有筹资速度快、富有弹性、筹资成本低、筹资风险高等特点。

5.企业进行短期筹资管理的重点是筹资期限的搭配。合理的短期筹资策略需要财务人员综合考虑公司的举债能力，权衡短期筹资的成本、风险及其对公司盈利的影响。

6.流动性管理对公司价值的影响体现在三个方面：首先，流动资产规模影响公司营业现金净流量；其次，流动资产投资影响资本收益率；流动负债政策影响风险-收益关系。

7.企业的流动性风险是指因资金匮乏导致企业发生损失的风险，是财务风险的一种表现形式。流动性风险的影响因素主要是企业资金的需求和供给；对流动性风险的评价主要采用流动性比率或财务风险预警模型；在进行流动性风险管理时，需要平衡流动性风险与企业投资回报。

重点概念

交易动机　预防动机　投机动机　现金的机会成本　现金的短缺成本　自发性流动负债　主动性流动负债　流动性风险　Z-score模型

复习思考

1.简述流动资产的分类和特点。

2.影响流动资产投资需要量的因素有哪些？

3.什么是适中的流动资产投资政策？

4.现金持有动机是什么？

5.简述确定最佳现金持有量的成本分析模式。

6.简述流动负债的分类和特点。

7.短期筹资的风险表现有哪些？

8. 不同的融资政策会对公司的风险与收益产生什么影响？

9. 简述企业流动性风险的影响因素。

分析计算

1. 在确定最佳现金持有量时，成本分析模式需考虑的因素是（　　）。

A. 机会成本　　B. 交易成本　　C. 短缺成本　　D. 管理成本

2. 企业存留现金的原因是（　　）。

A. 交易性、预防性、收益性需要　　B. 交易性、投资性、收益性需要

C. 交易性、预防性、投机性需要　　D. 投机性、预防性、收益性需要

3. 利用成本分析模式控制现金持有量时，若现金持有量超过总成本线最低点，则（　　）。

A. 机会成本上升的代价大于短缺成本下降的好处

B. 机会成本上升的代价小于短缺成本下降的好处

C. 机会成本上升的代价等于短缺成本下降的好处

D. 机会成本上升的代价大于转换成本下降的好处

4. 当其他因素不变时，（　　）会使流动资产投资需求减少。

A. 流动资产周转天数增加　　B. 销售收入增加

C. 销售成本率提高　　D. 销售利润率提高

5. 公司持有有价证券的年利率为6%，公司的现金最低持有量为2 500元，现金余额的最优持有量为9 000元。如果公司现有现金21 200元，则根据随机模型应将其中的（　　）元投资于证券。

A. 12 200　　B. 0　　C. 8 000　　D. 18 700

6. 某企业预计每月现金需要量为200 000元，每次转换有价证券的固定成本为80元，有价证券的月利率为2%。则根据存货模式，每月有价证券的最佳交易次数为（　　）次。

A. 2　　B. 3　　C. 4　　D. 5

7. 假定某公司的目标现金余额为8 694元，现金控制的上限为22 082元，公司认为任何时候其银行活期存款及现金余额均不能低于2 000元，当公司的现金余额达到24 000元时，该公司应该采取的措施是（　　）。

A. 抛售有价证券15 306元，使现金持有量回升

B. 购买有价证券15 306元，使现金持有量下降

C. 抛售有价证券1 918元，使现金持有量回升

D. 购买有价证券1 918元，使现金持有量下降

8. 利率敏感性资产包括（　　）。

A. 现金　　B. 国库券　　C. 短期贷款　　D. 短期证券

第十三章　期权及其在公司理财中的应用

◇教学目的与要求

- 理解期权定价的基本思想
- 能够从期权的角度分析企业价值
- 掌握基本的实物期权分析方法
- 掌握可转债和权证在融资中的作用

【引导案例】

2007年3月26日，武汉钢铁股份有限公司发行认股权和债券分离交易的可转换公司债券。该债券分离出的72 750万份认股权证于4月17日在上海证券交易所挂牌交易，认股权证简称“武钢CWB1”。根据《武汉钢铁股份有限公司认股权证上市公告书》，该权证存续期为自认股权证上市之日起24个月，即2007年4月17日至2009年4月16日，行权期为2009年4月10日至2009年4月16日，初始行权价格为10.20元/股。2007年6月26日，由于分红派息，根据权证发行时的约定，新行权价格调整为9.91元。2008年6月23日，同样是由于分红派息，行权价格再度调整至9.58元。2009年4月16日，也即武钢认股权证最后一个行权日，武钢股份收盘价为7.64元，远远低于行权价，武钢权证沦为废纸，70亿融资希望破灭。

——王奕雯. 认股权证在我国企业融资中的应用分析——以武钢CWB1认股权证为例［J］. 现代商贸工业，2009（14）.

可转换债券是一种含有选择权的融资工具，其之所以在资本市场上受到关注正是因为所含有的可以转换为公司普通股的权利。因此可转换债券的定价不仅要考虑其作为债券的本金和利息，还要考虑这种转股权（或者分离交易的认股权证）的价值。那么可转换债券和认股权证的价值如何确定呢？它们在公司理财活动中具有怎样的作用？何时发行此类证券是较好的时机？这正是本章所要回答的问题。

第一节　期权定价概述

一、期权与期权市场

（一）期权的概念

17世纪的郁金香期权被认为是历史上最早的期权产品。19世纪，以单一股票为标的的股票期权在美国诞生，期权交易开始进入金融市场。1973年，第一张标准化期权合约在芝加哥期权交易所（CBOE）出现。20世纪末21世纪初，期权发展速度飞快，出现了千奇百怪的奇异期权。

期权（Option），又称选择权，是指赋予其持有者在约定的时间或约定的时期内按双方约定的价格买进或卖出一定数量相关资产的合约。期权的买方是支付一笔费用，购买期权并有权行使期权的一方。期权的卖方是收取一笔费用，在期权被行使时按合约履行义务的一方。

按期权买方的权利划分，期权可以分为看涨期权（Call Option）和看跌期权（Put Option）。看涨期权又称买权，是指赋予其买方购买标的资产权利的合约。看跌期权又称卖权，是指赋予其买方出售标的资产权利的合约。

以下是几个有关期权的基本概念：

（1）标的资产，指期权合同中规定双方买入或卖出的资产。按标的资产的不同，期权可以分为商品期权和金融期权。商品期权的标的物包括石油、黄金、农产品等，金融期权的标的物包括股票、汇率、利率等。

（2）到期日，指期权合同所规定的最后有效日期。根据期权合同对权利有效行使时间规定的不同，期权可以分为欧式期权和美式期权。欧式期权持有者只能在到期日当天行使权利，而美式期权持有者在到期日前的任何时候或在到期日当天都可以行使权利。

（3）执行价格，指期权合同所规定的买入或卖出标的资产的价格，又称协议价格。一般用X表示执行价格，S表示标的资产市场价格。

（4）期权费，指买方为了获得期权必须支付的费用，也称期权价格。期权费取决于期权种类、期限、标的资产等多重因素。

（二）期权的盈亏分布

1.看涨期权的盈亏分布

【例13-1】假设2016年5月1日A公司的股票价格是40元。甲认为其股价将上升，因此以每股1元的期权费从乙处购买了一份以A公司股票为标的物、2016年8月1日到期、执行价格为42元的看涨期权合约（每份合约包含100份相同的期权，即购买100股该公司股票的权利）。那么甲乙二人的盈亏分布有如下三种情况：

（1）如果在期权到期时，A公司股票价格等于或低于42元，甲会选择不行使期权，其最大亏损为100元。

（2）如果在期权到期时，A公司股票价格在42～43元，甲会选择行使期权，可赚取一定的利润，但扣除期权费后，其净收益为负。

（3）如果在期权到期时，A公司股票价格高于或等于43元，甲会选择行使期权，并可以实现净盈余。股票价格越高，甲的净盈余就越多。如期权到期时，A公司的股票价格升至45元，买方通过行使期权，可赚取300元，扣除期权费用100元，实现净盈余200元。

看涨期权买方的盈亏分布如图13-1（a）所示。期权买方和卖方的盈亏分布正好相反，据此可以画出看涨期权卖方的盈亏分布，如图13-1（b）所示。从盈亏分布图可以看出，看涨期权交易买方的亏损是有限的（以期权费为限），盈利却可能是无限的；而看涨期权卖方的盈利是有限的（同样以期权费为限），亏损却可能是无限的。

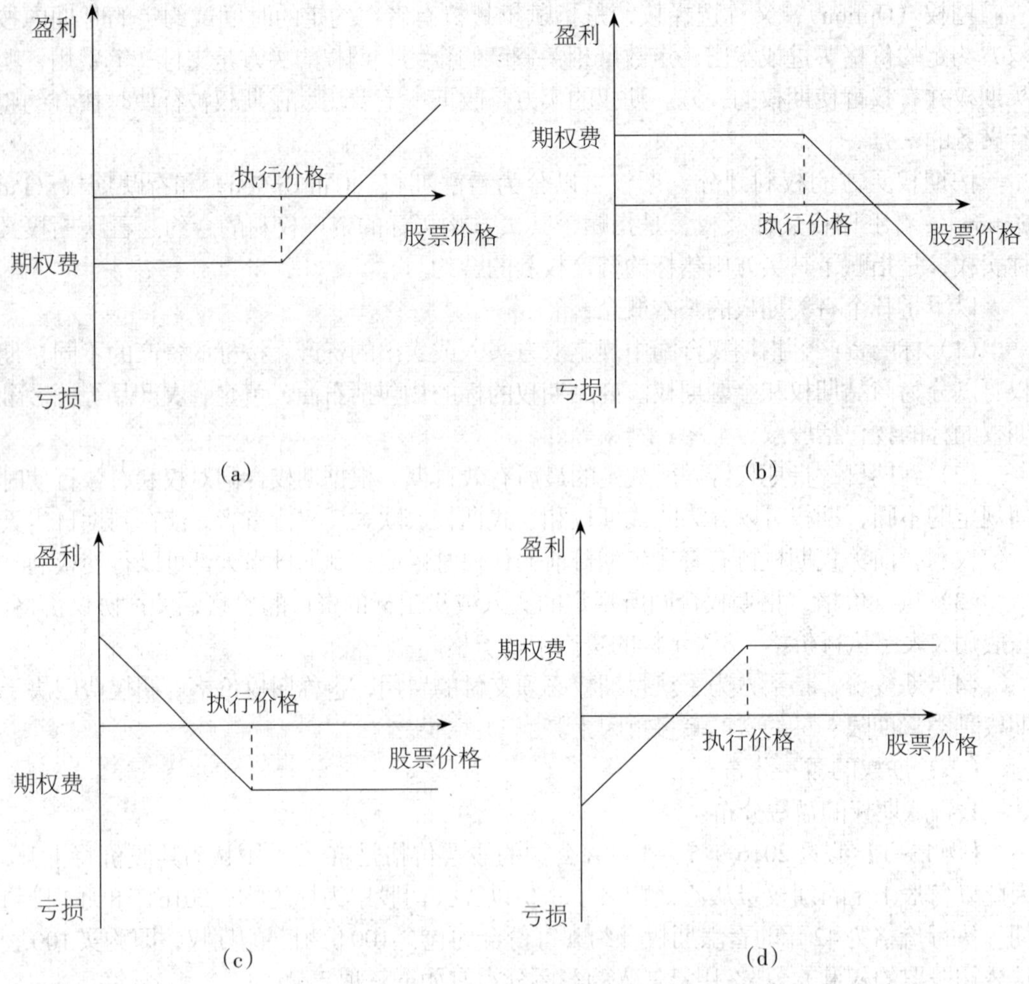

图13-1　看涨期权和看跌期权的盈亏分布图

2.看跌期权的盈亏分布

【例13-2】仍然以【例13-1】中A公司的股票为例，2016年5月1日A公司的股票价格是40元。甲认为其股价将下跌，因此以每股1元的期权费从乙处购买了一份以A公司股票为标的物、2016年8月1日到期、执行价格为38元的看跌期权合约（每份合约包含100份相同的期权，即卖出100股该公司股票的权利）。那么甲乙二人的盈亏分布有如下三种情况：

（1）如果在期权到期时，A公司股票价格等于或高于38元，甲会选择不行使期权，其最大亏损为100元。

（2）如果在期权到期时，A公司股票价格在37～38元，甲会选择行使期权，可赚取一定的利润，但扣除期权费后，其净收益为负。

（3）如果在期权到期时，A公司股票价格低于37元，甲会选择行使期权，并可以实现净盈余。股票价格越低，甲的净盈余就越多。如期权到期时，A公司的股票价格跌至35元，买方通过行使期权，可赚取300元，扣除期权费用100元，实现净盈余200元。

看跌期权买方的盈亏分布如图13-1（c）所示。期权买方和卖方的盈亏分布正好相反，据此可以画出看跌期权卖方的盈亏分布，如图13-1（d）所示。从盈亏分布图可以看出，看跌期权交易买方和卖方的盈利和亏损都是有限的，其中买方的亏损和卖方的盈利均以期权费为限。

（三）期权市场

期权交易除拥有场内市场外，还有一个规模庞大的场外市场。在场内进行交易的是标准化的期权合约，其交易单位、最小价格变动单位、每日价格波动限制、执行价格、合约月份、最后交易日、履约日等都由交易所做出统一的规定。在场外进行交易的是非标准化的期权合约，合约的条款通常没有明确的限制或规范，可由交易双方自由厘定。

期权的场内市场结构与期货市场十分相似，由交易所及其会员、结算公司、期权交易者三大部分构成。交易所是期权买卖的场所，通常以股份公司的形式由会员联合组成。结算公司是期权交易所的结算机构。如果经纪人/公司本身不是结算公司的会员，则必须通过某一会员结清其交易。结算公司是所有期权买者的卖者和所有期权卖者的买者，以保证每份期权都不存在信用风险。

在期权的场内交易中，经纪人会要求期权卖方开立保证金账户，用于保证清算和防止违约。卖方在交易之前必须存入一定数量的保证金，称为初始保证金。在每天交易结束时，交易所与清算机构都要进行结算和清算，根据标的资产价格的升跌，计算交易者的浮动盈亏，并相应调整保证金账户头寸。如果投资者卖出的是有保护的买权（即投资者持有该股票以备未来交割），则无须缴纳保证金。

如果交易者不想继续持有未到期的期权头寸，就可以在最后交易日结束之前，随时进行反向交易，结清头寸。这与期货交易中的对冲是完全相同的。如果最后交易日结束之后，交易者所持有的头寸仍未平仓，买方就有权要求执行，而卖方就必须做好相应的履约准备。现货期权一般进行实物交割，指数期权则是现金结算。

二、期权的定价思想

（一）期权的内在价值和时间价值

期权的内在价值是指其立即行权时的价值，是0与买方行使期权时“S_t-X”（看涨期权）或“$X-S_t$”（看跌期权）之间的较大值（其中t是期权买方行使权利的时间）。根据标的资产价格与执行价格的关系，期权可以分为实值期权、虚值期权和两平期权，如表13-1所示。

（1）当看涨期权的执行价格低于标的资产当时的实际价格，或者当看跌期权的执行价格高于当时的实际价格时，该期权为实值期权。

表13-1 实值期权、虚值期权与两平期权

	看涨期权	看跌期权
实值期权	市场价格>执行价格（$S_t > X$）	市场价格<执行价格（$S_t < X$）
两平期权	市场价格=执行价格（$S_t = X$）	市场价格=执行价格（$S_t = X$）
虚值期权	市场价格<执行价格（$S_t < X$）	市场价格>执行价格（$S_t > X$）

（2）当看涨期权的执行价格高于标的资产当时的实际价格，或者当看跌期权的执行价格低于当时的实际价格时，该期权为虚值期权。

（3）当期权的执行价格等于标的资产当时的实际价格时，该期权为两平期权。

实值期权的内在价值为正，虚值期权和两平期权的内在价值为0。

在到期日之前，期权价格一般高于其内在价值，因为除了内在价值之外，期权价格中还包括时间价值。时间价值是指在期权有效期内标的资产价格波动为期权持有者带来收益的可能性所隐含的价值。

显然，标的资产价格的波动性越强，期权的时间价值越大；期权距离到期日的时间越长，时间价值也越大。

（二）影响期权价格的因素

凡是影响期权内在价值和时间价值的因素都会影响期权的价格，概括起来，有以下五大因素：

1.标的资产的市场价格与期权的执行价格

标的资产的市场价格与期权的执行价格是影响期权价格最主要的因素。因为这两个价格及其相互关系不仅决定着内在价值，而且还进一步影响着时间价值。对看涨期权而言，其收益等于标的资产当时的价格与执行价格之差，标的资产的价格越高，执行价格越低，看涨期权的价格就越高；对看跌期权而言，其收益等于执行价格与标的资产当时的价格之差，标的资产的价格越低，执行价格越高，看跌期权的价格就越高。

2.期权的有效期

期权的时间价值显然会受到有效期的影响。一般情况下，随着时间的延长，期权的时间价值是增加的。然而，随着时间的延长，期权时间价值的增幅是递减的。

3.标的资产价格的波动率

标的资产价格的波动率越高，期权的时间价值就越大。因为期权买方的最大亏损仅限于期权费，而最大盈利则取决于执行期权时标的资产价格与执行价格的差额。因此波动对期权买方是有利的，波动率越高，时间价值越大。

4.无风险利率

无风险利率上升时，较高的利率水平降低了执行价格的现值，在其他条件不变的情况下，看涨期权价值增加，看跌期权价值减少。

5.标的资产收益

标的资产分红付息等将降低标的资产的价格，而执行价格并未进行调整，因此在期权的有效期内，标的资产产生收益将使看涨期权的价格下降，使看跌期权的价格上涨。

（三）期权定价的基本思想

1.无套利定价

无套利定价的基本思想是，在有效的金融市场上，任何一项金融资产的定价都应当使得利用该项金融资产进行套利的机会不存在。期权是一种衍生金融工具，其收益的变化可以通过其他金融资产的组合体现出来。我们可以构建一个收益状况与期权相同、由其他金融资产构成的资产组合。根据无套利定价原则，期权价值应当与上述资产组合的价值相等。

【例13-3】甲买入了A公司一份执行价格为75元、期限为6个月的欧式看涨期权。6个月的无风险利率为4%。假设6个月后该公司的股票要么下跌至50元，要么上升至100元。当前股票价格为70元。

构建两个资产组合：

组合A：持有2份欧式看涨期权。

组合B：持有1股该公司股票，同时按8%的无风险利率借入48.08元，期限半年。

则6个月后A、B两个组合的收益状况如表13-2所示。

表13-2 两个组合的收益比较

	S=50	S=100
组合A	0	50
组合B	0	50
1股股票	50	100
归还借款本息	-50	-50

可见，无论6个月后该公司股票价格是50元还是100元，组合B的收益都和A相等。根据无套利定价思想，期初时，2份欧式看涨期权的价值应该与资产组合B的价值相等，即：

$2C = 70 - 48.08$

$C = 10.96$（元）

从另一个角度来考虑，由于衍生证券价格和标的证券价格都受同一种不确定性影响，如果匹配适当，这种不确定性就可以相互抵消。我们可以建立一个包括衍生证券和标的证券在内的投资组合。若数量适当，标的证券头寸的盈利（或亏损）总是会与衍生证券头寸的亏损（或盈利）相抵消，因此在短时间内该投资组合是无风险的。同样，根据无套利定价的思想，该投资组合在短期内的收益率一定等于无风险利率。

继续【例13-3】，可以构建如下无风险资产组合：买入1股该公司股票，同时出售

2份欧式看涨期权，该组合在期初和期末的损益状况如表13-3所示。

表13-3 **利用股票和看涨期权构建无风险证券组合**

资产头寸	初始投资	期末收益	
		S=50	S=100
1股股票	70	50	100
出售2份欧式看涨期权	−2C	0	−50
总计	70−2C	50	50

可见，无论6个月后该公司股票价格是50元还是100元，组合的收益都是50元，该组合是一个无风险组合，所以有：

$70-2C=50\div(1+4\%)$

$C=10.96$（元）

2. 风险中性定价

风险中性定价的原理是，在对衍生金融工具定价时，可假定所有投资者都是风险中性的，此时所有证券的预期收益率都等于无风险利率r_f，所有的现值都可以用未来现金流的期望值通过无风险利率贴现求得。值得注意的是，虽然风险中性是人们为了便于定价而做出的假设，但这种方法并不要求所有的投资者都是风险中性的，其结论也适用于投资者厌恶风险的情况。

仍然以【例13-3】中A公司的欧式看涨期权为例。

首先求股票价格上涨的风险中性概率p：

$[100p+50\times(1-p)]=70\times(1+4\%)$

$p=0.456$

利用风险中性定价原理定价：

$C\times(1+4\%)=(0+25\times0.456)$

$C=10.96$（元）

可见，用无套利定价与风险中性定价得到的结果一致，两者是等价的。后面介绍二叉树定价模型时，还会详细介绍这一方法。

（四）看涨-看跌期权平价公式

运用无套利定价的思想，我们可以得出欧式看涨-看跌期权平价公式。看涨期权和看跌期权两者在价格上有密切的联系。利用这种联系，如果已知标的资产和无风险债券的价格，在确定看涨期权的价格后，就能够推导出相应的看跌期权的价格。

在当前时间t，构造如下两个资产组合：

组合A：买入一份执行价格为X、到期日为T的欧式看涨期权，同时以无风险利率r_f借出金额为$Xe^{-r_f(T-t)}$的资金。

组合B：买入一份有效期及协议价格与看涨期权相同的欧式看跌期权，并以市价S购入一单位标的资产。

期初和期末组合A和组合B的损益状况如表13-4所示。

表13-4　　**组合A和组合B的损益状况**

	期初（t时刻）	期末（T时刻）	
		$S_T<X$	$S_T>X$
组合A	$C+Xe^{-r_f(T-t)}$	X	S_T
欧式看涨期权	C	0	S_T-X
无风险资金	$Xe^{-r_f(T-t)}$	X	X
组合B	$P+S$	X	S_T
欧式看跌期权	P	$X-S_T$	0
标的资产	S	S_T	S_T

可见，期末时组合A和组合B的价值均为$\max(S_T,X)$。根据无套利定价的思想，期初时这两个组合的价值也应该相等，即：

$$C+Xe^{-r_f(T-t)}=P+S \tag{13-1}$$

这就是看涨-看跌期权平价公式。

三、二叉树定价模型

基于上述无套利定价的基本思想，本部分重点介绍一种简单的期权定价模型——二叉树定价模型。

在存在风险的情况下，资产未来的现金流有多种可能。二叉树是一种最简单的假设，即每一期只出现两种可能性。二叉树模型的思想实际上是在用大量离散的小幅度波动来模拟连续的资产价格运动。把期权的有效期分为很多很小的时间间隔Δt，并假设在每一个时间间隔Δt内证券价格只有两种运动的可能。

（一）期权定价的一期模型

对期权的定价（以欧式看涨期权为例），我们首先从最简单的一期模型开始。设股票价格从开始的S上升到S_H或下降到S_L。相应地，期权价格从C变为C_H或C_L，如下所示：

$$S\begin{array}{l}\nearrow S_H\\ \searrow S_L\end{array}\qquad\qquad C\begin{array}{l}\nearrow C_H\\ \searrow C_L\end{array}$$

构建如下套期保值组合：以价格S购买一份股票，并售出m份看涨期权。组合的价值变化如下所示：

$$S-mC\begin{array}{l}\nearrow S_H-mC_H\\ \searrow S_L-mC_L\end{array}$$

我们的目的是构建无风险资产组合，因此无论期末股票价格是上升还是下降，组合的价值都应该相等，即：

$$S_H-mC_H=S_L-mC_L$$

$$m=\frac{S_H-S_L}{C_H-C_L}$$

无风险资产组合适用的收益率为市场上的无风险利率r_f，于是有：

$$(1+r_f)(S-mC)=S_H-mC_H$$

得$C=\dfrac{pC_H+(1-p)C_L}{1+r_f}$

其中，$p=\dfrac{S(1+r_f)-S_L}{S_H-S_L}$　　(13-2)

式中：p为当市场达到均衡时，风险中性投资者认为股票价格上升的概率，即我们前面所说的风险中性概率。

【例13-4】某股票当前价格是40元，6个月后的价格可能是42元或者38元。假如无风险利率是8%。运用一期二叉树模型计算以这一股票为标的资产、执行价格为39元、期限为6个月的欧式看涨期权的价格。

股票价格和期权价格变化的二叉树如下：

首先求出风险中性概率，$p=\dfrac{S(1+r_f)-S_L}{S_H-S_L}=\dfrac{40\times(1+4\%)-38}{42-38}=0.9$

则有，$C=\dfrac{pC_H+(1-p)C_L}{1+r_f}=\dfrac{0.9\times3+0.1\times0}{1+4\%}=2.60$（元）

在本小节的讨论中我们可以发现期权定价有三个特点：

（1）期权的价格与股票价格上升或下降的概率无关。

（2）定价公式不依赖个体对风险的偏好。

（3）股票价格是期权价值唯一依赖的随机变量。

（二）期权定价的二期模型

上述一期模型的思想可以很容易扩展到二期模型和多期模型，我们直接来看一个例子。

【例13-5】某股票当前价格是40元，预计未来两期每一期价格上下波动的幅度都是10%。假如每期的无风险利率是2%。运用二期二叉树模型计算以这一股票为标的资产、执行价格为39元的欧式看涨期权的价格。

股票价格和期权价格变化的二叉树如下：

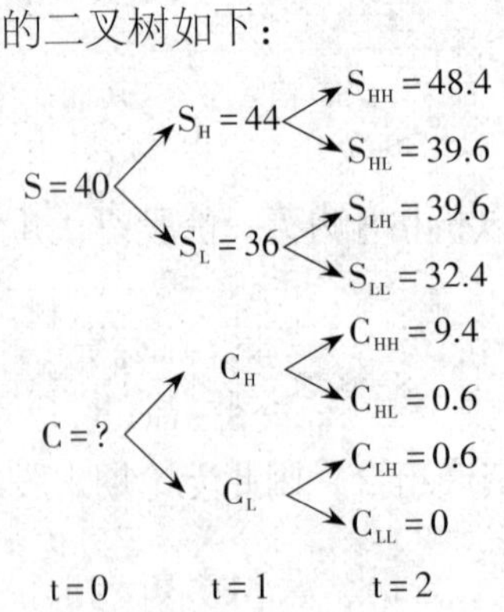

由一期模型的讨论知，

风险中性概率 $p=\frac{S(1+r_f)-S_L}{S_H-S_L}=\frac{(1+2\%)-0.9}{1.1-0.9}=0.6$

从t=1到t=2可以看作一期模型，因此可以得到：

$$C_H=\frac{pC_{HH}+(1-p)C_{HL}}{1+r_f}=\frac{0.6\times9.4+0.4\times0.6}{1+2\%}=5.765(\text{元})$$

$$C_L=\frac{pC_{LH}+(1-p)C_{LL}}{1+r_f}=\frac{0.6\times0.6+0.4\times0}{1+2\%}=0.353(\text{元})$$

同理，从t=0到t=1仍可以看作一期模型，那么有：

$$C=\frac{pC_H+(1-p)C_L}{1+r_f}=\frac{0.6\times5.765+0.5\times0.353}{1+2\%}=3.564(\text{元})$$

多期模型的期权定价与其类似，可以自行推导。

四、B-S期权定价模型

1973年，费希尔·布莱克（Fischer Black）和迈伦·斯科尔斯（Myron Scholes）在他们著名的论文“The Pricing of Options and Corporate Liabilities”中成功地通过标的资产价格、执行价格、时间、波动率和无风险利率等因素用数学模型将看涨期权的价值计算出来了。这就是著名的B-S期权公式。以无收益资产（如不支付红利的股票）为标的的欧式看涨期权的定价公式如下：

$$C=SN(d_1)-Xe^{-r_fT}N(d_2)$$

$$d_1=\frac{\ln(\frac{S}{X})+(r_f+\frac{\sigma^2}{2})T}{\sigma\sqrt{T}}$$

$$d_2=\frac{\ln(\frac{S}{X})+(r_f-\frac{\sigma^2}{2})T}{\sigma\sqrt{T}}=d_1-\sigma\sqrt{T} \qquad (13-3)$$

式中：N(x)为标准正态分布的累计概率分布函数，T为距到期日的时间，σ为标的资产收益率的标准差。无收益资产欧式看跌期权的价格可以通过看涨-看跌期权平价公式得到：

$$P=Xe^{-r_fT}N(-d_2)-SN(-d_1) \qquad (13-4)$$

【例13-6】某一不支付红利的股票当前价格为50元，无风险利率为10%，股票价格的年波动率为30%，求以该股票为标的资产、执行价格为50元、期限为3个月的欧式看跌期权的价格。

在本题中，S=50，X=50，r_f=0.1，σ=0.3，T=0.25，

因此，$d_1=\frac{\ln(50\div50)+(0.1+0.09\div2)\times0.25}{0.3\times\sqrt{0.25}}=0.2417$

$d_2=d_1-0.3\times\sqrt{0.25}=0.0917$

其欧式看跌期权的价格为：

$$P=50e^{-0.1\times0.25}N(-0.0917)-50N(-0.2417)$$
$$=50\times0.4634e^{-0.1\times0.25}-50\times0.4045=2.37(\text{元})$$

到现在为止，我们一直假定期权的标的资产没有现金收益，那么对于有收益资产，其定价公式也可以推导出来：

当标的资产已知收益的现值为I时，我们只要用（S–I）代替式中的S，即可求得有固定收益证券欧式看涨期权和看跌期权的定价公式。

当标的资产的收益率为按连续复利计算的固定收益率q时，我们只要用$Se^{-q(T-t)}$代替式中的S，就可求得支付连续复利收益率证券的看涨期权和看跌期权的定价公式。

第二节　期权与公司价值分析

布莱克和斯科尔斯在1973年首先提出，可以把杠杆公司的股票看作以公司市场价值为标的物的看涨期权。期权定价提供了一种评估公司股票和债券价值的新方法。在本节我们将分别从看涨期权和看跌期权的视角分析公司股东权益和债券价值。

一、看涨期权的视角

我们假设公司只有两种融资方式：发行普通股票和公司债券。公司资产的市场价值为V，假设公司债券是零息债券，面值为D，到期日为T。这种债券由公司的资产担保，但只有在到期日，债券的持有者才能强迫公司破产。公司所有者权益为E，公司不为股票支付红利。

在债券到期日，如果公司的市场价值V超过债券的面值D，股东将选择归还价值为D的债务，得到公司的全部资产V，公司股东权益的价值为V－D。如果公司的市场价值V小于或等于债券的面值D，股东将选择不归还债务，而将公司资产全部留给债权人，公司股东权益的价值为0。在债券到期日，公司股东权益的价值与公司资产价值V和公司债券的面值D之间的关系如图13-2所示。

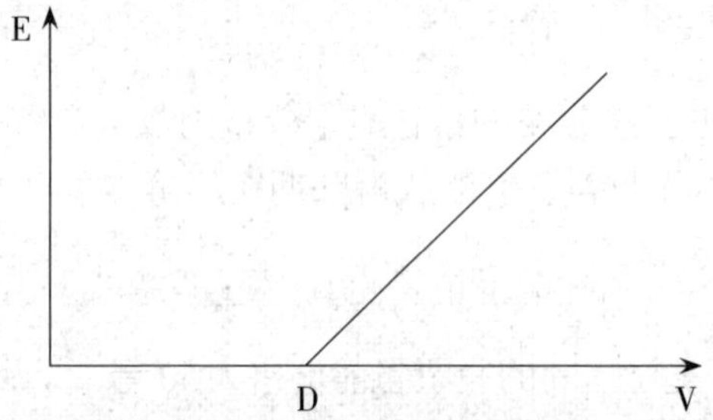

图13-2　负债到期日股东权益的价值

在债券到期日，公司股东权益的价值为$\max(0, V-D)$，可以看出公司股东相当于持有一份以公司资产为标的资产、以债务偿还额D为执行价格的看涨期权。而债权人作为公司股东的对手方，拥有公司的全部资产，并向股东出售了一份以公司资产为标的资产、以债务偿还额D为执行价格的看涨期权。在债券到期日，如果公司的市场价值V超过债券的面值D，股东选择归还债务，得到公司的全部资产V，相当于公司股东以D的执行价格购买了价值为V的公司资产。如果公司的市场价值V小于债券的面值D，股东选择不归还债务，而将公司资产全部交给债权人，相当于公司股东放弃了看涨期权的执行。

从这一角度看，公司股东和债权人的头寸及在债券到期时的支付如表13-5所示。

表13-5 **债券到期日股东和债权人的头寸及支付（看涨期权视角）**

	债券到期日的支付	
	V≤D	V>D
股东头寸	0	V-D
一份以公司资产为标的的看涨期权	0	V-D
债权人头寸	V	D
拥有公司	V	V
向股东出售以公司资产为标的的看涨期权	0	-（V-D）
公司价值	0+V=V	V-D+D=V

二、看跌期权的视角

公司债券是存在风险的，在债券到期日，如果公司的市场价值V超过债券的面值D，股东将归还债权人的债务，债务的价值为D。如果公司的市场价值V小于或等于债券的面值D，在公司承担有限责任的前提下，债务的价值为*V*。在债券到期日，负债价值与公司资产价值V和公司债券D之间的关系如图13-3所示。

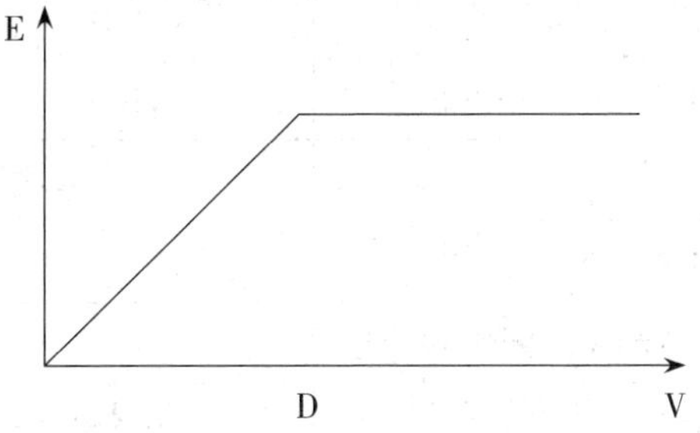

图13-3 负债到期日债券的价值

在债券到期日，公司负债的价值为$\min(V,D)=D-\max(0,D-V)=D-P$，相当于公司债权人拥有面值为D的无风险负债，并向股东出售了一份以公司资产为标的资产、以债务偿还额D为执行价格的看跌期权。而公司股东作为债权人的对手方，拥有公司的全部资产，承担面值为D的债务，同时持有一份以公司资产为标的资产、以债务偿还额D为执行价格的看跌期权。在债券到期日，如果公司的市场价值V小于或等于债券的面值D，股东将把公司资产全部转到债权人手上，公司股东权益的价值S=0，债券价值为V。如果公司的市场价值V超过债券的面值D，股东仍将持有公司的全部资产V，公司股东权益的价值为V-D，债券价值为D。

或者从看涨-看跌期权平价公式出发：

$C+Xe^{-r_fT}=P+S$

则，$S-C=Xe^{-r_fT}-P$

根据本节中讨论的概念，公司资产是标的资产，债券面值D是执行价格的现值，股东权益是公司看涨期权价格，则有：

V－股东权益＝D－公司看跌期权价值

又因为，公司债券价值＝V－股东权益

可以得到，公司债券价值＝D－公司看跌期权价值

因此从看跌期权的角度，债权人拥有D的负债，并拥有公司看跌期权空头。也就是说，风险债券的价值等于无风险债券的价值减去一个以公司资产为标的物、执行价格为D的看跌期权的价值。我们可以运用期权定价的方法确定这一看跌期权的价值，对债券价值进行风险调整。

从看跌期权的角度考虑，公司股东和债权人的头寸及在债券到期时的支付如表13-6所示。

表13-6　**债券到期日股东和债权人的头寸及支付（看跌期权视角）**

	债券到期日的支付	
	V≤D	V＞D
股东头寸	0	V−D
拥有公司	V	V
欠债权人价值D的债务	−D	−D
一份以公司资产为标的的看跌期权	（D−V）	0
债权人头寸	V	D
拥有价值D的债务	D	D
向股东出售了一份以公司资产为标的的看跌期权	－（D−V）	0
公司价值	0+V=V	V−D+D=V

下面来看一个用期权定价法分析公司价值的例子。

【例13-7】某公司目前的资产价值为30亿元，公司发行了5亿元的零息债券，5年后到期。可比公司价值波动的年标准差为12.5%，无风险利率为5%。请用期权定价方法计算该公司的股权价值和债权价值。

运用B-S公式计算，在本例中：

标的资产价格S=30亿元；执行价格X=5亿元；无风险利率r_f=0.05；距到期日的时间T=5；波动率σ=0.125。

将数值代入B-S公式，得：

$$d_1 = \frac{\ln(30 \div 5) + (0.05 + 0.015625 \div 2) \times 5}{0.125 \times \sqrt{5}} = 7.4449$$

$$d_2 = d_1 - 0.125 \times \sqrt{5} = 7.1654$$

通过查标准正态分布的概率表得出：

$N(d_1)=N(7.4449)=1$

$N(d_2)=N(7.1654)=1$

$C=SN(d_1)-Xe^{-r_fT}N(d_2)=30\times1-5\times0.7788\times1=26.106$（亿元）

这就是说，该公司股权价值为26.106亿元，对应的负债价值为3.894亿元（30－26.106）。当然，也可以利用无风险债券价值减去看跌期权价值的方式来计算债权的价值，计算过程如下：

$P=Xe^{-r_fT}N(-d_2)-SN(-d_1)=5\times0.7788\times0-30\times0=0$

$Xe^{-r_fT}-P=5\times0.7788-0=3.894$（亿元）

从上面的分析可知，公司股权和债权既可以用看涨期权也可以用看跌期权来看待。表13-7总结了这两种观点。

表13-7　**从看涨期权和看跌期权视角看公司价值**

股东	债权人
看涨期权视角	
以公司资产为标的的看涨期权	1.拥有公司 2.向股东出售以公司资产为标的的看涨期权
看跌期权视角	
1.拥有公司 2.欠债权人价值D的债务 3.以公司资产为标的的看跌期权	1.拥有价值D的债务 2.向股东出售了以公司资产为标的的看跌期权

三、期权与公司选择

从期权的视角看公司可以发现，股东和债权人分别持有期权的多头和空头，因此，他们对风险的态度有本质的区别，作为期权标的资产的公司资产价值波动率越大，对股东越有利，但对债权人却越不利。这也成为两者利益冲突的根源。在资本结构部分我们曾探讨过存在债务危机时，股东存在过度投资的倾向，正是两者风险态度不同的体现。本部分我们进一步从期权视角考察公司并购和资本预算。

（一）从期权视角看多元化

在“公司理财基础”部分，我们了解到了多元化对投资者的意义：通过多元化消除投资组合中的非系统风险。那么对企业来说，通过多元化降低风险是进行并购的很好理由吗？从期权的视角来看，似乎并非如此。

【例13-8】椰岛旅行社和雪山旅行社正在考虑合并事宜。两家公司分别专注于海岛和雪山旅游，都有着明显的旺季现金流和淡季现金流。如果两家公司合并，合并后的公司将摆脱现金流的季节性变化，表现出更为稳定的现金流。假设两家公司的合并只是单纯的财务合并，除了风险降低带来的好处之外，并不存在协同效应或其他创造价值的可能性。表13-8为合并前两家公司的信息。

表13-8　　合并前两家公司的信息

	椰岛旅行社	雪山旅行社
资产市值（万元）	5 000	3 000
零息债券面值（万元）	3 000	1 500
债务期限（年）	3	3
资产收益率标准差（%）	60	50
无风险利率（连续复利）	4%	

我们可以把每家企业的股权视为看涨期权，并利用B-S公式确定股权及债权价值。计算结果如表13-9所示。

表13-9　　两家公司的股权及债权价值

	椰岛旅行社	雪山旅行社
股权价值（万元）	2 927	1 822
债权价值（万元）	2 073	1 178
合计（万元）	5 000	3 000

基于本例的假设，合并后公司资产收益率的标准差下降为40%，除此之外没有其他影响。那么合并之后公司的总价值为8 000万元，负债面值为4 500万元，期限3年。同样根据B-S公式，可以计算出合并后公司的股权及债权价值。计算结果如表13-10所示。

表13-10　　合并后公司的股权及债权价值

	合并后的公司
股权价值（万元）	4 321
债权价值（万元）	3 679
合计（万元）	8 000

从股东的角度来看，这个合并显然并非好主意。在合并之前，两家独立的公司股权价值合计为4 749万元，合并之后下降了428万元；而合并之前，两家独立公司的债权价值合计为3 251万元，合并之后正好增加了428万元。

基于上述分析，请读者思考以下两个问题：

（1）纯粹的财务合并对股东而言是否能带来价值提升？

（2）这样的合并为何对股东来说是一件坏事？

（二）期权与资本预算

我们在资本结构相关章节中曾经提到，陷入财务困境的企业可能会表现出过度投资的趋势，也就是投资那些风险很高但净现值为负的项目。在这里我们从期权的视角对其做进一步的分析。

【例13-9】假设A公司正面临财务危机，它的资产负债及相关财务数据如表13-11所示。

表13-11　　A公司的资产负债及相关财务数据

资产市值（万元）	2 000
零息负债面值（万元）	3 000
债务期限（年）	1
资产收益率标准差（%）	50
无风险利率（连续复利）	5%

此时，根据B-S公式，股权及债权的价值分别为165万元和1 835万元。假设目前该公司有一个投资项目正在审议中，该项目对公司总价值和资产风险都会产生影响。该项目净现值为-100万元，如果项目实施，将使公司的总价值降至1 900万元。同时，由于风险较高，会使公司资产收益率的标准差从50%上升到80%。如果公司实施该项目，则根据期权定价公式，公司的股权与债权价值分别为349万元和1 551万元。显然，这个项目的实施使得股权价值增加了1倍多。

这个例子再次表明股东具有强烈的增加公司风险的动机，尤其是公司已经陷入财务困境，即股东所持有的看涨期权处于严重虚值状态的时候。

第三节　期权在公司投资中的应用

一、实物期权概述

1977年，斯图尔特·迈尔斯（Stewart C.Myers）首次提出了实物期权（Real Option）的概念。实物期权是在不确定性条件下，与金融期权类似的实物资产投资的选择权。与传统的期权相比，实物期权的标的物不再是股票、外汇等金融资产，而是投资项目等实物资产。

直观地理解，可以把实物期权看成是一种灵活的选择。在实际投资决策中，企业在各种层次上的各种发展机会和潜力都属于实物期权。比如，在购置设备时，决策者可能会面临多种设备或多种技术上的选择，这时可以选择通过增强设备的灵活性来保证充足的回报，如让汽车既可以烧汽油又可以烧液化气，在燃料价格发生大幅波动的情况下可能会有效节省开支。此外，传统的投资理论通常认为项目投资只有一次选择机会，决策点只有一个。这种方法只有在决策人掌握全部信息的情况下才是有效的。事实上，由于信息的复杂性，决策者不可能掌握全部信息，因此决策往往要分成很多阶段，在投资持续的过程中，投资者根据信息的累积具有继续或终止后续步骤的灵活性。每一个决策点都对应着一个选择权，前一个决策是为了获得进行后一个决策的资格。以上都是“灵活性”的例子，也就是我们所说的实物期权。

长期以来，投资项目决策最常用的方法是现金流贴现法，但这种方法考虑的因素过于简单，现实中影响贴现率的诸多因素，如项目本身的风险性、投资者所要求的风险回报率、未来现金流的不确定性等往往难以衡量。而且这一方法假定在进行决策时未来的行动已经完全固定，而没有考虑投资者未来决策的灵活性。因此，这一方法容易造成对投资项目真实价值的低估，常常使投资者在具有灵活性的投资项目中无法通过灵活地把握各种潜在的投资机会而带来增值，有时候甚至会导致错误的决策。

与传统的投资决策分析方法相比，实物期权的思想不是集中于对单一的现金流预测，而是把分析集中在项目所具有的不确定性问题上。一个投资项目所创造的价值，除了来自目前所拥有的资产外，还应包括对未来投资机会的选择。也就是说，企业可以拥有一种权利，在未来某一时刻选择继续或放弃投资计划。通过引入期权的思想来评估投资项目的价值，丰富了投资决策理论，提高了投资决策的科学性。

二、实物期权的类型

在投资的过程中，选择发生在各个阶段，如是否投资、分几个阶段投资、投资规模是否扩大、项目到一定时间是否出售或终止等。实物期权几乎涵盖了项目投资的整个过程。常见的实物期权包括扩张期权、放弃期权、等待期权等，接下来我们将分别介绍。

（一）扩张期权

扩张期权是指企业通过投资形成一定的资源条件，获得将来扩大规模或向相关领域扩张的权利。扩张期权的意义在于，企业可以进行一些必要的投资，为将来的发展做铺垫。如通过在相应领域经营一段时间获得了人才队伍、关系网络、技术积累等硬件和软件条件，从而降低了未来投资时面对的进入门槛，增强了竞争优势。扩张机会的存在要求投资者在评价当前的投资项目时，考虑未来扩张选择权的价值。这一期权对未来前景看好的项目或领域具有重要意义。

【例13-10】某制造公司管理层预计某种新型产品可能有较好的市场前景，计划引进这种新型产品生产技术。已知公司要求的风险回报率为10%，无风险利率为5%，可比公司的股票价格标准差为20%（可以作为项目现金流量价值的标准差）。

这一投资项目的初始投资额为1 200万元，期限为5年，相关现金流量如表13-12所示。

表13-12　**相关现金流量**

时间（年）	0	1	2	3	4	5
现金流（万元）	-1 200	160	240	320	320	320
折现因子	1	0.9091	0.8264	0.7513	0.6830	0.6209
各年现金流现值（万元）	-1 200	145.456	198.336	240.416	218.56	198.688

若用传统净现值指标评价这一投资项目，则净现值NPV=1 001.456−1 200=−198.544（万元），该项目不值得投资。

如果在第3年年末可以在初始投资的基础上进行第二轮投资（必须在初始投资的基础上进行），投资额为2 500万元，期限为5年，预计相关现金流量如表13−13所示。

表13−13 相关现金流量

时间（年）	3	4	5	6	7	8
现金流（万元）	−2 500	800	800	800	650	650

折现到0时点，其投资额的现值为2 500÷1.05^3=2 160（万元），收益的现值为2 836.975÷1.10^3=2 131（万元），净现值NPV=2 131−2 160=−29（万元）。

可见，根据净现值指标，这两轮投资均不可行。

但是第二轮投资在3年后才进行，具有较大的不确定性，存在着发生有利情况、净现值大于零的可能。如果现在不进行初始投资，就失去了未来投资的机会，因此初始投资的价值还应该包括在第3年进行投资的选择权。我们可以把这个选择权看作一份标的资产当前价值为2 131万元、执行价格为2 500万元、期限为3年的看涨期权。采用B−S公式计算这一期权的价值。

在本例中，标的资产的当前价格S=2 131万元；执行价格X=2 500万元；无风险利率r_f=5%；距到期日的时间T=3；波动率σ=0.20。

将数值代入B−S公式，得：

$$d_1=\frac{\ln(2\,131\div2\,500)+(0.05+0.04\div2)\times3}{0.20\times\sqrt{3}}=0.1452$$

$$d_2=d_1-0.20\times\sqrt{3}=-0.2012$$

通过查标准正态分布的概率表得出：

$$N(d_1)=N(0.0812)=0.5577$$

$$N(d_2)=N(-0.1612)=0.4203$$

所以这一看涨期权的价值为：

$$C=SN(d_1)-Xe^{-r_fT}N(d_2)=2\,131\times0.5577-2\,500\times0.861\times0.4203=283.76(万元)$$

考虑到期权的初始项目净现值NPV=−198.544+283.76=85.22（万元），这一项目是值得投资的。

从上面的例子中我们可以看到考虑扩张期权价值的决策方法：

只要初始NPV+扩张期权价值>0，我们就认为项目投资是可行的。

（二）放弃期权

放弃期权是指在市场环境变差时可以将投资变现或转产的权利。有时候，项目中途转变用途或者放弃，对投资人而言是有利的。因为如果有限的资源被占用在没有盈利空间的领域，会阻碍公司开拓和进入新的领域，不利于公司的长远发展。

放弃期权的一个典型例子是租赁。一般来讲，通用设备为使用者提供了一种转作他用的选择权，但是在某些领域无法使用通用设备，在这种情况下，公司就无法拥有放弃的期权。租赁为面临这一难题的公司提供了一个很好的选择。

【例13-11】某公司因扩大生产规模需购买一台设备。如果公司选择自己购买设备，则价值为100万元，预计使用期限为10年，并按直线折旧法提取折旧。两年后设备的账面价值为80万元。该设备属于专用设备，若两年后选择出售，只能按照其未来现金流现值计价。

假设两年后测算的设备未来现金流现值及其概率分布如表13-14所示。

表13-14 **设备未来现金流现值及其概率分布**

未来现金流现值（万元）	50	60	70	80	90	100	110
概率（%）	10	10	20	20	20	10	10

则两年后公司净现值及其概率分布如表13-15所示（不管卖掉设备还是继续使用）。

表13-15 **公司净现值及其概率分布**

公司净现值（万元）	-30	-20	-10	0	10	20	30
概率（%）	10	10	20	20	20	10	10

而在租赁的情况下，两年后，如果前景不好，公司将不再续签租赁合同，实际上相当于将设备以80万元的价格出售；如果前景好，公司将续签合同，从而保证有正的净现值。租赁情况下净现值及其概率分布如表13-16所示。

表13-16 **租赁情况下净现值及其概率分布**

净现值（万元）	0	0	0	0	10	20	30
概率（%）	10	10	20	20	20	10	10

由表13-16我们可以看出，在租赁的情况下，公司相当于持有一份该设备的看跌期权，其执行价格为80万元，期限为两年。

通过比较自行购买设备和租赁设备两种情况下公司净现值的差别，我们可以得到这一隐含的期权在到期日的支付额及其概率分布，如表13-17所示。

表13-17 **期权到期支付额及其概率分布**

期权到期支付额（万元）	30	20	10	0	0	0	0
概率（%）	10	10	20	20	20	10	10

假设无风险利率为5%，可以大致计算出这一看跌期权的价值①：

$$\frac{30\times10\%+20\times10\%+10\times20\%}{(1+5\%)^2}=6.35(\text{万元})$$

将折旧与这一期权价值相加，可以得出合理的两年租赁费用为：

$$10+10+6.35=26.35(\text{万元})$$

① 这里只是以无风险利率为贴现率说明期权价值的计算过程。

（三）等待期权

等待期权也称延迟期权，是指可以延迟投资机会而不失去投资机会（在不增加期望投资数额的情况下），以及可以延迟退出而不失去退出机会（在不增加期望退出成本的情况下）的权利。也就是说，可以在进行决策之前进行等待和观察以选择最佳时机，又被称为时机选择的期权。

如果满足上述条件，投资者相当于拥有一份尚未到期的看涨期权。由于这一期权的时间价值存在，决策的选择就可能发生变化。但如果投资决策必须马上做出，否则就将永远失去机会，这就相当于一份即将到期或已经到期的看涨期权，其时间价值为零。

等待期权在某种产品的市场前景很不确定时具有重要意义，此时投资者可以选择领先进入，也可以选择在市场前景相对明朗后快速跟进。

【例13-12】某公司计划投资生产新产品，投资额为1 100万元，企业可以在立即投资和一年之后投资之间进行选择。预期每年现金流量为120万元（可持续），如果新产品市场前景好，现金流量为150万元；如果市场情况不好，现金流量为96万元。假定一年之后就可以明确市场情况。已知项目的资本成本为10%，无风险利率为6%。

一年之后如果市场情况好，项目价值=150÷10%=1 500（万元）；如果市场情况不好，项目价值=96÷10%=960（万元）。

若投资者选择立即投资，则该项目的净现值NPV=120÷10%-1 100=100（万元）。若投资者选择一年之后市场明朗时再做出投资决策，当市场情况好时，则选择投资该项目，其净现值NPV=1 500-1 100=400（万元）；当市场情况不好时，选择不投资，净现值NPV=0。

可见，企业目前相当于持有一份期权，可以选择立即执行，也可以选择在一年之后到期时执行。决策的关键是要判断这一期权的价值。我们可以用之前讨论过的二叉树方法来计算，项目价值和期权价值的二叉树如下：

由于项目每年都会产生现金流，可以看作标的资产每年支付红利。假设现金流入是在年末发生的，则在现金流入发生之前的瞬间，项目的价值要包括现金流的价值。

风险中性概率：

$$p=\frac{S(1+r_f)-S_L}{S_H-S_L}=\frac{1\,200\times(1+6\%)-(960+96)}{(1\,500+150)-(960+96)}=0.3636$$

这一期权的价值：

$$C=\frac{pC_H+(1-p)C_L}{1+r_f}=\frac{0.3636\times400+0.6364\times0}{1+6\%}=137.21(\text{万元})$$

如果选择立即投资，相当于马上执行这一看涨期权，得到的就是项目目前的净现值100万元。如果等待，不立即执行这一期权，则期权的价值为137.21万元。显然，投资者应该等待，而不是立即执行手中的期权。这也说明，即使项目的净现值大于零，也可能存在比立即投资更好的选择：等待并观察。

通过上面的讨论，我们可以看出实物期权思想对传统投资决策方法的改进。在传统的净现值方法中，如果项目NPV>0，则选择接受项目；而引入了实物期权之后，一个投资项目真正的净现值中应包括等待的价值，即期权的时间价值。

三、实物期权与金融期权的比较

实物期权是相对于金融期权而言的，它与金融期权具有一定的相似性，但又不完全相同。

在本节前面的例子中，我们将实物期权中的概念与金融期权中的概念进行了类比，总结如表13-18所示。

表13-18 **实物期权中的概念与金融期权中的概念类比**

实物期权中的概念	金融期权中的概念
期望现金流的现值	标的资产价格
获得项目资产所需的投资	执行价格
决策可以延迟的时间	距到期日的时间
货币的时间价值	无风险利率
现金流的不确定性	收益率的波动性

但实物期权与金融期权也存在较大差别。与金融期权相比，实物期权具有以下四个特性：

（1）非交易性。这是实物期权与金融期权的本质区别。在实物期权中，作为标的物的实物资产一般不存在交易市场，而且实物期权本身也不大可能进行市场交易。

（2）非独占性。金融期权具有独占性，而许多实物期权可能被多个竞争者共同拥有，实物期权可能被任何一个拥有者执行，也就是说实物期权是可以共享的。对共享实物期权来说，其价值不仅取决于影响期权价值的一般参数，而且还与竞争者可能的策略选择有关系。

（3）先占性。由于非独占性的存在，首先执行实物期权可能会占得先机，结果表现为取得战略主动权和获得实物期权的最大价值。

（4）复合性。在实物期权中，影响因素一般较金融期权复杂，它不仅与自身的内在价值有关，在大多数场合，还与其他实物期权存在着一定的相关性。这种相关性不仅表现为同一项目内部各子项目之间的前后相关，而且表现为多个投资项目之间的相互关联。

第四节 期权在公司融资中的应用

一、认股权证

（一）认股权证的定义和特征

认股权证（Warrant）是由股份公司发行的一种权利证书，其持有者有权在特定的时间内，按事先约定的价格购买该公司的股票。认股权证本身不是股票，其持有者没有投票权，也不享受股利分配。很多公司会在发行长期债券或优先股时附带认股权证，以增强债券或优先股的吸引力，但认股权证在发行之后可以单独流通和交易。

可以看出，认股权证实际上是一种看涨期权。认股权证的特征如下：

（1）认股权证发行时所确定的价格可以是固定的，也可以按普通股票的市场行情进行调整。

（2）认股权证期限一般较长，可以长达10年甚至更长。

（3）每份认股权证所能购买的普通股股数是确定的。

（4）认股权证被执行时，所交易的股票是新发行的股票。因此认股权证的执行会引起公司上市股份数的增加，从而稀释每股收益和股价。

下面来看一个认股权证的例子：

权证简称：国电CWB1　　交易代码：580022

标的类型：股票　　权证类型：认购

标的代码：600795　　标的简称：国电电力

行权方式：欧式　　按发行人分类：股本权证

行权代码：582022　　行权简称：100521

首次流通份额：42 746.50万份　　最新流通份额：42 746.50万份

存续期起始日：2008-05-22　　存续期终止日：2010-05-21

存续期：24个月　　权证上市日：2008-05-22

初始行权比例：1∶1.0000　　最新行权价：7.4700元

（二）认股权证的价值分析

认股权证本质上是一种看涨期权，影响其价值的因素与一般期权类似，要受到所认购股票的市场价格、股票价格的波动幅度、权证规定的认购价格、认股权证存续期、市场利率、现金股利等因素的影响。

1.认股权证的内在价值

认股权证的价值分为内在价值和时间价值两部分。在不考虑稀释效应的前提下，认股权证的内在价值为：

$$V_W = q\times(P_0 - K) \tag{13-5}$$

式中：V_W为认股权证的内在价值；P_0为公司股票当前的市价；K为认股权证中规定的认购价格；q为每份认股权证所能购买的公司普通股股数。

【例13-13】某公司股票当前的价格为30元，认股权证规定的认购价为25元，每份认股权证所能购买的公司普通股股数为2股，则该认股权证的内在价值为：

$V_W = 2\times(30-25) = 10$(元)

如果认股权证的市场价格V_M低于内在价值V_W，则可以构建无风险套利组合。在【例13-13】中，如果该认股权证的市场价格V_M为8元，则投资者可以8元的价格从市场上购入一份认股权证，然后再行使权证，以权证规定的每股25元的价格购入2股该公司股票。最后，投资者将这2股股票以每股30元的市场价卖掉。投资者的总收入为60元，总支出为58元，净利润为2元。如果投资者在买入权证的同时卖空股票，那么这一收入是无风险的。

在有效的金融市场上，这样的无风险套利机会是不存在的，认股权证的市场价格V_M不会低于其内在价值V_W。

2. 认股权证的稀释效应

前面我们已经提到，认股权证对公司股票具有稀释效应。

假设：N为公司发行在外的流通股股数；M为公司发行的认股权证数量；K为认股权证规定的执行价格；q为每份认股权证所能购买的普通股股数；V_0为认股权证执行前公司股东权益的总价值。

当认股权证被执行时，公司需要按照每股K的价格增发Mq股新股，收入为MqK，股票价格变为：

$$P_1=\frac{V_0+MqK}{N+Mq} \tag{13-6}$$

【例13-14】某公司发行在外的普通股股数为1 000万股，发行在外的认股权证数量为200万份，每份认股权证可以每股48元的价格购买一股股票。该公司当前的股票市价为45元。

显然，当前股票价格低于约定价格，认股权证的持有者不会行使权利。假设有一天股价涨至50元，认股权证持有人行使权利。在行权之前，公司股票的总价值V_0=50×1 000=50 000（万元）。

行权之后，公司发行新股Mq = 200 × 1 = 200 (万股)，公司普通股价值将增加MqK=200×1×48=9 600（万元），股票价格变为：

$$P_1=\frac{V_0+MqK}{N+Mq}=\frac{50\,000+9\,600}{1\,000+200}=49.7(\text{元})$$

由于稀释效应，公司股票的价格变为49.7元，下降幅度为0.3元。

在考虑了上述稀释效应后，认股权证持有者的收益为：

$$q\max\left(\frac{V_0+MqK}{N+Mq}-K,0\right)\text{或}\frac{N}{N+Mq}q\max\left(\frac{V_0}{N}-K,0\right) \tag{13-7}$$

可见，与普通的公司股票看涨期权相比，认股权证的价值被稀释了，稀释因子为$\frac{N}{N+Mq}$。

3. 运用B-S公式确定认股权证的价值

【例13-15】某公司计划发行200万张面值100元、期限为20年的附认股权证公司债。在外权证总数为200万张。公司在发行时规定，每张认股权证可以在5年内按照每股48元的价格购买1股该公司股票。已知目前公司股价为45元，在外流通股数为1 000万股。公司股票价值的波动性为50%，市场无风险利率为5%，债券的票面利率为6%，市场对该公司债券的期望收益率为8%。求附认股权证的债券价值。

（1）普通股票看涨期权的价值

我们首先利用B-S公式确定普通股票看涨期权的价值。

在本例中：标的资产价格S=45；执行价格X=48；无风险利率r_f=0.05；距到期日的时间T=5；波动率σ=0.5。

将数值代入B-S公式，得：

$$d_1=\frac{\ln(45\div48)+(0.05+0.25\div2)\times5}{0.5\times\sqrt{5}}=0.72$$

$$d_2=d_1-0.5\times\sqrt{5}=-0.40$$

通过查标准正态分布的概率表得出：

$$N(d_1)=N(0.72)=0.7642$$

$$N(d_2)=N(-0.40)=0.3446$$

$$C=SN(d_1)-Xe^{-r_fT}N(d_2)=45\times0.7642-48\times0.7788\times0.3446=21.5(\text{元})$$

即一份普通股票看涨期权的价值为21.5元。

（2）认股权证的价值

公司认股权证的价值等于公司普通股票看涨期权价值的$\frac{Nq}{N+Mq}$倍。在本例中，N=1 000万，M=200万，q=1。将数值代入得：

$$\frac{Nq}{N+Mq}=\frac{1\ 000\times1}{1\ 000+200\times1}=0.8333$$

故一张认股权证的价值为0.8333×21.5=17.9（元）。

（3）不附认股权证的公司债券的价值

$$D=\sum_{t=1}^{20}\frac{6\%\times100}{(1+8\%)^t}+\frac{100}{(1+8\%)^{20}}=80.36(\text{元})$$

每张债券附送价值17.9元的认股权证，所以附认股权证的债券价值为80.36+17.9=98.26（元）。

（三）认股权证在融资中的作用

1.认股权证发行的原因

（1）上市公司融资的需要。由于发行认股权证通常价格相对便宜，并且存在着未来股价上涨的可能性，投资者可能更愿意接受这种方式。而且若认股权证到期时存在价值，投资者便会行使其权利向公司认购普通股股票，公司可以筹集到一笔新的资金。

（2）大股东控制股权的需要。如果一家上市公司发行新股，老股东的持股比例就会被摊薄，尤其是对大股东而言，有可能会直接影响其在公司的控制权。因此公司可向大股东发行认股权证，使其拥有一项认购优先权，以保证其控股权不会因为发行新股而出现变化。

（3）当作红利的一部分分派给股东或员工。当一家上市公司经营正处于高速扩张阶段时，可能会采取不发放现金股利而改派红股与认股权证的方式，这样既可保留业务发展所需资金，又可安抚股东。当股东们认为公司的发展前景较好、股价有上升潜力时，比较容易接受认股权证，以期在股价大幅上升时获得更高的收益。同时，公司还可以向员工无偿或有偿发放认股权证，作为一种激励方式。

（4）大股东套现的需要。当大股东需要套现用于资金周转，但又不想失去公司控制权时，可先在市场上抛售自己的股票进行套现，同时在市场上以相对较低的成本购回认股权证。由于认股权证到期可以换股，这样大股东可达到既套现又不失控制权的目的。

2. 认股权证筹资的利弊

认股权证的优点包括：

（1）吸引投资者。企业在发行债券或优先股时，通过附上认股权证，赋予投资者认购普通股票的权利。由于未来股票价格存在上升的可能性，可以吸引那些对企业未来前景看好的投资者。

（2）可以减少债券或优先股的利息支付。认股权证的发行者主要是高速增长的公司，这些公司有较高的风险，直接发行债券需要较高的票面利率。通过发行附有认股权证的债券，可以换取较低的利息。

（3）获得潜在的资金。若认股权证到期时被行使，公司向认购者新发行股票，可以筹集到一笔新的资金。

认股权证的缺点包括：

（1）灵活性较差。认股权证为企业提供了潜在的资金来源，但权证何时被执行、执行数量有多少，公司往往难以控制，处于被动地位。

（2）稀释原股东的权益。如果将来公司发展良好，股票价格会大大超过执行价格，认股权证持有者可以较低的价格获得与原普通股股东相同的收益权和投票权，原股东会蒙受较大损失。

（3）承销费用高。附带认股权证债券的承销费用高于普通债券。

（四）中国的权证发展

1992年深宝安（000009）等上市公司最先发行了我国第一批认股权证。1994年1月18日，武凤凰（000520）的配股权证在深圳上市，目的是处理我国股市中的股权分置问题。随后还有少许认股权证上市。当时认股权证对活跃我国证券市场起到了较大的作用，但由于政策不确定、监管力度不够、设计不合理、没有相应的风险防范与管理机制等原因，其积极作用未能得到很好的发挥，反而产生了很多问题，如市场投机过度，价格严重偏离理论价格、表现为暴涨暴跌等。1996年管理层叫停权证交易，同年6月底权证被全部中止买卖，离开金融市场的舞台。

直至2005年6月，上海证券交易所制定了《上海证券交易所权证管理暂行办法》。2005年8月，宝钢权证在上交所挂牌上市，成为权证市场暂停10年后诞生的第一只权证。其后武钢、万科、鞍钢等企业在其股权分置改革中相继推出了认购或认股权证，权证交易在中国内地证券市场恢复发展。2006年5月之前，我国的权证都来源于股权分置对价；随着股权分置改革进程的推进，股改公司数目逐步增加，我国新上市的权证数目也开始下降；自2006年11月起，由可分离买卖的可转换公司债券附带发行的认股权证面市，并成为新上市权证的重要来源。

自2011年8月12日起，长虹权证停止交易，并且进入为期5个交易日的行权期，至8月23日，长虹认股权证在上海证券交易所终止上市，予以摘牌。长虹权证的谢幕，标志着从2005年开始上市的股改权证产品完成了历史使命。

二、可转换证券

（一）可转换债券的定义和基本特征

可转换公司证券是指由股份公司发行的，其持有人可在一定时期内按照一定条件转换成公司普通股的公司证券，主要是可转换债券和可转换优先股。可转换公司证券的可转换性实际上是一种股票看涨期权。由于可转换债券和可转换优先股有很多相似之处，而且可转换债券的应用更为普遍，本节我们主要讨论可转换债券。

可转换债券简称可转债，是一种混合型的债券形式，可以被视为普通公司债券与普通股票看涨期权的组合体。可转换债券具有以下特点：

（1）债权性。与其他债券一样，可转换债券也有规定的利率和期限，投资者可以选择持有债券到期，收取本息。

（2）股权性。可转换债券在转换成股票之前是纯粹的债券，但在转换成股票之后，原债券持有人就由债权人变成了公司的股东，可参与企业的经营决策和红利分配，这会在一定程度上影响公司的股本结构。

（3）可转换性。可转换性是可转换债券的重要标志，债券持有人可以按约定的条件将债券转换成股票。可转换债券在发行时就明确约定，债券持有人可按照发行时约定的价格将债券转换成公司的普通股票。如果债券持有人不想转换，则可以继续持有债券，直到偿还期满时收取本金和利息，或者在流通市场上出售变现。正因为具有可转换性，可转换债券的利率一般低于普通公司债券利率。

（二）可转换债券的基本要素

1.转换价格

转换价格是可转换债券持有人在行使转换权的有效期内，将可转换债券转换为普通股的价格。初始转换价格在可转换债券发行时确定。初始转换价格溢价幅度越低，则可转换债券的认股权证价值越高。在可转换债券存续期内公司有分红或派息、发行新股或配股、送股或转增股本等情况，转换价格可作相应调整。

2.转换比率

转换比率是指一张可转换债券可换取的普通股股数。转换比率与转换价格的关系如下：

$$\text{转换比率}=\frac{\text{可转换债券面值}}{\text{转换价格}} \tag{13-8}$$

3.转换期

转换期是可转换债券持有人行使转换权的有效期限。可转换债券的转换期可以等于债券期限，也可以小于债券期限。

4.票面利率

可转换债券的票面利率通常低于普通公司债券，这是因为可转换债券的价值除了包含普通债券价值外，还包含认股权证的部分。转换权的存在使债权人可能获得潜在的收益，故投资者可以接受比一般债券低的利率。目前，国内可转换债券大多采用逐年递增的票面利率（固定利率或浮动利率）。此外，有的可转换债券还给予持有到期未转股的持有人一定的利息补偿，从而增加了可转换债券的价值。

5.赎回条款

赎回条款是发行人为了保护股票投资者的利益，并保证债券持有人加速转股而设置的限制性条款。如果公司股票的价格在若干个交易日内满足赎回条件，往往是公司股票价格远超转股价格时，公司有权按照赎回价格（一般低于当时的转换价值）赎回公司剩余的可转换债券。赎回条款限定了可转换债券投资者向上盈利的空间，因此会降低可转换债券的价值。该条款实质上是一种强制转股条款。

6.回售条款

该条款赋予投资者在公司股票下跌到某一预先规定的条件（如连续n个交易日低于转股价格的70%）或者可转换债券到期时，其可以按照面值的一定百分比（如102%）回售给发行公司。这一条款是对可转换债券持有人利益的保护。在可转换债券即将触发回售条款时，投资者需密切关注发行公司的股票走势，因为公司为避免回售，有可能会出台一些刺激股价上升的措施，使得回售条件短期内无法满足。

7.转股价格修正条款

转股价格修正条款又称向下修正条款。当公司的股票价格下跌到一定幅度时，可转换债券发行人有权或必须将转换价格下调一定幅度，但调整后的转股价格不应低于当时的每股净资产。该条款有利于保护债券持有人的利益，能有效降低因股票价格大幅下跌对可转换债券价值的负面影响。

下面以唐钢可转债为例来了解可转债的基本要素：

【资料13-1】　　　　唐钢可转债

1.证券类型：可转换公司债券。

2.证券面值：本次发行的可转换公司债券每张面值人民币100元。

3.发行数量：本次发行可转换公司债券不超过3 000万张。

4.发行价格：本次可转换公司债券按面值发行。

5.发行方式和发行对象：本次发行的唐钢可转债向原股东优先配售，原股东优先配售后的余额部分（含原股东放弃优先配售部分）采用网下对机构投资者配售和通过深交所交易系统网上定价发行相结合的方式进行。发行对象为除法律、法规禁止购买者以外的合法投资者。原股东可优先配售的可转债数量为其在股权登记日收市后登记在册的持有发行人股份数按每股配售0.66元可转债的比例，并按100元1张转换成张数，每1张为1个申购单位。原股东除可参加优先配售外，还可参加优先配售后余额的申购。

股东对本次可转换公司债券的认购一律用现金进行。

6.债券利率和付息日期：本次发行可转换公司债券的年利率第一年年息为0.8%，第二年年息为1.1%，第三年年息为1.4%，第四年年息为1.7%，第五年年息为2.0%。

本次发行可转换公司债券按票面金额自2007年12月14日起开始计算利息，每年付息一次。

7.债券期限：自可转换公司债券发行结束之日起5年，即自2007年12月14日至2012年12月13日。

8.债券到期偿还：在本次可转换公司债券到期日之后的5个交易日内，本公司董事会将按到期赎回价加上最后一年的利息偿还所有到期未转换的可转换公司债券。到期赎回价按本可转债票面金额的110%计算。

9.债券回售：自发行结束之日起满6个月后，如果公司股票任意连续30个交易日的收盘价低于当期转股价格的70%，可转换公司债券持有人有权将其持有的全部或部分债券以面值加当期利息的价格回售给公司。可转换公司债券持有人在每个计息年度内可在上述约定条件首次满足时行使回售权一次，但若首次不实施回售，该计息年度将不得再行使回售权。附加回售条款：本次发行可转换公司债券募集资金投资项目的实施情况若根据证监会相关规定属于改变募集资金用途的，可转换公司债券持有人有权以面值加上当期应计利息的价格向本公司回售可转换公司债券。

10.债券赎回：本次发行可转换公司债券进入转股期后，本公司股票在任意连续30个交易日中的收盘价不低于当期转股价格的130%时，本公司董事会有权决定按面值加当期应计利息的价格赎回全部或部分未转股的可转换公司债券。本公司每年可按以上约定条件行使一次赎回权，但若首次满足赎回条件而不实施赎回，当年不得再行使赎回权。此外，当本次发行的可转换公司债券未转股余额不足3 000万元时，本公司董事会有权决定按面值加当期应计利息的价格赎回全部未转股的可转换公司债券。

11.转股期间：自本次可转换公司债券发行结束之日起6个月后至可转换公司债券到期日止（即自2008年6月14日至2012年12月13日）。

12.初始转股价格：本次可转换公司债券的初始转股价格为20.80元/股（以公布《募集说明书》之日前20个交易日公司股票交易均价和前1个交易日均价的高者为基准上浮1%）。

13.转股价格的调整：本次可转换公司债券发行后，公司因送红股、转增股本、增发新股、配股（不包括因可转换公司债券转股增加股本）使公司股本发生变化时，公司董事会将按下述公式进行转股价格的调整：

送股或转增股本：$P=\dfrac{P_0}{1+n}$

增发新股或配股：$P=\dfrac{P_0+A\cdot k}{1+k}$

上述两项同时进行时：$P=\dfrac{P_0+A\cdot k}{1+n+k}$

式中：初始转股价为P_0；送股或转增股本率为n；增发新股、配股比率为k；增发新股、配股的价格为A；调整后的转股价格为P。

公司派息时不对转股价格进行调整。

在本次可转换公司债券发行之后，如因分立、合并使公司股本发生变化，公司董事会有权按照公允原则并根据上述调整条件出现的先后顺序对转股价格进行调整。

14. 转股价格的向下修正：在可转换公司债券的存续期间，当本公司股票在任意30个连续交易日中至少20个交易日的收盘价格不高于当期转股价格的85%时，公司董事会有权提出转股价格向下修正方案并提交公司股东大会表决。

上述方案须经出席会议的股东所持表决权的2/3以上通过方可实施。股东大会进行表决时，持有本公司可转换公司债券的股东应当回避。修正后的转股价格应不低于本次股东大会召开日前20个交易日公司股票交易均价和前1个交易日的均价，同时修正后的转股价格不低于最近一期经审计的每股净资产和股票面值。

若在上述交易日内发生过转股价格调整的情形，则落在转股价格调整日前的交易日按调整前的转股价格和收盘价计算，落在转股价格调整日及之后的交易日按调整后的转股价格和收盘价计算。

本公司董事会或股东大会行使向下修正转股价格的权利在每个计息年度内合计不得超过1次。

思考：下调转股价格，意味着提高了可转债中可转换权的价值，为何有些公司在发行可转债时还要设置这一条款?

（三）可转换债券的价值分析

可转换债券的价值有两种：纯债价值和转换价值。

1. 纯债价值

可转换债券的纯债价值是指当它不具备转换性时作为普通债券的价值。估计可转换债券的纯债价值，首先需要估计与它具有同等资信和类似投资特点的不可转换债券的必要收益率。将可转换债券未来的利息和本金收入按这一必要收益率折现后的价值就是其纯债价值。可转换债券市场价值与其纯债价值的差，可称为可转换债券的可转换性价值，它反映的是可转换债券所包含的看涨期权的价值。

2. 转换价值

转换价值是指一张可转换债券立即转换为普通股时可得到的普通股股票的市场价值。

$$转换价值=普通股股票市场价格\times转换比率 \tag{13-9}$$

3. 底价

可转换债券的纯债价值与转换价值中较高者为可转换债券的底价或价值下限：

$$M_V=\max(P_D,C_V) \tag{13-10}$$

式中：M_V为可转换债券的底价；P_D为可转换债券的纯债价值；C_V为可转换债券的转换价值。

可转换债券的底价可以很清楚地体现可转换债券的两重属性。当股票价格较低时，转换权被行使的可能性很小，可转换债券的价值接近普通债券，表现出的是债券的属性；当股票价格较高时，转换权被行使的可能性较大，可转换债券的价值接近转换价值，表现出的是股票的属性。可转换债券的底价与公司股票价格的关系如图13-4所示。

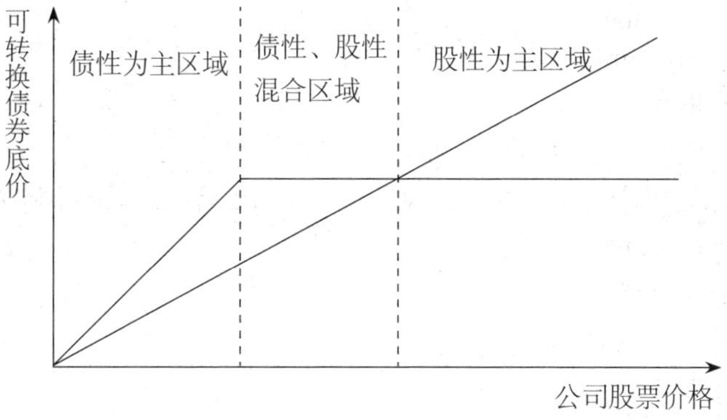

图13-4　可转换债券的底价与公司股票价格的关系

在到期日之前，由于时间价值的存在，可转换债券会存在溢价，价值会高于其底价，如图13-5所示。

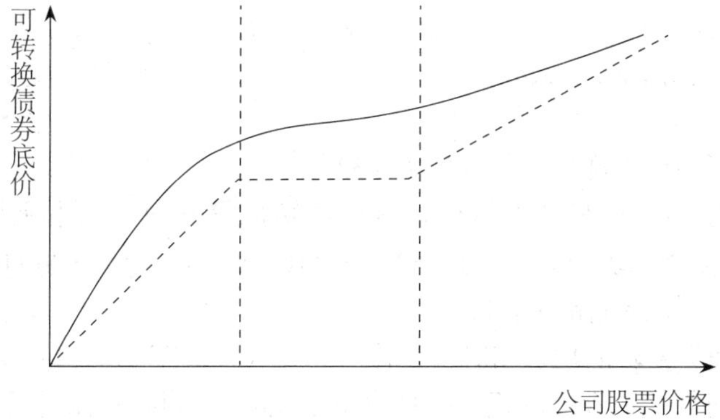

图13-5　可转换债券的价值与公司股票价格的关系

可转换债券转换权的行使与公司股票价格是密切相关的。在可转换债券转换时，公司会减少负债增加权益，同时增加股票的流通数量和改变每股净资产，从而影响股票的价格。如果转换时转换价格低于股票市场价格，则可转换债券的转换也会产生股价的稀释效应。但在市场有效的条件下，这种稀释是已被广泛预期了的，并非意外冲击。在转换发生前，股价已提前做出调整，转换发生后股价不会再被稀释。如果可转换债券从发行到转换间隔较长的话，稀释效应更加弱化，因此在可转换债券发行并流通之后，理论上没必要在计算中对股价做预先修正。

下面来看一个对可转换债券定价的例子：

【例13-16】某公司于2011年10月发行了7亿元可转换债券。转债期为债券到期日，转股价格为10元。该债券面值为100元，票面利率为2%，期限为5年，每年支付一次利息。市场要求的必要收益率为6%，无风险利率为4%，当前公司股票的市场价格为9元。已知该公司股票价格的历史波动率为30%。求该可转换债券的价值。

将可转换债券看成纯粹债券与看涨期权的组合体。

（1）债券的纯债价值

$$P_D=\sum_{t=1}^{5}\frac{2}{(1+6\%)^t}+\frac{100}{(1+6\%)^5}=83.15\text{（元）}$$

（2）看涨期权的价值

利用B-S公式确定普通股票看涨期权的价值。

在本例中：标的资产价格S=9元；执行价格X=10元；无风险利率r_f=4%；距到期日的时间T=5；波动率σ=0.3。

将数值代入B-S公式，得：

$$d_1=\frac{\ln(9\div 10)+(0.04+0.09\div 2)\times 5}{0.3\times\sqrt{5}}=0.48$$

$$d_2=d_1-0.3\times\sqrt{5}=-0.19$$

通过查标准正态分布的概率表得出：

$$N(d_1)=N(0.48)=0.6844$$

$$N(d_2)=N(-0.19)=0.4247$$

$$C=SN(d_1)-Xe^{-r_fT}N(d_2)$$

$$=9\times 0.6844-10\times 0.8187\times 0.3446$$

$$=3.34\text{（元）}$$

即一份普通股票看涨期权的价值为3.34元。

根据债券票面价值和转换价格，每份可转换债券包含的看涨期权的数量为10份（100÷10）。因此，每份可转换债券的价值为116.55元（83.15+3.34×10）。

（四）可转换债券在融资中的作用

1. 可转换债券发行的动机与时机选择

公司发行可转换债券的动机之一是取得较低的票面利率，减少利息支出。可转换债券的价值除了包含普通债券的价值外，还包含认股权证的部分。转换权的存在使债权人可能获得潜在的收益，故投资者可以接受比一般债券低的利率。

公司发行可转换债券的动机之二是获得潜在的资金来源。如果公司在需要资金的时候无法进行股权融资或者认为当时股票市价过低，直接发行股票会带来一定的损失，则可以选择发行可转换债券进行融资。这样在未来股价上涨，可转换债券被转换成普通股股票时，公司就相当于进行了股权融资。

可转换债券的发行时机取决于公司普通股股票的目前市场状况以及对公司未来发展的预测等。发行时机选择是否适当，将直接影响融资目标的实现。

当公司处于发展阶段，前景被普遍看好时，是发行可转换债券的有利时机。如果市场对公司未来股价上升有较高的预期，可转换债券对投资者就会有较强的吸引力。此时公司可以选择发行可转换债券以获得较低的票面利率，并且也较容易为投资者所接受。

当公司觉得自己的股票价格偏低，而近期内又不会上升时，也是发行可转换债券的有利时机。此时股票的价格较低，实际价值可能高于现有股价。当股市转好时，可转换债券转换权行使的可能性较大，由于转股价格一般高于目前股票的市场价格，公司相当于以较高的价格进行股票融资。

2. 可转换债券筹资的利弊

可转换债券筹资的优点包括：

（1）可以降低筹资成本。可转换债券的价值除了包含普通债券的价值外，还包含认股权证的部分。转换权的存在使债权人可能获得潜在的收益，故投资者可以接受比一般债券低的利率。

（2）有利于提升现有股东权益价值。由于可转换债券一般利息水平很低，公司可以通过举债充分发挥财务杠杆作用，提升公司现有股东权益价值。

（3）通过举债，可将公司的资产负债率提升到相对更为合理的水平，为后续配股或增发新股奠定良好的基础；若日后转换成公司股票，原先的债务因转为股权而消失或减少，降低了资产负债比例，更减轻了公司到期偿还债务的压力。

可转换债券筹资的缺点包括：

（1）可转换债券发行成功后，如果公司经营不善，公司股价长期疲软，或转股条件设计不当，致使本次发行的可转换债券未能如期顺利转换成公司股份，公司在债券到期后需动用大笔资金赎回到期债券，从而增加了公司短期偿债压力。

（2）可转换债券在转换前仍属于公司的债务，如不能转换成权益资本，将影响公司进一步筹资的能力。

（3）发行手续较为烦琐，时间周期较长。不仅发行期间，而且在发行完成后至债券到期期间，公司需履行严格且规范的债转股手续及相关信息披露义务。

（4）发行可转换债券需要有足够资信能力的担保方提供担保，而增发股票和配股等融资方式则不需要担保。

（5）可转换债券的成本可能并不低。虽然可转换债券的利息成本低于普通债券，但是发行可转换债券的同时，发债公司向投资者送出了转换权，因此可转换债券的成本应该是介于债券和股票之间的。同时，如果可转换债券到期转股，原先的低利率优势也会随之消失。

（五）中国可转换债券的发展

我国的第一只可转换债券是于1992年11月19日发行的“宝安转债”，但由于发行时公司业绩滑坡、技术缺陷等原因，导致最终仅有2.7%的可转换债券转为股票。随着“宝安转债”转股的失败和配股、增发等融资方式的崛起，可转换债券市场的发展基本上处于停滞状态。

1997年3月，证监会发布了《可转换公司债券管理暂行办法》，对有条件的重点国有企业进行了试点发行，之后的3年内，3家非上市公司（南宁化工、吴江丝绸和茂名石化）和2家上市公司（上海机场、鞍钢新轧）先后发行了可转换债券，为我国发展可转换债券市场积累了宝贵的经验，我国的可转换债券市场重现生机。

2001年4月，中国证监会发布了《上市公司发行可转换公司债券实施办法》，标志着我国可转换债券市场进入了一个新的全面发展阶段。进入2005年，由于股权分置改革，再融资停止，可转换债券发展进入低迷期。2006年5月，随着《上市公司证券发行管理办法》的出台，可转换债券的发行上市也重新启动。2006年以来，可转债市场稳步发展，虽未出现大规模放量，但在正常时期可转换债券市场新券也接连发行，个券条款设置、发行方式等各方面也逐步形成了范式。2013年12月，证监会更新《证券发行与承销管理办法》，进一步规范了上市公司的可转换债券发行与承销行为。2015年颁布的《公司债券发行与交易管理办法》则放宽了可转换债券的发行范围，允许非上市公众公司（主要为新三板挂牌公司）发行可转换债券。2017年，国家出台了再融资新规、减持新规，另外还开启了信用申购，可转债的发行规模和数量实现了大幅扩容。

总体而言，我国上市公司发行可转换债券的数量和规模并不大。目前，我国的可转换债券市场存在很多问题，如监管层对可转换债券的发行审批过严，可转换债券的发行受到太多约束，影响了其市场规模的扩大。同时，证券市场不够成熟，如果股价大起大落，公司无法对自己股票的未来市价进行较准确的预测，在此情况下，发行可转换债券筹资的风险较高。从我国已经发行的可转换债券来看，大部分期限都偏短，对转股价格的确定也不甚合理。

三、其他含权证券

除了认股权证和可转换债券，公司在融资中可选择的含权证券还有很多，在此简要介绍几种。

（1）可赎回债券。可赎回债券规定发行公司可以在未来某一时间以约定价格赎回债券。这种债券的持有者相当于出售给发行公司一个看涨期权。

（2）可回售债券。可回售债券规定持有者可以在未来某一时间以约定价格提前用持有的债券兑换现金。这种债券的持有者相当于购买了一个看跌期权。

（3）可赎回优先股。可赎回优先股是指发行公司可以按照一定的价格购回已发行的优先股股票，即带了可赎回条款的优先股。公司发行可赎回优先股一般都会设立偿付基金，在优先股发行后一段时间，每年按一定比例赎回已发行的优先股。

【案例13-1】　　实物期权在企业并购价值评估中的应用①

2005年8月17日，雅虎公司宣布将分3次共斥资10亿美元收购阿里巴巴股份。首次支付2.5亿美元，在交易完成末期将支付3.9亿美元，加上3.6亿美元从软银购得的淘宝网股份，另外加上雅虎中国全部资产获得阿里巴巴40%的股份。这就是说，雅虎耗资10亿美元和雅虎中国换取阿里巴巴40%的股权。2007年11月6日，阿里巴巴成功在

① 申玥．实物期权在企业并购价值评估中的应用——以雅虎和阿里巴巴并购案为例［J］．企业导报，2011（10）．个别参数在原文基础上做了修正．

香港联交所上市，首日收盘价39.5港元，高于招股价26港元。在网络迅速发展的国际大背景下，阿里巴巴的发展速度远超人们的想象，不断升值。人们开始反思雅虎斥资10亿美元收购阿里巴巴40%的股权对阿里巴巴是否有价值。

可以将雅虎收购阿里巴巴的股权视为一个具有时间价值的实物期权，即雅虎首次支付的2.5亿美元是为了得到耗资7.5亿美元（3.9亿美元现金支付与3.6亿美元购买淘宝股权）对阿里巴巴进行投资的一个机会。该实物期权的标的资产是阿里巴巴40%的股份，期权期限为首次支付2.5亿美元至交易期末支付7.5亿美元的并购持续时间，该并购案于2005年8月提出，暂且假定该并购持续半年。

参数假设及确定：

（1）项目预期现金流收益的现值S。由于阿里巴巴于2007年年底上市，为了估计目标企业的现值，即市场价值，对2007年的市值进行贴现，由此计算出收购时目标企业的市场价值。阿里巴巴2007年11月6日上市，考虑到新股上市效应，剔除2007年11—12月的数据，取2008年整年的股价平均数，计算得出阿里巴巴2008年的股票市价为11.866港元。以2005—2008年的净资产收益率（分别为34.9%、3.79%、26.78%和23.52%）贴现可得2005年阿里巴巴股票市值为5.41港元，以阿里巴巴股份总数50.44亿计算，可得2005年阿里巴巴的市场价值约为272.91亿港元，雅虎购买其40%的股份约为109.17亿港元，换算成美元约为14亿美元，即S=14。

（2）投资成本X。投资成本即雅虎在并购期末支付的7.5亿美元，由于已经在协议中说明，所以X=7.5。

（3）项目投资机会的持续时间T。为了便于计算，假设该并购项目持续时间为半年，即T=0.5。

（4）项目价值的不确定性σ。项目价值的不确定性描述的是并购活动的风险性，由于阿里巴巴于2007年年底才上市，用上市后的股票数据对2005年的并购不确定性进行估计，同样需排除刚上市的新股效应，取2008年1月的股票交易数据，计算得到月波动率0.056，年波动率=月波动率$\times\sqrt{12}$=5.6%$\times\sqrt{12}$=19.4%。

（5）无风险利率r_f。取2005年8月到2006年1月期间的一年期存款利率3.6%。

将参数S=14，X=7.5，T=0.5，σ=19.4%，r_f=3.6%代入期权定价公式，计算得出该期权的价值为6.63亿美元。

用B–S模型对雅虎收购阿里巴巴的股权进行实物期权的模拟及定价，最后得出该并购期权的价值为6.63亿美元，高于雅虎收购目标企业阿里巴巴的首次支付资金2.5亿美元。由该模型得出的结果可以说明雅虎的出价低于阿里巴巴潜在的期权价值，但是综合当时的各种情况来看，阿里巴巴处于发展初期，得到了雅虎一笔不小的投资资金，也确实是阿里巴巴发展的一个良好契机。

本章小结

本章介绍期权的概念与定价，并探讨期权在公司融资中的应用。

1. 期权的定价。期权是一种未来的选择权，赋予其持有者在约定的时间或约定的时期内按双方约定的价格买进或卖出一定数量相关资产的合约。本章介绍了期权的定义、特点和基本要素，以及期权定价的基本思路和主要方法。

2. 期权与公司价值分析。对负债公司而言，公司的股东权益价值可以视为以公司资产为标的、以负债额为执行价格的看涨期权。公司的债权价值可以视为一个无风险债券再加上一个看跌期权的空头。事实上，我们可以从看涨或看跌期权的视角来看待公司股权和债权的价值。基于期权视角，也可以对公司多元化并购、资本预算等财务行为进行分析。

3. 期权在公司投资中的应用。在企业投资活动中，通常也会存在一些灵活性或者选择权，这时就需要运用期权的概念对其进行价值评估。本部分介绍了三种典型的实物期权：扩张期权、放弃期权和等待期权。

4. 期权在融资中的应用。在融资过程中，企业可以发行一些期权性质的有价证券来融资，主要包括认股权证和可转换债券，这些证券都可以用期权定价的方法来进行价值评估。

重点概念

期权　无套利定价　风险中性概率　二叉树定价　B-S公式　实物期权　扩张期权　放弃期权　等待期权　认股权证　可转换债券　转换价值　转换比率　转换价格

复习思考

1. 期权定价的基本思想是什么？
2. 能否用二叉树定价方法求看跌期权的价值？
3. 如何从看涨期权和看跌期权的视角认识公司价值？
4. 从期权视角如何理解公司股东对高风险项目的偏好？
5. 实物期权与金融期权之间的区别和联系是什么？
6. 如何理解认股权证的稀释效应？
7. 认股权证和可转换债券作为筹资工具的优缺点各有哪些？
8. 公司的股价波动性增强，对可转换债券有何影响？如果利率上升，可转换债券的价格会发生哪些变化？

分析计算

1. 一只股票当前价格是80元。6个月之后预期股价上涨10%或下跌10%，市场无风险利率为8%。运用一期二叉树模型计算执行价格为85元、期限为6个月的欧式看涨期权的价值。

2. 某一不支付红利股票的欧式期权执行价格为48美元，股票现价为50美元，无风险年利率为5%，股票年波动率为25%，期权到期日为3个月。

（1）如果该期权为欧式看涨期权，计算其价值。

（2）如果该期权为欧式看跌期权，计算其价值。

（3）验证看涨看跌期权平价关系是否成立。

3. 以下是一个虚拟案例：某公司被授权在南极洲举办下一年的奥运会。由于南极洲特殊的条件，该公司在奥运会后将解散。公司通过发行债券来筹办这次奥运会。假设下一年债务连本带息为800万元，到时债务将一次性付清。公司下一年的现金流预测见下表：

	非常成功	一般成功	一般失败	非常失败
支付债务前现金流	1 000	850	700	550
债务	800	800	700	550
股东的现金流	200	50	0	0

请分别用看涨期权和看跌期权来描述股东和债权人的头寸。

4. 某公司股票当前的价格为43元，该公司所发行的认股权证规定的认购价为38元，每份认股权证所能购买的公司普通股股数为1.2股。求一份认股权证的内在价值。

5. 某公司发行了期限为10年、面值为100元的可转换债券。转债期为债券发行之日起至到期日为止。转换价格为11.25元，票面利率为4%，每年支付一次利息。已知市场上同样的不可转换公司债券收益率为8%，当前公司股票的市场价格为9.5元。求：

（1）该可转换债券的转换比率。

（2）该可转换债券目前的转换价值。

（3）该可转换债券的纯债价值。

6. 某公司现有普通股数量为200万股，每股价格为40元。公司实行了一项股权激励计划，送给公司高管人员10万份认股权证，每份认股权证可以在约定时间以每股45元的价格购买1股公司股票。假设某日股票价格涨至50元，认股权证全部被执行。计算这一股权激励计划的稀释效应对公司股价的影响。

7. 金山公司是一家全部为股权融资的企业，该公司一共发行了8只股票。该公司的资产包括9盎司黄金，目前市场价格为每盎司1 400美元。公司向李虹发行了一份期限为1年的认股权证，李虹有权以行权价格1 700美元购买该公司的1股股票，该权利只能在1年后的到期日行权。金山公司将用发行取得的现金购买额外的黄金。求：

（1）认股权证发行前，1股股票的价格是多少？

（2）认股权证刚刚发行后，1股股票的价格是否会发生变化？

（3）假设1年后，在认股权证行权日，黄金的售价为每盎司1 600美元，李虹是否会行权？行权后公司的股票价格是多少？

8. 阳光公司目前发行了100万股普通股和10万份认股权证。每份认股权证赋予其购买者以20元的行权价格购买1股新发行股票的权利。认股权证为欧式，1年期限。公司目前的资产价值为1 500万元，股票收益率的波动率为40%，连续复利的无风险利率为5%。该公司不支付股利。利用B-S公式计算每一份认股权证的价值。

9. 某公司拟投资开发一种新产品，可以在立即投资与1年之后投资之间进行选择，无论何时投资，预计投资额均为3 100万元。产品产量每年约50吨（可持续），价格预计每吨10万元。如果明年市场状况好，可达每吨15万元；如果市场状况不好，可能每吨只有6万元。该项目的风险报酬率为10%，无风险利率为5%。为计算方便，不考虑各种成本和税收。判断该公司应选择立即投资还是1年后投资。

参考文献

[1] BREALEY R, MYERS S.Principles of Corporate Finance [M]. New York: Irwin/McGraw-Hill, 2000.

[2] FAMA E F, FRENCH K R.Common Risk Factors in the Returns on Stocks and Bonds [J]. Journal of Financial Economics, 1999 (33): 3-56.

[3] HARRIS M, RAVIV A.The Theory of Capital Structure [J]. The Journal of Finance, 1991 (1): 297-355.

[4] ISRAEL R.Capital Structure and the Market for Corporate Control: The Defensive Role of Debt Financing [J]. The Journal of Finance, 1991 (46): 1391-1409.

[5] HARRIS M, RAVIV A.Capital Structure and the Informational Role of Debt [J]. The Journal of Finance, 1990, 45 (2): 321-349.

[6] STULZ R M.Managerial Discretion and Optimal Financing Policies [J]. Journal of Financial Economics, 1990 (26): 3-27.

[7] WEISS L A.Bankruptcy Resolution: Direct Costs and Violation of Priority of Claims [J]. Journal of Financial Economics, 1990, 27 (2): 285-314.

[8] DOUGLAS W. Reputation Acquisition in Debt Markets [J]. Journal of Political Economy, 1989 (97): 828-862.

[9] HIRSHLEIFER D, THAKOR A V.Managerial Reputation, Project Choice and Debt [D]. Working Paper, Anderson Graduate School of Management at UCLA, 1989.

[10] HARRIS M, RAVIV A. Corporate Control Contests and Capital Structure [J]. Journal of Financial Economics, 1988, 20 (20): 55-86.

[11] STULZ R.M.Managerial Control of Voting Rights: Financing Policies and the Market for Corporate Control [J]. Journal of Financial Economics, 1988, 20 (12): 25-54.

[12] MYERS S, MAJLUF.Corporate Financing and Investment Decisions When Firms Have Information that Investors Do Not Have [J]. Journal of Financial Economics, 1984 (13), 187-222.

[13] ALTMAN E I.A Further Empirical Investigation of the Bankruptcy Cost Question [J]. The Journal of Finance, 1984, 39 (4): 1067-1089.

[14] WHITE M J.Bankruptcy Costs and the New Bankruptcy Code [J]. Journal of Finance，1983，38（2）：477-488.

[15] JENSEN M C，MECKLING W H. Theory of the Firm：Managerial Behavior，Agency Costs and Ownership Structure [J]. Journal of Financial Economics，1976（4）：305-360.

[16] MILLER M H，DANIEL O A. Model of the Demand for Money by Firms [J]. Quarterly Journal of Economics，1966（80）：413-435.

[17] 伯克，德马佐.公司理财 [M]. 姜英兵，等译. 北京：中国人民大学出版社，2009.

[18] GRINBLATT M，TITMAN S.Financial Markets and Corporate Strategy [M]. 北京：清华大学出版社，2002.

[19] 罗斯，威斯特菲尔德，杰富，等.公司理财 [M]. 吴世农，沈艺峰，王志强，等译. 11版. 北京：机械工业出版社，2017.

[20] 班克斯. 流动性风险——企业资产管理和筹资风险 [M]. 褚韵，译. 北京：经济管理出版社，2021.

[21] 陈玉菁. 财务管理 [M]. 3版. 北京：清华大学出版社，2011.

[22] 池国华. 财务报表分析 [M]. 2版. 北京：清华大学出版社，2011.

[23] 国家税务总局税收科学研究所. 外国税制概览 [M]. 北京：中国税务出版社，2009.

[24] 马丽娟. 金融市场、工具与金融机构 [M]. 北京：中国人民大学出版社，2009.

[25] 陈雨露. 公司理财 [M]. 北京：高等教育出版社，2008.

[26] 齐寅峰. 公司财务学 [M]. 4版. 北京：经济科学出版社，2008.

[27] 王化成. 公司财务管理 [M]. 北京：中信出版社，2008.

[28] 张亦春，郑振龙，林海. 金融市场学 [M]. 北京：高等教育出版社，2008.

[29] 张志强. 期权理论与公司理财 [M]. 北京：华夏出版社，2007.

[30] 刘力，唐国正. 公司财务 [M]. 北京：北京大学出版社，2014.

[31] 肖作平. 股权结构、董事会特征与代理成本——来自中国上市公司的经验证据 [C]. 中国会计学会2006年学术年会论文集（中册），2006.

[32] 周战强. 行为金融——理论与应用 [M]. 北京：清华大学出版社，2004.

[33] 李心丹. 行为金融学——理论及中国的证据 [M]. 上海：上海三联书店，2004.

[34] 杨春鹏. 实物期权及其应用 [M]. 上海：复旦大学出版社，2003.

[35] 英国皇家银行学会（CIB）. 现金流量管理 [M]. 刘霄仑，主译. 北京：中信出版社，2002.

[36] 申玥. 实物期权在企业并购价值评估中的应用——以雅虎和阿里巴巴并购案

为例［J］. 企业导报，2011（10）.
［37］王湘舟，王海军. 上市公司并购价值创造的影响因素研究［J］. 经济研究导刊，2011（20）.
［38］南开大学公司治理评价课题组. 中国上市公司治理状况评价研究——来自2008年1 127家上市公司的数据［J］. 管理世界，2010（1）.
［39］贺炎林，莫建明. 财务杠杆影响公司价值的路径［J］. 财会月刊，2006（2）.
［40］李礼，王曼舒，齐寅峰. 股利政策由谁决定及其选择动因——基于中国非国有上市公司的问卷调查分析［J］. 金融研究，2006（1）.
［41］易颜新，柯大钢，张晓. 股利政策的股东财富效应：来自中国股市的经验证据［J］. 南开管理评论，2006（2）.
［42］白重恩，刘俏，陆洲，等. 中国上市公司治理结构的实证研究［J］. 经济研究，2005（2）.
［43］陈健，席酉民，郭菊娥. 国外并购绩效评价方法研究综述［J］. 当代经济科学，2005（3）.
［44］刘星，魏锋，詹宇. 我国上市公司融资顺序的实证研究［J］. 会计研究，2004（6）.
［45］宋增基，杨俊，李春红. 证券市场风险与收益的实证研究［J］. 中国软科学，2004（3）.
［46］陈信元，陈冬华，时旭. 公司治理与现金股利：基于佛山照明的案例研究［J］. 管理世界，2003（8）.
［47］孔小文，于笑坤. 上市公司股利政策信号传递效应的实证分析［J］. 管理世界，2003（6）.
［48］李善民，刘智. 上市公司资本结构影响因素评述［J］. 会计研究，2003（7）.
［49］张人骥，陆懋祖，耿广琪. 分割市场中的系统风险的长期趋势与传递效应［J］. 数量经济技术经济研究，2003（9）.
［50］刘淑莲，胡燕鸿. 中国上市公司现金分红实证分析［J］. 会计研究，2003（4）.
［51］冯根福，韩冰，闫冰. 中国上市公司股权集中度变动的实证分析［J］. 经济研究，2002（8）.
［52］何涛，陈晓. 现金股利能否提高企业的市场价值——1997—1999年上市公司会计年度报告期间的实证分析［J］. 金融研究，2002（8）.
［53］洪锡熙，沈艺峰. 公司收购与目标公司股东收益的实证分析［J］. 金融研究，2001（3）.
［54］蓝发钦. 中国上市公司股利分配特征的现代经济学诠释［J］. 管理世界，2001（6）.
［55］李常青. 股利政策理论与实证研究［M］. 北京：中国人民大学出版社，

2001.

［56］孙永祥. 所有权、融资结构与公司治理机制［J］. 经济研究，2001（1）.

［57］原红旗. 中国上市公司股利政策分析［J］. 财经研究，2001（3）.

［58］张人骥，王怀芳，王耀东. 上海证券市场系统风险趋势与波动的实证分析［J］. 金融研究，2000（1）.

［59］杨淑娥，王勇，白革萍. 我国股利分配政策影响因素的实证分析［J］. 会计研究，2000（2）.

［60］陈浪南，姚正春. 我国股利政策信号传递作用的实证研究［J］. 金融研究，2000（10）.

［61］黄少安，张岗. 中国上市公司股权融资偏好分析［J］. 经济研究，2001（11）.

［62］陈信元，张田余. 资产重组的市场反应——1997年沪市资产重组实证分析［J］. 经济研究，1999（9）.

［63］吕长江，王克敏. 上市公司股利政策的实证分析［J］. 经济研究，1999（12）.

［64］施东晖. 上海股票市场风险性实证研究［J］. 经济研究，1996（10）.

［65］中国注册会计师协会. 2022年度注册会计师全国统一考试辅导教材：财务成本管理［M］. 北京：中国财政经济出版社，2022.